ヘーゲルのイエナ時代　理論編

目次

はじめに　7

第1部　同一哲学期　1801-1802 ……………………… 11

第1章　『ドイツ憲法論』— 同一哲学期の政治論文　13
1．ヘーゲルは何故『ドイツ憲法論』を書くに至ったのか　13
2．『ドイツ憲法論』の草稿について　15
3．第1準備草稿（1799-1801年）岐路に立つヘーゲル　16
4．第2準備草稿（1801年）「ドイツ帝国」再建試案　28

第2章　『差異論文』—「同一哲学」の始まり　43
序文　45
〔第1章〕現在の哲学に現れている多様な形式について　50
〔第2章〕フィヒテの体系の叙述　61
〔第3章〕シェリング哲学の原理とフィヒテの原理の比較　66
〔第4章〕ラインホルトの見解と哲学について　72

第3章　『惑星軌道論』と最初の講義　79
惑星の軌道に関する哲学的論考への暫定的テーゼ　79
惑星の軌道に関する哲学的論考　82
1801/02年の講義草稿　86
トロックスラーのノート　95

第4章　『哲学批評雑誌』第1巻— ヘーゲルとシェリングの共同作業　101
『序文　哲学的批評一般の本質について』　101
『絶対的同一性体系と最新の二元論へのその体系の関係について』　105
『常識は哲学をどう受け取るか』　107
『懐疑論論文』　109
『哲学一般に対する自然哲学の関係について』　111
『哲学における構成について』　115

第5章 『人倫の体系』と『信仰と知』　*121*
　相関関係からする絶対的人倫　*124*
　否定的なもの、あるいは自由、あるいは犯罪　*129*
　人倫　*131*
　啓蒙と信仰　*140*／カント哲学　*144*
　ヤコービ哲学　*147*／フィヒテ哲学　*148*
　結語　*153*

第6章 『自然法論文』その他　*157*
　経験的な取り扱い方　*158*／形式的な取り扱い方　*159*
　絶対的人倫　*162*／実定的法学への関係　*168*
　人倫の体系の続稿　*171*

第2部　超越論的観念論期　1803-1804 ………… *183*

第7章　自然は精神の他者　*185*
　第1節　『ドイツ憲法論』清書稿1802/03年　*185*
　第2節　1803年夏学期の講義草稿—自然は精神の他者　*192*
　第3節　『1803/04年の自然哲学』草稿　*200*

第8章　『1803/04年の精神哲学』　*215*
　意識の生成・本質・区分　*215*／理論的意識と実践的意識　*224*
　占有と家族　*229*／承認の過程　*230*
　民族の精神と作品の世界　*234*

第9章　『1804/05年の論理学・形而上学』　*243*
　単純な関係　*246*／無限性　*249*
　存在の相関　*251*／思惟の相関　*254*
　比例・認識　*258*
　根本命題の体系　*261*
　客観性の形而上学　*264*　／主観性の形而上学　*268*

第10章 『1804/05年の自然哲学』　*277*
　〔序文〕　*277*
　〔1.〕太陽の体系　*279*
　2．地上の体系　*283*
　大地・地球の定義　*284*

第3部　ヘーゲルの哲学の近代化　1805-1806　……… *287*

第11章 『1805/06年の自然哲学』　*289*
　Ⅰ．機械論　*289*
　Ⅱ．形態化と化学論　*296*
　Ⅲ．有機体論　*298*

第12章 『1805/06年の精神哲学』　*307*
　〔Ⅰ．概念からする精神〕　*307*
　Ⅱ．現実的精神　*321*
　Ⅲ．国家体制　*327*
　C．芸術と宗教と学　*334*

エピローグ 兼 プロローグ
発酵の時代から誕生の時代へ　……………… *343*

あとがき　*357*

索引　*359*

※一部、目次の項目と、本文の見出しが一致していない箇所があります。

ヘーゲルのイエナ時代
理論編

はじめに

　イエナ時代はヘーゲル哲学の草創期であるとともに、その成熟期でもある。若い日以来、政治と宗教に関心を集中してきたヘーゲル[1]もイエナに移ってこようとした頃から、哲学へと関心の方向を大きく切り替えようとしていた。フランクフルト期には「宗教への衝動」を「人間精神の最高の欲求」と見なし（GW2, 303）、「有限なる生命がこの無限なる生命へと高揚することが宗教である」（同, 344）とし、「哲学は宗教を論じる段になると、止まなければならない」（同）としていたヘーゲルも、イエナに移ろうと決意してシェリングに手紙を書いた頃には[2]、宗教優位の世界観から哲学主導の世界観へと軸足を大きくずらそうとしていた。宗教への衝動ではなく、「哲学への欲求」が高まってきたのである。イエナ時代こそがヘーゲル哲学の誕生の時期である。しかしながらイエナ時代を全体として対象とした研究書はハリスのもの[3]を除けば皆無と言えるような状況である[4]。非力を顧みず、私が本書を上梓する所以である。

　私は、1801年から1807年までのヘーゲルのイエナ時代を、大きく3つに分けて論じるつもりである。

　第1期は、1801-1802年であり、シェリングと共同で「同一哲学」を宣言した時期である。「同一哲学期」と呼ぶ。第1期を「古代的イデア主義」とも呼ぶことにする。プラトン、アリストテレスの哲学に過度に依拠しようとした時代である。存在と思惟、直観と概念、特殊と普遍の統一としての「イデア・理念」[5]の永遠性が強調された時期である。代表作は『ドイツ憲法論』『フィヒテとシェリングの哲学体系の差異』『人倫の体系』『信仰と知』『自然法論文』等であり、アカデミー版全集4巻と5巻に相当する（GW4, GW5）。この第1期の傾向は第2期にも一部受け継がれてゆく。

　第2期は、1803-1804/05年であり、同一哲学から離れて、精神の自己展開による哲学体系を具体的に構想・執筆し始めた時期である。「超越論的観念論期」と呼ぶことにする。自然は「精神の他者」と規定され、自然に対する精神の主導性が自覚され始めた時期である。「イデア・理念」も超越

論的観念論風に主観的観念として設定され、実在性と対置されることになる。代表的なものは全て草稿であり、『1803/04年の自然哲学、精神哲学』『1804/05年の論理学・形而上学、自然哲学』であり、アカデミー版全集6巻と7巻に相当する（GW6, GW7）。一部の草稿は5巻に含まれている。

　第3期は1805-1807年であり、ヘーゲルの哲学の近代化の時期であり、「ヘーゲル哲学」が誕生した時期である。代表的な草稿としては『1805/06年の自然哲学、精神哲学』（アカデミー版全集8巻GW8）、作品としては『精神の現象学』（アカデミー版全集9巻GW9）がある。ここで「現代の原理、古代が、プラトンが知らなかった原理」としての「個体性の原理」がヘーゲルによって自覚され（GW8, 263）、やがて1807年の『精神の現象学』において「自己意識」の概念がヘーゲル哲学の玉座に座ることになるのである。不思議なことにヘーゲルが「自己意識」なる用語を自己の哲学の用語として使用し始めるのは、第3期に至ってからであり、それ以前の時期にはヘーゲルはその概念の使用をあえて封印していたのである。しかも「自己意識」がヘーゲル哲学の原理となるのは1807年の『精神の現象学』においてのことである。「自己意識の哲学」としてのヘーゲル哲学がここに樹立されたのである。ただし『精神の現象学』については別の著作で論じることとして、今回はテーマとしては取り上げないこととする。

　以下、引用に関してはヘーゲル、シェリング、フィヒテ、ヤコービに関しては全てアカデミー版の全集からヘーゲル（GW）、シェリング（AA）、フィヒテ（F. GA）、ヤコービ（J. GA）と略し、その後に巻数とページ数を記す。シェリングとフィヒテの場合は巻数の前に系列番号、ⅠとかⅡあるいはⅢを付ける（Ⅰは著者の生存時に刊行された著作、Ⅱは未刊行の著作、Ⅲは書簡等である）。邦訳のページは省略する。これ以外のものについてはその都度示す。ヘーゲルのアカデミー版全集はFelix Meiner社から、シェリング、フィヒテ、ヤコービのものはfrommann-holzboog社から出版されている。

はじめに

注

1 若い頃のヘーゲルについては拙著『革命と宗教——初期ヘーゲル論考——』(近代文芸社、2007 年) 参照。
2 この頃のことについて、拙著『ヘーゲルのイエナ時代　生活編』(文化書房博文社、2012 年) 23-40p 参照。
3 H. S. Harris　Hegel's Development Night Thoughts (Jena 1801-1806) Clarendon Press/Oxford 1983.
4 最近の新しいものとしては W. Jaeschke　Hegel Handbuch. Verlag J. B. Metzler, 2010. がある。邦訳もある。神山他訳『ヘーゲルハンドブック』(知泉書館、2016 年)。ここにはイエナ期も全体として取り扱われているが、あくまでも概説書である。わが国のものとしては島崎隆『ヘーゲル弁証法と近代認識』未来社、1993 年、がイエナ期を中心に論じている。その他、イエナ期を個別的に論じたものは多数あるが、それらについては本論の中で言及することにする。
5 ドイツ語の Idee を「イデア・理念」と訳すことにする。説明は後で行う。
6 さしあたり拙論「ヘーゲル『精神の現象学』の生成の時期について」(『大東文化大学教育学研究紀要 第 10 号』2019 年) 参照。

第1部

同一哲学期

1801-1802

1801年1月にフランクフルトからイエナに移って来たヘーゲルはおそらく哲学者になることを決意していたと思われる。その決意は1800年11月2日付のシェリング宛の手紙に表明されている[1]。しかしヘーゲルがイエナに到着して、最初に取り組んだのは何と予想に反し、『ドイツ憲法論』と呼びならわされている政治論文であった。時代の流れがヘーゲルの決意を抑制して、思わず知らず政治の分野へとヘーゲルを向かわせたのである。確かに政治と宗教は若い日以来のヘーゲルの思想の根幹をなしていたものである。彼が将来独自の思想家となることを決定づけた学生時代の「民族宗教」なる概念はまさに政治と宗教が融合した概念であった。しかしその概念は現実政治（ロベスピエールの失脚）の波間の中で挫折し、消滅した。その後、カントの実践理性に助けを求めたヘーゲルは「実定性」という固有の武器で時代の支配的宗教を批判していった[2]。しかしその試みも再び挫折して、ヘーゲルはカントと別れ、「生命の思想」へと辿り着いた。宗教を生命の最高の段階として捉えた彼は、イエスの宗教の内に神的なもの＝無限なものの実現を探し求めたが、イエスの宗教並びにキリスト教においては「生命」の十全なる実現を見出すことはできなかった。そこには現実の生活、市民的・政治的生活が欠けていたのである[3]。フィヒテの「無神論論争」に刺激を受けながらも、フランクフルト期の最後の頃まで宗教者・信仰者として生きて来たヘーゲルは、宗教の限界を感じて、「哲学者」になろうと決心してイエナの地に移って来たと思われる。しかしヘーゲルは、偶然の波間に揺れる現実政治に再び情動を掻き立てられて、『ドイツ憲法論』の執筆に向かうのである。ここでヘーゲルは若い日の夢であった民族宗教構想を復活させるのである。哲学よりも政治がまずはヘーゲルを虜にしたのである。ヘーゲルの「同一哲学期」を具体的に考察する前に、先ずはこの政治論文から始めなければならない。そこにはヘーゲル哲学を生み出した母の国があったのである。「同一哲学期」に、カントやフィヒテの超越論的観念論を単なる自我性の主観的観念論として批判し、自己意識を超越した「絶対者」の内に自己の同一哲学の原理を求めたヘーゲルの哲学の基底には、全一の生命を求めて、ドイツ的自由を否定して「ドイツ国民の神聖ローマ帝国」の機能的復活を図ろうとしたヘーゲルの情動があったのである。

第 1 章　『ドイツ憲法論』── 同一哲学期の政治論文[4]

　『ドイツ憲法論』はヘーゲルの生存中は出版されることのなかった草稿である。最初に出版されたのは、1893 年であり、モラ（G. Molla）による編集である（モラは 1935 年にも新しい版を出版している）。1913 年にはラッソン（G. Lasson）の編集したものが出版されている。その後『ドイツ憲法論』は Suhrkamp 社の『ヘーゲル著作集』[5]の第 1 巻に収録されている（1971 年）。更にその後、新しい『ヘーゲル全集』、いわゆるアカデミー版の第 5 巻に収録されている（1998 年）。ここでは新しい編集がなされている。またこのアカデミー版第 5 巻に依拠しながら、同じ出版社から、「哲学文庫」[6]版でもその後出版されている（2004 年）。これは実はアカデミー版とは編集の順序が大きく異なっている。なおわが国では、早くも 1967 年に金子武蔵訳の『ドイツ憲法論』が翻訳出版されている（モラ版によっているが、ラッソン版も取り入れている）。[7]

１．ヘーゲルは何故『ドイツ憲法論』を書くに至ったのか

　ヘーゲルの青春はフランス革命とともに始まり、その思想はフランスの出来事との密接な関係の中で形成されてきた。1792 年、革命フランスは自分たちを取り囲むヨーロッパ諸国と戦争状態に突入した。翌年には、「第 1 次対仏大同盟」が結成され、イギリスやオーストリア、プロイセンなどがそこに参加した。最初は苦戦していたフランスも 1793 年 8 月に徴兵制を敷くことによって、それまで傭兵に頼って来ていた軍隊に代わる新しい軍隊＝「国民軍」を形成して、徐々に勢力を盛り返していく。フランスは 1795 年にはプロイセンと単独講和を結び（バーゼルの平和条約）、1797 年にはオーストリアとカンポ・フォルミオの平和条約を締結することに成功した。実はこの条約は当時イタリア遠征軍司令官であったナポレオンの独断によって取り結ばれたものである。そこには「秘密条項」があり、それによってフランス

13

は革命以来の夢であった「自然国境」としての「ライン左岸」を領有することになっていた。その後1798年の暮れから、その条約に含まれている条項を実現する具体的な交渉を行うためのラシュタット会議が開催される。そこにはオーストリアだけではなく、「神聖ローマ帝国」の帝国議員達、つまり多くのドイツの領邦国家の代表達も参加した。彼らの領土が「ライン左岸」にあったからである。ヘーゲルの友人のシンクレーアも小国ホンブルク方伯の代表としてこのラシュタット会議に参加した。シンクレーアは更にその頃からヒポコンデリーがひどくなりかけていたヘルダーリンを、気分転換もかねて、同地に同伴した。ヘーゲルが『ドイツ憲法論』を書き始めたのはこの会議に刺激されてのことであり、1799年の初め、フランクフルトにおいてのことであった。ヘーゲルはシンクレーアから多くの情報を得たものと思われる。ヘーゲルはドイツがライン左岸を失ったことに、また失いながらそれに対して何ら有効な反撃が出来ないことに大きな衝撃を受けたようである。だがラシュタット会議はオーストリアの引き延ばし作戦により、何らの成果も出せないままに1799年3月21日に事実上終了した。更に同年4月28日、フランス代表がオーストリアの兵士に殺害されるという事件が起こり、会議は決裂し、フランスとオーストリア、イギリスその他の国々は再び戦争状態に入り、「第2次対仏大同盟」が結成された（プロイセンはこれには参加していない）。この戦争は2年後の1801年2月にリュネヴィルの和約によって幕を閉じる。この平和条約によってフランスによるライン左岸の領有が再度確認された。イエナに到着して間もないヘーゲルはこの平和条約をきっかけにして、フランクフルト時代に書き始めた『ドイツ憲法論』の草稿を取り出して、それを書き直し、新たに書き加えるという作業を開始した。直接的に言えば、「ライン左岸」の喪失がヘーゲルをして『ドイツ憲法論』を書かしめたのである。その出来事は30歳前後のヘーゲルの胸に得体のしれない憤激と悲しみを与えて、愛国的心情を掻き立てるとともに、何も出来ない「ドイツ」とそこに住む「自己」の無力感を伴って、ヘーゲルの焦燥を募らせていったのである。それは若い日以来フランス革命に憧れていた自己の生命 Leben への根本的な反省をも強いるものであった。ヘーゲルはあたかも今初めて自分が「ドイツ人」であることを思い知ったかのごとく、「ドイツ人」として革命フランスに対峙することを強いられたのである。「ドイ

第1章 『ドイツ憲法論』— 同一哲学期の政治論文

ツはこれからどこへ向かうのか？」「私はこれからいかに生きてゆくべきなのか？」そうした巨大にして切実な問題に30歳のヘーゲルは直面していたのである。つまり「国家」と自分の「人生・生活・生命 Leben」がヘーゲルの前に立ちはだかっていたのである（以下に見る断片③はまさにこの問題を取り扱っている）。

2. 『ドイツ憲法論』の草稿について

　ヘーゲルのアカデミー版全集第5巻の編集者（K. R. Meist）の推測によれば、これらの草稿の作成は4段階に分かれるという（GW5, 559-560）。第1段階は、1799年初めから1801年までであり、これはヘーゲルのフランクフルト期（1797-1800年）のことである。ラシュタット会議の決裂によってヘーゲルは執筆を中断したと思われる。第2段階はイエナに到着してすぐの1801年2月から4月初めまでである。リュネヴィルの和約をきっかけにヘーゲルは再度執筆を開始した。第3段階は同じ1801年4月から8月にかけてのものであり、この時に『ドイツ憲法論』の本論がほぼ出来上がっている。第4段階は1802年の秋以降であり、ヘーゲルは既に書き上げていた草稿を取りまとめて、清書稿に仕上げようとしたのである。残された清書稿は途中で終わっている。1803年2月25日の「帝国代表主要決議」を受けてヘーゲルは筆を折るのである。ヘーゲルの描いたドイツ再生の夢はこの決議によって打ち砕かれたのである（後述、本書185p参照）。ヘーゲルは以後、二度と『ドイツ憲法論』を書き続けることはなかった。
　以下具体的にそれぞれの草稿を見てゆくが、残念ながら残されている草稿群はこの4段階そのままには区分されていない。編集者は「Vorarbeiten und Entwürfe（1799-1801年）」として6種の草稿を、「Jenaer Entwürfe und Ausarbeitungen（1801年）」として10種の草稿を、「Fragmente einer Reinschrift（1802/03）」として2種の草稿を、そして「Exzepte und Notizen（1801/02）」としてヘーゲルによる新聞雑誌などからの抜粋とメモを配置している。上記の草稿成立の第1段階から第3段階までが合体して、それが2つに区分されているのである。そうせざるを得なかった理由は、

15

ヘーゲル自身がフランクフルト期の草稿にイエナで手を加えたことにある。以下私はこれらすべての草稿に通し番号を打ち、見てゆくことにする。「抜粋とメモ」を別にすると、『ドイツ憲法論』の草稿は①から⑱の番号からなる草稿群である。最初の11種の草稿を私は「第1準備草稿」と呼ぶことにする。①から⑪の草稿が含まれる。次を「第2準備草稿」と呼ぶ。⑫から⑯の草稿が含まれる。最後を「清書稿断片」と呼ぶ。⑰と⑱の草稿がある。なおアカデミー版全集ではヘーゲルの草稿は全て始まりの幾文字かをそのまま表題として利用している（私はこの表題に番号を付けて見てゆく）。なお編集者は自分たちの編集と先行する版との具体的な対応関係に全く言及していないので、読んでいて大変不便である。何故このような編集をするのか理解に苦しむ。とまれ、まずは①から⑪番までの草稿を見てゆこう。なお長くなるのを避けるために、個々の内容紹介は省略する。[10]

3．第1準備草稿（1799-1801年）(GW5, 5-51)
　　岐路に立つヘーゲル

　ここには11種類の草稿が含まれているが、全てが4つ折り版である。時期は1799年から1801年までのものである。そのうち②と③はフランクフルト期のもので、イエナでの加筆はない。④も同じ時期のものとみていいだろう。①はこれらの後で見ることにする。

　② **Über ihre Entstehung**（15）〔（ ）内はページを示す、以下同様〕
　これはアカデミー版では1ページの短い断片であり、1799年のものと推定されている。この草稿そのものにはイエナに来てからヘーゲルは手を加えなかったようである。この用紙の空欄にイエナに来てから Pütter の著書からの抜粋などを書いたことで、用紙全体が偶然そのまま保存されたのであろう。
　ここでヘーゲルは「領邦高権 Landeshoheit」について述べようとしている。「領邦高権」とはそれぞれの領邦国家がドイツ帝国から独立に自分たちの主権を行使できる権利のことであり、この権利は三十年戦争を終結させた

第1章　『ドイツ憲法論』――同一哲学期の政治論文

ウエストファリア条約（1648年）で実質的に認められたものである。草稿にはその様子が次のように描かれている。

「ドイツの帝国議員の努力は、凍てついた流れに飛び込んで、各人がその氷から可能な限り身を引き離そうともがいている様に似ている。彼らが自分の身を確保すればするだけ、自分と他の全ての者の没落を早めるだけなのである。ドイツにおいては孤立しようというのが唯一の運動原理であり、それによってドイツは救いようのない奈落の底に沈んでゆく。……ドイツはイタリアの運命に陥るのか、それとも統一国家へと至るのかの分かれ道にいる。統一国家へと至る希望を与える2つの状況がある。一つは諸侯と帝国都市の領邦高権と自由の結合〔こちらは領邦が独立して拡大する方向であり、ドイツ的自由が勝利することになる〕、一つは帝国の結合、……」(15) として終わっている。（なお〔　〕内は引用者である松村の補足である、以下同様。）この最後の部分でヘーゲルの今後のドイツ国制についての立論の分岐点が示されている。ヘーゲルの言うドイツとは「神聖ローマ帝国」のことであり、その意味でのドイツはもう国家ではないとヘーゲルも感じている。ドイツの現実はドイツがいくつもの領邦諸国家や帝国都市に分裂しているということである。主権国家を作り上げようとするヘーゲルの意図からすれば、2つの道が可能である。一つは領邦国家を認めてそれらをまさに独立の国家として行く道、もう一つはドイツ帝国全体の結合を図る道、ドイツ帝国を実質的な主権国家にする道である。ヘーゲルの草稿がその2つの道の選択肢を提示したままに終わっていることに注目すべきである。この草稿が書かれた1799年の段階ではヘーゲルはどちらとも決めかねていたのであろう。イエナに移った1801年以降はヘーゲルは後者の道を、つまりはドイツ帝国の結合を強める道を選択した。それは一部の研究者が言うような「オーストリア」を選択したということではない。ヘーゲルのこの逡巡は以下の③の草稿にも示されている。

③ **Der immer sich vergrössernde Widerspruch**（16-18）

フランクフルト時代に書かれたもので、1800年初めと推定されている。ここには先に触れたように、30歳になったヘーゲルがこれから自分はどのように生きていくべきなのかを模索する姿が示されている。一部の研究者が主張するように、この草稿は『ドイツ憲法論』の草稿とは別のものであった

かもしれない[12]。むしろ『キリスト教の精神とその運命』の草稿群と見なすべきかもしれないが、いずれにしても「生命・生活」への帰路を見つけ出そうとしていた1800年頃のヘーゲルの衝動が生み出した草稿である。ヘーゲルは似たような内容の草稿を1801-03年の頃にも幾つか書いている[13]。草稿はこう始まっている。

「人々が無意識的に求めている未知なるものと、人々に提供され許されていて、彼らが自分のものとした生命・生活との絶えず増大している矛盾と、自然をイデア・理念にまで自分の内で生み出してきた人々の生命・生活への憧れは相互に接近する努力を含んでいる[14]。前者の欲求、つまり彼らを囚われたものとしているものについての意識と彼らが望んでいる未知なるものを獲得するという欲求は、イデア・理念から生命・生活へと移行しようとする後者の欲求と出会っている。後者も一人で生きてゆくことはできない。だが人間は、たとえ自分の自然を眼前に思い描き、この叙述を自分の仲間にし、そこで自分自身を享受したとしても、所詮孤独なのである。人間は描かれたものを生きたものとして見出さざるを得ないのである。時代は人間を内面的な世界へと追いやったが、人間の状態は次の2つの内のどちらかである。もし彼が内面世界にとどまることを欲するのであれば、それはいつまでも続く死である。それに対して、もし自然が彼を生命・生活へと駆り立てるのなら、それは現存する世界の否定的なものを廃棄し、生き得るために、そこに自分を見出し、享受するべく努力する他はない〔だが彼はそこで苦悩する〕。彼の苦悩は自分が制限されているという意識と結びついている。だから彼は生命・生活を軽蔑して、苦悩を選ぶのである〔再び内面世界に戻る〕。それに対して運命への反省を欠いた人間の苦悩は意志を欠いている。けだし彼は世の中の否定的なものを崇め、限界を克服できないものと見なしているからである。」(16)

ここには相対立する2種類の人間の型が描かれていると解釈されてきた。ローゼンツヴァイクや金子はヘルダーリンの『ヒュペーリオン』にヒントを得たものと解釈している[15]。しかしここに描かれているのはヒュペーリオン＝瞑想家とアラバンダ＝実践家の対立とは少し性格が違う。1800年の段階では、ヘーゲルとヘルダーリンの親密な関係は終了している[16]。この時期のヘーゲルがヘルダーリンの思想に依拠して自分の方向を定めるはずはない[17]。この

第 1 章　『ドイツ憲法論』― 同一哲学期の政治論文

　草稿に描かれているのは現実の生活に満足、あるいはそうではなくてもそれを仕方ないものと見なしている人々と、内面世界に閉じこもり、現実の生活を軽蔑する人々との対比である。ヘーゲル自身は当然、後者の立場であるようにみえるが、両方共がヘーゲルの現在の心境であろう。30歳の孤独な知的青年たるヘーゲルはこれから世の中でどう生きてゆくべきか？と自問自答しているのである。シェリングへの1800年11月2日付の手紙でも、自己の現在を「青年時代の理想は反省の形式へと、同時に一つの体系へと」転化したとしながら、「人間の生命・生活へと介入するための如何なる帰路があるのかを今私は尋ねている」としている。ヘーゲル自身が今、イデアを体系にまで築き上げたにもかかわらず、生命・生活への帰路を探しているのである。その道においてヘーゲルは、やがて1801年以降のイエナ時代に自己の内なる衝動を「哲学への欲求」として意識してゆくのである。ヘーゲルは「哲学」を介して現実世界と対決しようとするのである。1800年段階での自分の生きざまについては、草稿では大略、次のように言われている。

　現在の生活を否定してよりよい生活を実現するには、現世に対する攻撃が有効な力を持たなければならない。しかし単なる特殊と特殊の対立では駄目である。ではどうすればいいのか。ここでヘーゲルが到達したのが、次の視点である。「制限された現在の生命・生活も自分自身の真理によって攻撃され、これとの矛盾にもたらされるということがあり得る。」(18) ここにはヘーゲルの新しい視点がある。つまり、弁証法的な自己否定の歩みが物事の発展の過程として把握されることになる。AとBの対立という視点だけではなく、Aの自己否定という視点からAとBの統一を捉えてゆくヘーゲルの見方がここに成立したのである（これは今後生涯を通してのヘーゲルの見方となる）。更にヘーゲルは続けている。「制限されたものが支配権を持っていた時には、それは特殊に対する特殊の暴力に頼っていたのではなく、普遍性に頼っていたのである。この普遍性を喪失する時、特殊なものは崩壊してゆくのである。」(18)『キリスト教の精神とその運命』においてはヘーゲルは法律による刑罰に対して、「運命」なる概念を対置する。法律が普遍によって特殊を支配しようとするものであるのに対して、運命は特殊と特殊の対立であり、単に普遍という思惟の世界の出来事ではなく、現実の中での出来事である、として、「法律」よりも「運命」を高く評価していた。ところが上記

の引用文では、特殊と特殊の対立の背後にある「普遍」の意義が強調されている。普遍を背後に持つ特殊こそが存在意義があり、普遍を喪失した特殊はまさに実定的なものとなり果てているのである。こうした特殊と普遍についての弁証法的な考察は、1800年の『実定性改稿』でも行われている（GW2, 354-355参照）。両者は時期的に近かったのであろう。ともかく今やヘーゲルは感性と理性とか、理論と実践とか、民衆と指導者といった単純な特殊と特殊の2項対立を描くだけでは満足できず、各項自身の自己否定を介しての普遍性の出現、それによる発展的展開を考察する弁証法的思考へと舵を切っているのである。この「普遍性」の代表が「国家」として把握されようとしている（同一哲学の分野で言えば特殊と普遍の統一としての「イデア」がそのような普遍性＝同一性として想定されることになる）。「国家」はもうヘーゲルにとっては「単なる機械」ではないのである。

しかし現在のドイツはまさにそうした「普遍性」（国家）を喪失した状態にある。普遍性があるとしても、それは観念においてだけであり、現実には存在しない。世論は信頼の喪失によってそのことを決定してしまった。権利という権利は全て特殊なものとなっている。ドイツの進むべき道は2つに一つであるとして、一つは「現存するものも認めている真理から出発する」ものである。つまりは領邦国家の自立から出発する道のことと思われる。「だがそれがあろうと欲するものと、それの現実との矛盾は明瞭である。それに対してもう一つの道は……」(18) として何も書かれないままこの草稿は途中で終わっている。

これは②の草稿と同じ終わり方であり、この終わり方は、ヘーゲル自身が将来の選択肢を明瞭に示せないことを示している。②と③を合わせて考えると、<u>フランクフルトでこの草稿を書いていた時期（1799-1800年）のヘーゲルはドイツ統一に際しての2つの道の選択に迷い悩んでいた</u>、と言えそうである。

ところで、政治の分野での前者の道、つまり領邦国家の自立化の道はスイスのヘルヴェチア共和国の樹立（1798年）に刺激されてヘーゲルたち自身が目指していた道である。1798年にヘーゲルは匿名で『カル親書訳』を出版したが、それはベルンの圧政に抵抗しようとしたスイスのヴァード地方の弁護士ジャン・ジャック・カルのフランス語の著作をドイツ語に翻訳して、

第1章 『ドイツ憲法論』── 同一哲学期の政治論文

詳しい注を付けて匿名で出版したものであった。また同じく1798年、ヘーゲルは祖国ヴュルテンベルクの政治問題に言及した『行政官は市民によって選挙さるべし』という政治論文を書こうとしていた（完成には至らなかった）。更には1799年頃、ドイツ・ジャコバン派を中心としたグループが革命フランス政府と組んで「南ドイツ共和国」の樹立を目指した運動を画策し、ヘーゲルもそれに何らかの形で参加していたと思われる。だがその運動は当時のフランス政府の方針転換などにより実を結ぶことなく、ヘーゲルの祖国ヴュルテンベルクでは逆に1800年に一部のドイツ・ジャコバン派が逮捕されるという事件が起こっている。その代表者ペナセの尋問調書から、ヘーゲルがその「陰謀」に加担していたことはほぼ確実である。ヘーゲル自身としてはこうした祖国ヴュルテンベルクの政治改革の試みの挫折から、心ならずも前者の道、領邦国家改革を通じてのドイツ再生の道を諦めて、後者の道、ボロボロの神聖ローマ帝国にすがる道への方向転換をする他はなかったのであろう。ヘーゲルがこうした方向転換をしたのは1801年のことであろう。それはドイツにおける新しいナショナリズムの登場として歴史に記憶さるべきものではあるが、そのナショナリズムは「ドイツはもう国家ではない」という否定的な嘆きであったことも銘記すべきであろう。ヘーゲルはヴュルテンベルク公国の市民としてではなく、「ドイツ帝国」の国民として生きてゆこうと決意するのである。それはドイツで最初期の国家的民族意識であるとともに、現実味のない極めて抽象的な国民意識であり、ヘーゲルが祖国ヴュルテンベルクの人民・民衆から遠く離れてしまったことを意味する（なんと彼は今、異郷の地イエナに住んでいるのである）。ドイツ帝国の絆を強めてドイツ再生を図るというヘーゲルのこの決意は当時の政治家たち、例えばプロイセンの国王やバイエルンの選帝侯、ザクセンの選帝侯、更には「神聖ローマ帝国」皇帝フランツ2世でさえも意志していない道であり、このような道を当時求めていたのは祖国（ヴュルテンベルク）を捨てた極少数のインテリにのみ、かすかに可能な道であった（不思議なことに当時イエナにはヴュルテンベルクの出身者がかなりたくさん集まっていた）。しかもゲーテやシラーの例を出すまでもなく、当時の多くのインテリたちは「神聖ローマ帝国」などまともに相手にしていなかったのである。ヘーゲルは今回もまた「狭き門」から入ろうとしたのである。もちろんヘーゲルのこの選択

21

は、ドイツ国家とかドイツ民族という抽象的観念に衝き動かされただけの特異な個人の衝動ではない。後で見るように、ヘーゲルの出身地の南ドイツの弱小等族たちにとっては、「ドイツ帝国」以外に頼るべき政治勢力はなかったという具体的事情が、ヘーゲルの選択の背後に強く働いたものと思われる。その意味ではヘーゲルは今なお祖国ヴュルテンベルクの愛国者だったのである（後述、本書 27, 35p 参照）。

④ **Im Deutschen Reich** （19）

アカデミー版全集で7行の短い断片である。先の②と同じ用紙に書かれている。私人としての市民と公民としての公務員が対比されようとしている。

次に①の草稿を見てゆこう。これは『ドイツ憲法論』にとって極めて重要な草稿である。

① **Sollte das politische Resultat** (5-14)

4つ折り版、1ボーゲン。ヘーゲル自身の手でボーゲン番号1が書かれている。明らかに『ドイツ憲法論』の序論として構想されたものである。この草稿は1799年の初めに書かれたものらしく、ラシュタット会議が解散する同年の4月23日以前のものである。このフランクフルト時代の原稿にヘーゲルはイエナで1801年の初め（2月9日から3月16日の間）に手を加えたようである。原稿は非常に複雑な様相を呈しており、このアカデミー版では下段で初稿を再現し、上段に最終稿を示している。しかし冒頭はそれでも足りなかったようで、下の脚注で更にヘーゲルの変更が示されている。ヘーゲルはこの論考を書くに至った直接の動機を次のように表白している。

「ドイツがフランスと戦った破滅的な戦争の結果がドイツ側の領土と幾百万の民草の喪失という結果しか生み出さなかったこと、またそれによって領地を失った君侯たちの補償のために聖職者たちの領地が没収されたこと、戦争の重い負債が平時の今も続いていることしかもたらさなかったことで、こんなことでいいのかというドイツの多くの愛国者の悲憤を引き起こした」とあり、欄外に「ラシュタット会議の頃のことである」とあり、これがまた抹消されている。(5)

ここに見られるようにこの論考でのヘーゲルの動機は、ドイツがライン左岸を失ったという悲憤である。ライン左岸にはヘーゲルの故郷シュワーベン

第1章 『ドイツ憲法論』― 同一哲学期の政治論文

地方の多くの等族たち[21]の所有地があった。彼はドイツの国家としての興隆を願って、この論文を書こうとしたのである。しかしその希望の実現にヘーゲルは非常に悲観的である。抹消された初稿部分には、「以下の論考は、ドイツという国家がその無力な状態から再び興隆へと向かうという希望に心ならずも別れを告げながら、その希望を全て捨ててしまう前に、弱まりゆく願望を今一度せめて心像において呼び覚まそうという魂の声である」とある。(6)

1799年のラシュタット会議の決裂によって、ヘーゲルはその夢を捨てたようである。つまりこの草稿を書き続けることを止めたのである。だがヘーゲルは、1801年イエナにおいてこの古びた草稿を取り出して「ドイツ憲法論」を再び書き始めようとしたのである。ヘーゲルは二度「ドイツ憲法論」を書こうと決意したことになる。この2年の内にヨーロッパの政治はナポレオンの登場によって大きく変化していた。ブリュメール18日（1799年11月9日）のクーデターで軍人ナポレオンは政権の座に就いた。執政政府が樹立された。1800年に第1執政ナポレオンは第2次イタリア遠征を企て、マレンゴの戦いに勝利して翌1801年リュネヴィルの和約にこぎつけるのである。ヘーゲルの政治思想にもこうした時代の動きはいくばくかの変化をもたらしたはずである。結論を先取りして言えば、当初ヘーゲルは領邦国家の自立化によるドイツ再生の道を模索していたが、それを諦めて、「ドイツ帝国」に依拠したドイツ再生の道を選択したのである。

ヘーゲルは続く文章の欄外に3つの見出しを付けている。これらの見出しはイエナで付けたものと思われる。第1の見出しは〈**ドイツはもう国家ではない**〉という周知となったヘーゲルの有名な言葉である。編集者も推測しているように、この有名な言葉は1801年に書き込まれたようであり、初稿には見当たらない。

「専制の、つまりは憲法を持たない国家を別にすれば、ドイツほど惨めな国家制度の国はない。それが今度の戦争〔第2次対仏大同盟〕が万人に与えた痛切な感情である。いやそれどころかもっとはっきりしたのは、ドイツはもう国家ではない、ということなのである。講壇国法学者は職務上、アリストテレスの区分に従ってドイツをそのいずれかの国制に分類しなければならないのだが、それを正しく取り扱うことはできなかった。ヴォルテールはドイツの国制をアナーキーと呼んだが、言い得て妙であるが、この名前でさえも

今や妥当しないのである。けだし誰もドイツを一つの国と見なすことさえできないからである。」(6-7)

　ドイツの国法学者については後でも繰り返し出てくる。ここで問題となっているドイツの国家制度とは、概念としては「ドイツ国民の神聖ローマ帝国」のことであるということを我々は銘記しなければならない。以下これを「ドイツ帝国」と呼ぶことにする。ドイツ帝国はイタリア北部とオーストリア、チェコ、ドイツにわたる広大な地域を含む連合体であった。そこには皇帝がいたが、皇帝は絶対的な主権を有しておらず、帝国の構成員である領邦諸侯や帝国都市、帝国騎士などの利害を調停する機能を果たしていた。ヘーゲルはこうしたドイツ帝国の現実が国家という概念に全く合致せず、ドイツ帝国という建物は「過ぎ去った数世紀前の作品であり、現代の生命・生活によって支えられておらず、建物は唐草模様の柱と共に、この世の時代の精神から孤立して立っている」(7) としている。概念と現実との乖離をヘーゲルは痛感しており、概念に現実を優先させて、「ドイツはもう国家ではない」と断じているのである。注意すべきは、この発言のイデオロギー性である。そこにはドイツ帝国に国家としての機能を果たして欲しいというヘーゲルの願望がある。この願望を抜きにしては、「ドイツはもう国家ではない」という発言は出てこないのである。だが現実は「ドイツ帝国」を過去の遺物として葬り去ろうとしている。しかもその現実は領土喪失に何の打開策も打てないままに手をこまねいている惨めな現実である。この惨めな現実がヘーゲルの胸に悲憤をふつふつと沸き上がらせ、茫漠広大なドイツ帝国史をものともせぬ研究意欲を掻き立てるのである（⑦の草稿がそれをよく示している）。ヘーゲルはこの悲惨な現実を生み出した原因をドイツの遠い過去へと遡り探求することになる。

　ヘーゲルが辿り着いた原因の最大のものが「ドイツ的自由」であり、これが第2の見出しとなっている。〈**ドイツ的自由**〉「ドイツ的自由の伝説が今日の時代にまで伝わっている。それは個人が国家に服従せず、普遍者に拘束されずに独力で立ち、自分の名誉と運命を自分で引き受けることである。それはまだ国家がなく、法律がない時代のものであり、性格と習俗と宗教が人々を結合して一つにしていた時代の代物である。法律ではなく習俗が集団を一つの民族へと結合していた状態、普遍的な命令ではなく、等しい利害が民

第1章 『ドイツ憲法論』— 同一哲学期の政治論文

族を国家として表現していた状態、それがドイツ的自由と呼ばれたものである。」(8)

このように「ドイツ的自由」とは、いわばドイツ民族の自然状態、国家以前の状態における、全体に服従せず自主独立を貫く性格のことである。その性格、意識が国家状態に移行した後の現代にまで生き続けており、国家制度のあらゆる分野に浸透しているのである。その結果ドイツの国家制度は私人の手に奪い取られているのである。かくてヘーゲルは第3の見出し〈**ドイツの国法はドイツの私法である**〉を付け加える。

「こうして次のような国家が生じた。諸侯、身分代表、都市、ツンフトといったその諸部分はその権利を自分で獲得したのであり、国家が配分したのではなく、むしろ国家からそれを奪い取り、国家はそれをそれらの権利として確認したのである。……ドイツの公法の体系は国家法という概念の統一から生じたものではなく、全くの私法の寄せ集めなのである。」(10-11)

このように国家権力が主権としての独立を維持できないように、ドイツを構成する各人が国家から自分の取り分を奪い取っている状況では国家としてのドイツなどどこにも存在できないのは当然である。全体から分離して自己の独立を求める精神こそが、ドイツ憲法の、ドイツの国家制度の正義とされるものなのである。そして「国家の法について思弁する哲学者の判断は……」(14) としてこの草稿は終わっているが、初稿にあった「思弁する哲学者」なる語句は1801年には当然にも、<u>削除されている</u>。何と言ってもヘーゲルはこれから「哲学者」を目指すのであるから。おそらくヘーゲルはそろそろ最初の哲学書『フィヒテとシェリングの哲学体系の差異』の執筆を構想し始めた頃であろう。政論家と哲学者の像が自己の内で交差した時、ヘーゲルはこの①の草稿の改稿の筆を止めたのであろう。そのためこの草稿においては、この草稿を書くに至った動機は明瞭に示されているが、ヘーゲルが目指すドイツ再生の道は何ら示されないままである。

⑤ **Religion** (20-24)

キンマーレの1番にあたる (Hegel-Studien Bd. 4, 137p 参照)。彼は1801年の4月以前としているが、アカデミー版編集者は1801年2月9日以後としている。この原稿は似たような文章が他にあり、⑯の98p以降がそれに

相当する。この⑤の草稿をヘーゲルは後にほぼそのまま利用したのである。内容はそちらで見ることにする。

⑥ **I Deutschland kein Staat mehr**（25）

1801年の5月以降8月以前、と推定されている。見れば分かるように大きな見出しの区分の断片である。編集者はこれを最初の Sollte das politische Resultat の欄外注と関係させており、妥当な見方であろう。ともかくこれはヘーゲルがこれから書き上げようとしている『ドイツ憲法論』の目次の一部と見なせばいいものであろう。以下に見る草稿群はだいたいこの構想に沿って書き続けられている。引用は省略する。

⑦ **II Ein Staat, dem die Krafft genommen ist**（29-35）

IIという記号があり、そこで15行の文章があり、その後、A. Schiksal 等々と続くかなりの長さの草稿である。先行部分があったことが予想される（喪失したようである）。ここのA．の部分以降は清書稿⑱に採用されている（187-191）。ただし表現は多少修正されている。なお以下の⑦から⑪までの草稿は1801年2月から4月頃のものと推測されている。

「対外的にも対内的にも主権を喪失した国家は戦争において略奪と荒廃に身を任せる他はない。そのような国家は政略 Politik の正義に、また運命に身を委ねる他はない。強い国家はますます広がり、弱い国家は飲み込まれてゆく。」(29)

このようにヘーゲルは「国家主権」の重要性を強調する。国家主権を喪失した国は当然周りの国々から領土を奪われ、しかもそれに対して何ら有効な対策をとることもできない。

ドイツ帝国が幾世紀にわたって喪失してきた土地は長く悲しいリストを形作っている。「ここでは遠い昔にまで遡ることは止めてウエストファリア条約以降の領土の喪失を振り返ってみよう」(32) として三十年戦争（1618-48年）を終結させたウエストファリア条約以降のドイツの領土を振り返っている。更にはそれ以降の平和条約、ニムヴェーガー平和条約（1672年）、リュスビッカー平和条約（1697年）、バーデン平和条約（1714年）、等々、で喪失した領土を振り返っており、かなり細かな条約にまで言及していてその途中で終わっている (35)。注によれば、この辺りの典拠は、Majer の著作（1775年）や Häberlin の著作（1797年）であるという。国法学者たち

第1章 『ドイツ憲法論』─ 同一哲学期の政治論文

の著書を研究しながら、ヘーゲルの具体的な『ドイツ憲法論』研究が始まったことが分かる。ともかく「領土」の問題はヘーゲルの「国家」にとっての最重要課題であり、この時期のヘーゲルの国家観の中核をなすものである。

⑧ **d.Politischer Grundsaz**（36-38）

ここは3ページ足らずの断片である。すぐ前の断片と同様に、ヘーゲルのこの時期の主眼が国家を私的所有の領域から独立した公共的な空間として確保することにあるのが分かる。ヘーゲルはここでも領邦国家がドイツ帝国から自立することを忌み嫌っている（37下段参照）。それはドイツの分裂を強めるだけだとヘーゲルは思っているのである。ヘーゲルは明らかに自分の選ぶべき道を決定している。領邦国家の独立化を防ぎ、ドイツ帝国の絆を強める、それがヘーゲルの今後の政策の原則である。なおこの草稿にはオーストリアの皇子カール大公への言及があり興味深いが、後で触れることにする（本書38-39p 参照）。

⑨ **Reichsfeind, der dritte**（39-40）

2ページの短いものであり、且つ又難解である。
「帝国の敵、中立条約によって攻撃された中間身分は敵の圧倒的な優勢の下に援助もなく委ねられる。……帝国は帝国できちんとした国家体制を敷かないものだから、各身分は放置されて、自然状態に陥り、自分ひとりの保存に専心する。いきおい外国勢力に頼ることになる。」(39)

このようにヘーゲルは帝国内の弱小等族に同情を寄せている。プロイセンやオーストリアのような大国は自分で自分を防衛できるが、圧倒的多数の弱小領邦は誰かに頼る以外は身を守れないのである。ヘーゲルの立ち位置はまさに大国オーストリアではなく、「弱小領邦国家」なのである。「弱小領邦国家」にとっては、ボロボロとはいえ「ドイツ帝国」は自分たちの領土保全に関して頼るべき唯一最大の相手であったのである。

続いてヘーゲルは当時フランスが作り上げたイタリアのチサルピナ共和国およびオランダのバタヴィア共和国の問題に触れて、フランスはここでは守護の支配者とは呼ばれないが、実質的には軍隊を配備してその報酬を受け取り、それで相手方の独立を承認しているというのはまやかしである、と批判している。ヘーゲル自身がかつてフランス政府の援助のもとで「南ドイツ共和国」を樹立しようとして失敗した苦い経験がここに秘められているのであ

ろう。今のヘーゲルにとってフランス軍は既に解放軍ではないのである。またこの時期のヘーゲルはナポレオンへの共感も示してはいない。

⑩ **B. Finanzen.**（41-47）

　7ページ程の断片であり、削除と追加が目立つものであり、財政を論じた草稿の最初期のものであろう。「清書稿」に部分的に採用されているが、多くは省略されたようだ。具体的な内容については省略する。草稿の一番最後のところではドイツが南部、中部、北部に区分されている。「略奪された南ドイツは嫉妬なしに北ドイツの平安を見ることはできない。また中部ドイツからも見捨てられたことを怒らずにはいられない。北ドイツは自分たちを利口で、抜け目がなく、幸運であるとみなし、南ドイツを見下している。」(47)

　この辺りからヘーゲルが明らかに心情的には南ドイツに与していることが分かる。

⑪ **C) Die Lehensverfassung...**（48-51）

　4ページ程のものであり、封建制の問題とウエストファリア条約の問題を取り扱っているものであり、すぐ前の断片を受けての最初期の草稿であろう。引用は省略するが、ヘーゲルは領邦国家がドイツ帝国から独立していった経緯を苦々しく叙述している。また帝国都市間の同盟にも言及しているが、それらも挫折した、と指摘されている。

4．第2準備草稿（1801年）　　「ドイツ帝国」再建試案（GW5, 52-158）

　ここは⑫から⑯までの草稿群である。実質的に『ドイツ憲法論』の本論に当たる。成立は1801年4月から8月のものと推定されている。全ての草稿が2つ折り版である。やや信じ難いことではあるが、『差異論文』の執筆と同時進行していたことになる。

⑫ **Der Nahme für die Staatsverfassung...**（52-57）

　これはジュネーブ草稿であり、このアカデミー版全集で初めて公刊された断片であり、1801年5月から8月のものと推定されている。ともかく脚注

第 1 章 『ドイツ憲法論』— 同一哲学期の政治論文

にも見られるように何度も訂正や追加がなされている。内容的には第 1 準備草稿の①と同様のものであり、この『ドイツ憲法論』という論文の「序論」部分を構成するものである。

「国家の本当の現状／状態は平時の時よりも戦争の時にはっきりする。フランス共和国とドイツとの戦争の結果、ドイツはその美しい国土と住民の多数を失った。(ヘーゲルは最初の文章では「南西ドイツの半分」と明示していた。)」(53)

「存在するところのものを叙述するに際しては国法学者たちの理論を基礎においてはならないのは言うまでもないことである。語り得るのは存在すべきもの、法的に正当なものについてではなく、現に存在するものについてである。ドイツの現状は法と実践の矛盾に他ならない。」(54-55)

ヘーゲルの有名な「存在するところのものの了解」の思想がこの辺りで形成されようとしているのが分かる。清書稿の⑰の 163p に明確な表現がなされている。

⑬ **Diese Form des Deutschen Staatsrechts…** (58-66,-72)

これは 10 ページ以上にわたるかなり長いものである。上記のもの同様、多くの追加や削除がある。SK. 465 からのもの、つまり序論部分を形成しているものと、更には SK. 582 からのもの、2 つのものからなっている。つまりこのアカデミー版全集は 58-72p を一続きのものとして載せているが、SK はそれを 2 つの別のものとして編集している。いずれにしても最初の部分は『ドイツ憲法論』の序論部分の草稿とみればいいだろう。この⑬の草稿は上の⑫の草稿の続きと見なせばいいだろう。

ヘーゲルは先ず「ドイツ的自由」がドイツ人をして近代的統一国家の形成を阻止したものであるとして、それを「ドイツ的性格の頑強さ Hartnäckigkeit」と呼んでおり、それは奇しくもフランクフルト期のユダヤ人の性格付けと重なっている。

「ドイツの国法は実は古いヨーロッパの状況と関係している。そこにあっては各民族 Nationen は法律によって権力に参加するのではなく、直接権力に参加していた。……ドイツ人たちはこの分け前を恣意から独立した法的な自由な分け前に転換しようとはしなかった。ドイツは恣意的な自由たるドイツ的自由を守り続けることによって国家的統一を実現しないままに来た。古い

ドイツ的自由の時代にあっては各人は自分で自分を守り、全体に属することによって自分の権利を保障されるといった様式を採らなかった。……個人は自分の領域内のものであればどんな一部のものであれ、それを守るために命をかけた。またどんな強い敵、それが国家であれ、にも立ち向かった。」(59)

この辺りでヘーゲルは Nation と Volk という言葉を両方使用しているが、前者は自然的血縁的民族集団、後者を近代的文化的民族と考えているようである（これはヘーゲルの後の用例とも合致する、GW8, 259 参照）。なお、自分の一部への攻撃でさえも、自分全体への攻撃と見なし命をかけて戦うというここでの叙述は、まさに「承認のための生死を賭する戦い」のことである。周知のごとく、ヘーゲルは「承認」の概念をフィヒテの『自然法の基礎』から継承しているが、[22]ヘーゲルはそれをこの時期「ドイツ的自由」と絡ませることによって、それを単なる法理論の展開の基礎としてではなく、歴史的転回のモデルとして確立したと言えよう。これによって「ドイツ的自由」は一種の「自然状態」と見なされ、「承認」の概念は自然状態から法状態への移行の論理として設定されることになる。もちろんこの政治論文では自然法の理論が独自に論じられることはない。<u>ともかくこの時期、「ドイツ的自由」がヘーゲルにとって「自然状態」であったことを確認しておこう。</u>後で触れる 1801 年の『暫定テーゼ』の 9 番「自然状態は不法ではない。さればこそそこから脱却しなければならない。」という主張は、「ドイツ的自由」を念頭に置いた発言であったのである。なお「ドイツ的自由」はその後『ドイツ憲法論』の草稿自身の中で、ヘーゲルの評価が大きく変転することになる（後述、本書 37p 参照）。

Wir können eine Menschenmenge... (66-72)

この部分はもとは別のものであった原稿をヘーゲルが後につなぎ合わせたものである。文章自身は新しい草稿につながっている。それでアカデミー版全集ではひとつながりの草稿としてまとめられているのである。アカデミー版 66p の下段からはズールカンプ版では SK. 582 に別の種類の原稿として載せられている。(またこの部分は「清書稿」ともよく似ているが、アカデミー版全集の「清書稿」の 165-171p に対応している。ヘーゲルはこの古い草稿を利用して「清書稿」のこの部分を書いたのである。)ここから『ドイツ憲法論』の本論が始まり、先ずは「**国家の概念**」が論じられている。

第1章　『ドイツ憲法論』― 同一哲学期の政治論文

「一つの人間集団は自分たちの財産一般を共同で防衛するように結合されているときにのみ国家と呼ぶことができる。もちろんこの防衛は言葉だけのものでは駄目であり、実際の防衛でなければならない。国家にとって本質的なことはこの防衛という普遍的目的のための国家権力の統一である。その他の事どもは国家にとって付随的なことである。」(68)

このようにしてヘーゲルは国家にとって何が本質的で、何が付随的なことかを様々な分野にわたって検討する。国家にとって本質的なものは領土を保全するための国家権力、国家主権であり、そのためには軍隊が必要なのである。その他のもの、司法とか税とか宗教とか言語といったものは付随的なものである。それがここでのヘーゲルの主張である。このような国家に対する一面的な単純な把握は、まさにこの時期の同一哲学の絶対的同一性の端的な主張と符合する。この時期のヘーゲルにとっては「ひとつであること」が重要なのである。

⑭ **Dennoch war Deutschland…** (73-74)

これは2ページの短いものである。これもジュネーブ草稿であり、このアカデミー版全集で初めて公刊された断片である。取り扱われているのはいつもの通りドイツが国家でありながら、国家でないということである。「この矛盾を解決するのが権力を、国家ではなく、個人が担うということであり、ドイツの国家権力は個人の私的所有と化したのである。そこには一種の権利関係が形成されるが、それを裁く司法には自分の判決を実行する神経組織が欠けており、実践的な人ならばそれを単なる観念的な組織と見なさざるを得ない。」(73)

後に「清書稿」でヘーゲルは「観念国家」という概念を使用するが、その考えはここに示されていると言える。

⑮ **Die Fortpflanzung dieses kriegerischen Talents…** (75-87)

これはかなり長い断片である。「初稿である」と編集者はしているが、75-80pまでは軍隊の問題を取り上げており、これは清書稿179-182pに重なる部分がある。81-87pは財政を取り扱っている。PB版はこの草稿の最初からを清書稿に採用している。清書稿の179pの最初の部分、jedes Gesicht auf, は実はこの⑮の草稿の77pの ausgesprochen wird, につながっている。SK版も既に同じ試みをしている。ともかく⑬の最後の部分で問題となった「国

家権力」の問題が引き続き取り扱われていて、国家権力の中心となる「軍隊」とそれを支える「財政」の問題が取り上げられているのである。そして「帝国の軍隊」の現状を紹介した後、結論として「このように一つの統一ある軍隊が形成されていないということの内にドイツが独立の諸国家群へと解体しているということが如実に示されているのである」(77) と述べられている。更にこのような欠陥のゆえに、ドイツを国家と見なすことはできないのである。「ドイツは自分を守ることさえも不可能なのである」(87 参照) と断じられている。

⑯ **Kan, wodurch die Freyheit…** (88-158)
　２つ折り版、36p の非常に長い断片であり、アカデミー版の 88-158p にわたるものであり、いわゆる『ドイツ憲法論』の後半部分に当たる。ともかくこの草稿においてヘーゲルは、以前の草稿などを色々と利用しながら、『ドイツ憲法論』の仕上げを目指したものと思われる。おそらく『差異論文』はもう書き上がっていた頃（7月）と思われる。軍隊と財政を論じた⑮の草稿の続きであると思われる。
〔司法〕
　この辺りは裁判、司法権に関係する個所であり、帝国裁判所の問題などが論究されている。司法 Rechtspflege が国家権力の一部であることが強調される。
　弱小議員の存立は帝国の紐帯にかかっているのではなく、強力な議員とか国家のその時々の偶然の政略にかかっているというのがヘーゲルの答えのようである（92 参照）。
〔宗教〕
　宗教については既に⑤の草稿が残されているが、ヘーゲルはその草稿を一部そのまま利用しながら筆を進めている。この草稿で新しく目につくのは宗教の変遷が市民階級の興隆という歴史的視点と共に把握されていることである（95 参照）。ここに見られるように、市民階級の興隆もヘーゲルにとってはドイツの国家的統一を困難にする要因の一つであった。というのも市民＝ブルジョアたちは全体のことよりも自分個人のことに関心を集中させるからである。その市民的心情と宗教改革とが結びついたのである。ドイツの分裂

第 1 章　『ドイツ憲法論』── 同一哲学期の政治論文

はそれによって一層促進されたのである。だがヘーゲルは更に新たに次の視点を付け加えている。
「確かに宗教の分裂は人間をその最内奥の本質において分裂させるが、それでもなおある結合があり続けねばならないということ、この結合は外的なものごと、戦争遂行を越えて結びつかなければならないのであり、これが近代国家の原理である結合なのである。」(99)
　ここに見られるように、ヘーゲルは宗教とは別に、「国家」にも人々を結びつける固有の力を認めたのである。この理論を突き詰めるならば、無神論の国家も可能となるはずである。ただしフランスでの革命に対する晩年の批判に見られるように、ヘーゲルはそこまでのことは主張しないようである。ただしこの時期、つまり 1801 年にはヘーゲルはもはやフランクフルト時代とは異なり、宗教を絶対視していないことは明らかである。宗教から独立した国家の固有の働きが認識されていると言える。これは宗教から独立した「哲学」の固有の働きが認識されたのとパラレルな現象と言える。つまりこの時期、「宗教」は現実政治の領域から追放されて、絶対的精神の領域に移されて、祭壇に祭られたのである。そして「宗教」は純然たる「哲学」の対象となったのであろう。もちろんその純然たる宗教の姿はここ『ドイツ憲法論』という政治論文の中で取り扱われてはいない。

〔代議制について〕
　ヘーゲルは、モンテスキューに倣い、代議制度に多大の関心を寄せている。「代議制度はあらゆる近代ヨーロッパの国家の制度である。それはゲルマニアの森にあったのではないにしても、そこから生まれたものである。それは世界史に一時期を画するものである。世界文化の連関は東方的な専制主義と続いて共和国の世界支配の後に、後者の腐敗を通じて両者の中間へと人類を導いた。ドイツは世界精神のこの第 3 の形態を生み出した民族なのである。」(111) このようにこの時期のヘーゲルは代議制度を世界史の第 3 段階として極めて重視している。その由来についてこう述べられている。「代議制度は近代の発明ではなく、封建制度の本質と深く結びついたもので、市民階級の発展と共に進展していったものである。あらゆる近代国家はこの代議制度のもとに存立しているが、この制度はドイツから生じたものである。」(115) だがドイツはこの原理を自分では十分に発展させることが出来なかっ

た。ドイツは封建制度を国家権力にまで形成することが出来ずに、ドイツ的自由に固執して自分を解体してしまった。後に残ったのは多くの国家群であったとされている（116参照）。つまりヘーゲルにとっては封建制度も自然状態の一部なのであろう。封建制度の中からドイツは代議制を十分に発展させることができず、ドイツは統一を失って領邦国家に分裂した。しかしヨーロッパの他の国ではそうではなかった。

〔ヨーロッパにおける近代国家の形成〕

　ヘーゲルによれば、フランスを一つの国家、君主政という形式にするに際して妨げとなる2つの原理があった、つまり豪族とユグノーの徒である。これら2つの勢力はそれぞれが独自の主権を主張して国王と争った。それらを平定したのがリシュリューであり、ヘーゲルは彼を天才と讃えて評価している。彼は貴族の官職を国家に依存させて、豪族たちを国家的統一のもとにもたらしたのである（127）。このようにしてフランスは国家統一を成し遂げたが、他にもイギリスやスペインといった多くのヨーロッパの国がこのような権力の集中した中心点に到達することが出来た。しかるにそれが出来なかったのが、ドイツとイタリアであった（129）。このような状況の中で、イタリアの国家的統一を目指したマキャヴェリをヘーゲルは褒め称えている（131）。ドイツの現状についてはこう述べられている。

〔ドイツの4大政治勢力〕

　ヘーゲルは、最近の戦争によってドイツには4つの政治システムがあることが明らかになった、として以下に4つの政治勢力を区分している。第1はオーストリアのものであり、第2は皇帝のものであり、これはいわゆる神聖ローマ帝国のことであり、実質的には第1のものと重なる。ただしこの皇帝の名のもとに全ての弱小等族、とりわけて南ドイツのそれが含まれており、彼らは独立を望む限りは皇帝に、帝国に頼る他はない（138参照）。第3は中立のものであり、バイエルン、バーデン、ザクセンといったやや強力な領邦国家であり、これらはプロイセンからもオーストリアからも離れているとヘーゲルは考えている。第4がプロイセンである。ここには他の北ドイツの領邦国家も含まれている（ここにはイエナを統治しているワイマール政府なども含まれている）。これらの領邦国家はプロイセンの仲介のもとにフランスと中立条約を締結したが、これはドイツにおいて全く新しい状態であり、

第1章 『ドイツ憲法論』── 同一哲学期の政治論文

注目に値する、としている（138 参照）。ただしヘーゲルはプロイセンの単独平和条約締結を快く思っておらず、北ドイツの南ドイツからの分離に苦々しく言及している。「ライン左岸を失うというあの苦しい時期に北ドイツは南ドイツを見捨てたのである」と非難している（140）。

　ここにはヘーゲルの立ち位置が明瞭に示されている。ヘーゲルの依拠する政治勢力はドイツ帝国である。ヘーゲルによればそれのみがドイツ統一を可能にするからであり、かつまた「南ドイツ」の諸国、帝国都市等々は「ドイツ帝国」に頼る以外に存立の支えがないのである。祖国を捨てたはずのヘーゲルに今なお強い愛郷心があることが窺える。この心情が土台となって「ドイツ帝国」が選択されたのであろう。そしてドイツ帝国を選択することは現実政治の戦術としてはオーストリアとの同盟を選択することになる。今やドイツの領邦国家群の運命は2つの巨大勢力、プロイセンとオーストリアの政略の内にある（144）。つまりドイツ統一は、民族的一体性とか民族精神の領域の問題ではなくなり、政略 Politik の領域に移ったということである。

　こうしてヘーゲルは現在のヨーロッパ政治全体に目を向けて次のように語る。「ここ10年来全ヨーロッパは自由を求めるある民族〔フランス〕の恐るべき格闘に注目してきた。全ヨーロッパはそのために動揺し続けてきたのであった。自由の概念はそれによって変化を蒙らざるを得なかった。」(148) ドイツの政治勢力の動向もフランス次第ということになる。なお「自由」の概念の変化は以下に示されている。「これからは自由を叫んでももう効果はないであろう。アナーキーは自由から区別され、自由のためには確固たる統治が必要であるということが人心に深く刻み込まれた、また同様に立法と最重要の国事に関しては民衆も協力しなければならないということも深く刻み込まれた。……このような代議団体なしにはもういかなる自由も考えられなくなっている。」(149) ここから分かるように、「代議制度」へのヘーゲルの注目は、直接的にはフランス革命の失敗に学ぼうとする意図から出ている。自由を求めた革命が恐怖政治という狂乱に終わったことをヘーゲルは反省し、自由は組織された国家の中でのみ可能であるという認識に到達したのである。そしてよく組織された国家なるものがこの時期のヘーゲルにとっては代議制国家であったが、その国家モデルは何と「ドイツ帝国」であった。「ドイツから全ヨーロッパに広がった、もとはドイツの国家の原理であった

ところのものは君主政の原理であり、それは普遍的な国事の遂行のために一つの元首のもとに立ちつつ、代議士を通じて民衆の協力をあおぐ国家権力であり、代表の形式は帝国議会という形式で今も残っているが、内実は消滅している。」(153) ドイツ帝国はヘーゲルによれば中心点たる君主の周りに様々な身分代表が集う代議制国家であった。ここにはどうしようもない論理展開の混乱がある。先ずはドイツの封建制において代議制度が展開する。しかしドイツではドイツ的自由が幅を利かせていて、代議制度は花開かなかった。しかるにフランスやイギリスではドイツ的自由を克服して、近代国家の形成に成功して代議制度が花開いた。だがフランス革命では自由が至上のものとされ、恐怖政治に陥った。それを防ぐことができるのはドイツの代議制度を備えた古い君主政の原理であるが、そのドイツ帝国の代議制度は内実は消滅している。これがヘーゲルのここでの論理展開である。私たちはヘーゲルの混乱を放置して先に進もう。

　ヘーゲルはここでは代議制度をこれ以上分析することはない。つまり代表達をどのように選出するのかという若い日に直面していた問題に全く触れていないのである[23] (ただしヘーゲルはこの後で軍隊との関係で少しそれに触れている)。ともかく以上の長い考察は代議制度論としては選出母体、選出方法に何ら触れない一面的な考察にとどまっている中途半端な段階の考察である。しかもヘーゲルはドイツの現実の２大勢力としてプロイセンとオーストリアを挙げて比較しながら、プロイセンが代議制国家としては存在できないとして、代議制国家の夢をドイツ帝国＝オーストリアに託すのである。しかもこの選択に際してヘーゲルはドイツ統一に必要な２つの要素として「プロテスタントの宗教への危険」を防いでくれることと「普遍的君主政への恐怖」を防いでくれることを要求する (149)。ドイツ統一の勢力にプロテスタントを守ってくれるように要求することはドイツ帝国全体の宗教の現状からからすると何とも身勝手な党派的要求であるが、ヘーゲルによればこの要求は実は時代の進展によって、プロイセンのフリードリッヒ２世及びオーストリアのヨーゼフ２世の政策で実現されている (つまりプロテスタントもカトリックも共に認められているということ)。また普遍的君主政への恐怖も、かつてはスペインをも支配していたハプスブルク家の勢力も衰えたことで、大きな脅威ではなくなっている。ただし弱小等族にとってはプロイセン

第1章 『ドイツ憲法論』― 同一哲学期の政治論文

もオーストリアも脅威ではある。その限りヘーゲルはどちらをも選択できないのである（けだしヘーゲルの祖国は南ドイツのヴュルテンベルクだからである）。

〔ドイツ的自由の概念の挫折〕

だがここでヘーゲルは再び「ドイツ的自由」を持ち出し、ドイツ的自由を求める民衆の意識からすれば、民衆の利害はプロイセンではなくオーストリアに結び付くとしている（153）。というのもオーストリアはドイツ帝国の伝統を受け継いでいるので代議制の形式が残されているが、プロイセンは伝統を欠く成り上がりの町人国家であり、代議制度を欠いているから、国政への民衆参加は不可能だというのである。ヘーゲルの『ドイツ憲法論』の最初の考察でドイツが国家でなくなった最大の原因として非難されてきた「ドイツ的自由」がこのような積極的働きをするようになるとは、誰に想像できただろうか。驚くべき概念の展開である。金子武蔵は、ヘーゲルはここにきて「ドイツ的自由」に2つの意味を与えている、と注で指摘している（金子訳236p）。だが私に言わせれば、これは「ドイツ的自由」というヘーゲルの概念の変質であり、挫折である。事実、ヘーゲルはその後書かれた「清書稿断片」では「ドイツ的自由」という言葉を一度も使用していないのである。ヘーゲルの有名な「ドイツ的自由」という概念は1801年にのみ現れた一時的概念だったのである。ただしその実質的な内容は『1805/06年の精神哲学』において古代と現代を分かつ「個体性の原理」として採用されることになる。それについては後の当該個所で見ることにして（本書328p）、元に戻ろう。

ヘーゲルはこう述べている。「ドイツ的自由のための戦いは否定的には普遍的君主政への反抗であり、肯定的には各構成員の完全な自立性の獲得へと至った」（153）。こうして自由を求める民衆はオーストリアへと近づいてゆくはずである（そこに代議制があるから）。だが民衆は自己の自由を求めるあまり、全体から分離し、国家への関心を喪失している。だからそのような民衆とヘーゲルは一体化することはできない。民衆はドイツ的自由を求めているが、ヘーゲルの願いはその逆＝統一ドイツなのである。そのような中で一体どうすれば祖国への愛国心が民衆に生じてくるのであろうか。民衆の眼差しを普遍的なもの＝国家へと向けさせなければならない。そのための提案

37

が以下のものである。
　〔ドイツ国制改革への提案〕
　ドイツがイタリアのような運命に陥りたくないのであれば、ドイツは新たに自己を国家へと組織しなければならない。その際に司法権の問題や収入の管理や宗教の問題は本質的ではないので省略しても構わない。ドイツ帝国の存立は一つの国家権力が組織せられること、そしてまたドイツの民衆が再び皇帝および帝国との関係に立つようになることである。第1の点に関しては、ドイツのすべての軍隊が一つに纏められることである。その際にこれまでの領邦君主は生まれながらの将軍となる、その他の弱小領邦君主は中隊を、等々。軍人を徴集するために軍事区画を設定する。そこから人口に比例して代表を選出して、課税に協賛する組織とする。地方民会も利用する。これらの税金は直接皇帝に、帝国に納める。もちろんこうした国家形成は絵に描いた餅ではダメであり、権力によってなされる他はない。一般民衆はこうした国家的統一に進んで参加しようとはしないものであるから、彼らに自分たちがドイツに属していることを思い知らせるためには強制が必要である。つまりは国家を作り上げるテセウスが必要であり、このテセウスは国事に民衆の参加を許すだけの度量の持ち主でなければならない（157参照）。このようにヘーゲルはドイツのテセウスにドイツ的自由を部分的に認めることを要望しているのである。
　これがドイツ統一に関してのヘーゲルの提案であり、基本は統一した軍隊の設置と代議制を備えた納税体制の樹立である。提案自身がいかにも「絵に描いた餅」であり、実現の可能性は全くない。自由を求める「民衆」も国家統一へと積極的に参加しようとはしていない。領邦君主も民衆も頼りにならない。ヘーゲルは、破れかぶれでテセウスの登場を期待する。<u>テセウスは理論ではなく暴力で嫌がる民衆と君侯を統一しなければならない</u>、とヘーゲルは言う。だが具体的に誰がテセウスたり得ようか。ドイツ中探しても誰もいない。確かにローゼンツヴァイク以来ドイツのテセウスとしてカール大公（1771-1847年）の名が挙げられてきて、かなりの支持を得ているが[24]、ヘーゲルは本当にカール大公に期待していたのであろうか。確かに一度カール大公の名前はヘーゲルの草稿⑧に出ている（37）。だがそれはテセウスを期待しての文章ではない。『ドイツ憲法論』の草稿においてグスタフ・アドルフ

第1章　『ドイツ憲法論』— 同一哲学期の政治論文

やリシュリューに捧げられた崇敬の念はカール大公にはどこにも与えられていない。カール大公は確かに第1次及び第2次の対仏大同盟の戦争においてフランス軍に勝利したこともある司令官であるが、最終的にはフランスに敗北した司令官であり、その敗北の処理がリュネヴィルの和約であったのである。そのような司令官にこの期に及んでヘーゲルが期待をかけていたというのであろうか。信じるのは各人の自由であるが、その信仰には証拠となるべきものは何もない。テセウスとして具体的な人物を想定していたとすれば、ヘーゲルのここでの提案ももっと具体的なものとなり得たであろう。ヘーゲルはここでもまた孤立した、祖国を持たない孤独な思想家なのであり、彼の草稿中での言葉をもじっていえばイエナの「居酒屋政論家」(119)に過ぎないのである。

　とまれヘーゲルはドイツのマキャヴェリとして『ドイツ憲法論』を世に問おうとしている。ヘーゲルもマキャヴェリも民衆に訴えかけたのではなく、時の権力者に訴えかけたのである。もしヘーゲルのこの提案を国家権力の中枢にいる政治家が受け入れるなら、新しいドイツ国家が出現するかもしれない。だが残念なことに、肝心の「国家権力」が、またそれを行使する政治家がどこにも存在しないのである。「存在するところのものの了解」を旗印にしてきたヘーゲルではあったが、ヘーゲルの提案する国家は単なる「観念国家」であり、現実から出発したものではなかった。ヘーゲルの『ドイツ憲法論』は神聖ローマ帝国の亡霊にもてあそばれたと言わざるを得ない。ただし南ドイツ出身の政論家にとっては、南ドイツ共和国樹立の夢が破れた今（1801年）のヨーロッパの政治潮流の中には、失われたライン左岸を取り戻すためにも、「神聖ローマ帝国」以外に縋り付くべき藁は浮いていなかったのであろう。

注

1 この手紙に関しては、前掲拙著『ヘーゲルのイエナ時代 生活編』(文化書房博文社、2012年) 33-38p 参照。
2 学生時代からベルン時代 (1793-96) にかけての若いヘーゲルの思想については、前掲拙著『革命と宗教──初期ヘーゲル論考──』(近代文芸社、2007年) を参照願いたい。
3 拙論「フランクフルト期のヘーゲルの宗教論」(『大東文化大学紀要 第54号』2016年) 参照。
4 以下の記述は拙論「『ドイツ憲法論』の研究」(『大東文化大学紀要 第52号』2014年) を基にしている。
5 ズールカンプ Suhrkamp 社の『ヘーゲル著作集』からの引用は、SK と略して、その後に巻数とページ数を示す。
6 F. Meiner 社の「哲学文庫」版からの引用は PB と略して引用する。
7 『ヘーゲル 政治論文集 上』金子武蔵訳、岩波文庫、昭和42年。
8 ナポレオンに関しては、高木良男『ナポレオンとタレイラン』上、下 (中央公論社、1997年)、鈴木杜幾子『ナポレオン伝説の形成』(ちくまライブラリー、1994年) 参照。
9 若い頃のヘーゲルの国家意識については前掲拙著『革命と宗教──初期ヘーゲル論考──』246-248p 参照。
10 詳しくは前掲拙論「『ドイツ憲法論』の研究」参照。
11 O. Pöggeler Hegels Option für Österreich. In Hegel-Studien Bd 12. 83-128p 参照。1977年。
12 Shen Zhang Hegels Übergang zum System. Hegel-Studien Beiheft 32, F. Meiner Verlag, 1991, 127-128p 参照。
13 具体的には後で見るが、『差異論文』での「哲学の欲求」、及び1803年の講義草稿 (GW5, 365-369) などがそれに該当する。
14 ドイツ語の Leben を「生命・生活」と訳すことにする。
15 F. Rosenzweig Hegel und der Staat. Suhrkamp. 1941(2010), 124-129p. 邦訳『ヘーゲルと国家』(村岡・橋本訳、作品社、2015年) 95p 以下参照。
16 1800年11月2日付のシェリングへの手紙では明瞭に次のように言われて

第 1 章 『ドイツ憲法論』― 同一哲学期の政治論文

いる。「僕の周りにいるすべての人々の中で、……僕の友達と呼びたいような人間は君だけである。」ヘルダーリンは言うまでもなく、ヘーゲルとシェリングの共通の友人であるが、ヘーゲルはヘルダーリンから明らかに距離をとっているのである。イエナ時代にヘーゲルはシェリングから何度かヘルダーリンの病状の報告を受け、ヘルダーリンとの交流の復活を持ち掛けられているが、それに応えることはなかった。前掲拙著『ヘーゲルのイエナ時代　生活編』50, 104-105, 122-123p 参照。

17　上記のシェリング宛の手紙でも「僕の周りにいるすべての人々の内で、……僕の友達と呼びたいような人間は君だけだ」とある。

18　この間の事情については拙論「正義は警告する　ヘーゲル『カル親書訳』の研究」(『大東文化大学紀要 第 40 号』2002 年) 参照。

19　A. Birkert. Hegels Schwester. 111-124p 参照。Jan Thorbecke Verlag, 2008 年。前掲拙著『ヘーゲルのイエナ時代　生活編』28-31p 参照。。

20　ヘーゲルが『ドイツ憲法論』の草稿を書いていた 1801 年頃のシラーの草稿にはこう書かれている。「ドイツ人の尊厳は決して彼らの君侯の頭上に安らっているのではない。ドイツ人は政治的な頭から切り離されても自分固有の価値を築き上げてきたし、たとえ帝国が滅び去っても、ドイツ人の尊厳は異論の余地なく存続するであろう。」F. Schiller　Werke und Briefe. Bd. 1, 735-736p. Deutsche Klassiker Verlag. 1992.　国家を超越したドイツ的心情が何ともクラシックである。

21　等族 Stände とはドイツ帝国の帝国議会に議席を有する者のことであり、選帝侯、領邦諸侯、帝国騎士、帝国都市などが含まれる。ピーター・H・ウイルスン、山本文彦訳『神聖ローマ帝国』(岩波書店、2005 年) 15p 参照。なお以下で私は「等族」を「身分代表」と表記することもある。

22　拙著『倫理のディアレクティーク』第 3 版 (文化書房博文社、2006 年) 90-110p 参照。

23　若い日にヘーゲルが代議制度に関する「命令的委任」と「代表的委任」の問題に関心を寄せていたことに関しては、前掲拙著『革命と宗教――初期ヘーゲル論考――』251-255p 参照。

24　F. Rosenzweig 前掲書 Hegel und der Staat. 159-160p 参照。また金子武蔵もこの説を支持している。金子前掲書 238-239p 参照。

25 かつて私はそうした思想家を「インプロ」(インテリ・プロレタリアート) と呼んだことがある。拙論「祖国を捨てた若者たち――ルソー、ヘーゲル、ヘルダーリン」(『大東文化大学紀要 第39号』2001年) 参照。
26 ヘーゲルが民衆 (Volk) への視野を再び切り拓くのはイエナ期の終わり、1805年から1806年頃のことであり、これによって『意識の経験の学』=『精神の現象学』の構想が湧いてくるのである。

第2章 『差異論文』——「同一哲学」の始まり

　ヘーゲルが初めて哲学者としてデビューするのは、1801 年イエナにおいてである。具体的には『フィヒテとシェリングの哲学体系の差異』（以下『差異論文』と略す）と題された書物が 1801 年の 9 月末あるいは 10 月初めに刊行された。題名も内容も明らかに哲学書である。H. S. ハリスの推測では同年 5 月中旬から 7 月の中旬にかけて書き上げられたというが、4 月頃から書き始めたとみていいであろう。というのもこの書はヘーゲル自身語っている如く、ラインホルトの書に触発されて書かれたものである。ラインホルトのその書はおそらくは 3 月頃に刊行されているであろう（「序文」の日付は「1801 年 1 月 3 日」である）。ヘーゲルはすぐにそれを読み、ラインホルトに対決すべく、『差異論文』を書き始めたのであろう。ラインホルトはフィヒテとシェリングの哲学を同じ系統のものと見なして、それを当時の流行語「超越論的観念論」と呼んでいる。ラインホルトによればそれは、近代の哲学に固有の「主観性」を脱していない哲学であり、彼は今やバルディリの徒となって、フィヒテ・シェリングの主観的な哲学にバルディリ＝客観的実在性の哲学で対決しようとするのである。世間一般の目からすれば、シェリングはフィヒテの弟子であり、両者が同じ系統に属することは当然のことであった。シェリング自身も 1800 年刊行の『超越論的観念論の体系』においては、まだフィヒテの哲学体系との一致の可能性を信じていた。しかるに 1801 年の『我が哲学体系の叙述』に至って、同一哲学を唱えることになり、自覚的にフィヒテ＝超越論的観念論から離れてゆくことになる。この間にフィヒテとシェリングの間で多くの書簡が交換された。書簡において 2 人の哲学的立場の相違が話題になるのは、1800 年の 11 月からであり、議論は 1801 年に続いてゆくが、1802 年の 1 月末には両者の関係は断絶する。実質的には 1 年余りの論争であった。論争の内容は多岐にわたるが、中心となったのは自然哲学と超越論的観念論の関係であった。フィヒテとしては自分の哲学＝超越論的観念論こそが哲学の全体であり、自然哲学も超越論的観念論の一分野に過ぎないと思っている。それに対してシェリングは自然

哲学を超越論的観念論から切り離し、独自の哲学とするのである。しかもシェリングはフィヒテの哲学＝学問論を哲学とは認めず、哲学に不可欠ではあるが、形式的な論理学＝予備学であるとするのである。しかもこの時期のフィヒテ及びシェリング共に、自分の哲学体系を完成させておらず、フィヒテにしても自分の学問論の原理は示したが、その叙述・表現様式は定まっておらず、加えて精神の「叡智的分野の体系」を何ら示していない段階であった。シェリングにしても自分の自然哲学の大枠は出来上がってはいても、その叙述と細部の仕上げは出来上がっておらず、加えて「精神の観念的分野」については、『我が哲学体系の叙述』においても、まだ手を付けていない状態であった。

　ヘーゲルの『差異論文』はそうした両者の微妙な関係の時期にシェリングを明確にフィヒテから切り離して、独自の思想家として規定した哲学論文なのである。『差異論文』の本論を読めば明らかなように、ヘーゲルはシェリングの『我が哲学体系の叙述』の出版（1801年5月頃）以前に、原稿をほぼ仕上げていたようである[3]。ヘーゲルは尊敬するフィヒテの哲学＝超越論的観念論を乗り越えるべく、シェリングと共に「同一哲学」の方向へと大きく舵を切ったのである。同一哲学はその当時まだ明瞭な輪郭を持つに至っていない萌芽状態の哲学であったことに留意しなければならない。<u>同一哲学は1801年に、シェリングとヘーゲルが形成しなければならなかったまだ未成立の哲学だったのである</u>。それはシェリングが主導したわけでも、ヘーゲルが主導したわけでもなく、両者の共同の作品であった[4]。同一哲学は、自然と精神、客観と主観を絶対者の視点からすれば同一であると主張し、絶対的同一性という絶対者の視点から哲学を構築しようとする思想である。それはフィヒテの自我の哲学からの離脱を目指して、スピノザ風の神＝絶対者を唯一実体とする独断論であり、内容的な熟成を欠いたシェリングとヘーゲルの若々しい傲岸さのなせる業であった。両者が同一哲学の立場に立っていたのは、共に2、3年の短い期間であった。私は1801-02年をヘーゲルの「同一哲学期」と呼ぶことにする。代表作は『差異論文』、『人倫の体系』、『信仰と知』、『自然法論文』等である。シェリングの場合は1801-03年が「同一哲学期」と呼べるであろう[5]。この時期はシェリングにとっては著作からみると最も豊饒な時期である。代表作は『我が哲学体系の叙述』、『ブルーノ』、

第2章　『差異論文』─「同一哲学」の始まり

『哲学体系の詳述』、『芸術論』、『学問論』、その他の『哲学批評雑誌』での諸論文、等々である。彼らの「同一哲学」はフィヒテのように、主観を出発点・原理として、絶対的同一性を求めようとするものではなく、主観と客観、自然と精神の絶対的同一性を理念とし、原理として出発する、単なる主観性を超克することを目指す実在的な哲学である。ドイツ観念論に掉さしながら、そのような哲学が果たして可能なのかどうか、まだ誰も知らないのである。

　彼らの「同一哲学＝絶対者の哲学」の基本を前もって列挙しておくと次のごとくである。
　① 絶対者＝絶対的理性の立場に立って、絶対的同一性から出発する。
　② 知的直観が捉えるイデアによる絶対者の構成。
　③ 有限な自己意識・個別の抹殺。
　④ 哲学でもって神を認識・把握する。

　ヘーゲルはこの『差異論文』において初めて哲学を論じることになる。それ故、ここでは当時の代表的な哲学者たちの見解に対する論評が中心で、ヘーゲル自身の哲学の中身は積極的に展開されることはない。私は以下、『差異論文』をヘーゲル自身の目次に沿って内容を見てゆくことにする（目次がない場合は私が付け、〔　〕でくくる）。

序文 (GW4, 5-8)

「フィヒテとシェリングの哲学体系の差異を認識している論評はほとんどない。エッシェンマイアーの批判に対する<u>シェリングの反論にしてからがその例である</u>。もっとひどいのがラインホルトの『寄与』であり、彼の混乱が私のこの論考の直接のきっかけである。」(5)

　このようにヘーゲルはシェリング自身の認識の不十分さを批判しながら、自著の意図（フィヒテとシェリングの哲学体系の差異を示すこと）を説明している。K. A. エッシェンマイアー（1768-1852年）はシェリングの影響を受けながら自然哲学を研究するとともに、強い宗教的愛着を持ち、その側面からもシェリングを批判した自然学者である。その批判はシェリングにも強く影響した（例えば、シェリングの1804年の『哲学と宗教』参照）。またヘーゲルの『精神の現象学』でもエッシェンマイアーの名は何度も言及され

ている（おおむねシェリングと同じグループに属すものと見なされている）。なおヘーゲルがここで言っている両者の論文は同じ雑誌『思弁的自然学雑誌』第2巻、第1分冊、1801年1月刊行、に掲載されたものである。エッシェンマイアーは基本的にはフィヒテの立場に立っており、自然哲学はまだ学問として成立しておらず、超越論的観念論からの援助を必要とするものであり、精神的原理たる宇宙霊を抜きに自然を説明することはできない、としている（AA. I. 10, 345-373）。それに対してシェリングは超越論的観念論に対する自然哲学の優位を強調している（同書106p参照）。ただしシェリング自身が自己の哲学体系をあれこれと思案していた時期であり、明確な立場は形成されていない。それは1801年の『我が哲学体系の叙述』及び1802年の『哲学体系の詳述』の刊行以後も同様である。結論的に言えば、シェリングは同一哲学期に自己の哲学体系を仕上げることはできなかったのである。ヘーゲルはそんなシェリングの不決断・未成熟を指弾するかのように、シェリングをフィヒテから切り離そうとしているのである。ヘーゲル自身も何とかフィヒテを乗り越えたいのである。

　ともかくエッシェンマイアーへのシェリングの反論はヘーゲルには物足りないものだったのである。おそらくシェリングとヘーゲルは1801年の当初に共に哲学体系について語り合う中で、同一哲学を形成していったのであろう。彼らを結びつけたのは「自我＝自己意識」を哲学の原理とすることへの反発であった。シェリングは長くフィヒテの自我の哲学の圏内で自己の哲学を育んできた。だがシェリングの「自我」は絶対的自我であり、有限な自己意識としての自我ではなかった。しかしやがてシェリングはフィヒテ的な有限な自我から絶対的自我へと至る道を辿らざるを得なくなった。そして1800年の『超越論的観念論の体系』においても自我を原理として哲学体系を構想したのであるが、その際「無意識」という新しい概念を多用することによって、結論部分に到達したときには、絶対的無意識としての絶対者に辿り着き、フィヒテの自我哲学から再び離れ始めたのである。ヘーゲルもフランクフルト時代から、全一の生命という全体論的視点から精神を把握しようとしており、その試みは政治論文たる『ドイツ憲法論』での「ドイツ的自由」への批判と相まって、自我＝自己意識を原理とする哲学への反発を強めていたのである。2人の合流は相反する方向からの出会いであった。シェリ

第 2 章 『差異論文』──「同一哲学」の始まり

ングは住み慣れた自己意識の世界から外に出ようともがき、ヘーゲルはまだ見知らぬ自己意識の故郷「イエナ」に辿り着いたばかりの異邦人であった。彼らに共通していたのは「絶対者」への強い憧れであり、絶対者への衝動の内で彼らは合流したのである。

　続いて言われている「哲学の革命」はラインホルトの立場であるとともに、彼がこの時期依拠していたバルディリの立場である。C. G. バルディリ (1761-1808年) もヴュルテンベルクの生まれで、シェリングの従兄で、一時期チュービンゲン・シュティフトの復習教師をしていたというから、入学間もないヘーゲルも知っていたはずである。このラインホルトたちとの対立もヘーゲルとシェリングにとっては重要な契機となるものである（後述）。ともかくエッシェンマイアー、シェリング、バルディリ、ヘーゲルという「西南ドイツ」の国ヴュルテンベルクの出身者たちの精神の競合の中で『差異論文』は発酵していったのである。彼らは皆、その地の宗教的伝統に色濃く染まっていたのである。

　続いてヘーゲルは本文中ではほとんど言及されることのなかったカント哲学に言及する。「カント哲学はカテゴリーの演繹の原理において純正な観念論であり、この原理こそがフィヒテが純粋厳密な形式で取り出し、カント哲学の精神と呼んだものである。そこには<u>思弁の原理、主観と客観の同一性</u>がはっきりと示されている。それに対してカント自身がこの同一性を理性として対象とすると、この同一性は消失するのである。」(5-6) このカント評価は次のフィヒテ評価と同型のものである（なおヘーゲルのカント評価は 1802 年の『信仰と知』で展開される）。フィヒテについてはこう言われている。「自己自身の純粋な思惟、主観と客観の同一性、それが自我＝自我の形式におけるフィヒテ体系の原理である。カントのカテゴリーの演繹の個所と同様に、フィヒテのこの原理に依拠するなら、人はそこに思弁の大胆に表明された真正の原理を得るのである。しかしフィヒテの思弁は、体系を形成する段になるとその原理を投げ捨てて、もとの同一性、真の無限性へと立ち返ることが出来ない。フィヒテの主観・客観の原理が主観的な主観・客観に過ぎないことが示されるのである。」(6)

　ここに見られるように、ヘーゲルはカントのカテゴリーの演繹とフィヒテの自我＝自我に真正の思弁の原理を見ている。ちなみにこの時期のヘーゲル

にとって「思弁」とは「主観と客観の同一性」のことである。そこから全ての哲学が生まれてくるのである。ただヘーゲルはこの時期、そうした哲学の原理と原理の展開たる体系との不整合、カントやフィヒテの哲学体系における不整合を批判するのである。しかしそれによって原理そのものの理解・解明が示されることはない。これは「第1章」の最後でフィヒテの哲学に対する批判に際して、ヘーゲル自身も語っていることであるが、カント・フィヒテの哲学の「原理」の検討そのものをここではヘーゲルは回避したことを意味する。1801年に初めて哲学デビューを飾るヘーゲルにとって、哲学体系の至るところで、主観と客観の同一性を主張することが重要だったのである。その同一性の意義、及び具体的な構造はほとんど何も説明されないのである。こうした抽象性が「同一哲学」の特徴なのである。

　結論的にこう述べられている。「フィヒテの体系には2つの側面があるのであるが、ラインホルトの『寄与』はフィヒテの哲学のうちに純正な思弁があることを知らず、またシェリングの哲学のうちに主観的な主観・客観と客観的な主観・客観があり、それが<u>主観よりもより高いものにおいて結合されている</u>ということを知らない。」(7)

　こうしてヘーゲルはラインホルトのフィヒテ、シェリング哲学に対する見解を一蹴するとともに、一挙にフィヒテとシェリングの哲学体系の相違を示すのである。ヘーゲルの『差異論文』は初めてフィヒテとシェリングの哲学体系の差異を明示的に主張した点において歴史的意義を有するものである。しかし内容的に見れば、ここでヘーゲルが言う「主観よりもより高いもの」と言う時の「絶対者」を、1800年当時のシェリング自身が「自我＝自我」以外のいかなるものとして把握していたかは不明である。ヘーゲルとしては自我性を超越したところに、シェリングの哲学を位置付けたいのである。だが問題なのは、ヘーゲル自身が「絶対者」を如何なるものとして把握しているのか、である。ヘーゲルたちの「絶対者」像は後で見る「哲学の欲求」の個所で示されることになる。

　「時代の欲求に関して言えば、フィヒテの哲学は新時代を画した。ただしそれが幸運に恵まれたとは言えないが、哲学への欲求が高まっている。カントやフィヒテに冷遇された**自然**は理性と一つになるであろう。**理性**は自分自身を自分の内的な力で自然へと形成するであろう。」(7-8)

第２章　『差異論文』―「同一哲学」の始まり

このように、哲学への欲求が高まっているというのがヘーゲルの時代診断であるが、これは言うまでもなく<u>ヘーゲル自身の内で哲学への欲求が高まってきたということである</u>。宗教から哲学へとヘーゲルの立ち位置が変わろうとしているのである。またここは「自然」が肯定的な高い評価を受けている個所として注目しておくべきである。この時代はまさに「自然哲学の時代」だったのである。理性が自己を自然として形成する、と言われているが、それは宇宙霊、エーテルなどを原理とする自然像のことである。そうしたイデア・理念が具体的に自然を形成してゆく様を示そうとしているのであろうが、自然が自己自身を形成するのではない。ここでの「理性」の強調もこれと関係している（フランクフルト期には理性は「支配の思想」であるとして批判されていた、GW2, 84-85 参照）。理性の強調はこの時期のフィヒテやシェリングにも見られるものである。彼らは「理性の立場」に立って時代の哲学状況と対抗しようとしているのである。本文中には何度か「絶対的理性」なる用語も登場する（66）。「理性」は思弁的哲学の原理である。自然ではなく、理性こそが自然の中で自然を形成してゆくのである。ただしそのようにして形成された自然は、単に機械的な死せる物質の塊ではなく、イデア・理念を体現した美しい生きた「自然」なのである。こうした「自然」が1801-02 年の「同一哲学期」の自然なのである。そうしたいわば高次の「自然」と精神との絶対的同一性を信じていたのが当時のシェリングとヘーゲルだったのである。彼らは共に、そうした自分たちの哲学の先輩としてスピノザを崇拝していたが、しかしスピノザが彼らに具体的な影響を与えることはなかった。けだしスピノザには「自然哲学」はなかったからである。あったとしてもそれは機械論的自然であり、ヘーゲルたちの求める生命的自然ではなかった。確かにスピノザは「能産的自然」という伝統的な用語を使用してはいるが、それを具体的に示すことはなかった。結局、この時期のシェリングとヘーゲルは、独力で、理性でもって自然を潤色・構成することによって「自然」の復権を目指していたのである。それは自然を精神として示すことであり、同時に精神の抱くイデア・理念に実在性を付与することであった。実在的なイデア・理念こそが彼らの「自然」であり、それを描くことが彼らの同一哲学の課題であった。その意味で彼らの同一哲学を支えているのはプラトン的イデア主義なのである（後述、本書 50-51p 参照）。

「序文」の最後にはこうある。「これら対象〔第１章の一般的反省のこと〕のより興味深い２、３のものについては他の所でより詳細に論じるであろう。」(8) ここからは、ヘーゲルの内に更にいくつかの論文の構想が浮かんでいることが分かる。序文の最後の日付は、「イエナ、1801年７月」である。遅ればせながらヘーゲルはここに「哲学者」としてのスタート台に立ったのである。

〔第１章〕現在の哲学に現れている多様な形式について
(GW4, 9-34)

　ここはこの著作の序論部分にあたる。ヘーゲルが哲学についてどう考えているのかの基本が示されている。ただしこの部分もラインホルトの著作をネタにしながら書いていて、ヘーゲルの哲学の純粋な原論ではない。ここの見出しはヘーゲルのものである。

哲学体系の歴史的見方
　先ずヘーゲルは現在の哲学的精神の特徴として「無関心」を指摘している。「それは生命があれこれの形式を試みた後に到達した姿である。そこには生命が欠けている。骨化した個体性がもはや生命へと飛び込んでゆこうとしないときには、総体性への衝動は知識の完全性への衝動として現れる。」(9) フランクフルト期の「生命」の視点がここでもまだ持続している。現状は全て生命の視点から批判されている。そしてそれはまた「実定性」の概念が今もなお健在であることを示している。ヘーゲルは生命・生活の中の学問を求めている。そのようなヘーゲルが論者ラインホルトの哲学史観をこう批判する。「ラインホルトによると哲学の歴史を研究することで哲学の精神により深く侵入することができるというが、まるで哲学は職人芸であり、新しい「こつ」が発見されるたびに進歩するとでも思っているかのようである。……だが絶対者、またその現象たる理性は永遠に同じものであり、理性は一つの真実の哲学を生み出してきたのであり、……哲学の内的本質に関しては先行者も後継者もないのである。」(10) こうした永遠不滅のイデア、真理といった発想が、この時期のヘーゲルやシェリングの特色であり、これ

第2章 『差異論文』―「同一哲学」の始まり

を「古代的イデア主義」と呼ぶことにする。過度にプラトン、アリストテレスに依拠しようとする姿勢が目立つ。ヘーゲルとしては「古代的イデア主義」によって現在の軽薄な哲学潮流と高踏的に対決しようとしているのであるが、彼らは本気でイデア＝理念を特殊と普遍の統一、直観と概念の統一たる真実在と見なそうとしているのである。彼らの哲学は、イデア・理念こそが唯一永遠の真理であり、かつまたイデアは単なる観念ではなく、観念的なものと実在的なものの統一である、と主張するのである。

「理性は意識の有限性を克服して、絶対者を意識の内で構成するべく、思弁へと高まってゆく。」(11)「絶対者を意識の内で構成する」というのはこの時期だけではなくヘーゲル哲学のスローガンであり、シェリングとの相違ともなるものであり、ヘーゲルの個性だと言える。またここに言われている「興味深い個体性」(11) は『自然法論文』でも強調されている。この個体性は次に述べる「哲学の欲求」と結びついている。

哲学の欲求 〔無・夜としての絶対者〕

　この言葉は既にラインホルトやシェリングが使用していたものであり、ヘーゲルの独創ではない。それは個々人が抱く「哲学への欲求」であるとともに、哲学が個々人に対して有する要求でもある。「哲学への欲求」は、分裂に源を発している。「分裂は哲学の欲求の源泉である。」具体的に言えば、「時代の教養形成の中で絶対者の現象なるものが絶対者から分離して固定化する。……悟性はそれらの多様性を一つの全体に纏めようとする。だがそこには絶対者は存在しない。……しかし悟性の建造物が確固とし、巨大になればなるだけ、そこに部分として捉えられている自由を求める**生命の衝動・努力 Bestreben** も強まってくる。」(12-13) ヘーゲルは時代の分裂、対立を絶対者の現象として捉え、その根源に生命の衝動・努力を想定する。生命の衝動を絶対者と結びつけ、主観と世界とを和解させること、それは既にみた『ドイツ憲法論』③でのヘーゲル自身の課題であり、この課題にここ『差異論文』でも取り組もうというのである。ただしその衝動はフランクフルト期には「宗教への衝動」(GW2, 303) であったが、今や「哲学への欲求」としてヘーゲルの胸に宿り始めている。ヘーゲルはまさに「哲学を通して生きることを学」ぼう (GW5, 261) としているのである。ヘーゲルは哲学者と

なって今を生き抜いてゆこうと決心したのであり、そのヘーゲルが選んだのが理性の立場であり、この立場に立って、自分の思索でもって、現代の現象と絶対者とを関係づけようとする。その時ヘーゲルが注目するのが「理性的な否定作用 Negiren」である。理性は常に悟性の産物を否定する。しかし否定もまた固定されて、時代の中に生き残ってゆく。「様々な対立が時代によって形成されてきた。例えば、精神と物質、魂と肉体、信仰と悟性、自由と必然性、等々。こうした対立は更に時代の進展の中で、理性と感性、知性と自然、普遍的概念としては、**絶対的主観性と絶対的客観性**という対立の形式に移行している。」(13) つまり現代の理性の課題は「主観性と客観性の対立」を絶対者の内で克服することである。もちろん「必然的な分裂は、永遠に対立しながら自己を形成するものたる生命の一つの要因である。理性が対立するのは、悟性による分裂の絶対的固定化である。」(13-14) 当然ではあるが、「分裂・対立」は必然的な要素として確認されている。ここでのヘーゲルはそうした対立の固定化を克服しようとしているのであるが、ヘーゲル自身のこれまでの生き方の自己否定もそこには必要とされているのである。つまりはこれまでの宗教者としての生き方から哲学者としての生き方に転身しなければならないのである。

「人間の生活から結合の威力が消え、対立が生き生きとした関係と相互作用を失い、自立性を獲得するとき、哲学への欲求が生ずる。哲学は固定した対立を廃棄して、知性的世界と実在的世界という対立した区別を一つの<u>生成として</u>把握する、産物としての世界の存在を<u>生産行為として</u>把握する。……こうした理性の自己再生産が哲学としていつ、どこで現れるかは偶然的である。」(14) そうした偶然性として、時間的なものと空間的なものがあるが、分裂の形式の風土性、西北ヨーロッパの形式としては、現実の世界に対する思惟する者と思惟された存在の世界の対立がある。

　ここに言う「西北ヨーロッパ」の原理はデカルトに始まる思惟と存在の二元論である（実は、これはドイツ観念論にも生き続けている）。ヘーゲルはその二元論に、生き生きとした生命を対置する。これがドイツ観念論に共通する構図である。カントはデカルト風の機械論的自然観に目的論的自然観をささやかに対置し、フィヒテは自我の威力の下に自然を取り込もうとし、シェリングは自然と知性との絶対的同一性を主張する。ここでのヘーゲルも

第2章 『差異論文』─「同一哲学」の始まり

シェリングに倣い、思惟と存在の同一性を主張する。だが一体どこに絶対的同一性は成立しているのであろうか。「教養形成の進展と共に、分裂の威力はますます強まり、調和を取り戻そうとする生命の努力はますます意味のないものになっていった。<u>芸術ももはやこの分裂を廃棄することは出来なかった</u>。」(14) 見られるように、「芸術」も「宗教」も現代においては絶対的同一性を実現することはできないと、ヘーゲルは認識している。そしてここでヘーゲルは時代の教養と宗教の争いを「一種の休戦状態」(15) という言葉で表現している。フィヒテの無神論論争はつい2年前のことである。この辺りのことをイエナにいるヘーゲルはどう考えているのであろうか？ おそらく「休戦状態」はイエナの現実というより、ヘーゲル自身の思想におけるものであったのであろう。哲学と宗教を厳しく対立させることにヘーゲルは耐えられなかったのであろう。しかしそれでもヘーゲルは宗教から哲学へと立ち位置を移動させるのである。ヘーゲルは「哲学の欲求」を次のようにまとめている。

「哲学の欲求は前提として表現できようが、それは2つある。一つは絶対者自身である。それが求められる目標である。絶対者は既に現存している。さもなくばどうしてそれが求められ得ようか。もう一つは、意識が総体性から外に出ていること、存在と非存在、概念と存在、有限と無限へと分裂していることである。……絶対者は夜である、光は闇よりも若い。無が最初のものであり、そこから全ての存在、有限なものの全ての多様性が出てくる。哲学の課題はこの2つの前提を結合し、存在から非存在への生成として、絶対者への分裂を絶対者の現象として、有限から無限へを生命として措定することである。」(15-16)

最後に言われている「有限から無限へを生命として」はフランクフルト時代後期の定式である。そこではそれは宗教の仕事であったが、今やそれは哲学の仕事となっている。大きな変化である。なお、ここに見られるようにヘーゲルたちは「絶対者」を「無」「夜・闇」として把握している。それは同一哲学期のヘーゲルとシェリングの大きな特色である。それは1802年の『信仰と知』にも見られるものであり（GW4, 413）、彼らの絶対者は端的に言えば、根源的・生産的構想力に他ならない。生産的構想力としての絶対者はまさに「夜」「闇」であり、その「夜」が主観と客観の全てを生み出す

のである。それは絶対者を産物ではなく、絶対的生産作用として把握することであり、絶対者を衝動・感情・欲求として把握することでもある。シェリングにしてもヘーゲルにしても、絶対者は固定化を許さない絶対的流動性、衝動なのである。彼らの絶対者は既に彼らの心の内に衝動・欲求として現存しており、後はその衝動・欲求を絶対的同一性として表現することだけである。哲学への欲求は絶対者の存在と時代の分裂である。時代の分裂は現存しているものである。ただし現存しているものを分裂と感じるためには独特の精神が必要である。それは統一への欲求である。あるいは現存の生に対する不満である。このような世界に生きていたくないという不満が、またそれを感じている自己の不幸が現実を分裂と感じさせ、統一を求めるのである。「哲学への欲求」という彼らの衝動が実は絶対者なのである。この衝動を磁場として、そこに絶対者が登場する。ただしそれはシェリングの「無意識」同様、存在する闇であり、明確な姿を示しはしない。絶対者を闇として、夜として把握するということは、一切の思惟活動の不十分さの表明である。思惟活動を超えたところに絶対者は存在しているのである。それは1800年のヘーゲル思想の特徴でもあった。だがその絶対者を把握できるのは今や哲学を措いて他にない。ヘーゲルは哲学＝哲学的反省という光をその闇に当てて、絶対者を把握しようというのであるが、はたして肯定的な成果は示せたのであろうか。

哲学の道具としての反省

ヘーゲルによれば、「哲学の課題は絶対者が意識に対して構成さるべし」というものである。絶対者は反省さるべし、措定さるべし、ということだが、それによって絶対者は措定されずに、廃棄される。けだし絶対者は措定されることによって、制限されるからである。この矛盾を媒介するのが「哲学的反省」である。反省がどのくらい絶対者を把握できるのか、が示されなければならない。「反省も理性としては、絶対者への関係を有している。……反省は制限されたものを絶対者へと関係させることによって、その限りで自己自身及び全ての存在と制限されたものを否定する」(16-17)。そして「反省が自己を対象とする限り、その最高の法則は自己否定、自己破壊の法則である。」(18)

第2章 『差異論文』─「同一哲学」の始まり

　このようにヘーゲルは「反省」という悟性的契機を、絶対者と関係させることによって、理性的な道具へと変えようとしている。その際の反省の最高の法則が「自己否定」の法則である。有限なものは自己を否定することによって無限なものと合流するのである。この「自己否定」の思想は既に『ドイツ憲法論』の該当個所で見た如く（本書19p参照）、フランクフルト期以来の思想である。ともかく、絶対者を捉えようとする反省の試みは絶対者を固定化して、絶対者を捉え損なうものである。だからカントのように意識は絶対者を認識できないという主張ももっともである。だがヘーゲルは反省の産物を反省が自己否定することによって、そこに反省と絶対者との関係が成立している、と見なしているのである。それは確かにヘーゲルの断言にしか過ぎないが、ヘーゲルの絶対者が思惟の衝動であることを思えば、反省の産物は絶対者と関係しているのである。絶対者たる我々の衝動は反省の産物と共存しているのである。その有様を端的に示すのが「常識」の場合である。

常識に対する思弁の関係

　ヘーゲルによれば、常識も理性的なものを知っており、それによって常識は理性的に人生を生きている。だから常識は人がそこから出て来て、そこへと帰る正しい立脚点である。しかし常識はそれを正しく認識しているわけではなく、反省によって歪められている。「それでも思弁は常識を理解するが、常識の方は思弁を理解しない」(20)。思弁が理解した「常識と絶対者との関係が**信仰**である。」信仰において常識は絶対者と関係する。しかし常識は絶対者と自己とを分離したままであるので、その関係を思弁が「明晰な意識へともたらすと、それは常識にとっては身の毛もよだつものと映る。例えば、唯物論者の**物質**、また観念論者の自我がその例である。」(21-22) 思弁は常識の反省と知を「深淵」に沈み込ませる。常識の反省と悟性は「闇夜」に突き落とされるが、この闇夜において理性と常識は「出会うのである、それは**生命の真昼**である」(23) とヘーゲルは述べている。夜を生命の真昼と見なす見方は確かに神秘主義的であるが、若い頃のヘーゲルやヘルダーリンの詩に既に現れていたことでもある。またそれは絶対者を反省の外部の領域に置こうとする1800年のヘーゲルの特色でもある。反省や思弁の意義を強調するようになる1801年においてもその傾向は色濃く残っている

のであり、上記の「哲学の欲求」の最後の辺りで見たことでもある。「夜としての絶対者」は真実には「生命の真昼」である。欲求・衝動としての絶対者は常識にとっては「夜」であるが、思弁にとっては「生命の真昼」である。ここにすべての真理、絶対者、イデアが生きているのである。意識でさえもがここでは絶滅されるのである。シェリングに倣いヘーゲルもここにきて「無意識」の意義を強調する。無意識は絶対者の意識であり、通常の意識にとっては、夜・闇である。それに対して日常的「意識」は対立の立場、有限性の地盤に立つものである。思弁・理性は無意識と意識＝常識を対話させるものである。幸いなことに常識は信仰の内で絶対者へと関係している。思弁は常識を否定しても、その信仰を破壊することはないのである。先に見た哲学と信仰の「休戦状態」はここにも見られるのである。もっと端的に言えば、ドイツ観念論は信仰を否定することはないのである。

絶対的根本命題という形式における哲学の原理

　ここはヘーゲルがラインホルトの意識の命題とかフィヒテの３つの根本命題を自分なりに解釈した個所として注目に値する。ラインホルトやフィヒテはカント哲学の継承者であるが、カント哲学には原理が示されていないとして、その原理を「根本命題」として探求したのである。しかしヘーゲルはその動きに賛同していない。

　「諸々の命題の有機組織としての体系においては絶対者が根本命題として存在すべしという要請が起こり得る。だがそれは空しい要請である。けだし一つの命題それ自身はどんなものでも制限されたものであり、その基礎付けのために他のものを必要とする。」(23)

　このようにヘーゲルは、ラインホルト・フィヒテ風の「一つの根本命題」という発想を簡単明瞭に否定する。そして「反省」について言われたのと同様のことが、繰り返される。「思弁の形式的なものだけが反省されるならば、アンチノミー、つまり自己自身を廃棄する矛盾こそが、知と真理の最高の表現である。」(26)「絶対者の純粋な形式的現象は矛盾である〔逆に言えば、矛盾とは絶対者の現象である〕。こうした意識は思弁が理性から、主観・客観の絶対的同一性としてのＡ＝Ａから出発するときにのみ、生じるのである。」(27)

第2章 『差異論文』―「同一哲学」の始まり

ということでヘーゲルの戦略は、絶対的同一性というイデア・理念から出発して、分裂、対立という現象を考察してゆくこと、その際、イデア・理念を抽象的な思惟物にしないために、直観を要請するということなのである。直観でとらえられた理念こそがまさに「イデア」であり、真実に存在するものなのである。

超越論的直観

ヘーゲルはここ『差異論文』において初めて、「知的直観」を自分の立場の一つの装置として採用する。フィヒテやヘルダーリンやシェリングが早くからそれを採用していたにもかかわらず、フランクフルト期のヘーゲルはその用語を使用していない。知的直観の問題はカントに遡る。カント哲学の基本装置は直観と概念であり、直観を担当するのは感性であり、概念を担当するのは悟性である。感性によって我々に対象が与えられ、悟性によって対象が思惟される。悟性は感性の多様を統一する能力である。カントにとっては直観は感性的直観のみであり、知的直観は我々人間には不可能である、とされる。もしも知的直観が我々人間に可能だとすれば、「神」とか「自由」といった人間が抱く理念も対象として与えられることになり、それでは中世的神学に逆戻りすることになる。カントは直観を感性に限定することによって、伝統的形而上学を拒否するとともに、理念を客観的実在から主観的なものへと変質させたのである。こうしたカント哲学の圏内にあって、ラインホルトは1790年に、知的直観を人間の認識能力の一つとして強調した。[16] フィヒテも1794年2月の「エーネジデモス書評」でその必要を主張した。こうした流れの中で、シェリングも1795年4月刊行の『自我論』において知的直観を採用する。その後の『哲学書簡』1795-96年においても知的直観は強調されている。ヘルダーリンもまた「判断と存在」という1795年成立と推定されている断片で知的直観を採用している。[17] フィヒテが再度、知的直観を強調するのは、1797年の『学問論への第二序論』である（GA. I. 4, 224-225 参照）。このようにヘーゲルの近辺には「知的直観」が満ち溢れていたのに、1797年から1800年にかけてのフランクフルト時代にヘーゲルが知的直観なる概念を使用していなかったということは、異様という他はない。おそらくは哲学ではなく、宗教に心酔していたヘーゲルならではの無関心が

原因なのであろう。哲学者にとっては神もまた知的直観の対象であるが、ヤコービ流の信仰者ヘーゲルにとっては神は感情の対象であれば十分なのである。イエナに来て哲学者になったヘーゲルは、そこで初めて「知的直観」なる概念を採用するのである。ただしヘーゲルはそれを「超越論的直観」と呼んでいる。この言葉はシェリングが１、２度使用しているが、この時期のヘーゲル特有のものと見なしてよい[18]。ヘーゲルが「超越論的直観」という用語を使用するのは『差異論文』においてだけである[19]。ヘーゲルはこう述べている。

「理性に支配されているものは、自分自身を破壊する、それが知の否定的側面である。しかし知は肯定的側面、つまりは直観を有している」としてヘーゲルはここで「直観」の意義を強調する。ヘーゲルは先ず「知」について説明する。「純粋知、つまり直観のない知は矛盾の内での相対立するものの否定である。超越論的知は両者、反省と直観を結合する。それは概念であり、同時に存在である。」だから「超越論的知においては、存在と知性は結合されている。だから<u>超越論的知と超越論的直観は一つの同じものである</u>。」(27-28)

　フランクフルト時代のヘーゲルは概念・可能性と生命・存在・現実性を対立させた基本構図のもとで思想を形成しようとしていたが、ここイエナでは概念と存在を超越論的直観において統一しようとしている。<u>フランクフルト時代には「知的直観」という構想はない</u>[20]。そこでは信仰が存在を支えていた。しかるにイエナに来てからは、信仰ではなく、哲学の立場に立つ以上、存在を支えるのは、あるいは存在とつながるのは知的直観以外にはないのである。哲学を単なる主観的な思惟形式に終わらせたくないヘーゲルは、知的直観を導入して絶対者の哲学を仕上げようとしている。この試みは「概念と直観」の二元性による哲学体系構想であり、シェリングもこの時期採用している構想であり（後述、本書107p）、またヘーゲルの『人倫の体系』の際立った特色をなすものである。この意味でイエナ初期の一時期、ヘーゲルたちは真剣に概念と直観の二元的体系構想を有しており、そして概念と直観の統一がイデア・理念として把握されていた。こうして彼らの「古代的イデア主義」が展開されることになる[21]。だがここ「超越論的直観」の叙述に端的に表れているように、ヘーゲルにとっては、超越論的直観は超越論的知と同

第2章　『差異論文』―「同一哲学」の始まり

じものなのであり、登場した途端に直観は消滅してしまったかの観がある。ヘーゲルの不安は次に続いてゆく。

理性の要請

「直観は理性によって要請されるが、制限されたものとしてではなく、反省の作品の一面性を補完するものとして要請される。だがこの点からすると理性の本質は歪んだものとなる、というのもそれは自己充足的ではなく、欠如的と映るからである。」(29-30)

若い日に「実践理性の要請」というカントの理論を一時期受け入れていたヘーゲルは、実践理性の自己矛盾に巻き込まれてその考えを放棄せざるを得なくなった。その時助けてくれたのもシェリングであった。若いシェリングは実践理性の要請を「弱虫の理性」と断じて、自我の絶対自由を主張した。ただし彼らも全ての「要請」を拒否したわけではない。シェリングも『超越論的観念論の体系』でいくつかの要請をしている。ヘーゲルもそれに倣ったのであろう。しかしここには、理性が直観を要請するということに対するヘーゲル自身の不安が示されている。絶対的理性を主張するヘーゲルの理性が直観を要請していいのであろうか。

哲学体系に対する哲学の関係

この不安を払拭すべくヘーゲルが辿り着いた暫定的方策が「世界直観」である。「理性のこの自己産出において絶対者は客観的総体性へと形成される。かかる全体は諸々の命題と直観の有機組織として現象する。理性はそれと主観的総体性とを無限の世界直観 Weltanschauung へと結びつける。それによって世界の拡散は最も豊かで単純な同一性へと収縮するのである。」(31) ここに見られる「世界直観＝世界観」という概念はカントも使用しているものであるが、直接にはシェリングの『超越論的観念論の体系』から借用したものであろう（AA. I. 9, 1, 241 参照）。ヘーゲルはこれによって、直観の持つ脆弱性を知でもって補完しようとしたのであろう。世界という全体を直観するためには、主観は世界の諸々の要素を一つの像へと纏め上げなければならない。諸々のイデアを一つのイデアに纏め上げなければならない。つまり「絶対者は対立のうちで自己を措定しなければならない、同一性へと

至らなければならない。しかしその際、絶対者と現象との間に因果関係が立てられるのなら、それは偽りの同一性である。」(32) イエナ初期のこの段階では、ヘーゲルたちは対立を、対立の一方を主として克服する道を取ろうとはしない。その道をヘーゲルたちは「因果関係」と呼び、因果関係による解決の道、説明の道を拒否している。フィヒテの立場もやがて見るように因果関係によって対立を克服しようとする道として批判され、拒否されるのである。だがそうしたヘーゲルたちに残されているのは直観の道だけになる。直観の道は実体の道である。「思弁の真の関係は〔因果関係ではなく〕、実体性の関係であり、それこそが因果関係の仮象のもとでの超越論的原理なのである。」(33) イエナ初期のヘーゲルはこのように真理を実体性の視点のもとで捉えている。それがあってこそ『精神の現象学』での「真理を実体としてではなく主体としても把握する」も生きてくるのである。なお『差異論文』のこの個所で、ヘーゲルは世界直観によって絶対者を絶対的実体として捉えるという方向性は示したものの、中身は何も示していない。世界直観において直観はまさに世界たる全体を対象として一挙に捉えようとするのであるが、それはイデアによる絶対者の構成を意味することになり、こうなれば「直観」はまさに比喩に他ならず、実質的には知の体系＝反省の体系となる他はない。先にヘーゲル自身述べていたように、超越論的直観は超越論的知に他ならないのであれば、それは直観としては消失していると言わざるを得ない。

　最後に（34）、ヘーゲルは以下でのフィヒテ批判の様式に言及しており、以下ではあくまでもフィヒテの体系が批判されるのであり、その原理・哲学が問題とされるのではないとしている。「フィヒテの哲学は最も根本的で深遠な思弁を含む真正の哲学であり、それは時代を考慮すればますます偉大なことなのである、というのもその頃はカントの哲学でさえもが真正な思弁の概念を喪失しようとしていた時代であったからである」としている。このようにここにはヘーゲルのフィヒテに対する高い評価が示されており、この点を忘れてはならない。ただしヘーゲルはこの書ではフィヒテの哲学のこの側面は主題的には論じないのである（ヘーゲルがそれを論じるのは『1804/05年の形而上学』においてである、本書268-270p参照）。何故そうしなかっ

たのかは明らかである。ヘーゲルがまだ自己の哲学の原理を把握していなかったからである。

〔第2章〕フィヒテの体系の叙述（GW4, 34-62）

　ここはヘーゲルによるフィヒテの哲学体系の解説であり、『全学問論の基礎』『人倫論の体系』『自然法の基礎』及びその他の雑誌論文が取り上げられて、ヘーゲル風の説明が、批判と共になされている。フィヒテの著作の読み方として興味深いものがある。おそらくヘーゲルは既にフランクフルト時代にフィヒテのそれらの著作の読書ノートを取っていたのであろう。それはシェリングに関しても同様であろう。その意味で『差異論文』の執筆の下準備はイエナに到着する前から出来ていたと言えよう。おそらく1800年前後にノートを取ったと思われる。ただし『差異論文』においてはフィヒテの『人間の使命』への言及がない。この書は1800年の刊行なので、ヘーゲルも読んでいてもいいはずである。しかし何らかの理由で未読であったようであり、ヘーゲルがフィヒテの『人間の使命』に言及するのは1802年になってから、とりわけ『信仰と知』においてである。

「フィヒテの体系の基礎は知的直観、自己自身の純粋な思惟、自我＝自我の純粋自己意識である。絶対者たる自我は主観と客観の同一性である。」(34)
こう前置きしてヘーゲルはフィヒテ哲学の批判的紹介に移ってゆく。以下の見出しはヘーゲルのものではない。

《理論的認識》

「知的直観は全てに等しいものとされている、それは総体性である。全ての経験的意識が純粋意識と同一であることが知である。この同一であることを知る哲学は知の学である」(36)。見られるように、ヘーゲルは、フィヒテの超越論的哲学の課題を経験的意識と純粋意識の統一である、と規定する。これはフィヒテ自身がスピノザを批判する際に使用した概念であり、フィヒテによればスピノザはその統一を示すことができなかった（F. GA. I. 2, 263, 280-281参照）。ここでのヘーゲルのフィヒテ批判も実はそれと同様であり、フィヒテは経験的意識と純粋意識の統一を示すことができなかったというのである。ヘーゲルによれば、フィヒテの体系には2つの立場、思弁の立場と

反省の立場があり、しかもそれらが結合されないままにある。「自我＝自我は思弁の絶対的原理であるが、その同一性は体系によっては示されない。<u>自我の本質と自我の措定作用は一致しない</u>。自我は自分にとって客観的にならない」(37)。例えば、フィヒテの第１根本命題は、ヘーゲルからすれば、制約されているのであり、その形式から見てそれは経験的意識に対立する純粋自己意識である。しかし第１根本命題と第２根本命題の関係がはっきり示されていない。両者が一つの自我の活動であるという具合には捉えられていない。それを示すのが第３根本命題であるはずであるが、そこでは主観的自我は自我であるが、客観的自我の方は、自我＋非我なのである。フィヒテの第３根本命題の総合は部分的、相対的な同一性であり、根源的な同一性は示されない（38参照）。こうしたフィヒテの立場に対してヘーゲルは次のような立場を対置する。「超越論的視点を示すためには絶対的対立が観念的要因として措定され、観念性と解される必要がある。その時には自我は対立する２つの活動の超越論的中心点であり、この両者に対して無差別なのである」(39)。「無差別」を持ち出してシェリング風の解決を図ろうとはしているが、ここでの「超越論的中心点」などと言う概念も単発的な登場であり、何ら展開されないままである。フィヒテ同様、ヘーゲルも経験的意識と純粋意識の統一を示せていないのである。

　続いてヘーゲルは、フィヒテの観念論を評価しつつこう述べる。「世界が知性の自由の所産であるということは、明確に語られた観念論の原理である。そしてフィヒテの観念論がこの原理を体系として構成しなかったとすれば、その理由は自由がこの体系においてもつ性格の内にある」(43)。このようにヘーゲルはフィヒテの哲学を超越論的観念論として評価するとともに、この原理が体系として実現しなかったと何度も批判するのである。その原因はフィヒテの「自由」の把握にあるとヘーゲルは主張する。「哲学的反省は絶対的自由の活動である。」しかるにフィヒテの哲学にあっては「**自己自身を制限すること**が知性に課せられた絶対的に理解し得ない掟・法則である」(43-44)。フィヒテの哲学は「自己自身を制限すること」として性格づけられているが、ヘーゲルにとっては、それがまさにフィヒテの哲学が絶対的自由ではない証拠である。ヘーゲルの積極的自由観はすぐ後に「最高の共同は最高の自由」として示される。ヘーゲルによるフィヒテの理論哲学への

第2章 『差異論文』─「同一哲学」の始まり

批判の根底にはこの当時の両者の自由観の相違が横たわっている。

《実践的認識》

「自我＝自我は当為になり、自我は自我に等しくあるべし、とされる。自我の理論的能力が絶対的な自己直観に至らなかったのと同様に、実践的な能力もそれに至らない。」(45)

フィヒテの自我は「点の統一」であり、「自我の努力は絶対的に外的な感覚世界に対立したもの」となり、客体性を一つ一つ克服してゆかなければならず、因果の系列は限りなく続いて、理想は理想のまま無限の彼方に追いやられる（47参照）。因果律でもってしては真実の自然は把握できない、というのがヘーゲルたちの主張である。ヘーゲルたちはそうした因果律の悪無限的な有限性を嫌って、絶対者の現存を主張する。ヘーゲルとシェリングの同一哲学にとっては絶対者＝絶対的同一性は既に見たように、彼らの欲求・衝動の内で直観されているのである。

《自我と自然の関係》

ここではフィヒテの「自然観」が批判されている。「純粋な精神としての自我も自然存在としての自我も超越論的視点からすれば一つの同じものだと〔フィヒテは〕言うが、自我の絶対性に対して、自然は絶対的に規定されたものであり、死んだものである。自然は自己意識の制約として演繹され、自己意識を説明するために措定されたものである。自然は自我に支配されるものになる。だから<u>自然は単に説明のために反省によって措定されたもの</u>であり、観念的に作り出されたものである〔つまり生きた自然ではない〕。」(49-50)

フランクフルト後期に「自然とは生命の措定である」とか、「固定された生命」という言葉が頻出する（GW2, 342）が、脈絡からしてフィヒテのことを指していたのであろう。フランクフルト期同様に、イエナでもヘーゲルはフィヒテの自然が原子論的な自然であり、そこに「客観性という死せる外皮しか残らない」ことを批判している（52）。「フィヒテにあっては自然は原子論的な死んだものである。カントに残っていた自然の目的論的考察もフィヒテにはない。自然は概念によって支配される。」(54) この時期の

ヘーゲルの自然観がこの辺りによく出ている。機械的、原子論的な死せる自然を否定して、自然を生きた自然として捉えるのがヘーゲルたちの自然観である。そしてまたヘーゲルはフィヒテ風の自我による自然支配の思想が気に入らないのである。ヘーゲルにとって、自然は有限な機械ではなく、生命ある無限性を備えたものであり、自我の、概念の、支配を免れたものである。ヘーゲルの自然は自我・反省によって措定された自然ではなく、理性が構想する「生きた自然」なのである。

ともかくこの時期のヘーゲルにとっては、自然も生きた無限なものであるのに、フィヒテがそれを死んだものとして、自我の支配下におくこと（因果性のカテゴリー）が許せないのである。自然はまだヘーゲルにとっては、スピノザ風の能産的自然として輝いている。その内実は理性に満たされた自然であり、単なる機械的原子論的自然ではない。自然はそれ自身主観・客観であり、能産的に自己を生産してゆくものである。しかしヘーゲルたちにとってそうした自然は「物質」ではない。物質はどこまで行っても自己産出的存在になれない。そうなるためには彼らにとっては「宇宙霊」とか「エーテル」といった精妙な主観的霊気が必要なのである。そうした霊気を加味した自然だけが彼らの「生きた自然」なのである。

《最高の共同は最高の自由》
「フィヒテにおいては理性的存在の共同は各人の自己制限によって生じるとされる。この自己制限という概念によって自由の王国が構成される、それによって生命の美しい相互作用は否定され、生あるものは概念と物質へと分裂させられ、自然は支配される。」それに対してヘーゲルでは、「他者との人格の共同は本質的には個人の真の自由の制限としてではなく、その拡大と見られなければならない。最高の共同は、権力からしても行使からしても、最高の自由である。この最高の共同においてはまさに観念的要因としての自由も、自然に対立する一項としての理性も全く消失している。」(54) これは金子がヘーゲルの「人倫の命題」と呼ぶものであり、ヘーゲル独自の国家・社会理論として注目すべき視点である。フィヒテの国家が概念的規定による悟性国家であるとすれば、この時期のヘーゲルの国家は麗しい生命の共同の有機的理性国家であり、しかも興味深いことにその共同が「真の無限性」と

第 2 章 『差異論文』―「同一哲学」の始まり

呼ばれており、若い日の古代共和政への憧れが今も生きていることが分かる。ヘーゲルの求めている絶対的同一性からの出発とは、その一つの例としては、国家・民族の一体性からの出発ということである。この立場からすれば個々人の自由は二の次なのである。お国のために各人は命を捧げるべし、ということになる。ともかく概念の支配に抗して、生命の一体化を実感しつつ、無限なる生命（民族）を守ろうという意欲がヘーゲルを衝き動かしている。『ドイツ憲法論』の衝動と同じ衝動がここに働いているのである。

「フィヒテの自然法は完全な悟性の支配の叙述であり、生あるものの隷属状態の叙述である。理性はそれを拒絶する。けだし理性は完全な有機組織において、つまり**一つの民族への自己形態化**において、はっきりと自己を見出さなければならないのである。〔しかるにフィヒテの国家は〕有機組織ではなく、悟性国家であり、機械である。民族は共同的で豊かな生命の有機的身体ではなく、原子論的な生命の乏しい数多性である。」(58)

『自然法論文』での近代自然法への批判の視点が既にここに示されている。「実践哲学の原子論の体系」という言葉も見える。このようにフィヒテの原子論的個人主義を原理とした『自然法の基礎』に対してヘーゲルは怒りにも似た反発を覚えており、それに対するアンチテーゼを示さざるを得なかったのであろう。1802 年の「フィヒテの自然法批判」の講義予告[24]はその衝動の表れであり、『人倫の体系』の執筆はその産物であろう。先に見たヘーゲルの絶対的自由は、最高の共同の内で行使される各人の自己否定の行為である。それは原子論的な個人の独立を抹殺して、個体を単一の生命の無差別へと溶解させるものである。それこそがこの時期のヘーゲルにとっては、民族＝類＝普遍の実現だと思われていたのである。

《フィヒテの美学と道徳》

「フィヒテによれば、芸術は超越論的観点を通常の観点にする。というのも、超越論的観点においては世界は創造されるが、通常の観点においては与えられており、美的観点においては世界は造られたとおりに与えられているからである。」(61) しかしそれにもかかわらず、対立をこととする「フィヒテにはそうした美的感覚が存在する余地はないのである。」(63) この分野ではこれまでの批判の繰り返しであり、特に目新しい論点は示されていない。

〔第3章〕シェリング哲学の原理とフィヒテの原理の比較
(GW4, 62-77)

　ここからシェリングの哲学体系の紹介が始まるが、ここの叙述はやや異様であり、シェリングの哲学の客観的な紹介は影を潜め、シェリングの見解とヘーゲルの見解が入り乱れて区別されないままに叙述されてゆく。シェリングの著作への具体的言及はほとんどなされない。まるでヘーゲルがシェリングに変身したかのごとくである。

《「同一性と非同一性の同一性」》
「フィヒテの原理は示されたように、原理は同一性でも、異なったものが因果関係のうちに置かれるために、それが体系として展開されないということである。原理が主観的なものであり、この主観性を廃棄することができないのである。シェリングの哲学の原理は同一性であり、彼の場合は哲学と体系が一致している。フィヒテの場合は主観的な主観・客観であるが、これは客観的な主観・客観［シェリングの原理］で補充されなければならない。」(62-63)

　このようにしてヘーゲルはシェリングの哲学体系の叙述に入る。「対立の廃棄が哲学の課題である」が、フィヒテの理性は対立の一方を否定して、他方を無限なものにするという解決方法をとる。しかしそれによっては絶対者は対立のもう一方に制約されたままである。「だから対立を本当に廃棄するためには、対立の両項がともに廃棄されねばならない。つまり主観も客観もともに廃棄されねばならない。両者は絶対的同一性のうちで廃棄される。」しかし「知のうちには一部、両者の分離が措定されている。この分離する活動が反省である。反省はそれらを孤立化させることによって、同一性と絶対者を廃棄する。同一性も分離も共に妥当しなければならない。<u>絶対者は同一性と非同一性の同一性である</u>。対立と統一が同時にそこにはあるのである。」(63-64) ヘーゲルが解釈するシェリングの哲学は、主観と客観を共に廃棄した「絶対者の哲学」であり、同一性の内には対立も観念的要因として含まれている。続いてフィヒテの自己意識が批判されている。フィヒテの場合

第 2 章　『差異論文』――「同一哲学」の始まり

は「自己意識はより高いものとしての絶対者に関係付けられるのではなく、それ自身が絶対者なのである。」(64) それがこの時期のヘーゲルには気に入らない。自我が絶対者になると自我の対象・客観はそれ自身が「主観＝客観」になることなく、放置されることになる、そうヘーゲルは思っているのである。ということは、客観を主観＝客観として示すためには、自己意識を出発点にすることはできないということになる。客観を主客の統一として示すためには、客観が自己運動する他はないであろう。ただし先にも述べたように、彼らドイツ観念論は物質に自己運動を認めないのであるからして、客観は非物質的な精神的自然、例えば「宇宙霊」のような霊気となる他はない。なおヘーゲルは1802年以降は自然哲学において「エーテル」なる概念を使用することになるが、1801年の『差異論文』ではその言葉は使用されていない。「エーテル」については後で述べることにするが、『差異論文』ではシェリング風の「光」がその役割を果たしているようである。

《「知性の体系」と「自然の体系」》
　ここはこの当時のヘーゲルの哲学体系を知る上で貴重な資料となる個所である。ただし読んでみてもはっきりとした体系は読み取れない。そのような中で、ハリスの英訳本での解説はヘーゲルの体系を予想しており、大変立派な試みである。ちなみにハリスはこの時期の哲学体系の第3部を「自然と知性の無差別点」としており、その最高位を「宗教」だと推定している（つまり哲学よりも宗教の方が上）。ヘーゲルの発言を見ておこう。
「主観・客観の同一性を示す2つの学が可能である。各々の学は他方の学の原理を捨象することを要求する。知性の体系においては客観は無であり、自然は意識のうちでのみ存立する。自然の体系においては、自然が意識されたものであることが忘却される。」(67) ここはシェリングの『超越論的観念論の体系』での立場をそのまま紹介したものである。「自然の体系」と「知性の体系」の2つに区分されている。シェリング自身が超越論的観念論の中心となる「自我」を「知性」とも呼んでおり、ヘーゲルもその用例を受け入れている。この小さな出来事はその後のイエナでのヘーゲルの思想の展開にとって大きな意味を持つことになる。ヘーゲルはイエナ初期から理論的な分野での精神を「知性」として把握しているのであり、この視点は1806年ま

67

で続くのであり、<u>精神を「意識」として捉える視点は 1807 年の『精神の現象学』を待たなければならない</u>（この点は後で何度も触れることになる）。先ずは先に進もう。ヘーゲルは続いてこう述べている。「理性は自然と自己意識の両方を主観・客観として、かくて絶対者として措定する。唯一の自体は絶対者である。理性は両者を主観・客観として措定する、けだし自然として、また知性として自己を産出し、そのうちに自己を認識するのは理性であるからである。」(67) この時期の彼らの哲学は「理性」主義とも表現できる。自然と自己意識の両者を越えて包むのは理性である。理性が絶対者を措定するのである。この２つの学の関係は一方が自己を唯一の学であると主張して他方を否定するというものであってはならず、より高い立場は両方の学の一面性を真実に廃棄して、両者の内に全く同じ絶対者を認識する立場である（67-68 参照）。続いてヘーゲルは、意識と無意識の結合によって自然の体系と知性の体系を説明する「混合」の立場[26]に言及して、それが両者を因果性の関係で説明することを批判し、それによっては絶対的結合には至り得ないとしている（68 参照）。この「混合」の立場にも２つあり、一つは唯物論の立場であり、もう一つは目的論的自然観である。ヘーゲルが目指すのはそれらとは異なっているが、具体的にどう異なるのかは示されない。要は因果関係で捉えるのではなく、実体性の関係で捉える、というものであり、シェリングの立場と同様であり、結局はプラトン的な根源的イデアにおいて両者が合一することになる他はないのであろう。ただし以下のラインホルト批判からすれば、根源的な真理を想定する態度が批判されているから、単純にそれを持ち出すことはできないであろう。結局具体的に体系を展開する以外に道はないのである。

　続いてヘーゲルはカントの自然哲学を批判している。カントにおいては自然は純粋に客観的なもの、単に思惟されたものにとどまっている。カントの自然学ではせいぜい機械論を構成することしかできない。カントが物質に牽引力と斥力を与えたのは、「物質を豊かにしすぎた。けだし力とは外的なものを産出する内的なものであり、自己自身を措定するもの、つまりは＝自我であり、かかるものは、純粋に観念論的な視点からすれば、物質に属することはできない」(69) と批判する。

　カントのように自然を物質として捉えてはダメであり、自然自身を主観と

第2章　『差異論文』―「同一哲学」の始まり

客観の同一性として捉えなければならない。つまり自然の本質はライプニッツも言うように、「力」であり、「力」は物質ではなく、シェリングやヘーゲルにとっては、精神的なものなのである。つまり「力」としての自然は精神なのである。自然を物質として捉えるのではなく、自然を「精神」として捉えなければならないのである。それがシェリングとヘーゲルの「自然哲学」である。だから彼らの「自然哲学」は超越論的観念論なのである。自然哲学は超越論的観念論者たるシェリングとヘーゲルが捉えた精神的・生命的自然なのである。

　続いてフィヒテの自然の演繹の批判がなされている。結論としては、「フィヒテの場合、概念は客観にとって、客観は概念にとって外的なものとなっている。」(71)そしてこう続く。「両方の学のいずれも自分を唯一の学として構成することはできない。現象と自己を分裂させることとは一つのことである。スピノザも言う如く、観念の秩序と物の秩序は同一である。客観的な総体性と主観的な総体性、自然の体系と知性の体系は一つの同じものである。」(71)これなども「独断的観念論」の典型的な個所である。根拠なき独断である。

「主観性の体系の内にも客観的なものがあり、客観性の体系の内にも同時に主観的なものがある。自然は内在的な観念性であり、知性は内在的な実在性である。認識と存在という2つの極は各々の内にある。両者はまた**無差別点**をも自己内に有している。一方の体系においては観念的な極が優勢であり、他方においては実在的な極が優勢なだけである。」(71-72)

　この時期の体系構想が述べられているが、無差別点としての「客観的総体性」に注目すべきであろう。それは精神現象の多様性を総合したものであろうが、そこでは主観と客観、個人と類とが融合しているのであろう。ただしこの時期＝同一哲学期の「総体性」とは「類と種」の関係を基本としての「種」の全てを意味しており、個体は含まれていない。かくして自己意識は「総体性」から排除されたままである。またここでの「無差別点」ではシェリングの量的弁証法がそのまま採用されている。ヘーゲル自身が対立を量的なものとして把握しているのである。

　次にヘーゲルは自然の体系と知性の体系の概略を示そうとしている。前者が理論的部門で、後者が実践的部門である。しかし各々がそれぞれに理論と

実践の両部門を有する。自然の体系は非有機的自然と有機的自然に分けられ、前者が理論的、後者が実践的部門とされている。それぞれの理論的部門として、自然の方は「非有機的自然」、知性の方は「客観的直観」で、「ここには同一性は存在しない」としており、『人倫の体系』の最初の部分、「直観のもとへの概念の包摂」と重なっている。続く実践的部門としては、自然の方は「有機的自然」であり、知性の方は「意志」[27]である。ここでは同一性を持ち込んで、直観を否定するとある。

　自然哲学全体は「光」を基準点に据えて構想されており、全てのポテンツに「光」が登場する。自然哲学と対応する形で知性の哲学の構想が述べられている。電気は有機体において性的差異を措定する。人間の場合はこの差異を観念的に措定し、他の有機体の内に自己を客観的なものとして見出そうとする。他者との融合による自己の同一性。両者を媒介する第三者は音として、両者の差異の絶対的実体性を消滅させて、この実体性を相互承認という無差別にもたらすのである。この媒介項は性的関係における同一性におけるように消滅するものではなく、持続する（74参照）。承認の概念はすでに登場していると見るべきであろう。「両方の学の無差別点は、同一性及び相対的総体性としては、両方の学それ自身の内の至る所にあるが、絶対的総体性としては両方の学の外にある。」(74)

　自然の体系から知性の体系への移行は「自然の光の内化」と呼ばれ、「シェリングも言うごとく」とある。編集者はここに注を付けて、シェリングの『我が哲学体系の叙述』の該当個所を示している[28]。ともかくその２つの学の転換点が、「自然のピラミッドの最高点」と呼ばれている。知性の体系の方は言及が少ないが、客観的直観と意志に分けられているようであり、前者が自己認識を欠き、後者は自己を認識している。「２つの学は共に絶対者の学である。両者は無差別点をめざし、絶対者の自己構成として表象される全体を形成する。……両者は自己自身にとって完全なる総体性において客観的になる絶対者の直観へと、神の永遠なる人間化の直観へと、初めの言葉の証しの直観へと結合されなければならない。」(74-75)

「絶対者のこの自己客体化の直観は芸術において現象する。それは天才たる個人の産物であるが、しかし人類に属するものなのである。またその直観は宗教において現象する。それは大衆の、普遍的天才の産物でありまた各人に

属するものである。それはまた思弁においても現象する。芸術と思弁は共にその本質において神奉仕である。両者は**絶対的生命**の生き生きとした直観であり、かくてまたそれとの一体化である。」(76)

　ここは直接的にはシェリングの『超越論的観念論の体系』の最後に位置している「芸術の哲学」を紹介している部分であるが、最後の一文はヘーゲルの独創であり、ヘーゲル自身に既に絶対的精神の構想があることが分かる。両体系の上に絶対的精神が乗っかっていると考えていいだろう。ただここでは宗教についても哲学についても詳細が全く示されないままであり、宗教と哲学の関係もどちらが上に立っているのか不明である。ただここでの「絶対的生命」は非常に宗教的な響きがする。フランクフルト期の生命の哲学がまだ生き続けている。とまれ、ヘーゲルはここにきてようやくシェリングから少し距離を取り、こう纏める。

「フィヒテの哲学においても、シェリングの哲学においても、絶対的原理、唯一の実在的根拠、哲学の確固たる立脚点は知的直観である。それは学において反省の対象になるのであるから、哲学的反省は超越論的直観であることになる。……自我と自然、純粋自己意識と経験的自己意識、認識と存在、自己措定と反対措定、有限と無限は同時に絶対者の内で措定される、このアンチノミーの内に常識的反省は矛盾を見るだけだが、絶対的理性は絶対的矛盾の内に真理を見る。」(77)

　ここに見られるように（先にも見たが）、知的直観・超越論的直観は哲学的反省と一つになる。ヘーゲルは哲学の最高点をここで示そうと努力しているが、「絶対的理性は絶対的矛盾の内に真理を見る」としか言えなかった。シェリングの哲学体系を紹介するだけならば、それでもよかったかもしれないが、ヘーゲル自身もそこに参加して新しい哲学を提示しようとするのであれば、語らなければならないのは、その「真理」の中身であったはずである。それを語ることは今のヘーゲルにはできないことであった。それを取り繕うかのように、蛇足として再びラインホルトを批判して『差異論文』は終わっている。

〔第4章〕ラインホルトの見解と哲学について　(GW4, 77-92)

　まずラインホルトがシェリングの『超越論的観念論の体系』の序論を中心に引用しながら、シェリングの哲学を「超越論的観念論」と見なしていることを批判している。ヘーゲルによればラインホルトはシェリングの哲学の内に、「自我性」の他には何も見ていない、と批判している。つまりヘーゲルの言わんとするところは、シェリングは1800年の著作、及び1801年の『我が哲学体系の叙述』において、同一哲学の立場に立つことによって超越論的観念論の一面性を乗り越えているというのである。ヘーゲルたちにとっては「純粋自我性」なるものは、自然と同じく、絶対的無差別点において飲み込まれてしまうものである。

　序文で言及していたエッシェンマイアーのシェリング批判に関しても再び言及して、エッシェンマイアーが超越論的観念論の立場から批判しているとしている（78-79）。つまりこの限りでは、彼もラインホルトと同じだということになる。ともかくここでのヘーゲルの批判は、超越論的観念論は自我性の哲学であり、一面的である。それに対して自分たちの哲学的立場は、自然と自我の絶対的同一性である、ということである。ヘーゲルが自我、自己意識の立場に立っていないのは明白である。「同一哲学」である限り、ヘーゲルもシェリングも、自分たちの哲学を「超越論的観念論」と規定することはできないのである。

　続いて、ラインホルトが唯物論を単なる精神錯乱として捉えているのを批判している。そこには精神と物質という形式における分裂を廃棄しようとする真正の哲学的要求がある。この体系は西部地域〔フランスのことか〕の文化から生まれてきた。例えばドルバックの『自然の体系』の内には生命の現象から逃れさってしまった絶対者を真理として構成しようという要求があるのである。それがその地域性によって唯物論という形式をとったまでのことである。それに対してドイツ文化は主観的なものの形式の内にしばしば思弁を欠いたままに住み着いている、としている（80参照）。こうした唯物論擁護の発言も真面目に受け取るべきではないのは言うまでもない。[29]

《ラインホルト自身の哲学について》
「革命は終わった、という文句がフランスでしばしば布告されるように、ラ

第2章 『差異論文』―「同一哲学」の始まり

インホルトもまた哲学革命の終わりを何度も告げたのである。」(81)
「ラインホルトは根源的真理なるものを前提するが、そうではなく、つまり絶対者は即且対自的に真なるもの、確実なもの、認識されているものではなく、絶対者は理性の自己活動によってのみ、真理へと、確実なものへとなるのである。」(85)

　絶対的同一性からの出発を主張しながらも、ヘーゲルにはこうした、自己活動性を真理の姿とする哲学の把握もある点に注意する必要がある。この自己活動性を遂行するならば、空虚な同一性からの出発の空無性が明らかとなるだろう。後のヘーゲルも言うごとく、どんな真理から出発しようともその真理は最初のものである限り、抽象的で空虚たらざるを得ないのである。けだしそれは自己展開を欠いているからである。

　最後はこう終わっている。「哲学は分裂したものの死を絶対的同一性によって生命へと高め、それによってそれら両者を吸収し、両者を等しく母のように措定する理性によって有限なものと無限なものの同一性の意識、つまりは知と真理を**追究する**ものである。」(92)

　ここでの「母のように」という言葉は『人倫の体系の続稿』でのマリア崇拝に関係しているかもしれない。ともかく宗教は哲学にとって代わられている。ただし体系的な位置づけとしては宗教が頂点にあるようである。それは「追究する」という言葉にも表れている。つまり「実現する」となっていない。ヘーゲルが哲学を宗教の上に明瞭に設定するのは1802年からである。『差異論文』においてヘーゲルは現代哲学の潮流の中での自分の立ち位置を模索している。それはカント、フィヒテと続いてきたドイツ観念論の本流に源を発しながら、自我＝自己意識の主観性を、つまりは超越論的観念論の立場を絶対的同一性で克服する道である。それはヘーゲルの解釈によれば、シェリングが既に1800年の『超越論的観念論の体系』で歩み出した道である。同一哲学は絶対者の哲学である。この道の新しさをフィヒテとシェリングの「差異」として明瞭に示すことによって、ヘーゲルは哲学者としての自分の道を切り拓き始めたのである。だが「絶対的同一性」から出発するという彼らの同一哲学はまだ形成途上であり、幾多の困難が待ち受けているのである。

73

注

1 H. S. Harris　Hegel's Development, Night Thoughts. C. P. Oxford, 1983. XXVp 参照。
2 K. L. Reinhold　Beyträge zur leichtern Übersicht des Zustandes der Philosophie beym Anfange des 19. Jahrhunderts. Heft1, 1801.
3 GW4, 74 及び同 80 参照。74 では「シェリングも言うように」という、ヘーゲルとしては珍しい、直接的引用の形式がとられている。後からの追加の文章と思われる。80 ではヘーゲルの『差異論文』が書かれた後に出たラインホルトの最近の論文の名が挙げられている。
4 同一哲学の形成については伝統的にはシェリング主導説が圧倒的であったが、デュージングの登場以来ヘーゲル主導説も盛んに主張されるようになった。K. Düsing. Spekulation und Reflexion. Hegel-Studien. Bd. 5. 1969. 及び Das Problem der Subjektivität in Hegels Logik. Hegel-Studien.Beiheft14. 1976（1995）. 参照。更には R. Schäfer. Die Dialektik und ihre besonderen Formen in Hegels Logik. Hegel-Studien. Beiheft45. 2001. 82p に主導説に関してのヘーゲル研究者の詳しい分布状況が説明されている。
5 拙論「同一哲学の誕生——1802 年の頃」（『大東文化大学紀要 第56号』2018年、127-144p）参照。
6 邦訳がいくつかある。山口・星野・山田訳『理性の復権』批評社、1985年。村上恭一訳『ヘーゲル初期哲学論集』平凡社、2013年。
7 アカデミー版のシェリング全集のⅠの10巻に両者の論文が収録されている。
8 拙論「フィヒテとシェリングとヘーゲルの哲学の無差別——シェリング『超越論的観念論の体系』を中心に」（『大東文化大学紀要 第55号』2017年、13-30p）参照。
9 拙論「フランクフルト期のヘーゲルの宗教論」（『大東文化大学紀要 第54号』2016年、36p）参照。

第2章　『差異論文』―「同一哲学」の始まり

10　既に、ローゼンクランツは若いヘーゲルのプラトン主義を何度も強調している。K. Rosenkranz　G. W. F. Hegels Leben. 1844（1971）. W. Buchgesellschaft, 100, 115p 参照。以下、この書からは Ros. と略して引用する。

11　この点に関して、シェリングからヘーゲルへの 1807 年 11 月 2 日付の手紙は興味深い。この手紙でもって 2 人の関係は断絶する。この手紙でシェリングはヘーゲルが『精神の現象学』の「序文」で自分を手厳しく批判していることに不満を表明している。ヘーゲルはそこで概念と直観を対立させて、安易に直観に訴えるシェリングの態度を批判している。シェリングはヘーゲルのこの豹変ぶりに驚いている。「君は概念の下に、君と僕とがイデア・理念　と呼んでいたもの以外のものを考えることはできないだろう。イデア・理念の本性とはまさに、一方ではそれは概念であり、一方ではそれは直観であるということである。」ここに端的にみられるように、イエナ初期 1801-02 年の頃の彼らは、概念と直観の統一としての理念＝イデアを最上のものとしていたのである。シェリングの今の気持ちを代弁すればこうなるだろう。「君はあの頃の僕たちの宝物を捨ててしまったのかい ?!」

12　拙論「フィヒテ、シェリング、ヘーゲルの哲学の無差別」（『大東文化大学紀要 第 55 号』2017 年）参照。この頃のシェリングには「絶対者」の概念はあっても、「絶対知」の構想がない。

13　K. L. Reinhold　Beiträge zur Berichtigung bisheriger Mißverständnisse der Philosophen. Zweiter Band. 1794. P. B. 版。Schelling, AA. I. 4, 69-82p 参照。

14　文脈に応じて Nacht を「夜」と訳したり「闇」と訳したりすることにする。また場合によっては「暗闇」と訳すこともある。これらはいずれも Nacht である。

15　後にヘーゲルはシェリングたちの形式主義を批判して「全ての牛が黒くなる夜」という有名な批判を行うが（GW. 9, 17）、この批判は同一哲学期のヘーゲル自身への自己批判でもある。しかし絶対者を夜・闇として把握する視点はその後のヘーゲルにも残り続ける視点であることも忘れてはならない（GW9, 433, 21-23 参照）。

16　K. L. Reinhold 同上書　Erster Band. 1790. P. B. 版、170-175p 参照。

17　この辺りのことに関しては、拙論「ヘーゲル、シェリング、ヘルダーリン

思想の交差点にて（1794-1796 年）」（『大東文化大学紀要 第 38 号』2000 年、477-478p）参照。

18 シェリング、アカデミー版全集 9 巻の編集者の注参照。またツィンマーリ『哲学への問い』（山口祐弘訳、哲書房、1993 年）393p 参照。端的に言えば、「超越論的直観」という用語はヘーゲルの誤解なのである。

19 ここから次のような推測が可能である。ヘーゲルの『差異論文』の草稿をシェリングは読んでいない。出版後に初めてシェリングはそれを読んだ。その時いくつものコメントをしたと思われるが、「超越論的直観」についてのヘーゲルの誤解を指摘したのであろう。それ以降ヘーゲルはその言葉の使用を断念したのであろう。

20 GW. 2, Text56 においてこう言われている。「愛の直観は完全性の要求を満たしてくれるように見えるが、……無限なものをこのような器で受け止めることはできない。」(GW2, 247) 拙論『フランクフルト期のヘーゲルの宗教論』（『大東文化大学紀要 第 54 号』42p）参照。ただし「1800 年 9 月 24 日」の日付のある『キリスト教の実定性・改稿』の最後の方には次のような文章がある。「この論考は、人間的自然自身の内により高い存在を承認し、それの完全性の直観を生命の生動的精神へと高め、この直観に直接的に献身するという欲求があるという必然性を基礎にしている。」(GW2, 361) ここでは「直観」は宗教的なものではあるが、ようやく肯定的に受容されようとしている。この直観が明瞭に知的直観として哲学の内で採用されるのが 1801 年の『差異論文』である。

21 前掲拙論「同一哲学の誕生—— 1802 年の頃」136-139p 参照。

22 この理由を空想してみると、次のようになる。ヘーゲルは『差異論文』での「フィヒテ批判」をフランクフルト時代に作ったノートに依拠して行った。そしてそのノートは 1800 年以前のものであった。

23 金子武蔵『ヘーゲルの国家観』岩波書店、昭和 19 年、192p 参照。

24 この点に関しては、拙著『ヘーゲルのイエナ時代 生活編』（文化書房博文社、2012 年）83-85p 参照。

25 The Difference Between Fichte's and Schelling's System of Philosophy. Trans. by H. S. Harris and W. Cerf. Albany 1977. 58-60p 参照。

26 山口他の邦訳の注ではここではロッシウスの説＝意識の繊維理論が念頭にあると説明されている。この注は英訳 162p からの写しである。英訳の前に仏訳

者の注があり、仏訳者はこの説をビシャーの説だとしているが、英訳はこれを否定したものである。村上の邦訳は仏訳に依拠している（279-281参照）。仏訳 Premières Publications de G. W. F. Hegel. Marcel Mèry. Editions Ophrys, 1952. 185p参照。なおヘーゲルはこの意識の「繊維理論」を『精神の現象学』でも再び取り上げている（GW9, 192参照）。

27　ヘーゲルがここで知性を「意志」と呼んでいるのはシェリングにそのまま引きずられたものと言う他はない。例えば『超越論的観念論の体系』第四章、(AA. I. 9, 276参照)。シェリングがこの時期「意志」という用語を使用するのは何の問題もないが、ヘーゲルの場合には1802年から1805年頃まで「意志」は哲学の原理とならない。けだし「意志」は個人の自由と独立を表示する近代哲学の特徴的な概念として、ヘーゲルによって忌避されているからである。ヘーゲルが「意志」を自己の哲学原理のうちに採用するのは『1805/06年の精神哲学』からである。

28　イェシュケ W. Jaeschke の Hegel Handbuch, V. J. B. Metzler, 2. Auflage. 2010. はヘーゲルがこの書を読んでいないという推測で解釈をしている。しかも彼は『差異論文』はシェリングの解説書であり、ヘーゲル自身の哲学体系の叙述ではないという特異な解釈をしている（同書125p参照）。部分的にはそういうことが言えても、全体をそうだとするのはあまりに過激である。

29　一時期（1980年代）のヘーゲル研究において、Vieillard-Baron や Harris によって「ヘーゲルの唯物論」が強調されたことがあったが、単なるファッションの域を出ないものであった。拙論「エーテルの行方——ヘーゲル、イエナ期研究序説」（『大東文化大学紀要 第34号』1996年）478p参照。

第3章 『惑星軌道論』と最初の講義

　1801年の8月になって、ヘーゲルはようやくイエナ大学の教壇に立つ準備を始めた。そのためにはラテン語で書いた論文を提出する必要があることが分かり、大慌てで『惑星軌道論』を書き上げることにした。しかしそれは1週間や2週間で書き上げることはできなかった。期限は迫っていたので、やむなく本論よりも前に、それの骨格となる「暫定的テーゼ」を提出することが許可された。それが以下のものである。

惑星の軌道に関する哲学的論考への暫定的テーゼ

(GW5, 227-228)

　これはヘーゲルが教授資格取得のためにイエナ大学に提出したものである。普通は論文と共に提出されるものであるが、学部の好意で先ずは「テーゼ」だけで審査することになった。1801年8月27日、ヘーゲルの31歳の誕生日に、この「テーゼ」に基づいて「討論」が行われた（以下『暫定的テーゼ』と呼ぶ）。見れば分かるように「惑星軌道論」とは直接関係のないものが多く、当時のヘーゲルの哲学体系構想に基づくテーゼ集である。このテーゼをもとにして討論が行われたが、「討論」については資料が残っていないので、テーゼの具体的な内容は不明なことが多い。多くの研究者がこのテーゼを取り上げて論及しているが[1]、私はごく簡単に見るだけにしておく。

「1．矛盾は真理の規則であり、無矛盾は虚偽の規則である。」
『差異論文』に既に見られるようにヘーゲルは悟性の規則である「論理学」の最高の法則はアンチノミー・二律背反であり、つまりは悟性の自己否定であるとみなしていた。だから「矛盾」こそが悟性法則の真理なのであるという「悟性」に対する上から目線での発言であり、この時のヘーゲル自身は「理性」の立場に立っている。そして矛盾はAがAでなくなることであり、「自己自身の反対」に転化することであり、そこに無限性が実現する。無限

性の実現がヘーゲルにとっての真理である。
「2．推理は観念論の原理である。」
　悟性の真理がアンチノミーであれば、それに続く理性の法則は推理である。推理によって矛盾は解決されるはずである。ヘーゲルによれば、「判断」はそれ自身が一つの命題であるから、それ自身で真理を表現することはできない。真理であるためには上に示されているように、少なくとも２つの命題が、アンチノミーが必要である。ここにはラインホルトやフィヒテ風の「根本命題」に対する反発が根底にある。ヘーゲルは根本命題でもって哲学を形成することに反対している。
「3．正方形は自然の法則であり、三角形は精神の法則である。」
　プラトンの哲学やバーダーの思想の影響を受けながらの発想であろう。トロックスラーによるヘーゲルの論理学の講義ノートには客観的な視点が、同一性・非同一性・無差別・再構成、という四元性であり、主観的な視点が、措定・反対措定・関係づけ、という三元性であるとされている[2]。ヘーゲルの自然哲学の中には後々まで、四元性の痕跡が多々ある。
「4．真なる算術においては、１番を２番に加える以外に加法はなく、３番から２番を引く以外に減法はない。そして３番は和と考えられるべきで、１番は差と考えられるべきである。」
　これは何が言いたいのかよく分からない発言だが[3]、ヘーゲルはフランクフルト期から数学に非常な興味を示していたし、その後も興味は持続している。
「5．磁力が自然の梃であるのと同様に、太陽に向かう惑星の重力は自然の振り子である。」
　これも意味がよく分からない発言であるが、ヘーゲルの地球中心主義への愛好を物語るものと思われる（後述、本書202p参照）。ヘーゲルは、太陽の引力によって地球が太陽の周りを回っているという地動説風の説明だけでは満足できないのである。ニュートンの万有引力理論からしても、地球も太陽を引っ張っているのである。『惑星軌道論』でも「各々の天体がまさにこれらの力の中心である」と述べられている（GW5, 248）。
「6．イデアは無限と有限の総合であり、全哲学はイデアの内に存する。」
　これも『差異論文』以来の思想であり、無限だけではイデア・理念となら

ない。有限なものを内に含んだ無限こそがイデア・理念である、というものである。「同一性と非同一性の同一性」と同じ考え方である。イデア・理念は概念と直観の統一であり、普遍と特殊の統一である。「イデア」はこの時期のシェリングとヘーゲルの同一哲学、絶対者の哲学を支えている主客の統一体、観念と実在の統一体である。
「7．批判哲学はイデア・理念を欠く故に、懐疑論の不完全な形式である。」
　これも『差異論文』で繰り返されている。カントたちのイデア・理念は単に主観的なもの・概念であり、実在性・直観を欠いているので、ヘーゲルにとっては「イデア・理念」とは呼べない。批判哲学は絶対者を認識できない懐疑論なのである。ヘーゲルたちの同一哲学はイデアなる叡智的存在を介して絶対者を捉えるのである。同一哲学はプラトン的イデア主義である。
「8．批判哲学が提起する理性の要請なるものの実質は、まさにこの哲学そのものを破壊し、かつスピノザ主義の原理である。」
　上のテーゼの続きである。批判哲学にはイデア・理念の実在性が欠けているから、批判哲学はイデアの実在性を要請せざるを得ないが、そうなると要請された対象たる客観を機械的因果関係＝スピノザ主義のままに放置することになる。だからそこには自由が存在せず、自由を本領とする叡智的存在も存在不可能となる。
「9．自然状態は不法ではない。さればこそこの状態から脱却しなければならない。」
　法を作り出すのは精神である。法がない状態＝自然状態は非精神的状態である。人間たる限りは一刻も早く自然状態を脱却し、人倫へと到達しなければならない。人倫こそが人間の自然である。『ドイツ憲法論』で示された如く、この時期のヘーゲルにとっては、「ドイツ的自由」は自然状態の代表である。また「自己意識」はヘーゲルの意識からすれば、自然状態に生きている個々人である。そうした孤立した自己意識たる「ドイツ的自由」の状態の一刻も早い克服をヘーゲルは熱望しているのである。人倫的共同体における自由こそが真の自由なのである。
「10．道徳学の原理は、運命に対する畏敬である。」
　運命を畏れて自己を「抑制する」ことが道徳である、とするイエナ初期のヘーゲル固有の自由観である。もちろんフランクフルト期の「運命」観を引

きずっている。「抑制」の概念は『自然法論文』で中心的に展開される。
「11．徳は、行為および受苦のいずれの無垢をも排斥する。」
　無垢な美しい魂（イエス）は真の徳ではない。それがフランクフルト期最後の結論である。ヘーゲルは Leben を単に純粋な生命としてだけではなく、広く人倫的な生活として捉えたいのである。市民社会・国家から逃避するというイエスの轍を踏んではならないのである。
「12．あらゆる点において絶対的に完全な道徳は、徳と矛盾する。」
　徳は個人を中心とした人倫であり、絶対的な人倫ではない。完全な道徳は「人倫」のことであり、個人の徳を超越している。民族および国家という全体への熱い視線が個人の道徳を色あせたものとしている。

　以上に続く「本論」が以下のものである。

惑星の軌道に関する哲学的論考[4]　（GW5, 237-253）

　これはヘーゲルが教授資格取得のために 1801 年の 10 月 18 日にイエナ大学哲学学部に提出したラテン語の論文である（以下、『惑星軌道論』と呼ぶ）。ローゼンクランツの伝えるところでは、ヘーゲルは既にフランクフルト時代にこの論文の基となるドイツ語の論文を書き上げていた。分量はラテン語論文の 3 倍ほどあったとのことである（Ros. 152 参照）。残念ながらその草稿は現存しない。
「自然が作り出す地上の全ての物体は、自然の第 1 の力、つまり重力からすれば、十分に自立的ではなく、全体の圧力によっていずれは消滅する。これに対して天体はその重心を自己の内に担っているから、神々のように透明なエーテルの中をゆったりと移動する。太陽系と呼ばれるこの有機体以上に理性の崇高で純粋な表現はない。だからそれ以上に哲学的考察にふさわしいものはない。かつてキケロがソクラテスを讃えて、哲学を天上から引きずりおろして人間の日常生活に適用したと褒め称えたが、むしろ逆に哲学が再び天上に持ち上げられるように努力しなければ、哲学は人間の日常生活に何ら益するところとはなり得まい。」(237)
　天上界を美化する態度が顕著である。「古代的イデア主義」の一環と言え

第3章　『惑星軌道論』と最初の講義

る。地上の物体が必ず滅びるのに対して、地球をも含めた天上の天体が永遠不滅であるというアリストテレス風の宇宙観が堂々と表明されている。なおここでは天上界・宇宙がそのまま太陽系と等置されている。厳密に言えば太陽系＝宇宙ではないことは当然ヘーゲルも理解していたはずであるが、この時期には太陽系から区別して宇宙をテーマとするという姿勢がないのであり、そうした姿勢が表れるのは1805/06年からである。とまれ、出来ることならヘーゲルはこの『惑星軌道論』を現代の『ティマイオス』として仕上げたかったのであろう。プラトンに倣い、太陽系を有機体として捉えて、生命的自然・宇宙を求めるドイツ観念論の衝動がここにも表れている。ただし時間が足りなかったので、生命有機体を取り扱うことは出来なかった。かくしてヘーゲルは自己に次のような制約を課すことになる。

「以下で私は、① 天文学がその物理学的な面で依拠しているところの基礎概念を論じ、② 真の意味での哲学が太陽系について、とくにその軌道について確証していることを論じ、最後に、③ 古代哲学を援用して数学的比例関係に関しても、哲学がいかに有益であるかを論じる」としている（237）。我々もこの3点を簡単に見ておこう。

① 天文学の物理学的基礎理論としてのニュートン理論の批判

ここでヘーゲルはニュートンを専ら批判している。純粋に数学的な観点と物理学的な観点とは区別しなければならないのに、ニュートンはそれらを混同して、理論を作り上げた。ヘーゲルはこのようにニュートンの数学主義を批判し続ける。数学はただの現象の比例関係を取り扱うだけであり、それに対して力の研究は数学ではなく、ケプラーが示しているように、物理学の分野に属する。現在の天文学の理論は、力の分割とその上に構成される力の平行四辺形の理論＝ニュートンの理論に基礎をおいているが、力の分割は数学的要請であり、それにそのまま物理学的な意味を与えるのは間違いである。数学は物理的実在の根源とはなり得ない（238-239参照）。ニュートンが依拠している実験哲学・経験論は引力と斥力の対立から現象を説明するが、真の哲学はそれらの同一性としての重力から全てを説明する。物理学も先ずは全体を措定して、そこからその部分の相互関係を演繹するべきであり、決して対立する力、つまりは部分から全体を構成するべきではない、と

ヘーゲルは述べている（241-242参照）。自然の分野においても「同一性」＝重力から出発しなければならない、とヘーゲルは考えているのである。そして「同一性」はイデアであり、同一性から出発するということは、ヘーゲルにとっては、実験・経験からではなく、「イデア」から出発することを意味するのである。ちなみに「重力」は、この時期のヘーゲルにとっての「イデア」である。

なおヘーゲルがニュートンの「遠心力」概念を誤解しているという批判が研究者たちからよくなされているが、ニュートンの遠心力概念が正確にいかなるものかという点を別とすれば、遠心力を求心力と正反対の方向のものとする理解では、円運動と直線運動のどちらが宇宙の運動の基本であるか、という近代天文学上の課題に答えられない。ヘーゲルのように遠心力を円の接線方向に働く力と理解して初めて、それと引力とのバランスの上に円運動が可能であるとする、直線運動を基本としたケプラーの理論の偉大さが明らかになるとヘーゲルは思っているのである。

② 太陽系の基礎理論

ヘーゲルによれば、重力は物質の本質であり、物質は重力としてみれば同一性である。この同一性としての物質が両極に分裂し、その際に凝集線〔重力の一形態〕を形成するとともに、諸契機の異なった相互関係によって多様な形態をその発展系列の内に生み出す。これが重力の実在的区別である。これに対して観念的区別が空間と時間である。この二重性の後にさらに二元からなる二重性が、つまりは四方位が措定される。物質もまた主観と客観という両極の形式で捉えられなければならないが、空間という物質の客観性においては、点が精神、主観性である。精神が自己自身を生み出すとき、それは線となり、線は再び自己自身の反対の空間、面となる、等々（247-249参照）、としてヘーゲルは空間を主観的なものとしても把握しようとする。そしてここで、先にはニュートンの数学主義を批判していたにもかかわらず、奇妙にも自己自身の数学的愛着を披瀝する。線が平方となることによって、面ができ、面が立方となることによって立体ができる。この立体を平方へと還元したものがケプラーの第3法則であり、ヘーゲルはそれをケプラーの第2法則＝面積一定の法則と同一のものとして理解しているという。この数学主義を基礎にして以下の惑星間の距離が論じられる。

第3章 『惑星軌道論』と最初の講義

③ 惑星間の距離について

　自然は理性的に形成されている。経験と帰納に基づいて自然法則を探求しようとする者は、首尾よく法則を発見できる場合には理性と自然の同一性を是認するが、自然法則に一致しない現象に出くわすと、彼らは実験を〔つまりは現象を〕疑ってみて、現象と法則との一致を実現しようとする。ティティウス・ボーデの法則はまさにこの例である。この法則の第5項に対応する惑星が見つからないのである。それで今その惑星が一生懸命探索されている始末である。だがその法則はどう見ても哲学的意義を持たないのである、とヘーゲルは批判しているが、「哲学的意義」の中身はどうやら冪＝ポテンツのことのようである。ヘーゲルはこう続けている。その法則の級数は算術的であり、冪ではないのである。哲学的な級数としてはプラトンの『ティマイオス』の数列があり、こちらの方がましである。1, 2, 3, 4, 9, 16, 27。ここでヘーゲルはプラトンの8の数字を16と書き換えている。更にヘーゲルはこれらの数列を4乗してさらにそれらの立方根を求めて、惑星の距離の比を求めたり、木星の衛星の距離の比にまで言及したりしている（252-253参照）。こうしてヘーゲル自身がニュートン同様の数学主義に陥ってしまったのである。周知の如く、ヘーゲルのこの批判は惨めな失敗であった。ヘーゲルやシェリングの観念論的な自然哲学の破綻がここに端的に示されている。何故に経験値を探求せずに、一挙に古代哲学の数値に頼ろうとするのか不思議であるが、プラトン崇拝が引き起こした熱狂の一幕と言う他はない。当時のヘーゲルたちの精神構造が狭い地域社会に立脚する精神優位の迷信に依拠していたのであろう。ヘーゲル自身この『惑星軌道論』が不十分な論文であったことを折に触れて言及している[7]。ただし自然研究は現代においてもイデア・理念から出発することに変わりはない。現代の自然研究者たちはその理念が単なる仮説であることを承知しながら、その仮説を実証しようとしているだけである。イデアからいつまでたっても解放されないことが人間の運命のようである。

　この『惑星軌道論』の中にはこれ以外の様々な個別的事例に関するヘーゲルの見解が示されているが、それらについては後で取り上げる「自然哲学」の関係する個所で触れることにする。

1801/02年の講義草稿

　ヘーゲルは 1801/02 年の冬学期からイエナ大学の教壇に立つことになった。講義は「哲学入門」と「論理学と形而上学」の2つであった。その草稿が残されている。

哲学入門　（GW5, 257-265）

　これはベルリンのヘーゲル遺稿集の文庫で長らく行方不明になっていたものが、1970 年代に再発見されたものである。アカデミー版全集の第 5 巻で初めて全面的に公表された。ヘーゲルの最初の 1801/02 年の講義の準備草稿と思われる。この講義に関してはヘーゲルの手書きの講義紹介の張り紙もイエナ大学に保存されている（GW5, 654）。書かれたのは 1801 年 10 月 18 日の少し前、と推定されている。内容的にも非常に興味深いものである。講義題目の「哲学入門」は最初は「哲学の実践的関心」と書かれており、後で「哲学への入門として」という言葉が欄外に追加されている。「哲学入門」の草稿は 2 種類残されている。あまり知られていない草稿なので、少し丁寧に引用を重ねてゆくことにする。

　　Diese Vorlesungen... (259-261)　　〔哲学の欲求の解明〕
　この草稿には哲学への入門としての「哲学への欲求」が再び取り上げられ、およそ次のようなことが書かれている。
「哲学への入門を講義すると約束したこの講義を始めるにあたって言えることは、学としての哲学は序文を必要としないし、序文を受け付けるものでもないかもしれないということである。他の学問の場合には学問全体の中での位置とか、それらの中心である哲学との関係とかを前もって論じることは有効である。<u>哲学</u>は他の学問とか他の道具を必要としない。〔ヘーゲルはこの草稿で「学としての哲学」と「哲学すること・哲学活動 philosophieren」を区別している。カントの有名な言葉をヒントにしていると思われる。〕<u>哲学活動</u>は確かにある種経験的であり、主観的であるから、さまざまな立場があり、そこから普遍的な立場へと到達することを学ぶこともできよう。だが何よりも避けなければならないのは哲学全体を序文に変えてしまったりとか、

第3章　『惑星軌道論』と最初の講義

序文を哲学と見なしてしまうことである。そのような序文的哲学は昨今、哲学の基礎付けだとか批判哲学だとか、懐疑的方法だとか、独断論への異議申し立てとかの名前で流行している。それらの基礎付けだとか、批判的方法だとかの確実性は、それが本来の哲学活動の外部に身を置いているということの内にある。それらの昨今ドイツで流行している体系を真の体系と虚偽の体系に区分するのではなく、本来の哲学と単なる哲学の仮象に区別しなければならない。……」(259-260)

　ここに見られるのは、「真実の哲学はただ一つである」というこの時期に絶えず繰り返される主張である。それに対して「哲学活動」は多様であるが、昨今の多くの哲学活動は、ヘーゲルの目からすればことごとく不十分なものである。この後ヘーゲルはこうした哲学の各派の特徴を大きく2つに纏めて説明しようとしているが、4ページ分ほど原稿が欠落しているという。
　続いてこう言われている。
「理性がそれらの源泉である。各々の他の欲求は特殊な個人に属しており、その限りでそれは他の無限の客観的な世界に対立している。だが真の学も芸術も理性に、つまりは普遍的なもの、絶対者に属す。絶対者は理性以外の何物も必要としない。」(260)
『差異論文』にも表れていた理性至上主義の思想がここにも表明されている。理性による知的直観によって、絶対者を捉える、それが同一哲学の目標である。言うまでもなく「絶対者」は数多く存在するのではなく、一つである。そうしたものとしての「哲学」への欲求がこう語られている。
「私のここでの意図は、哲学の欲求を明らかにすること、それを完全に明らかにすること、つまりは哲学の全体を生産することである。この普遍的な欲求の他に、後で私はこの欲求が身にまとう特殊な形式や手段について言及する。」(260)「哲学が完成したものであるのに対して、哲学活動は経験的なものであるからして、様々な立場や教養形成と主観性の多様な形式から出発することが出来る。私のこの哲学入門は主観的な形式と客観的・絶対的哲学との結合点、架け橋をなすものである。」(261)「哲学の普遍的欲求に関しては、我々は次のような問いに答えてみたい。哲学は生命・生活に対してどのような関係を有しているのか。哲学はどの程度実践的なのか。<u>哲学の真の欲求は、哲学を通して生きることを学ぶ、ということである</u>。それは確かに

学への入門と見なされはするが、むしろそうした従属的な目的はさしあたり無視しておこう。」(261)

　序文・前もっての導入が哲学にはふさわしくないということは『精神の現象学』でも言われていることであるが、かといって序文が不必要であるとはヘーゲルも思ってはいない。ヘーゲルにとって序文は必要なのである。この草稿と次の草稿、更にはその次の草稿も講義の最初の草稿であり、まさに講義の序論部分である。ヘーゲルはここでは『差異論文』でも強調されていた「哲学の欲求」ということを序文の中心テーマとして語っているようである。それは「哲学を通して生きることを学ぶ」という何とも根源的な欲求であるが、残念ながらその中身は明示されていない。欠落部分におそらくそれが語られていたはずであるが、ただそれを「完全に明らかにしたい」と語っているところからすれば、哲学の欲求とは何かを語ることが今後も課題となるのであろう。哲学によってヘーゲルは個人としての自己と世界・世間との分裂した状況を打開し、統一する生き方を模索している。この模索は既にみたようにフランクフルト時代の草稿（『ドイツ憲法論』③）にも見られたものであるが（GW5, 16-18 参照）、その模索は今も続いており、更には1803年の講義草稿にも表現されている（本書192-199p 参照）。ともかくイェナ初期のヘーゲルはフランクフルト期の遺産である「生命」の概念に依拠して自己の哲学の独自色を出そうとしている。ただしこの「生命」を専ら形而上学的に捉えるのはヘーゲルの道ではない。ヘーゲルのそれは「人間生活・市民生活」をも意味しているものであり、『人倫の体系』に示されている如く、民衆の日常生活（労働や犯罪）が哲学の対象として開拓され、体系の中に位置づけられている。ヘーゲルは人間の生活全般を哲学の対象とすることによって、自分自身の生き方の問題の解決を図ろうとしているのである。ヘーゲルは今「哲学」によって世界と対峙し、対決しようとしているのである。

Die Idee des Absoluten Wesens... (262-265) 〔哲学体系構想〕
　もう一つの草稿である。ここではヘーゲルの哲学体系の目次が語られている。
「絶対的実在のイデア・理念は、〔先ずは〕思弁的イデア・理念として、次には宇宙として描かれる。我々は今や哲学の内におけるイデア・理念の認識

第3章 『惑星軌道論』と最初の講義

へと進もう。これまで述べてきたことは単に前もって哲学の内容、一つの漠然とした像、その有機的全体を説明すべきものであった〔★〕。そこにおいて手っ取り早く順次提示されたものは、今やそれらの区別において認識されるであろう。絶対的実在はそれ自身イデア・理念の内で自己の像を描くように、自然の内でも自己を実現する、換言すれば絶対的実在は自然の内で自分の展開した身体を創造する。そして次には自己を精神として集約し、自己内へと帰り、自己を認識する。絶対的実在はこうした運動として存在する。かくして認識はこのイデア・理念そのものをまずは表現しなければならない。そして我々がこれまで絶対的実在の直観を思い描いてきたとすれば〔★〕、我々はこのイデア・理念を今や認識に対して展開するであろう。そしてこの認識においてまた差異へと歩み入るが、大切なことはどんなに広く、深く展開しても、それらを一つの統一の内に保つことである。人倫的自然と精神的自然の全展開を一つのイデア・理念に纏め上げなければならない。もっと言えば、それらは一つのイデア・理念へと纏められたままであり続けることが反省されるのである。」(262)

へーゲルは明らかに哲学の体系を「イデア」の展開として構想している。そしてこのイデアはまさにプラトン的なイデアであり、永遠不滅のものであり続けることが、最後の文章などでも言われている（ヘーゲルがプラトン的なイデアに注目し始めるのはフランクフルト時代からであり、GW2 の Text 57、Text 65 などに顕著にみられる）。[10] 先ずはイデア自身が自己の像を描き、次に自然哲学はイデアの身体であり、イデアはその身体から精神哲学に至って自己を再度認識する。それがイデアの展開としてのヘーゲルの哲学である。つまり後のヘーゲルの論理学・自然哲学・精神哲学という体系構想がここにあるとみていいであろう。なお編集者の注でも言われているように、私がつけた〔★〕印に見られるように、この草稿以外の草稿があったことは確実である（GW5, 811 参照）。イデアの展開、つまりはイデアの体系はこれで示されているが、「簡単に内容を」という言葉で、以下に少し詳しい目次が示される。

「第1の事柄は、我々が哲学のイデア・理念それ自身を認識することである。次に、哲学の区分が演繹される。イデア・理念そのものの展開された学は観念論あるいは論理学である。それは自分を絶対者へと構成しようという

イデア・理念を持っている。それは形而上学であり、制限されたものたる誤れる形而上学を否定する。次には学はイデア・理念の実在性の学となる。まず天上の体系、次は地上に降りて来る。有機体、機械論、化学論の概念が取り扱われる。有機体の理念は鉱物、植物、動物へと実現してゆく。ここで自然から出て、精神へと至る。イデア・理念はここで絶対的人倫として組織される。自然哲学は精神哲学へと移行する。まず表象と欲望、これは機械論と化学論に対応する。次に欲望の国と法の国が続き、これらを支配して自由な民族が実在化する。最後に第４部として、宗教と芸術の哲学に到達する。ここで純粋なイデア・理念に立ち戻り、神の直観が組織される。」(263-264)

　ここに示された内容目次は論理学・形而上学を別にすれば、『差異論文』での体系構想と同じである。全体としての哲学体系は既にこの段階で出来上がっているのであり、後は個々の分野での具体的展開が要求される。ただし具体的展開は至難の業であり、実現には長い年月が必要となる。ヘーゲルだけではなく、フィヒテにしても、シェリングにしても、体系構想を示すのは簡単であるが、この段階ではまだ誰も一度も、自己の哲学体系を具体的に描き上げてはいないのである。その意味でヘーゲルとシェリングの「同一哲学期」は単なる目次の提示にとどまる「形式主義」の時期なのである。[11] 後の『精神の現象学』でヘーゲルは「一覧表を作成する悟性」を批判して、「彼はただ内容目次を与えるだけであり、内容自身は提供しないのである」と批判しているが（GW9, 38）、この時期のヘーゲルはまさに一覧表を作ることに専念したヘーゲルであった。とまれ、この時期のヘーゲルの体系構想を整理するとこうなる。

　　第１部　論理学・形而上学
　　第２部　自然哲学　　天上の体系
　　　　　　　　　　　　地上の体系　　有機体（鉱物・植物・動物）
　　　　　　　　　　　　　　　　　　　機械論　　化学論
　　第３部　精神哲学　　表象　欲望　　　　〔理論哲学〕
　　　　　　　　　　　　欲望の国　法の国　〔実践哲学〕
　　　　　　　　　　　　自由な民族
　　第４部　宗教と美の哲学

第3章　『惑星軌道論』と最初の講義

　第1部の論理学・形而上学については、以下の草稿で詳しく述べられるはずであるが、第2部以降のこの時期の草稿は残されていない。全体として4部構成で解釈してみたが、同じ「精神」だということで、第4部を第3部に吸収することは可能である。3部構成か、4部構成かということにさしたる意味はなく、要は具体的にそれを仕上げることであり、その仕上げはまだできていない段階なのである。草稿の最後の辺りでこう言われている。
「我々はこれらのイデア・理念から始める、それはすぐに区分されて説明されるであろう。これらのイデア・理念の説明に際して、とりわけ、これらのイデア・理念が絶対知にどう関係してるのか等々を私はそれらの叙述に沿って説明してゆく。」(264)
「絶対知」が言葉として既に登場している。もちろんその何たるかはこれから解明されなければならないが、「絶対知」はヘーゲルの固有性であり、この時期のシェリングにはない構想である（シェリングには「絶対者」は存在していても、「絶対知」は欠けていると、フィヒテに鋭く指摘されることになるのである）[12]。草稿の最後の部分で、ヘーゲルは絶対知を説明するために「悪しき反省」と「絶対的反省」を区別している。前者は対立にこだわり、後者はそれを廃棄する。絶対的反省こそが絶対的認識である、として草稿は終わっている（264-265 参照）。まだヘーゲルは哲学の出発点に立ったばかりである。

論理学と形而上学　(GW5, 269-275)
　この講義についてはトロックスラーの講義ノートが出版されている（後述）。講義は最初11人が参加したが、その後減少して閉じられたという。先ずは、ヘーゲル自身の残された草稿を見てゆこう。以下の見出しは私が付けたものである。
　①〔序論　哲学と移行期〕
「哲学は人間に彼の内なる世界を開示し、彼に世界の制限を耐えさせ、かといってそれに満足させるのではなく、また内なる世界が同時に一定の人倫的世界にならないことを排除することもない。外の世界と内なる世界は切り離せないものではあるが、対立することもある。外の世界は哲学者の精神の内

でのみ調和的である。世界そのものはこの一致を知らない。もちろん世界にそのような同一性を再興した人物の例は先にも示したソロンをはじめ他にも例がある〔ここの記述からして、他にも草稿があったことが分かる〕。彼らはその世界の内に同一性を再興したのである。古い人倫的形式を新しい形式で完全に克服するという歴史の移行期はまさに哲学の時期である。小さな民族の下では大きな民族、取り分け現代のような大きな民族の巨像におけるよりも芽生え始めた新しい人倫は素早く一般大衆に浸透していく。だが新しい人倫が民族の精神の内で一度こうした成熟に達し、人倫の定かならぬ欲求が万人の心情に浸透したならば、大衆は確かにもはや幸福ではない、しかし人倫は自分が抑圧している大衆の何たるかを知らないし、人倫が持ちたいと思っている他者〔新しい人倫？〕をも知らない。前進する人倫的自然はその新しい教養形成を古い自然の外皮の下で駆り立ててゆき、その外皮を打ち破るためには一撃で足りるに至るのである。」(269)「偉大な人間たちは人間の人倫的自然が今や歩み入ろうとする段階の理想を把握する。偉大な精神たちはそれをするのに先行する形態の全ての特殊性〔原語は固有性〕から純化されていなければならない。……言い換えれば、彼は哲学の学派のうちで教養形成を積んでいなければならない。彼はここから出て新しい人倫的世界のまだまどろんでいる形態を目覚めさせ、イサクが神と格闘したように、世界精神の古い形態と勇敢に戦うことが出来る。彼は目の前にいるすべての人々を我がものと出来る素材と見なし、彼らの身体に自分の偉大な個体性を刻み付ける。具体例としてはアレキサンダー大王。」(270-271)

　以上が序論部分で、以下で論理学の話に移ってゆく。金子も言うように、論理学講義の序論としては確かに「いかがなものか」という感じのするものである。ただヘーゲルとしては初めて哲学者としてデビューするに際して、自分にふさわしい舞台を設定しようとしている。哲学は分裂の時代に登場する。古い形態と全て縁を切ったところに新しい人倫的世界の精神は可能となる。若いヘーゲルの描くイエスが古い世界と全面的に対立して登場したように、ヘーゲルも古い世界と縁を切って時代を切り拓こうとしている。「哲学」こそが世界との対決の場なのである。『ドイツ憲法論』の草稿も大半は書き上げた後なのであろう。その余韻もあるようである。ともかくヘーゲルのここでの主張の特色は、<u>移行期に必要なのは哲学であり、またアレキサ</u>

第3章　『惑星軌道論』と最初の講義

ンダー大王のような、哲学を潜り抜けた偉大な人物である、ということである。まさにプラトンの「哲人王」のヘーゲル版である。宗教に代わって「哲学」がヘーゲルの内で大きな役割を果たそうとしていることが分かる。

②〔論理学と形而上学についての一般的説明〕
「哲学の講義は以前から論理学と形而上学という形式をとってきた。私もこの講義でこの形式に従う。それはこの形式が長い間権威を有してきたからというよりも、むしろ以下に見る点からして有用であるからである。」「哲学は真理の学として無限な認識である。哲学は絶対者の認識を対象としている。この認識には有限な認識が対立している。理性はそれを措定すると同時に廃棄する。」(271)

絶対的同一性からの出発を主張している同一哲学期のヘーゲルが、無限な認識だけではなく、有限な認識を哲学の第１部に設定したことは重要である。実際に大学で講義を行う以上、止むを得ないこととはいえ、それは同一哲学の原則に反している。この矛盾を今後、ヘーゲルは反芻してゆかなければならないのである。とまれ、ここでの有限な認識が論理学であり、それは悟性の学問であり、悟性の課題は自己否定であり、それが理性の仕事となる。だから悟性の学問たる「論理学」の記述の中に、理性が入り込むことになる。そうなるとヘーゲルが描き上げる「論理学」は理性の学問となり、形而上学と区別がつかなくなるはずであるが、それを仕上げていない段階ではそうしたことの成り行きにヘーゲル自身まだ気づいていない。

③〔論理学の目次〕
「真の論理学の対象は次の如くである。Ⅰ、有限性の諸形式を指し示す。Ⅱ、悟性の努力を叙述する。悟性は同一性を生み出そうとして理性を模倣するが、形式的同一性にしか至り得ない。悟性を模倣するものとして認識するためには、我々は同時に悟性が模倣する原型を、つまりは理性の表現を前もって持っていなければならない。Ⅲ、悟性の諸形式を理性によって廃棄する。理性は論理学に属する限りでは、専らそれら諸形式の否定的認識である。」(272-273) このように「論理学」の区分を述べた後、ヘーゲルは再びこう語る。

「こうした思弁的側面からしてのみ論理学は哲学入門として役立つと私は信じている。更に進んで、〔第２部の〕Ⅰ．有限性の一般的形式、法則。諸カ

テゴリー。Ⅱ．有限性の主観的諸形式。判断と推理。推理は一般には理性の能力とされているが、単に形式的な推理は悟性に属する。Ⅲ．理性によるこれら有限な形式の廃棄。推理の思弁的な意味が探求される。」(274)

　このようにここでヘーゲルは2度同じような区分を語っている。同じ区分なのか、それとも別の区分なのかはっきりさせなければならない。トロックスラーの講義ノートを見れば、おそらくヘーゲルはこの2つを区別していたと思われる。つまり第1部は一般的な認識論であり、第2部がカテゴリーと判断・推理を中心とした論理学なのであろう。だから「第1部」は「論理学」への序文・序論なのである。「序文」は必要ない、と言いながら序文・序論であれこれと論じるというのが、ヘーゲルの変わらぬスタイルなのである。更にヘーゲルは一般的によく論じられている「応用論理学」についても語っているが、「応用論理学」に意義を認めようとはしていない。ともかく「論理学」は無限なるものの認識としての哲学の入門・序論として位置付けられているのである（それは「論理学」を哲学への予備学として設定したアリストテレスの試みをまねたものである）。同じ「同一哲学」を構想しているシェリングとの相違点がここにある。もちろんそれはシェリングにカテゴリー論が欠けているという意味ではなく、むしろシェリングは若い頃からカテゴリー論の分野で研鑽を積んできている。しかしシェリングには「哲学への導入としての論理学」という構想がないのである。シェリングの場合は、カテゴリー論は哲学の内部で論じられるのである。

④〔形而上学〕

　ここから本来の哲学つまりは**形而上学**に移る。「ここで全ての哲学の原理を完全に構成する。そこからいつの時代にも一つの同じ哲学が存在したことが認識される。私は新しい哲学を打ち立てるのではなく、最古の最古なるものを再興することを君たちに約束する。ドイツで単に哲学の概念が再び発見されたのはそんなに古いことではない。だがその発見はただ我々の時代にとってだけ新しいのである。」(274)「哲学のこの最高の原理から我々は哲学の体系の可能性を構成できるであろう。懐疑主義、等々のいろいろな試みがあるが、我々はカントとフィヒテの哲学と共に前進してゆくであろう。」(275) ここで途切れていて、形而上学についてはほとんど具体的な説明がない。

第3章 『惑星軌道論』と最初の講義

　このようにヘーゲルの論理学構想がかなり整っていることが窺える。最古の哲学としてヘーゲルがここで考えているのはパルメニデスやヘラクレイトスであるという主張がなされているが、そこにはプラトンもアリストテレス[14]も含まれているはずである。というのもいつの時代にも一つの哲学しか存在しないとヘーゲルは考えているからである。ただしそれぞれの時代には偶然性にまといつかれた無数の哲学活動が存在している。それらの中からヘーゲルはカントとフィヒテの哲学に依拠することを明言している。『差異論文』も『信仰と知』もこうして出来上がったのである。結局、この草稿では目次以上のことは語られてはいない。

　なおこの「論理学講義」に関してはトロックスラーの「筆記ノート」があり、デュージングによって編集出版されている[15]（引用のページはこの書のものである）。以下、トロックスラーのノートを見てゆくことにする。

『論理学と形而上学についてのヘーゲルの主要な考え』
　　　　　　　　　　　　　　　　　（トロックスラーのノート）
　ノートの始まりはこうなっている。
「1.　シェリングによる哲学の規定
　　a.　論理学は有限性の、悟性の形式についての学問である。
　　b.　それら形式の破壊としての形而上学、無限なものの形而上学。
　2.　シェリングによる絶対者の理念
　　　フィヒテの自我性との比較」(63)
ここはヘーゲルがそう語ったということなのであろう。そうだとすればヘーゲルはシェリングに依拠して、論理学・形而上学の講義を行おうとしているかのようであるが、しかしそうではあるまい。ヘーゲルはフィヒテやカントだけでなく、シェリングも素材として利用しようとしているのであろう。先ず「論理学」の区分がなされている。論理学は分析的部分と総合的部分の2つに分かれる。なおここに第3の部分、弁証法的部分が付け加わる、とされている。既にこの時期に「弁証法的部分」という言葉が使用されているのが注目される。続いて「分析的部門」が述べられている。「意識の内で対立しているものの一つは客観である。それを我々は物質の内で直観する。物質は同一性及び非同一性として措定されている。」これに続いていくつか

の問いが提示される。第1の問い、物質は創造されたのか、それとも形成されたのか。もし創造されたのだとすれば、ある創造者が創造したことになるが、彼は何から物質を創造したのか、無から、というのは理解不能である。もし物質が形成されたのだとすれば、物質の本質が既にあったことになる。第2の問い、物質・質料と形式とは一つのものか。第3の問い、物質は単一か、それとも多様か、物質は全体なのか、部分なのか。第4の問い、物質は生きているのか、死んでいるのか。反省は物質を死んだものと見なす。その現象を説明するためには物理学者は力なるものを想定する、等々（63-65参照）。この後、空間と時間論が展開されている。空間論に関連して幾何学と代数学に触れ、代数学は部分から全体に向かい、幾何学は全体から部分に向かうとされている。そして時間が空間の内に措定されると、それは運動となるとして、力学的運動と天体の運動、更には有機的な運動に言及している。

次に「総合的部門」。ここからヘーゲルは同一性と非同一性の考察、存在と認識の考察に向かう。「純粋な存在、といっても絶対者としてのそれではない、は我々にとっては対立の否定によってのみ生じてくるのであるが、その存在は全体としてか、あるいは部分として考察される。後者は悟性の見方である。批判哲学が証明したところによれば、物自体という存在の様式は、客観的なものではなく、主観的なものである。こうして無規定なものと制約された認識の概念が生じ、絶対者はこれに対立することになる。そこには何らの同一性も成立しない。だからまた物自体の認識も不可能となる。」（67-68）

おそらく以上が、上記のヘーゲル自身の草稿での第1部門であり、認識論における一般的対立が指摘されている。そして以下が第2部門、つまりカテゴリー論に当たるものと思われる。「こうして規定性としてカテゴリー、量・質・関係が登場する」としてそれぞれのカテゴリーが説明される。最初の説明は既に「量」ではなく、「質」が置かれていて、ヘーゲルの固有性がすでに表れている。それぞれの内容の紹介は省略する（68-70参照）。

最後に「若干の弁証法的な注意」がなされる。「反省は2つの対立したものを措定し、それらを総合しようとする。それによって反省は理性の努力を表現する。ただし反省は対立と総合の空無性を認めない故に、矛盾に陥る。理性のみが絶対的に同一なものを打ち立てることによって、この矛盾を廃棄

第3章　『惑星軌道論』と最初の講義

することが出来る」とした後、ヘーゲルは興味深いことを語っている。
「反省の学問を打ち立てるとき、断片的なものに頼ることは出来ないのであり、だから我々は全体から出発したのである。これは客観的な観点からは、次のような四角形として描かれる。

　　　　　非同一性
　無差別　　　　　構成　　全体は客観的総体性における絶対者である。
　　　　　同一性

ただし三角形をなす最初の3つの次元は、主観的総体性におけるものと同じである、つまり措定、反対措定、関係づけ、である。これは内的な必然性であり、何ら規定されたものではない。理性はこの2つの無限な対立を克服することを求める。直観は直観の概念把握によってのみ、学へとなる。反省の学問の図式はあらゆる学問の図式でもある。」(70-72)

ここに示された図式はこの時期のヘーゲルの哲学体系が3部構成になったり、4部構成になったりする理由を説明するかのようである。どちらにしてもそれは対立するようなものではない。最後に形而上学が取り上げられている。

「形而上学」

大略、次のように言われている。主観と客観はどのような関係の内にあるのか、ということがこれまでの哲学の問題であった。ロック、ライプニッツ、カント、フィヒテ、シェリング。カントの場合は、思惟するものは一方に立ち、その外に世界が措定されるので、その関係如何は常識の見方と同じものであった。概念はアプリオリで、感覚・表象はアポステリオリということになる。フィヒテはいつも同一性を要請するだけであり、前提された活動を構成するだけである。観念的なものと実在的なものを結びつけるものは単に要請されるだけである。シェリングは絶対者を立てることによってそうした不完全さを避ける。だが絶対者は同一性と非同一性の同一性として措定されなければならない。だが対立は何時までも説明不能であり、かくして廃棄できない。かくして統一を想定することが必然的となる。観念的原理は根拠づけるものであり、実在的原理は根拠づけされ得るものである。両者は無限であり、かつ同時に対立している以上、有限である。両者の限界が廃棄さ

れると、無意識が生じる。それは措定されて初めて、意識となる。意識は観念的なものが実在的なものへと向かい、関係づけた産物である。これらは無意識的に生産的構想力によって措定される、ただし専ら客観的に。生産的構想力は知性とは区別される。知性においては主観性と客観性が生じるが、生産的構想力においては、観念的なものが実在的なものの内に措定され、実在的なものが観念的なものの内に措定される（72-73 参照）。この後、ヘーゲルは通俗的な「知性」の見方と、「構想力」についての見方を批判しているが、抽象的な指摘にとどまっている（73-74）。以上が形而上学の第１段階であり、『1804/05 の論理学・形而上学』での「Ⅰ．根本命題の体系としての認識」に相当するとみていいであろう。

　以下で、伝統的な形而上学のテーマが取り扱われる。先ずは魂。反省は魂を外界とは異なるものとして把握するが、理性はそうした見方に我慢ならない。合理的心理学はこれまでの悟性的な見方とは全く違うものとして理性に現れてくる。それは以下の３つの次元で現れる。魂の単一性、人格性、魂と肉体の一致。ここで色々な見方が批判されている。続いて宇宙論。これは極めて簡単な言及であるが、ここも３次元に区分され、第３次元が神とされている。カントの幸福論、フィヒテの道徳的世界秩序が言及されている。そしてそれが単に主観的な要請である、として批判されている。絶対者から出発すればこうした困難は回避される。そうすれば神、理性、感性も実在的となる。これらは客観的な規定であり、先の３次元である。それは三角形であり、先の四角形で絶対者は表現される。（74-77 参照）

　見られるように、「形而上学」の部分は伝統的なそれをそのまま踏襲しており、ヘーゲルがそれに対して批判的視点を有していることは窺えるが、具体的なことは何も言われていない。この辺りは講義が消滅した後の個人的な「補講」の部分と思われるが、その時にも具体的内容は語られることなく、ここに見られるように、目次的なことだけが語られたようである。最後に、「超越論的論理学　終わり」とある。ヘーゲルがそう語ったものと思われる。ヘーゲルとしては論理学・形而上学はカント・フィヒテの「超越論的観念論」及びそれへの批判を意味していたのであろう。事実、1803/04 年の冬学期には論理学・形而上学が「超越論的観念論」と言い換えられている。

　ヘーゲル自身のこの時期の残された草稿では目次だけが語られていたが、

第3章　『惑星軌道論』と最初の講義

トロックスラーのこの「講義ノート」では少し内容も語られているが、詳細な展開とはなっていない。ヘーゲルとして1802年の夏学期、更には1802/03年の冬学期にかけて「論理学・形而上学」の講義の草稿を仕上げようと努力したであろう。残念ながらその時期の草稿は残されていないが、その草稿をもとにして『1804/05年の論理学・形而上学』の草稿が出来上がったと思われる。

注

1　ローゼンクランツが既に言及しているが、わが国でも古くは金子武蔵の論文がある。新しくは福田静夫「ヘーゲル　教授資格討論テーゼ」(『日本福祉大学研究紀要　第122号』2011年) がある。参考にさせていただいた。
2　Hrg, von Klaus Düsing　Schellings und Hegels erste absolute Metaphysik (1801-1802). Dinter, 1988. 71p 参照。なおトロックスラーの講義ノートに関しては邦訳がある。寄川条路『初期ヘーゲル哲学の軌跡』ナカニシヤ出版、2006年。その後トロックスラーの講義ノートはアカデミー版全集 (GW23, 1, 3-12) にも収録されている。
3　上掲の福田静夫の論文ではこの第4テーゼと『惑星軌道論』での惑星間の距離の問題が関連すると主張されているが、このテーゼ自身についての福田氏の解釈が如何なるものかは私には理解できなかった。
4　ドイツ語の訳としては、W. Neuser のものがある。Acta humaniora VCH, 1986. 邦訳としては村上恭一『ヘーゲル初期哲学論集』(平凡社、2013年) がある。以下での私の日本語訳はこの書に依拠している。
5　上記 W. Neuser の 15-19p 参照。
6　前掲の村上恭一『ヘーゲル初期哲学論集』443p 参照。
7　先ずは『エンチクロペディー』初版 (1818) の §225 (GW13, 138) 参照。他に1821/22年の自然哲学の講義などでも触れられている (GW24, 1, 320参照)。また手紙でもヘーゲルは自作の不備を認めて、論敵であったボーデを褒

めている（Br. 1, 426 参照）。

8 　前掲拙著『ヘーゲルのイエナ時代　生活編』61-63p 参照。

9 　「ひとは哲学を学ぶことは出来ず、せいぜい哲学することを学び得るのである」というカントの言葉は、『純粋理性批判』の「超越論的方法論」で言われている（A. 837, B. 865）。この「哲学すること・哲学活動」はその後、フィヒテ及びシェリングによっても強調されている。

10 　例えば、フランクフルト時代の Text65 には「プラトン主義におけるより深い人間的な自然の美しい花々」という言葉もみられる（GW2, 364）。

11 　言うまでもないことだが、『精神の現象学』の「序文」での、シェリング及びその支持者に対する「形式主義」批判は同一哲学期のヘーゲル自身への自己批判でもある。

12 　拙論『フィヒテとシェリングとヘーゲル哲学の無差別』(『大東文化大学紀要第 55 号』2017 年、29p) 参照。

13 　金子武蔵『精神の現象学への道』（岩波書店、1989 年）89p 参照。

14 　R. Schäfer　Die Dialektik und ihre besonderen Formen in Hegels Logik. Hegel-Studien. Beifeft45. F. Meiner Verlag. 2001. 33p 参照。

15 　上掲書、参照。また M. Baum, K. Meist　Durch Philosophie leben lernen. Hegel-Studien. Bd. 12, 1977. 43-81p 参照。

第4章 『哲学批評雑誌』第1巻
—— ヘーゲルとシェリングの共同作業

1802年　同一哲学の展開

　1801年に始まったシェリングとヘーゲルの「同一哲学」は1802年には文字通り2人の共同作業として展開する。その場を提供したのが『哲学批評雑誌』である。数年前からシェリングはフィヒテと一緒に哲学雑誌を発行しようとしていた。事はうまく進まなかったが、1801年の暮れにシェリングは突然ヘーゲルと組んで『哲学批評雑誌』を刊行することになる。この雑誌に論文を書いたのはシェリングとヘーゲルだけである。文字通り彼らの「同一哲学」を宣伝する機関誌と言える。全2巻、6分冊が、1802年から1803年にかけて刊行された。この章では第1巻の3分冊をそれぞれ見てゆくことにする。(第2巻の3分冊はほぼ全てがヘーゲルの長大な論文集であるので、章を改めて見てゆくことにする。)

　第1巻の第1分冊が発行されたのは、1802年1月である。先ずは、第1分冊から見てゆこう。

『序文　哲学的批評一般の本質について』[1] (GW4, 117-128)

　これはこの雑誌の基本方針を示したものとして重要である。ヘーゲルが書いたものと思われるが、シェリングは後に、自分もそれに参加しており、自分が目を通さなかった文章は一つもないと言っている(GW4, 542 参照)。そうだとすれば、この論文にもシェリングの筆が加わっているのであろう。「批評には一つの尺度が必要であり、しかもそれは評価されるものからも評価する人からも独立であり、事柄そのものの永遠不変の原型 Urbild に由来するものでなければならない。文芸批評にしても、哲学批評にしても、イデア・理念そのものが批評の前提である。……哲学はただ一つであり、一つしか存在し得ない、それは理性が一つであるからである。また主観としての理性と対象としての理性も一つの同じものである。」(117)

ヘーゲルたちはこのように『哲学批評雑誌』の方針を示している。それは原型たるイデア・理念を尺度とした客観的な批評である。イデア・理念は永遠不変であり、それに基づく哲学は「ただ一つ」であるという驚くべき独断的主張がここでも繰り返されている。先にヘーゲルの「古代的イデア主義」と呼んだ基本姿勢がここにも示されている。このような狭隘な精神からする批判は果たして豊かな成果をもたらせるのであろうか。ヘーゲルたちもその点を気にしている。
「理性の真理が、また美が、ただ一つであるということによって、客観的な評価としての批評は可能となる。だから批評は同一の哲学のイデア・理念を持つ人々に対してのみ意味を持つことになる。そのイデアを欠く人や著作に対しては批評の仕事は意味を失うことになる。」(118) 同一のイデアを持たない人に対する場合には、批判はそれが「無であることを再度確認する」ことになるのである（119）。
　様々な形式が現在のドイツの哲学界を支配しており、それらがヘーゲルたちの『哲学批評雑誌』が対象とするものである。その中で「カントとそしてとりわけフィヒテによって、学問のイデア・理念、とりわけ学としての哲学のイデア・理念が立てらた。」ヘーゲルたちが相手にする同一の理念を持つ人々とはカントとフィヒテである。それ以外に、「自分を独創的だと見なす」人々がたくさんいるが、「それらは真の天才からはほど遠いものである。」(121) ヘーゲルたちはこれらの自称「独創的な」思想家の思想の浅薄さをあざ笑うことになる。要はヘーゲルたちの『哲学批評雑誌』はイデア・理念を共有するカントとフィヒテの哲学を論評するとともに、それ以外の多数の現代の思想家を徹底的に批判する雑誌である。ただし後者への批判は後者の思想の無意味さを示すことが目的であるから、それ自体としては意味のない営みと言える。第1巻の3つの分冊ではそれでもそれら現代哲学に対する書評が載せられていたが、第2巻からはそれらはほとんど削除され、ヘーゲルによるカント、フィヒテ批判のみの長大な論文が載せられることになる。
　ところでヘーゲルによれば、カントは確かに偉大な功績をもたらしたが、現代のドイツの哲学状況に悪影響をもたらしてしまったのも事実である。「理性でもってしてはイデア・理念を認識できない」などというのが、その一例である。かくして現代哲学は理性不信に陥り、経験的事実に訴える

第4章　『哲学批評雑誌』第1巻 — ヘーゲルとシェリングの共同作業

ことになる。「こうなると〔哲学の〕始まりとして有限なものしかないからして、出発点としては有限な自己の直接的確信しかないことになる。それを「純粋自己意識」と呼んだところで、それは経験的自己意識に対立しており、有限なものである。そうしたものは真の哲学に関与することは出来ない。そのような確信から出発する哲学は余計なことをやっていることになる。」(123) このようにヘーゲルたち同一哲学者は主観的自我・自己意識の「確信 Gewißheit」から出発する哲学を拒否する。フィヒテの自我＝自我の自己意識でさえも、ヘーゲルにとっては不満足なものである。けだしその純粋自己意識は経験的意識に対立しており、その限り対立の一項にしかすぎないからである。ヘーゲルたちは主観的確信からではなく、絶対的同一性からの出発を主張するのである。ヘーゲルたちのこの立場の他に、現代ドイツに見られる主な潮流は２つある。第１の様式は「絶対者を最高のイデア・理念とはするが、唯一の存在へと高め、そこから哲学なる学を始めるということがない。」これはカント及びフィヒテの立場であろう。カント及びフィヒテが絶対者を単に彼方の理念として仰ぎ見るのに対して、ヘーゲルたちの哲学はまさに絶対者の哲学であり、絶対者から哲学を始めるというのである。第２の様式は「哲学のイデア・理念を大衆化しようとする態度」である。これはそれ以外の亜流の哲学者たち（例えばラインホルト）のことであり、そこには「無神論論争」以降のフィヒテの立場も含まれているであろう。こうした俗流的な立場に対しては、ヘーゲルたちは否定的である。「哲学はその本性上ある種、秘教的なものであり、ペーベルのために作られたのでもなければ、ペーベルのために普及することもできない。」(124-125)

ここに見られる**ペーベル（賤民）**や民衆に対する軽蔑的な態度は、初期ヘーゲルを知っている者にとっては驚くべき変化であるが、既に『ドイツ憲法論』にも見られたように、ヘーゲルの回りから「民衆」は姿を消そうとしていた。ともかくここでの続く文章でもヘーゲルがこの時期、民衆性・大衆性 Popularität を否定的に評価していることは確実である。ここでは直接には当時のフィヒテの『人間の使命』(1800年) での一般民衆向けの叙述様式が念頭にある。ヘーゲルもシェリングもこの時期、フィヒテのその態度の変化に極めて否定的である。この辺りにシェリングの筆も入っているものと思われる。ともかくペーベル蔑視はロマン派の特徴であり、カロリーネも手

103

紙で、自分の身の回りでは「すべてが転倒している」と言っている[3]。彼らはみな高踏的に庶民を見下す高みに立っているのである。

「これらの多様な努力は不安と動揺の精神に関係付けることができようが、それは我々の時代の特徴ともなっているのである。……ただしお望みとあらばこの時代の動揺はひとつの発酵、精神が新しい生命を求めてもがき、灰の中から蘇って現れ出る発酵と見なしてもいいであろう。……全ての学問はこうした死に基礎をおいている。」(126) 現代哲学に蔓延している不安と動揺を時代の発酵として把握し、純正な哲学の「死」の状況の中から不死鳥のごとく哲学が再生してくるという希望が語られているが、「死」を新たな誕生として捉えるのは今後も続くヘーゲルの一貫した態度である。とまれ、ヘーゲルにとって現代は発酵の時代なのである（発酵については、本書「エピローグ兼プロローグ」参照）。

　最後にこう言われている。
「批評の真の成果は制限されたものを単に否定的に粉砕することにあるのではなく、真の哲学に入門する道を準備することであるとすれば、現実的認識の可能性が信じられることが必要である。真の哲学も非哲学と対峙する時には党派性を免れることはできない。ただし一方が何ものでもなくなれば、他方もまた党派であることを止める。」(127-128)

　ヘーゲルたちとしては論敵を徹底的に叩き潰そうという意気込みである。この「序文」において彼らは主観と客観の、観念的なものと実在的なものの絶対的同一性というイデアから出発する絶対者の哲学を宣言したのであるが、自分たちの絶対者の哲学はまだ未形成の段階での哲学批評であり、まさに他流試合の場なのである。そして彼らはこの試合を通して真の哲学への「入門」を準備しようとしている。先にも触れた「序文・序論」の必要性がここでも言われていることになる。ただしそれはどうみても読者のためというのではなく、自分たち自身のための入門準備作業であろう。まだ何もでき上がっていない自分たちの「同一哲学」の内的な編成を仕上げるヒントを得ようとしているのである。

第 4 章　『哲学批評雑誌』第 1 巻 ── ヘーゲルとシェリングの共同作業

『絶対的同一性体系と最新の（ラインホルトの）　　二元論へのその体系の関係について[4]』(GW4, 129-173)

　これはシェリングが書いた論文と見なされている。「著者」と「友人」との会話という形式で書かれている。内容的には当時のラインホルトによるシェリング哲学への批判に対する反論である。シェリングとヘーゲルの「同一哲学」に対する外部からの批判に対する反批判として注目に値するものである。一見すると、ラインホルトを才能に欠ける凡俗として嘲笑している論考であるが、自らの同一哲学が抱える困難に有効な打開策がないままに出口を模索しているシェリングの営みが垣間見られるものである。ここでのテーマは「絶対的同一性」である。奇妙なことにラインホルトもバルディリに依拠して、絶対的同一性を唱えている。ラインホルトによれば、バルディリの「思惟としての思惟」が絶対的同一性を表現しており、シェリングは絶対的同一性をバルディリから剽窃したというのである。形式的に見れば、1800年の『超越論的観念論の体系』においてはまだ超越論的観念論の立場に立っていたシェリングは、1801年の『我が哲学体系の叙述』において同一哲学の立場を表明したのであり、この段階でフィヒテ風の超越論的観念論から離れた、と言える。この2つの作品の間にシェリングが「絶対的同一性」というメガネをバルディリに作ってもらい、同一哲学を形成し始めた、とラインホルトは指摘するのである。しかしシェリングやヘーゲルにとっては、それは何とも許し難い誹謗中傷である。シェリングはその非難に対して、いかに自分が『超越論的観念論の体系』において、既に絶対的同一性の立場に立っていたかを示すとともに、実はそれよりももっと早くからその立場に立っていたことを示唆するのである。

　ところでこの問題は実はシェリングとフィヒテとの間に交わされた書簡の中で既に取り扱われていた。1801年5月24日付のフィヒテ宛の手紙でシェリングはラインホルトとバルディリを批判しながら、こう言っている。「彼らの客観的活動性としての思惟、絶対的同一性としての思惟が、こうした事柄に非常に詳細に関係してきた私の友人が言うには、彼らの同一性は論理的普遍的な概念に他ならず、我々の言う絶対的認識とは遠く離れているのです」と述べている（AA. III. 2, 1, 351）。この「友人」はヘーゲルであるの

は言うまでもない。ヘーゲルの同一性が先に指摘した観念性と実在性の統一としてのイデアであることが、うかがえる。ヘーゲルの指摘を受け入れながら、この反ラインホルト論文でも、シェリングはラインホルトたちの絶対的同一性と自分のそれとの相違を次のように示そうとしている。ラインホルトたちは思惟としての思惟を絶対的同一性だとしながらも、それの外部に素材があり、それへと「思惟としての思惟」を適用する、という立場に立っているが、それは全くの「二元論」を意味するものであり、自分の絶対的同一性とは全く異なる形式的同一性である、としている。それに対してシェリングの絶対的同一性は、それ自身が全てである「イデア」であり、それの外部には何もない「絶対的無差別」なのである。思惟と存在とか、自然と自我といった差別・対立はせいぜい「意識」の立場から言えることであり、<u>同一哲学は「意識」の立場、フィヒテ風の超越論的観念論の立場を超越しているのである</u>。シェリングの立場は「絶対的理性」の立場であり、それは絶対的同一性、絶対的無差別を捉えるものである。絶対的同一性はラインホルトたちのように「自己を超出する」ことはないのである。しかし永遠のイデアにこだわる限りは一歩も前に進めない。区別を持ち出してそれを統一しなければ哲学体系は形成できない。絶対的同一性から区別への移行のロジックがシェリングとヘーゲルの同一哲学のアキレス腱である。この時期の彼らはプラトン流のイデア論とスピノザの心身並行論、つまり、思惟の秩序と延長の秩序は同一である、という断言以上の装置を作り出すことはできていない。確かにシェリングは絶対的同一性の Wesen と Form の区別をして、「本質」からすれば全ては無差別であり、それは永遠の姿で表現されているとする。しかし「形式」からすれば、思惟と存在の区別が「意識」と共に導入される、としている（134）。しかし何故、本質と形式が区別されるのかということは説明不可能なままである[5]。

続いてシェリングは、真の観念論にとっては意識の外部では思惟と存在の分離は実存しない、としている。フィヒテの自我の観念論の限界は既にシェリングは『哲学書簡』で示しておいた、としている（135）。絶対的無差別点と相対的無差別点の区別もしている（137）。これらの区別の統一も結局、スピノザ風の実体と様態 modus の区別として処理されるだけである（138参照）。

第4章　『哲学批評雑誌』第1巻 — ヘーゲルとシェリングの共同作業

　シェリングらはまたイデア・理念を普遍的なものと特殊的なものとの統一として捉えている（147参照）。ここには個別が欠けていることに注意しなければならない。この時期の彼らの思想からすれば、個別的なものを論じるのは哲学ではない。そして普遍的なものを捉えるのが概念であり、特殊的なものを捉えるのが直観である。この「概念と直観」の二元的装置が同一哲学期のシェリングとヘーゲルの哲学の特徴である。概念は思惟であり、また無限なものである。直観は存在であり、有限なものである。イデア・理念は普遍と特殊の統一であり、思惟と存在の統一、無限と有限の統一である。イデア・理念は具体的な姿としては、シェリングにおいては有機体において、そしてまた芸術作品において実現する。ヘーゲルの場合は後で見るようにそのイデア・理念はまた「民族」においても実現する。彼らのこの時期の論考からイデアを具体的に拾い出してみると、「エーテル、光、太陽、大地・地球、重力、生命、有機体、民族、国家、美、自由、神」等々、となろう[6]。シェリングとヘーゲルの「同一哲学」は概念と直観の二元的構造をイデア・理念という統一体において克服しようとするイデア主義なのであり、このイデアにおいて絶対者を構成しようとしているのである。シェリングのこの論文は同一哲学期の彼らの哲学の基本構造が端的に示されているものとして注目に値するものである。単純な暗闇・夜としての絶対者がイデアの光の下で描かれ始めているが、まだ絶対者は具体的な像を結んでいない。

『常識は哲学をどう受け取るか　クルーク氏の著作に即して』

(GW4, 174-187)

　これはヘーゲルが書いたものであり、クルークの3つの著作、1800-1801年のフィヒテに関するもの、シェリングに関するもの、哲学理論に関するもの、を対象にして常識批判を行ったものである。3冊目の本に関してはヘーゲルは『エアランゲン文芸新聞』で既に一度取り上げている。クルーク Krug（1770-1842年）は1804年にはケーニヒスベルク大学のカントの後任となり、1809年にはライプツィヒ大学教授となった。ヘーゲルと同年であり、経歴的にはヘーゲルに比べて格段に恵まれている。『精神の現象学』で

も言及されている（GW9, 66 参照）。

「先ず第1にクールク氏が、シェリングの哲学において矛盾として指摘するのは、哲学においては何も前提されるべきではないとされながら、絶対的なものが絶対的同一性として前提されているということである。こうした矛盾は常識がいつも哲学のうちに見出す矛盾である。常識は絶対的なものを有限なものと同じレベルにおいて、有限なものに対してなされる要請を絶対的なものにも拡張してしまう。」としてクルークの低俗性を批判して、こう続ける。「それともクルーク氏は神ないし絶対的なものを哲学が自らの責任で引き受ける種類の仮説だとでも思っているのであろうか。」(178) これもかなり驚くべき反論であるが、ではヘーゲルは神を民衆の「仮説」以上のものだと思っているのであろうか（思っていると言わざるを得ない）。これと大いに関係することと思われるが、次のような発言がある。「今日の哲学の最大の関心事、つまり神を万物の唯一の根拠として、すなわち存在と認識の唯一の原理として哲学の頂点に絶対的に押し上げようとする試み〔がある〕。少し前までは神を有限なものと同列に置いたり、有限なものの究極点に据えたりする時代が長く続いていた。」(179) これは今現在のヘーゲルとシェリングの試みであり、つまりはスピノザ風に神のみを唯一実体として宇宙を把握しようという「同一哲学」の動向を表している。「少し前までは」とはカントによる神の存在論的証明への批判、及びフィヒテの道徳的世界秩序としての神という思想を念頭に置いていると思われる。ともかくヘーゲルにおいて「神」が絶対的同一性・絶対的無差別として哲学的に把握されようとしていることが読み取れる。つまりヘーゲルにとっては神も「イデア・理念」なのであり[7]、その意味で神の存在論的証明はイデア・理念そのものの内に存在を包含する優れた思想なのである。ヘーゲルだけでなく、この時期のシェリングも神の存在論的証明を愛好している。この時期の彼らは「絶対者＝神の哲学」の樹立を目指しているのである。それがフィヒテの「無神論論争」から学んだ彼らの新路線だったのである（後述する彼らの宗教論、本書111-115p を参照）。

クルークは第1の著作の付録でフィヒテの宗教論〔無神論論争〕に言及し、端的な不満を表明しているという。ヘーゲルはそれを簡単に紹介しているが (181)、その問題に対するヘーゲル自身の見解は全く示されていない。

第4章　『哲学批評雑誌』第1巻 — ヘーゲルとシェリングの共同作業

ただしクルークの態度を軽蔑していることだけは確かである。けだしクルークは「個別」を哲学の対象とするという愚を犯しているからである。ヘーゲルたちのドイツ観念論はこの「個別」を端的に軽蔑する哲学であり、フィヒテにしてからが「自我」といっても、「かけがえのないこの私」としての自我ではなく、普遍的な存在としての「自我」だけを哲学は取り扱うものと見なしている（F. GA. I. 4, 254-258 参照）。シェリングも、ヘーゲルも同様である。クルーク批判はドイツ観念論のこの欠点を逆に鮮やかに示したことに意義があるとも言える。（後のシェリングの「積極哲学」の提唱、ヘーゲルによる「自己意識」の概念の樹立は、この欠点の克服を目ざしたものである。）

第1巻、第2分冊は1802年3月に刊行された。そこで注目すべきは次の批評である。
『懐疑論論文』(GW4, 197-238)

この論文の正式な表題は「懐疑論と哲学との関係、懐疑論の様々な変容の叙述、そして最近の懐疑論と古代の懐疑論の比較」である。この論文は直接にはシュルツェ Schulze（1761-1833年）の1801年の『理論哲学の批判』の書評である。シュルツェは1792年の『エーネジデモス』で華々しくデビューした懐疑論者である。表題からも分かるように、ここでは第1に懐疑論と哲学との関係が取り扱われ、第2にシュルツェの懐疑論と古代の懐疑論の比較がなされる。懐疑論はドイツ観念論の中で大きな流れを形成しており、カントによるヒュームへの高い評価に始まり、シュルツェ、フィヒテ、シェリング、ヘーゲルに多大の関心を呼び起こしてきた。
「シュルツェの懐疑論は、意識の事実に対して否定し得ない確実性を付与するものであるが、古代の懐疑論はそうではない。」(203)「古代の懐疑論はあらゆる知覚に否定し得ない確実性を与えたりせずに、それらを単なる仮象と見なした。シュルツェのように、古代の懐疑論が攻撃したのは、感覚的な知覚そのものではなく、その背後に独断論が想定した事態に過ぎない、とみなす解釈は全く根拠がない。」(205) 見られるように、シュルツェが懐疑論を経験論的な視点で捉えているのに対して、ヘーゲルは思弁的な視点でそれ

を捉えようとしている。ヘーゲルはこう述べている。「プラトンの『パルメニデス』こそは真正の懐疑論の体系である。プラトンの懐疑論は悟性の真理を疑うのではなく、そのような認識の真理性を全て完全に否定することに向かうのである。この懐疑論は絶対者の認識の否定的な側面であり、肯定的側面としての理性を前提しているのである。」(206-207) ここに言われている「絶対者の認識の否定的な側面」は更に次のように敷衍されている。「理性的な認識を表現しているいかなる命題においても、そこに含まれている概念をそれだけで孤立して考察してみるなら、それらの概念は互いに廃棄しあい、矛盾しあうような仕方で結合されていることが分かる。もしそうなっていないのであれば、それらは理性的命題ではなく、悟性的命題だということになろう。……あらゆる理性命題は、その概念に注目すれば、矛盾律に反するものを含んでいる。」(208)「矛盾こそが真理の基準である」という『暫定的テーゼ』1番が繰り返されている。ヘーゲルの思考にとって矛盾律は超克可能な規則である。

　ヘーゲルは更にこう述べる。「古代の懐疑論は知に関しては絶対的な否定性★を主張したが、哲学に敵対することはなかった。」(213) ここ★がヘーゲルにおける Negativität の初出である。『差異論文』においては Negiren という用語は使用されていたが Negativität はまだ使用されていない。Negativität は言うまでもなく今後のヘーゲル哲学の代名詞となるものである。若い日の宗教者ヘーゲルが Positivität という用語を愛用したのに対して、哲学者となったヘーゲルは Negativität を武器にして論戦に参加するのである。愛用してきた Positivität という用語の役割はそろそろ終わろうとしていた（1803年以降は消失する）。知によって全てのものを絶対的に否定することによって、絶対的同一性が浮き上がってくるのである。

　最後にこう言われている。「知の本質は、普遍的なものと特殊的なもの、思惟の形式のもとに措定されたものと存在の形式のもとに措定されたものとの同一性の内にある。学とは、この理性的な同一性の具体化である。しかるに最近の懐疑論は思惟と存在の対立という形式にとらわれている。ただしその対立図式を馴染み深いものにしたのはカント哲学の功績である。ただしカント哲学はある点では、つまりカテゴリーの演繹においてはこの対立図式を乗り越えている。しかし他の個所ではその対立を最高のものとしている。つ

第4章 『哲学批評雑誌』第1巻 ― ヘーゲルとシェリングの共同作業

まりカント哲学は首尾一貫していなかったのである。この対立図式の固持を端的に示しているのが、神の存在論的証明への批判の個所である。」(223)
このようにシェリングと同様の普遍と特殊の対立をイデア・理念において統一する図式がヘーゲルの立場として明示されている。そして最後にカントへの言及があり、ヘーゲル自身の内でカントを対象とした論評の必要性が高まっていることが推測される。『信仰と知』の執筆の時期が迫っている。この懐疑論論文においてヘーゲルは、シュルツェの経験的懐疑論に、思弁的懐疑論で対決したと言える。「思惟の絶対的否定性」の重要さに気づいたことが、ここでの成果と言えよう。

なおシュルツェ自身はこうしたヘーゲルたちの批判に対して、1803年と1805年に反論している。これらのシュルツェの反論の論文はK. R. マイストが発掘したものだということであり、マイストは独自の見解を披瀝している。[8]

第3分冊
第1巻の第3分冊は第2巻の第1分冊（1802年7月中旬）よりも後に、1802年12月中旬に刊行されている。シェリングが全体を担当している。ここには「哲学一般に対する自然哲学の関係について」と「哲学における構成について」という論文とその他の書評が掲載されている。

『哲学一般に対する自然哲学の関係について』(GW4, 265-276)
〔同一哲学期の宗教論〕

一見すると当時のシェリングが抱えていた自然哲学と超越論的哲学の関係が論じられているかのように思えるが、内容は純然たる宗教論であり、かつ難解である。現在では、筆者はシェリングだとされているが、ヘーゲルのいわゆる「1800年の体系断片」の文章が一部そのまま利用されている個所もあり、共同執筆の可能性も排除できない。少し見ておこう。[9]

序文のようなものがあり、その後が3つに区分されている。それぞれ表題はついていない。「序文」では、哲学はただ一つである、という彼らの持論が繰り返されており、「哲学の完全な現象は全てのポテンツの総体性においてのみ」可能である、とされている。そして「自然哲学は理論的側面から見

られた全き哲学である」と定義されている。これも同一哲学期のシェリングの自然哲学の定義である。この論文では、「自体的な自然哲学だけを問題とする」としているが、具体的には「宗教及び道徳性への関係における自然哲学」を問題とする、とある（265-256）。我々としては、自然哲学が何故宗教と関係するのか不思議であるが、彼らの発言を見てゆこう。なおシェリングはこの時期、超越論的観念論をも含めた全哲学を自然哲学とみている。

「Ⅰ」においては、フィヒテの哲学と自然哲学の関係が論じられ、批判される。ヤコービやラインホルトの独断論は「絶対者を自己の外部に持つ」が、フィヒテの観念論は「自我を絶対者の外部に保持する」。両者とも絶対者と自我を遮断している点で共通している。フィヒテの神は「道徳性」との関係でのみ考察されていて、「神自身のために」神を考察するという視点に欠けている（つまりフィヒテにとっては、神は「道徳的世界秩序」だ、ということが批判されているのであろう）。確かにフィヒテの自我は「百万倍もの数の太陽や星の残骸に対立させられて」「時代の新しい果実」であるかのような「新しい形式」を備えたことにより、流行したが、人気は一瞬高まったかに見えたが、すぐさま引き潮のように消えていった（271）。ここでの「百万倍……」の表現は「無神論論争」でのフィヒテ自身の論文から採られた表現であるが、この同じ表現はヘーゲルのいわゆる『1800年の体系断片』(GW2, Text 64) の最後で、ヘーゲル自身も使用しているものであり（GW2, 348参照）、シェリングが単独で書いたとは思えない個所である。ともかく彼らとしてはフィヒテの自我と自然宇宙の対立を統一したところに「知の真実の宇宙は展開して」くる、として終わっている（271）。彼らの同一哲学からすれば、自然と精神とは同一でなければならないのである。

「Ⅱ」では彼らの哲学的宗教論が展開されるが、ここも極めて難解である。ここでシェリングは「その原理において既に宗教でないような哲学を哲学とは認めない」と宣言している。彼らの同一哲学はここにも明らかなように、神を哲学する哲学である。ただし注意しなければならないのは、彼らの哲学は神学ではなく、あくまでも哲学である。哲学は宗教よりも高い立場に立っているのである。それが同一哲学期のシェリングの宗教論の立場であり、ヘーゲルの場合はこれ以降生涯続く立場である。ここで展開される哲学的宗教論は、異教としてのギリシア宗教とキリスト教の統合を目指すものであ

る。これは後のヘーゲルやシェリングのように、キリスト教を「絶対的宗教」と見なす見方とは異なるものである。「二つの直観様式、一つは有限なものの直接的神化、もう一つは有限なものの内に神を見るものであるが、宗教はこのどちらをも欠くことは出来ない」とされている（274）。彼らによれば古代ギリシアの宗教においては、有限なもの、自然的なものがそのまま神的なものとされており、そこには自然と人間、神と人間が一体化して、晴れやかさと純粋さがある。それに対してキリスト教は自然との分裂を前提にして成立する「反省」の宗教である。自然と人間、神と人間はそこにおいては分裂している。その分裂をキリスト教は「神が人となることMenschwerdung Gottes」によって宥和しようとする宗教である（272）。こうして同一哲学期には「神の人格性」が哲学的装飾の下に、明瞭に承認されるのである。キリスト教は有限な者＝イエスという男の内に神を直観しなければならない以上、そこに作用しているのは、「普遍的神秘主義」である。シェリングは同じ 1802 年の作品『ブルーノ』でも、真の宗教を公教的なものではなく、秘教的なものであると強調しているが（AA. I. 11, 355）、神秘主義（先に狂信・熱狂と呼ばれたもの）なしには彼らの宗教は成立しないのである。この宗教的神秘主義を哲学的に解釈するとき、「新しい宗教」が成立する。「新しい宗教は、自然が永遠なる統一のシンボルに再生することの内で認識されるであろう。太古の反目の最初の和解と解消は哲学の内で祝われるであろう。その意義と意味をつかむのはその内で新たに生じた神性の生命を認識する者だけである。」（274）彼らは現存するキリスト教に全面的にはまだ満足しておらず、「新しい宗教」の創設を目指しており、これも同一哲学期の特色の一つである。具体的にはそれは古代ギリシア宗教とキリスト教を統合する宗教である。彼らはまだ「神の国」を合言葉に卒業していった神学候補生なのである。ヘーゲル 32 歳、シェリング 27 歳であった。古代ギリシアへの憧れは、反省的文化の内で育ってきたキリスト教徒たる彼ら「不幸な意識」の、生き生きとした神を求める渇望であった。彼らの内に住まう根強い宗教的情動を感じざるを得ない。「生き生きとした神」はおそらくは古代ギリシア風の「人倫」の内に息づいているのであろう。

「Ⅲ」においては、人倫とそこに生きる魂の発展段階が述べられる。古代ギリシアそのままの晴れやかさと純粋さに戻ることは不可能であるが、「失わ

れた同一性を思弁によって回復し、より高いポテンツで分裂を廃棄する道」を辿らなければならない。その思弁＝哲学は「人倫的なエネルギー」から生じてくる。それは「純粋な理性から生じ、イデアの中でのみ存在」可能な哲学である。そこにおいて自然は人倫的であると同時に叡智的に考察される。「真の知は無限なものが有限なものの中で単に反射すること〔キリスト教〕から離れて、自体へと、根源知へと向かう」とされており、「イデア」の桃源郷が目指されているものと思われる。[13] そこにおいては「特殊なものは普遍的なものの内で解消する」とされており、終極の絶対者の内では、個体性・主観性は消滅するとされるのも、この時期の特色である。そのような個体性の中心である「魂」について、プラトンの『パイドン』から、魂の肉体からの解放のくだりを引用した後、魂の解放の３段階が叙述される。第１段階は「憧れ」である。「自然は不死の実在の複製を自己内に受け入れるためには、必然的に同時に完全性の墓場である」という意味不明の表現があるが、目の前の自然の内に神々が不在であるということであろう。「最高善・財宝の喪失に気づいた魂は、ケレスのように、松明をかざして」大地の上を、大地の中を探し回り、疲れ果ててようやくに、エレウシスに辿り着く。これが第２段階である。「全てを見はるかす太陽がハデスを永遠の善・財宝が隠されていた場所として啓示する」とされている。直接にはこの文章は、ギリシア神話では太陽神ヘリオスが、ハデスが娘を奪って連れて行ったことを母ケレスに教えたことを意味しているが、おそらくはシェリングたちにとっては、これがイエスの死をも意味しているのであろう。というのも文章はこう続いているからである。「この啓示を与えられた魂は、最後の認識へと移行して、永遠の父へと向かう。解けるはずのない鎖を解くことは神々の王にも出来ないことであるが、神々の王は魂に、失われた善・財宝を教養形成の内で楽しむことを許す。永遠の光の閃光が、魂の教養形成の仲介を経て、深淵の暗い胎内から教養形成〔の果実〕をもぎ取るのである。」(276) 最後の辺りはまるでエレウシスの密儀の場に連座したかのような趣であるが、キリスト教の精神と古代ギリシアが融合しているようである。そこで摘み取られる果実は彼らの「同一哲学」がもたらすはずの成果であろうが、1802年のこの段階では、シェリングもヘーゲルも、まだ果実を生み出すだけの教養形成を積んではいないのである。彼らはハデスの暗闇の中を今しばし彷徨する他はない

のである。ただ彼らとしては「神は死んだ」という痛苦を胸に刻みながら、同一哲学によって「思弁的聖金曜日」(ヘーゲル『信仰と知』、GW4, 414)を祝おうとしているのである。その食卓を飾っていたのは輝くばかりの「イデア」たちであったはずであるが、如何にすればイデアは神々の不在を補完することができるのか、それは彼らにもまだ不明な未知なることどもであったであろう。とまれ、同一哲学は神を哲学する哲学であり、古代ギリシアの神々とキリスト教の神との統一を目指すものであったが、ヘーゲル自身としては「絶対的民族」を一つのイデアとして、そこに絶対的統一たる「生きた神」を求めようとした。しかしドイツの人倫はそれをヘーゲルに許容することはなかった(『ドイツ憲法論』の挫折)。道を失ったヘーゲルは思弁の内で、つまりは知の絶対的否定性の内にロゴスとしての神を求める他はなくなったのである。

『哲学における構成について』[14] (GW4, 277-293)

　これはスウェーデンで出版されたホイアーの著作への書評であり、相当に長いものである。シェリングが書いたものである。最初にこう言われている。哲学的構成の教義は将来学的哲学の最も重要な1章となるであろう。哲学の本質と形式は不可分である。スピノザは幾何学的方法を用いたことで独断論だとして非難されるが、そうではない。ただしスピノザの哲学には懐疑主義の必然的な要素が欠けている。哲学は数学とは違って、知の知である(277-278 参照)。そして以下で、シェリングはカントの構成論と、フィヒテの構成論を取り上げる。もちろんこれは著者であるホイアー自身の書物の順序でもあったと思われる。以下の見出しは私が付けたものである。

① カントの構成論

　カントは『純粋理性批判』の最後「超越論的方法論」の第1章「純粋理性の訓練」の第1節「独断的使用における純粋理性の訓練」において、次のように述べている。哲学的認識は概念に基づく理性的認識であり、数学的認識は概念の構成に基づく理性的認識である。概念を構成するとはその概念に対応する直観をアプリオリに表出することを意味する。質の概念はアプリオリ

には表出されないので、量の概念のみが構成され得る。だから構成は数学にのみ可能であり、哲学には不可能である、とした。哲学は概念に従った討議的理性使用であり、数学は概念の構成による直観的理性使用である。この後カントは「定義」「公理」「明示的論証・証明」に触れている。これらはいずれも数学特有の概念装置であるが、それを哲学が使用する際の注意点が述べられている。例えば、数学では定義は可能であるが、哲学では厳密な定義は不可能であり、概念の説明が可能なだけである、等々。

シェリングはこうしたカントの構成論を念頭において、哲学の分野に「概念と直観の等置」としての「構成」を知的直観を介して持ち込もうとしている。構成とは、普遍の内に特殊を表現するか、特殊の内に普遍を表現するかのどちらかであるが、いずれにしても両者の同一性を示すことになる。ともかく、構成されるものは一つのもの、イデアである。全ての導出されるものは導出されるものとしてではなく、イデアの内で構成されるのである。「イデアの王国」という言葉も使用されている。(283 参照)

数学に見られる公理や証明は、カントが言うように真の原理などではなく、原理の限界点であり、学の限界点である。つまりそれは絶対的な一者への還帰の限界点である。下位の学、例えば自然学・物理学はこうした限界点を必要とするのである。全くの絶対知の内にある哲学においてはこのような限界点はもはやないのである、とされている（284 参照）。シェリングにあっては、哲学とはイデアにおいて絶対者を構成するものなのである。そして理性は経験的な対象の内にさえも単にイデアを見る、つまり普遍と特殊の純粋な総合を見るのである。

② フィヒテの構成論

ここからはホイアーの説の紹介が中心になっていて、彼のフィヒテ解釈がシェリングを啓発したようである。(288) での悪の起源の問題も興味深い。ホイアーは「認識と絶対者の絶対的合流点」を問題としているが（それを十分構成できていないとシェリングはしているが）、この問題が「世界における悪の発生についての太古の問いと同一である」とホイアーが主張しているとしている。具体的なことがよくわからないが、絶対者の認識と悪の問題が関連付けられていることは明白である。また「太古の問い」とあるところから、若い日にシェリングが取り上げた『創世記』での悪の起源の問題が念頭

第 4 章 『哲学批評雑誌』第 1 巻 ― ヘーゲルとシェリングの共同作業

にあると思われる。悪の問題は今後、シェリングにしても、ヘーゲルにしても大きな問題として浮上してくる。ホイアーの主張などを題材として、シェリングとヘーゲルが 1802 年頃から「悪」の問題に注目し始めたと言えそうである。ヘーゲルの場合は『信仰と知』で悪は取り上げられ始める(後述、本書 151p 参照)。

続いてシェリングは第 3 の種類の反省として「哲学的反省」なるものを挙げている。また「同一性の略図」という言葉も見える。この辺りには著者ホイアーが「思弁的立場を我がものとしている」といった高い評価が見られる。また彼のフィヒテの自我についての解釈も評価されている。純粋自我を経験的自我とはっきりと区別している点が評価されている。(290 参照)

ホイアーによるフィヒテ評価。フィヒテの観念論の限界は純粋理論的に見るならば、フィヒテが制限の根拠を絶対的に自我の内に置くのではなく、自我の対立者の内に置いたことである。またフィヒテは構成というよりも反省を、純粋自我と経験的自我の合流の狭い場所に制限し、定立、反定立、総合の形式を単に論理的に受け止めた。

このホイアーのフィヒテ評価にシェリングも同意しているようであり、更にはホイアーの叙述を長く引用している。それは自然哲学の必要を説いた個所である。ともかく、ドイツでほとんど見られないこのような優れた見解を外国人が示していることは何とも喜ばしいことだ、として書評を終えている。この書評と 1802 年の『哲学体系の詳述』での構成論とは同じものと見なしていいであろう。

注

1 ここで使用されている Kritik なる言葉は、「批判」あるいは「批評」とその場に応じて訳しておく。邦訳がいくつかある。加藤尚武他訳『懐疑主義と哲学との関係』(未来社、1991 年) に収録されている。海老沢善一訳『ヘーゲル批評集』梓出版社、1992 年。ここには多くのヘーゲルの論文が収録されている。

2　同一哲学期のヘーゲルたちが「確信」からの出発を拒否していることは、後の『精神の現象学』でのヘーゲルの立場と比較すると興味深い。そこでは「意識」にしても、「自己意識」にしても、「理性」にしても、すべて表題に「確信」が含まれている。『精神の現象学』においてヘーゲルは「確信」の持つ重要性に目覚めたのである。

3　前掲拙著『ヘーゲルのイエナ時代　生活編』99-100p 参照。

4　栗原隆の邦訳があり、ネット（CiNii Books）で読むことができる。

5　ヘーゲルはその後もこの Wesen と Form の区別をシェリングの哲学を代表するものとして使用し続けている。例えば『論理学』（GW11, 294-297）参照。

6　拙論「同一哲学の誕生── 1802 年の頃」（『大東文化大学紀要　第 56 号』2018 年）参照。

7　シェリングは 1802 年の『ブルーノ』において、絶対者を「全てのイデアの中のイデア」と表現している（AA. I. 11, 1, 365, 436 参照）。

8　Transzendentalphilosophie und Spekulation. Quellenband, Hrsg. von W. Jaeschke, F. Meiner Verlag, 1993. 337-383p. G. E. Schulze　Aphorismen über das Absolute（1803）　Die Hauptmomente der skeptischen Denkart über die menschliche Erkenntnis（1805）こちらが資料編であり、以下が論文集である。Transzendentalphilosophie und Spekulation. Der Streit um die Gestalt einer Ersten Philosophie（1799-1807）. 192-230p. K. R. Meist „Sich vollbringender Skeptizismus". G. E. Schulzes Replik auf Hegel und Schelling. この論文集には邦訳がある。『論争の哲学史』（高山・藤田監訳、理想社、2001 年）349-421p。マイストの主張は以下のごとくである。ヘーゲルはシュルツェの批判を生かして『精神の現象学』「序文」でのシェリング批判を行った。それは 1802 年段階での自己自身への批判でもあった。「すべての牛が黒くなる…」という批判はシュルツェに向けられたものであった、等々。マイストのこの解釈には賛成できない（栗原隆も同様の解釈をしている、『ヘーゲル　生きてゆく力としての弁証法』〈栗原隆、NHK 出版、2004 年〉93p 参照）。ここは明らかに「形式主義」批判の個所であり、シェリングたちを指す他はない。まさか彼ら（マイスト及び栗原）も、ヘーゲルがシュルツェを「形式主義者」として批判している、というつもりではなかろう。ヘーゲルたちの「絶対者」が無である、闇である、というシュルツェの批判も、それを言われ

第4章　『哲学批評雑誌』第1巻 ── ヘーゲルとシェリングの共同作業

てヘーゲルが初めて気づくような事柄ではなく、ヘーゲルには最初から分かっていたことである。『差異論文』(GW4, 16)、『信仰と知』(GW4, 413) 参照。
9　以下の叙述は、前掲拙論『同一哲学の誕生──1802年の頃』を基にしている。
10　フィヒテ『公衆に訴える』(F. GA. I. 5, 451)、久保陽一訳『フィヒテ全集11巻』(哲書房、2010年) 98p 参照。
11　シェリングの1802年の『哲学体系の詳述』SW. 4, 357 参照。ヘーゲルの場合は1802年の『信仰と知』での「思弁的聖金曜日」がそれに当たる。
12　前掲拙著『革命と宗教』の結論部分で、私は「『初期ヘーゲル』とは、ヘーゲルがキリスト教にとって代わる「新しい宗教」を構想していた時期である」(329) と断定しておいた。その意味でここ1802年のヘーゲルはまだ「初期ヘーゲル」に属しているのである。
13　1802年の『ブルーノ』にほぼ同じ文章がある。「しかし反射から背を向けることの出来ない者は誰も神的なものの不動の統一の直観へと到達できないであろう。」(AA. I. 11, 421)
14　この論文の邦訳はないようであるが、海老沢善一の優れた論文「シェリングとヘーゲルとの差異」がある。『シェリングとヘーゲル』(晃洋書房、1995年) 所収。
15　シェリングは早くも1792年、17歳の時の学位論文「人間の悪の始原に関する創世記第3章の最古の哲学問題の解明のための批判的哲学的試論」で悪の起源を論じているが、彼がそれを本格的に述べ始めるのは1809年の『人間的自由の本質』においてである。

第5章 『人倫の体系』と『信仰と知』

第1節 『人倫の体系』(1802年) (GW5, 279-361)

　ヘーゲルはイエナ時代に、「自然法」の講義を5回公示している。最初は1802年の夏学期であり、次は02/03年の冬学期、次は03年の夏学期、次は03/04年の冬学期、というように毎学期講義の予告をしていたが、最後の5回目は1年空けて1805年夏学期であり、この年は初めて口述ではなく、「彼の教科書に従って」と表記されている（H-S. 4, 55 参照）。もちろんこの「教科書」は出版されなかった。予告された自然法の講義はほとんどが実施されなかったと思われる。以下見てゆく『人倫の体系』は単純に考えれば、最初の講義1802年の準備ノートと見るべきであろう。現在のドイツのヘーゲル研究者たちはこの草稿が清書稿であるところから、講義ではなく、出版を意図しての草稿と見なそうとしているが、清書稿も講義で使用することは可能であり、印刷された書物も可能である。また彼らはこの草稿の成立を1802年の秋から1803年の冬頃と想定しているが、具体的な根拠は何も示されていない。私としては1802年の夏頃と想定しておく。この作品はシェリングとヘーゲルに共通する「同一哲学期」の典型的な作品であり、2人の哲学者に同盟があったことの打ち消し得ない痕跡である。

　始まりにはこうある。

「絶対的人倫のイデア・理念を認識するためには、直観が概念に完全に適合して措定されなければならない。……各々は一度は特殊性の形式で、次には普遍性の形式で措定されなければならない。換言すれば、一度は直観が概念のもとに、次には概念が直観のもとに包摂されなければならない。」(279)
カントに由来する直観と概念の対立図式はイエナ初期のヘーゲルも継承する好みの図式であるが、それをこうまで全ての事象に図式的に適用しようとするのはここ『人倫の体系』においてのみである。この図式主義・形式主義はヘーゲル自身にとって自分の哲学がまだ未成立であったとき（つまり発酵の時代）、その樹立を目指しての支えとして利用したものであろう。先に

見たように、1802年、同一哲学期のシェリングも直観と概念の対立をイデア・理念において統一する図式を愛用していた。その意味ではここでのヘーゲルのこの<u>直観と概念の対立図式</u>は「同一哲学」に固有の装置であったと言える。一般的に言えば、直観は具体的形象、特殊な存在を捉え、概念は抽象的な思惟、普遍的なものを表現する。だから両者の統一を目指すということは、一般的には特殊と普遍、存在と思惟、客観と主観の統一を目指すということである。それはまた彼らの愛用する用語でいえば、「イデア・理念」ということになる。彼らにとって「イデア・理念」とは単にカント・フィヒテ的な主観的、観念的なものではなく、プラトンのイデアがそうであった如く、存在するもの、実在的なものであった。「イデア」こそが真実在であり、普遍と特殊、思惟と存在、有限なものと無限なものの統一である。イデアは、例えば「有機体」、「民族」等である。「有機体」は単なる物質ではなく、生命あるものである。それらは直観されるものであると共に、同時に概念である。直観と概念はイデア・理念の内で切り離し難く同居している。だからヘーゲルは直観と概念の相互包摂を主張して、イデアの体系を構成しようとするのであり、イデアの体系の構成においてのみ主観と客観の絶対的同一性は示せるのである。なおヘーゲルはここ『人倫の体系』でこれまでのどんな哲学者もしなかったことを試みたのである。それは「Leben 生命・生活」を一般民衆の日常生活の場面に設定して、その諸層（ポテンツ）を哲学するということである。直観と概念の相互包摂という形式的方法のもとに、民衆の生産活動を中心とした生命・生活を哲学するということが遂行された。カントがヒュームの哲学を吸収したように、ヘーゲルは<u>イギリスの国民経済学</u>を自己の哲学の内に吸収したのである。

　続いてヘーゲルは取り上げる第1段階を次のように規定する。
「最初には、直観が概念のもとに包摂されなければならない。これによって絶対的人倫は**自然**として現象する。けだし自然とは概念のもとへの直観の包摂に他ならないからである。」つまり客体としての自然は人間の概念によって、区分けされ、観念化される。絶対的人倫が自然として現象するとき、それが「家族」である。家族はこの時期のヘーゲルからすれば、絶対的人倫にほど遠いものである。「これによって直観、統一は内的なものに留まり、概念の多様性とその絶対的運動が前面に出てくる。……同時にまたこの統

第5章 『人倫の体系』と『信仰と知』

一は個々人の上に浮遊しているからして、統一は個々人の内に隠されている。……つまりここでは特殊的なものと普遍的なものとの同一性は不完全な結合として、つまりは相関関係 Verhältniß として規定される。」(280) このように第1段階はヘーゲルが目指す「絶対的人倫」が登場していない段階であり、不十分な状態であり、ヘーゲルはそれを Verhältniß と呼んでいる。この用語は後の『1804/05 年の論理学・形而上学』でも重要な用語として使用されている。それは「相対的同一性」であり、まだ絶対的同一性に、つまりは形而上学に到達できていない有限な認識を表示する概念である。ここ『人倫の体系』ではそれは基本的には私的な諸個人の有限な相互的関係を表示するための用語である。換言すれば、それは一般民衆の個々人としての日常生活であり、特殊性の世界であり、公共的普遍性、つまりは国家を欠いている部分世界であり、市民社会である。ただし正確には市民社会は国家成立の後に成立するものであるからして、市民社会の前世ともいうべきものであろう。その意味でこの状態はまさに「自然状態」なのであるが、ヘーゲルは「自然状態」という近代自然法が愛用する用語を自分の哲学体系の内に導入したくないのである。ともかく第1段階はこの時期のヘーゲルが理想とする「絶対的人倫」の対となる「自然的人倫」であり、国家・民族という全体ではなく、個人が中心となっている有限性の領域であり、それをヘーゲルは「自然」とも呼ぶのであり、そこでは「家族」が最高の集団である。先に見たように「同一哲学期」のヘーゲルは絶対的同一性からの出発を謳っていたはずであるが、ここでのように相対的同一性から出発するのは理屈としてはおかしいと言えるが、実際の叙述となればそんなことは言っていられなかったのであろう。シェリングの「構成」の概念に見られるように、より低い段階からより高い段階へとポテンツを重ねてゆく他はないのである。ヘーゲル自身もこの時期、「ポテンツ」という用語を愛用している。[6] もしも絶対的同一性としての絶対的人倫を先に描いたとすれば、相対的同一性たるここでの第1段階は悪しき疎外状態となる他はないのである。そして人類史は理想状態からの単なる堕落の歴史となるはずである。ヘーゲルとしては、そのような歴史観を採用することはできないのである。同一哲学は出発した当初から自己矛盾を内包していたのである。

第1章　相関関係からする絶対的人倫
　　　〔自然状態における家族と市民社会〕

　ヘーゲルはこの段階を「自然的人倫」と呼ぶ。ここは個別性が基本となる領域であり、「絶対的生命は内的なものに留まり、それ故、それは絶対的概念ではなく」、また「絶対的直観でもない」とされている（280-281）。まだ個々人が「民族」へと統合されていない段階であり、国家成立以前の家族と私人を中心とした経済社会が取り扱われている。その意味でここでのヘーゲルの表題「相関関係からする絶対的人倫」は形容矛盾なのである。この段階は絶対的人倫ではなく、相対的人倫の段階なのである。にもかかわらず彼らの同一哲学は絶対的同一性からの出発を謳っているので、どうしても絶対的人倫という言葉を使いたいのである。まさに名前だけの表題である。なおこの段階自身が更に2つに区分されている。第1のポテンツは家族を最高の集団とする個人の相関関係の世界であり、第2のポテンツは巨大な市民社会である。

　なお私はこの段階に「自然状態における家族と市民社会」という副題をつけておくが、ヘーゲル自身はこの時期「自然状態」という言葉を使用することを避けている。内容的な分かり易さということで仮に私が付けたものである。「自然状態」はホッブズにしてもルソーにしても、自由な個人が勝手気ままに生きている状態であるが、ヘーゲルはそのような個人、つまりはフィヒテ的な「自己意識」をこの自然状態においてさえも登場させたくないのである。自立的な個人を登場させてはこの時期のヘーゲルの「人倫」は描けないのである。実質的な自然状態をこの時期のヘーゲルは、自己意識ではなく、あくまでも「家族」を主人公にして描きたいのである。家族が存在する限りで、ヘーゲルはこの状態を人倫の状態として描くことができたのである。ルソーの自然状態には、単独の個人は存在しても、家族は存在していなかったことを考えると、若い日のルソー主義者ヘーゲルはどこに行ったのかと、思わざるを得ない。ともかくこの時期のヘーゲルは自分の社会理論において、単独の自由な個人の存在を認めようとはしないのである。

第1のポテンツ〔家族と知性〕

　第1のポテンツは直観としての自然的人倫である。具体的には、この時期のヘーゲルの家族論である。ここでは個別性が支配的である。先ずは、(a)

第5章　『人倫の体系』と『信仰と知』

自然状態での採取労働の段階が取り上げられる。そしてそこにおける状態が、個々人の欲求―労働―享受というトリアーデで示される。次は、(b) 加工・生産労働の段階であり、ここでも労働は客体を否定するが、「享受は阻止され、延期される」(284)。後にヘーゲルは「阻止された欲望」という概念を使用することになるが（GW9, 115 参照）、この時期その考えがすでに形成されていることが分かる。人間は動物のように欲望を直接的に満足させるのではなく、欲望を抑えて、対象を加工するのである。ここに人間労働の固有性があるのである。更にヘーゲルはこの労働を農業労働、動物の飼育・牧畜の2段階に区分し、その上に第3段階として、教養形成、つまりは知性の開花の段階を設定する。この『人倫の体系』においてはヘーゲルは理論と実践の分野を区別することなく同時に叙述している。「知性」は先行の (a) (b)のポテンツの統一である。つまり「人間はポテンツであり、他者に対する普遍性である」(288)。このように人間の理論的能力を「知性」として捉えるのは、「同一哲学期」を初めとしてのイエナ期の特色であり、カント、フィヒテの超越論的観念論から受け継いだ視点である。この時期のヘーゲルにとって、「知性」としての人間は対象と自己の同一性を意識した叡智的存在なのである。その同一性は先ずは「感情として、純粋な同一性としてある」(288)、として感情が知性の第1段階とされている。客体はここでは欲望される客体である。それは絶対的に生きているものである。つまり男と女という両性の関係である。それは自然が生み出した最高の統一、最高に有機的な両極である。「両者の一致存在は絶対的概念のそれではなく、<u>自然に属するものであり、人倫に属するものではない</u>。各々は他者の内に自己を直観するが、同時に疎遠なものとして直観する、それが愛である。」(289) 男女の結合、結婚を自然に属するものだとするのはヘーゲルの変わらぬ見方であるが、それが人倫に属するものではないとするのは、「絶対的人倫」ではないという意味であろう。「人倫」の概念が極めて狭く設定されている（後述するように、この段階では、民族・国家のみが絶対的人倫である）のであろう。次に家族においては、欲望を欠き、自然性を廃棄した関係が成立する。それが両親と子供の関係である（289 参照）。第3に、家族相互の関係が「人間たちの普遍的な相互作用と教養形成であり、**相互承認である**」とされている (290)。この辺りに「自然的人倫」と呼ぶにふさわしい家族関係が成立

しているのであろう。

続いてヘーゲルは以上の2つのポテンツの内にある「媒辞」に注目し、それを第3のポテンツとして措定する。1801年の『暫定的テーゼ』の2番は「推理は観念論の原理である」となっていた。ヘーゲルは判断よりも推理を高く評価する。推理には媒概念が登場し、それが判断における主語と述語を結びつけるからである。ヘーゲルは、(c) 媒辞、として「子供―道具―語り」を挙げている。これらの媒辞をヘーゲルは「理性」の最初の登場と規定している。「今や理性的なものが外に現れ出てこなければならない。その理性的なものが媒辞へと歩み入り、主観的なものと客観的なものの本性からして、つまりは両者を媒介するものであるものとして存在することになる。この媒辞も3つに分かれる。」(290) こうしてここに「媒辞の理論」が展開する。媒辞は対立する両極を統一するものである。そしてヘーゲルはその「統一」を理性的なものとして評価する。媒辞は理性を表現しているのである。つまり「理性」とは主観と客観の統一のことである。（媒辞の理論は『1803/04年の精神哲学』でも重要な役割を演じている。）

第1の媒辞は、子供である。この完全に個体化され、実在化された感情の内に両親は実在性としての自己の統一を直観する。両親はこの感情そのものであり、その感情は両者の外へ生み出された、目に見える同一性であり、媒辞である。それは自然の実在的な理性性であり、そこにおいて両性の差異は完全に抹殺されており、両者は絶対的統一の内にある。それは生きている実体である、とされている（291参照）。

第2の媒辞は、道具である。ここでは直観は概念のもとに包摂されている。子供は自然に属しているが、道具は概念に属すものとして、観念性の内にある。主体は道具において自己と客体との媒辞を作る。この媒辞が労働の実在的理性性である。労働の主観性は道具において普遍的なものに高められている。各人は道具をまね、同様に労働し得る。その限りで道具は労働の恒常的規則である、とされている（291-292参照）。そしてこう言われている。「この道具の理性性の故に、道具は媒辞として、労働よりも、その産物たる客体よりも、また享受や目的よりもより高いものである。それ故、自然のポテンツに立っている全ての民族も道具を敬っているのであり、ホメロスの内に道具に対する尊敬とそれへの意識がこの上なく美しく描かれているのであ

第5章 『人倫の体系』と『信仰と知』

る。」(292)

　第3の媒辞は完全に観念的なものでなければならない。絶対的な観念性として存在するものは、ひとり絶対的概念、つまりは知性だけである。それはエーテル的物体でなくてはならない。つまりそれは知性的実在の子供としての「語り」であり、**語りはいわば理性の道具なのである**、と言われている(292-293参照)。ここに「エーテル」なる言葉が使用されていることに注目しなければならない。後でも触れるがヘーゲルは1802年からイエナ時代の終わりまでこの「エーテル」なる概念を自然と精神を貫く精妙な霊気として強調することになる。ここでのエーテルは「知性」たる主観の「語り」である。知性としての主観の語りは言葉として、主観であると同時に客観を表現しているのである。そこには主観と客観の同一性が成立しているのである。

　この第3の媒辞たる語りも更に3つに分かれる。

　第1は、**身振り、顔つき、眼差し**等々である(293)。第2は物体的記号である。「それは直接的に自己自身の反対である」(294)。つまり記号は自分とは別のものを表現しているのである。第3は、音を発する語りである。それは物体的記号の客体性と身振りの主観性を結合し、後者の分節化を前者の対自存在と結合する。音を出す語りは知性の媒辞であり、ロゴスであり、知性の理性的紐帯である、とされている(294)。語りは音を発するものであるが、同じ音でも、金属の響きや水の音、更には動物の鳴き声も人間の出す語りとしての音と大いに違っている。人間には「**絶対的孤独**」があるが、動物にはそれがない。語りにおいて人間は個体でありながら総体性を可能とする存在になるのである。この総体性は絶対的孤独と表裏一体のものである。語りは「第1のポテンツの最高の花である」(295)。こうして自然的感情は様々な媒辞を経ることによって知性へと高まっているのである。理性＝同一性は媒辞の内で輝いているのである。ヘーゲルがこのように「媒辞の理論」を形成したことは、独断的「イデア主義」を克服する上で、極めて有益なことであった。媒辞はイデアが兼ね備えている観念性と実在性を統一したものであり、しかも客体性を持って存在しているのである。またここに登場している「絶対的孤独」は今後のヘーゲルの哲学構想において大きな意味を持ってゆくことになる(後述、本書192-195p参照)。

第2のポテンツ　形式的なもの、つまりは相関関係における無限性、観念性

このポテンツでは普遍性が支配的であり、具体的にはこの時期のヘーゲルの市民社会論が展開される。ただし「市民社会」という言葉はまだ使用されていない。

(a)〔労働の分割―余剰生産―所有〕

第1、労働は自己自身の内で分割され、個別的な労働となり、かくて機械的なものとなる、けだしそこには多様性が排除されているからである。こうした労働の分割＝分業という労働の様式は、その他の欲求が他の人間の労働によって満たされることを前提としている。この機械的な労働は人々を鈍化させるが、そこには同時にそうした労働からの解放の可能性も潜んでいる。つまり水とか、風とか、蒸気の運動を利用することが可能となる。こうして道具は機械へと移行する。機械において主観的なものの動揺は止むのである。(297参照)

第2、労働と同様、労働の生産物も規定される。それは個別化されており、純粋な量であり、欲求の総体性との関係の内にあらず、それを超えている。それは剰余である。この生産物は使用という観点からすれば、使用の普遍的可能性であって、規定された使用の可能性ではない。(297-298参照)

第3、主体は単に占有するものとしてだけではなく、普遍性の形式の内へと取り入れられている、つまりは承認された占有者として存在する。占有はこうして所有となる。所有のもとには法・権利がある。(298参照)

(b)〔法―交換―契約〕

このポテンツにおいて絶対的なものは絶対的概念であり、法・権利である。このポテンツにおいて法・権利は因果性として登場する。その純粋な無限性、不可分離性が特殊なもののもとで反省されると、それがそのものの他のものとの同等性＝平等であり、更に具体的には価値であり、価格である。先ずは観念的相関の実在化としての交換である。そして次はその履行である。しかしその履行は不確実である。そして次は契約である。契約においては絶対的現在という契機が理性的な媒辞へと形成されている（300-302参照）。契約は移行を実在的なものから観念的なものへと転換する。こうして観念性であると同時に実在性でもあるものは精

第5章　『人倫の体系』と『信仰と知』

神以外にはないということが明らかになる。
(c)〔貨幣—個々人の生命、主人と奴隷—家族〕
　第3のポテンツは先行する2つのポテンツの無差別である。先ずは相対的同一性、つまりは相関関係。剰余が無差別の内へと措定されて普遍的なもの、あらゆる欲求の可能性となったものが貨幣である。貨幣はすべてのものを媒介するものであるが、その媒介が活動として措定されるとそれが商業である。ここにおいては、「個人はあらゆる規定性の無差別」とされている。個人は「人格」と見なされる。個人は「絶対的主観性であり、絶対的概念」である。個人の生命は承認されている。しかしこの段階においては生きた個人が生きた個人に対しているが、生命の力は不等である。一方は他方に対して力があり、優勢である。一方は無差別であり、他方は差異の内にある。こうした関係が**支配と隷属**の関係である。ここでは法・権利とか平等は問題とならない。ここでは生命の不等性が措定されている。支配と隷属の関係は自然に属する、というのもそこでは個々人がこの関係の内にあるからである。それは人倫的な支配と服従の関係とは異なる。人倫的な支配と服従の関係においては力は絶対的に普遍的なものであるが、支配と隷属の関係においては力は特殊的なものに過ぎない。主人と奴隷の両者を結び付けているのは必要である。主人は生活必需品の余剰を有しており、奴隷はそれを欠いている。(303-306参照)
　このようにヘーゲルは「支配と隷属」の関係を持ち込んで人間関係を歴史的、具体的に考察しているのであるが、体系的位置づけが混乱している。ここでヘーゲルは「隷属というこの関係は無差別化されなければならない。それは**家族**において実現される」としているが、家族は既に登場していたのであり、総体性へと至った家族間の関係が支配と隷属であったはずである。これは今後解かれるべき矛盾である。
　とまれ、この段階では「カントの婚姻についての契約説は最高度に野蛮である」と批判され、「家族は自然が可能とする最高度の総体性である」(309)として、第1章が閉じられている。

第2章　否定的なもの、あるいは自由、あるいは犯罪

　この章では殺人とか窃盗とか戦争という極めて異様なものが取り扱われて

いる。後の1820年の『法の哲学』における、「第1編、第3章　不法」がほぼそれに該当するが、雰囲気は相当やわらげられている。『人倫の体系』においては、ヘーゲル自身「このポテンツにおいては否定は純粋に否定的であり、**弁証法的**である」としている。ヘーゲルが使用する弁証法という言葉の初出個所と見なしていいであろう。この章は先行する個体的存在を破壊し、人間たちの自然性を絶滅して、次の「絶対的人倫」に繋ぐことを目指している（「論理学」で言えば、「無限性」がこの機能を果たす）。しかしここ第2章で取り扱われる「殺人」は個人の客体性を廃棄するものであるが、「人倫は個人の主観性を、個人の観念的規定性を廃棄する。」(311)「生命はここ〔第2章〕においては単に毀損されるだけであり、高められはしない。だからこの生命は再び回復されなければならない。だが生命の毀損は現実には回復不可能である。」(312) こうして正義を守るべく「復讐」が登場する。「犯罪には復讐する正義が絶対的に結びついている。絶対的必然性が両者を結び付けている。」(312) 双方が相手を「包摂」し、「逆転」しようとする。そこには良心が登場している。「犯罪者は、一見すると外的に、自分にとって疎遠なものを傷つけたかに見えるが、そこにおいて同時に自己自身を観念的に傷つけ、廃棄したのである」(313)、と言われている。この辺りは、フランクフルト期の思想がそのまま生きていることが分かる。犯罪を全一の生命の内に取り込んで、生命・生活の全一を回復しようという思想が今も続いているのである。だがはたして「和解」は可能なのであろうか。

（a）では、自然的否定、無目的の破壊、荒廃が取り上げられる。自然は自己自身の有機的生産物に刃向かうのと同様に、知性が作り上げた文化にも刃向かう。自然だけではなく、人類史においても文化形成と破壊は繰り返される。人間の文化形成が自然に長きにわたって損害を与え、自然をあらゆる側面から規定しようとするとき、抑圧された自然の無規定性が跳び出してきて、破壊の野蛮が荒れ狂い、全てを自由にし、もとのままにするのである。神の箒としての荒廃、ジンギスカンによる劫掠、等々。……こうした荒廃が絶対的荒廃へと進んだものが、憤怒である。それは全く概念のうちにあるものである。(314参照)

（b）では、強奪、窃盗が取り扱われる。それは所有をめぐって行われるものであり、その結果として勝者は敗者を奴隷とするとヘーゲルは考えてお

り、ここでヘーゲルは「抑制 Bezwingung」という用語を多用している。奴隷は「抑制されたもの der Bezwungne」と表現されている。この「抑制」という概念はフィヒテの「強制」の概念に対抗してイエナ初期のヘーゲルが愛用する概念であり、『自然法論文』でも使用されている。詳しくはそちらで見ることにする。

（c）は先行する2つのポテンツの否定、無差別が取り扱われる。先ずは、絶対的な無差別としての単純な殺人。第2は、形式的な無差別としての復讐。殺された者は仕返しをしなければならない。殺人は個別的な成員を殺しただけであり、残された成員、つまり家族は復讐をしなければならない。復讐は殺人に対する絶対的相関である。復讐は殺人者が行ったことへの転倒、仕返しに他ならない（320参照）。殺人は絶対的否定ではない。精神は肉体の一部を失っただけである。だからまた復讐も絶対的否定ではあり得ない（321参照）。第3には、全体と全体との闘争、戦争が始まる。戦争の結果、一方が他方を征服する場合と、決着がはっきり付きかねる場合とがある。いずれにしても怒りは静まってゆき、平和が訪れる。（322-323参照）

こうしてヘーゲルは自然的人倫としての自然状態＝戦争状態から平和状態へと移行するのである。後のヘーゲルの「承認をめぐる生死を賭する戦い」にも見られるように、既にここでもヘーゲルは「死」という絶対的主人を登場させることによって、新しい精神の世界を切り拓くのである。これによって人間たちに全面的に観念的な世界が開けてくるのである。（ヘーゲルにとって、死は新たなる生命への入り口であり、自然哲学から精神哲学への移行も同様の手法で行われることになる。また精神哲学の内部でも死を介しての飛躍は繰り返し登場する。）

第3章　人倫

ヘーゲルは先行の第1章の2つのポテンツを振り返り、第1のポテンツの最高のものである家族は、特殊なものであり、第2のポテンツである市民社会も形式的な普遍性を形成しているだけであると批判している。それらはせいぜい相対的な同一性を形成する「相関関係」に過ぎないのであり、「絶対的同一性」を形成する「人倫」ではない。「絶対的自然はこれまでどのポテンツにおいても精神の形態において存在していない、だからそれはまた人倫

としても存在していない。……人倫は特殊性と相対的同一性の完全な否定であり、知性の絶対的同一性でなければならない。」つまり人倫は知性的存在のみが可能とする精神的文化である。ただしヘーゲルがそれを「絶対的自然」とも呼んでいることに注意しなければならない。ヘーゲルの同一哲学においては、絶対的人倫は絶対的自然なのであり、精神・人倫と自然は真実には一体なのである。「自然」は支配さるべき対象ではなく、神的理念を体現した自然なのである。自然はスピノザ的な自然、というよりもむしろ、古代ギリシアの神々と一体化した自然としてまだ輝いているのである。人倫は絶対的自然であるからして、それはまた精神の「**完全なる自己客体化**」である、とヘーゲルは言う。絶対者の十全なる客体化を探し続けてきたヘーゲルはその客体化を人倫の内に発見したのである。人倫がまさにかかるものであるのであれば、人倫は自然的規定性と形態化の廃棄であり、「自己享受の完全なる無差別」である。精神はここに客体化した自己を見出したのである。具体的に言えば、個々人の「知的直観は人倫を介してのみ、人倫においてのみ、実在的な直観であり、精神の眼と肉体の眼は完全に一致する。」（324）

1801年にヘーゲルが採用した「知的直観」は「人倫を介してのみ」実在的であるとされている。具体的にはそれは、知性による「民族」の直観である。自然の内には実在的には知的直観は成立しないのである。「そこに自然の概念把握の克服しがたさがある」とヘーゲルは述べている（323）。人倫は自然を超えているのである。だからここでは「家族」さえもまだ人倫的なものではないとヘーゲルは言っている。後のヘーゲルにとっては人倫は人間たちの共同を意味する。その意味で家族も当然、人倫の一要素を構成している。しかるにここ『人倫の体系』にあっては、家族はせいぜい自然的人倫であり、本来の「人倫」とはみなされていないのである。その理由は簡単である。家族はヘーゲルにとって個別的なものであり、特殊なものである。この時期のヘーゲルにおいては「人倫」は個別性を否定したところに初めて成立する精神的なものだからである。具体的には、国家及び民族、及びそれらについての意識と行動だけが、「人倫」なのである。人倫概念はこの時期、極めて狭いものとなっている。だから個人と人倫との関係も日常的な関係とはなり得ず、特異な自己犠牲だけが人倫的となるのである。簡単に言えば、祖国のために死ぬことだけが個人の人倫なのである。

第5章 『人倫の体系』と『信仰と知』

「かくて**人倫においては個人は永遠の仕方で**存在する。彼の経験的な存在と活動は端的に普遍的なものである。というのも行動しているのは個人的なものではなく、彼の内における普遍的絶対的精神だからである。世界と必然性についての哲学の見解＝全てのものは神の内にあり、個別性など存在しない、という見解〔スピノザ〕が経験的意識に対して実現している。」(325)

こうした極端な全体主義的見解がイエナ初期の社会哲学・人倫哲学の特徴である。「人倫のこの理念の直観が**民族**である。……民族は生きている無差別であり、全ての自然的差異は否定されているからして、個人は全ての者の内に自己自身を直観する。個人は最高の主観・客観性に到達する。だから全ての者のこの同一性は抽象的な同一性でも、市民の平等でもなく、絶対的同一性である。それは経験的意識において直観された同一性であり、普遍的なもの、つまり精神は各人の内に、各人に対して存在する。」(325-326) 個人は民族の内で自己の個別性を廃棄して民族なる普遍と一体化している。各人は特殊なものでありつつ、普遍的なものと一体化している。しかも民族は宗教を身に着けている。「特殊性を端的に自己と結合しているこの普遍性は民族の神性であり、この普遍的なものが特殊性の観念的形式で直観されたものが民族の神であり、神は民族を直観する観念的な様式である。」(326) この言葉通りだとすれば、ここでの宗教は「民族宗教」である他はない。民族と宗教・神々が一体化することによって、各人は絶対的人倫の内で固く結ばれるのである。また民族が絶対的人倫であるとすれば、民族は自然性を超えていることになる。つまり民族 Volk とは文化だ、ということになる。[10] ヘーゲルの理念においては、民族と神々も一つのものである。若い日の「民族宗教 Volksreligion」構想は、大きな挫折を経験したにもかかわらず、1802年の今、再び復活しているのである。民族宗教は絶対的人倫の花である。そうであるならば民族宗教はまさに民族の文化であり、民族の作品とならなければならない。しかしヘーゲルはここでその具体像を描くことはない。以下では国家体制が示される。

「国家体制は、第1には、同一性、無差別の形式であり、第2には、差異の形式であり、第3には絶対的な生きた無差別の形式である」(327) とされているが、この第3段階はこの草稿では描かれていない。この第3段階がおそらくは「民族の神」、「民族宗教」の内容を描くものとなるはずであったと

133

思われる。

Ⅰ. 体系としての人倫、静止態

　静止態としての人倫とは、人倫的徳であり、身分編成のことである。それは３つに区分されている。

　a）　絶対的人倫。それは祖国と民族と法律への愛として現象するのではなく、祖国の内での絶対的生活であり、民族のための絶対的生活である。それは絶対的真理である。民族の永遠なるものの内においては全ての個別性は廃棄されている。絶対的人倫は絶対的無私性である。けだし永遠なものの内には何ら私的なものはないからである。それは最高の美であり、自由である。それは苦痛のない至福である。絶対的人倫は神的なものであり、絶対的であり、実在的であり、何の覆いもなく存在する。それは絶対的直観である。（328-329 参照）

　先にも触れたように、この時期のヘーゲルの人倫は極めて狭隘である。特に「絶対的人倫」はプラトンの『国家』そのものである。人倫は純粋な公共性であり、プラトンにおけると同様に、私的なものは全て排除されている。そこに生きる人々は、自己の全てを国家に捧げて生きることをよしとしている。ヘーゲルがかくも民族・国家を求めるのは、ドイツにおける民族国家の不在、民族としては「解体した民族」（GW4, 483）というドイツの現実があるだけでなく、すべての者が一体となった神の国への憧れがまだ生きているのであろうか。

　b）　相対的人倫。これは相関関係に関係するものであるが、そこにおいて自由に自己を組織するのではなく、それら相関の規定性をそのまま存立させるものである。人倫のこの形式は法であり、公正・誠実である。公正は各人に各人のものが帰属するという法に固執する（331参照）。具体的にはこれは市民社会の人倫であり、そこに生きる商工業身分の生活である。この時期には「法・法律」への高い評価は見られない（それが見られるようになるのは『1805/06年の精神哲学』からである）。

　c）　信頼は、第１のものの同一性と第２のものの差異とのうちにある。信頼は粗野で堅牢な直観であり、悟性の行為を欠いている。それは全的で粗野であり、客体の死、絶滅を目指すのではなく、有用なものを自然によって生育させる。またそれの所有は法的権利を知らず、争いは激情と話し合いに

第5章 『人倫の体系』と『信仰と知』

よって解決される。この信頼は、永遠なものを頼りとするからして、また勇敢であることも可能である（332-333 参照）。具体的にはこれは農民身分の生活である。

　ヘーゲルは人倫のこれら3つの形式を「身分」として実在化しようとする。各々の人倫が自分自身で自己を組織し、一つの個体になり、形態を獲得しなければならない。個体化、生き生きとした生命は個別化を欠いては不可能である。各々は絶対的な実在的な総体性を要求する。各々の個別性は絶対的総体性であり、純粋概念であり、あらゆる規定性の否定である。ただしこの絶対的概念は最高度の抽象であり、直接的には否定的なものである。「肯定的なものは本質とこの個別性という形式との統一であり、つまりは人倫の体系である。個体そのものは真実のものではなく、形式的な絶対的なものであり、真実のものは人倫の体系である。だからこの体系は個体そのもののうちに純粋なものとして存在すると考えられてはならない。この体系の本質は**エーテル性**にある。個体の個別性は最初のものではなく、最初のものは人倫的自然の生動性であり、神性である。この本質にとっては、個別的個体は人倫的自然をその全実在性において把握するには余りに貧しいのである。個体は瞬間的には全ての諸契機の形式的無差別を表現できる。だがそれは否定的なもの、時間であり、その無差別を再び否定する。」(333-334)

　ここはこの時期のヘーゲルの思想にとって重要な個所である。ヘーゲルは個体を超えた観念的なもの、精神的なものを第1のもの、本質的なものとして捉えようとしている。「エーテル」はその代表的なものである。人倫の本質は個人の個別性にあるのではなく、エーテル性にある。それは人倫の生命性であり、神性である。このように1802年からは「エーテル」が特別な役割を果たす概念となる。エーテルは絶対的人倫＝民族精神を支えているのである。単純に言えばプラトン主義的なこの方向が自由な個人の存在を原理とする社会理論、つまりは近代自然法の立場を否定する大きな枠組みとして作用している。個人が絶対的なものとされては、この時期のヘーゲルの人倫の体系は存立する基盤を失うのである。同一哲学期のヘーゲルの特色の一つは古代ギリシア哲学の模倣にあり、ここ国家論にもそれはよく表れている。この後、身分論が展開されるが、既に内容的にはそれは示されているので省略する。ヘーゲルの身分論の基本はプラトンの『国家』に依拠したものである

が、多少近代化されている。つまりプラトンでは「生産者」として最下位に位置していた農民や労働者身分が、2つに区分されて、片や「商工業身分」として、片や「農民身分」として措定されている。そして取り分け、商工業身分の心術と役割が重視されている。これはプラトンには見られないところであり、ヘーゲルによるイギリスの国民経済学研究の成果が生かされているところである。またヘーゲルとしてはフランス革命があまりに抽象的な国家理念を追求したことを反省して、国家の内に具体的分節化を持ち込む必要を痛感したのであり、それが身分論であったと言える。身分論はヘーゲルの国家理論の内に最後まで残り続けるものであるが、それはフランス革命期の、つまりはロベスピエール期の、自らも夢見た国家像と対決せざるを得なかったヘーゲルの歴史的限界であった。

Ⅱ．統治

先行のポテンツにおいては人倫の体系が静止態において考察されたが、ここではそれが運動態において考察される。統治こそが真の憲法体制 Constitution である（339 参照）。ここでヘーゲルが言わんとするのは、統治は絶対的否定性であるだけではなく、肯定をも必要とするということである。つまり個別的なものに、普遍性の威力を知らしめたうえで、それぞれの存立を認めてやるということである。この辺りの叙述は古代的色彩にもかかわらず、フランス革命の反省に立脚したものであり、「絶対自由と恐怖」の構想が芽生えていることを窺わせるに十分である。

A．絶対的統治

「絶対的統治を行うのは第1身分と思われるが、それ以上のものでなければならない。絶対的身分は第2身分及び第3身分から自己を切り離し、自分の高い個体性と誇りを持たなければならない」（340-341）として、最高の統治者としてヘーゲルは「**長老と司祭**」を持ち出し、「両者は本来一つのものである」（341）としている。「長老はあらゆる身分に対する絶対的無差別の身体であり、個体性を欠いている。長老は第1身分に属しながらも神的な生活を送るのであり、それ自身司祭であり、また真の司祭は長老であるということが注意さるべきである。」（343）この辺りのあまりのアナクロニズムには驚く他はない。しかもそれはとどまるところを知らず、こう続く。

「このような権力が不可侵のものであるべしという宣言も、全人民による代

第5章 『人倫の体系』と『信仰と知』

表者の選挙も、それに神聖さを与えるものではない。それらはむしろそこから神聖さを奪うものである。<u>選挙も宣言も行為であり、自由と意志に由来する。自由と意志に由来するものは再び転倒されうるのである。</u>一つの民族は自分の言葉、自分の行為、全ての自分の意志に縛り付けられはしない。けだしそれらは全て自分の意識に、個別性に由来するものであるからである。絶対的統治は神的であり、自己内で聖化されており、造られたのではなく、端的に普遍的なものである。」(346)

　このように言ってしまうと、それは近代の宝をすべて投げ捨てることになる。この時期のヘーゲルは「意志」を軽視している。その理由は又しても単純であり、意志は個人の意志であるから、意志を原理とすることは個人の独立を原理とすることになる。この時期のヘーゲルの人倫は、個人の独立を何よりも避けなければならないからである。ともかくここではヘーゲルは、個々人の主観的な意志を超越したところに人倫の本質を求めているのである。しかも神、宗教を頂点に据える国家観はいくらなんでもアルカイックすぎるであろう。ヘーゲルとしては、惨めなドイツの現実を超越して、しばし理想の国家に遊びたかったのであろう。なお後のヘーゲルの『法の哲学』は「意志」を原理として構成されているのは周知のことであるが、ヘーゲルが「意志」を自己の哲学に採用するのは『1805/06年の精神哲学』からである。

　B．普遍的統治

　普遍的統治は具体的な統治である。ここでは国家権力は立法権、司法権、行政権に区別される。「ただし全ての実在的な生きた運動はこれら3つの契機の同一性であり、統治はそれらを結合している。」(347-348) つまりヘーゲルは三権を個別に論じることはないということである。

　①〔欲求の体系〕

　　ここは国家による市民社会の経済活動のコントロールである。「この体系においてはこれを支配するものは欲求とその満足の仕方の没意識的な盲目の全体として現象する。しかし普遍的なものはこの没意識的な盲目の運命を支配して統治とならなければならないのである。この全体は巨視的には認識の可能性の外部にあるわけではないが、認識は程々のものであるに過ぎない。」(351) 市民社会の経済活動は誰にも明確な予測・認識を許さない無意識的・偶然的活動である。このポテンツの有機的原理

は個別性であり、感情、欲求である。そしてこれは経験的には無限である。享受はその観念性において無限である。占有もまた然りである。だが享受と占有の無限性にはそれらの特殊性が対立する。一方での占有の蓄積は他方での占有の減少である。こうして富の不平等が必然的に生じてくる（353参照）。そして極貧と結びついた巨富が登場し、機械労働という最高の野蛮が登場する。第２身分が持っていた性格、神的なものへの尊敬の念が失われて、あらゆる高尚なものを軽蔑する野獣性が現れてくる。富だけが崇拝される。そのまま放置すれば、民族の絶対的紐帯、人倫は消滅し、民族は解体する（354）。この不平等とそれのもたらす普遍的な破壊に対して統治は最高度の対抗策を講じなければならない。例えば工場労働者の擁護。身分の編成〔職業団体〕を推進する、等の方策がヘーゲルによって提案されている（354）。この分野はプラトン的理想国家から離れて、イギリスの国民経済学に頼った叙述となっている。ともかくこの分野を支配しているのはヘーゲルによれば形式的普遍性であり、つまりは「隠れた同一性」としての「価値」である。

②統治の第２の体系、正義の体系

　ここでは司法が取り上げられ、民事と刑事の区別がなされている。ここでは争いや犯罪が法律に則って処理され、刑罰が与えられる。それはまさに正義の体系であるが、ここに形成される普遍性も形式的なものに留まる。

Ｃ．統治の第３の体系

ここ第３の体系こそが形式的普遍性に実在性を付与し「Ⅰ　教育、Ⅱ　陶冶と訓育、Ⅲ　子供の出産」の３つに分けられている。最後では、民族が自己自身にとって客観的となり、民族が他の民族を生む植民が取り扱われている。ただしごく簡単な記述があるだけである。

　この後、「自由な統治の可能な形式」として「Ⅰ．民主政」、「Ⅱ．貴族政」、「Ⅲ．君主政」が挙げられている。さらに各々に不自由な形式が可能である、としている（360）。ここ「自由な統治」を「人倫」の第３段階と見なすことが出来るかもしれない。というのもそれぞれの政体と宗教の関係が簡単に論じられているからである。「君主政においては君主と並んで一つの

第5章 『人倫の体系』と『信仰と知』

宗教が存立する。君主は全体の同一性ではあるが、経験的な姿でのそれである。君主が経験的になり、民衆が野蛮になればなるほど、その宗教は権力を持つことになり、独立に形成される。」それに対して、「民族が自分と一つになり、自然と人倫とが一つになり、神的なものを自己の内に取り込めば取り込むほど、民族に抵抗する宗教は失われてゆく。そして世界との融和を介して、また無信仰と悟性の空想力の欠如を介して遁走してゆく」とされており、古代ギリシアが念頭にある。そしてこう続いている。「民主政では確かに**絶対的宗教**が存在する。ただしそれは確立していないもの、むしろ自然宗教であり、人倫的なものが自然的なものと結びついている。客観的な自然との結合はその宗教を悟性に近づきやすいものにする。自然を客観的なものとして措定することに対しては近づきやすいのである。エピクロスの哲学。宗教は純粋に人倫的でなければならない、かくてまた絶対的宗教の空想力も、芸術も、……」となっているが、叙述は明瞭さを欠く。最後はこう終わっている。「神の人倫的運動は、絶対的である、それは犯罪でも、凌辱でもなく、絶対的犯罪、死である。」(361) ここに言われている「絶対的犯罪、死」はイエスのことを指しているとも考えられるが、むしろここはソクラテスの死と重なりそうである。それは主観性という「悪」の問題であり、イエナ中期及び後期に至って大きな問題となるものである（後述）。しかし『人倫の体系』は第3段階が完結しないままに途切れている。国家と宗教の問題がほとんど論じられていないのである。それは続いて書かれたいわゆる『人倫の体系の続稿』で描かれることになる。ただここ『人倫の体系』の最後でもう一つ注目すべきは、「絶対的宗教」という言葉である。『精神の現象学』ではキリスト教が絶対的宗教と呼ばれることになるが、ここではむしろ古代ギリシアの宗教がそう呼ばれている。絶対的人倫が絶対的自然と呼ばれていることと併せて考えるならば、『人倫の体系』においては、古代ギリシア宗教が絶対的宗教であり、自然宗教であったのかもしれない。ただしヘーゲルの叙述は古代ギリシアの自然宗教を完全な宗教とするものでもなさそうである。ヘーゲル自身の叙述が途切れている以上はこの自然宗教とヘーゲルたちの現代の宗教であるキリスト教の関係を明示することは不可能である。ただし先に『哲学一般に対する自然哲学の関係について』(1802年) で見たように、同一哲学期のシェリングとヘーゲルは古代ギリシアの宗教とキリスト

教を統一したものを理想の宗教として構想していたのであるから、ここ『人倫の体系』においても同様の構想があったと見なしていいであろう。それはまた、ヘーゲルにおいては「民族宗教」構想であったことも確実である。ただしヘーゲルはこの時期には、若い日のように、民族宗教構想を具体的に示すことはなかった、否、示せなかったのであろう。更に上記引用において注目すべきは「<u>絶対的犯罪</u>」である。これは下記の『信仰と知』の最後の方でも取り上げられるテーマであるが、主観性を悪として捉え、それを自己の哲学の内に取り込んでゆこうとするのが、今後のヘーゲル哲学の一つの顕著な方向となる。「悪の哲学」が始まろうとしている。

第2節 『信仰と知』（1802年）（GW4, 315-414）

これは『哲学批評雑誌』の第2巻の第1分冊として、1802年の7月に刊行された。ちなみにシェリングが担当した第1巻の第3分冊の方が後に刊行された。時期的なことを考えれば、この論文は『ドイツ憲法論』の「清書稿」（1802年秋）よりも先に書かれたものである。『人倫の体系』とほぼ同時期に書かれたものと思われる。ヘーゲルたちの「同一哲学期」を代表する論文である。

〔序文〕
何とも難解な序文が付けられているが、この序文では、以下に展開するカント、ヤコービ、フィヒテの哲学の成立の精神的要因を歴史的に振り返っている。以下の見出しはヘーゲルが付けたものではない。フランス語訳や英語訳や邦訳を参考にして私が付けたものである。[11]

〔啓蒙的理性と信仰との闘争〕
先ずは啓蒙的理性と信仰の戦いについてこう断言されている。「文化は最近の時代を理性と信仰、哲学と実定的宗教という古い対立を超えて高めた。その結果、……理性は実定的宗教の内部に有効な影響を及ぼし、そのために実定的なものに対する哲学の戦いはもう済んだものと見なされ、取るに足りないもの obscures〔邦訳では、時代遅れ〕と見なされるに至った。」つまり1800年には『キリスト教の実定性』の改稿を企てたヘーゲルも、1802年

第5章　『人倫の体系』と『信仰と知』

には宗教の実定性を批判することが取るに足りないことであると認識するに至ったのである。しかし「啓蒙的理性が戦いを挑んだ実定的なものは何ら宗教ではなく、勝利した啓蒙的理性も何ら理性ではなく、またそれらの屍の上に勝ち誇っている新生児〔カント、フィヒテ〕にしても、両者を結びつける平和の共同の子供とされているが、理性も信仰も何ら持たないものなのである。その理性は宗教を実定的なものとしてのみ把握し、理念に即して把握しないことによって、自分の空しさを認識する以上のことをなし得ない。」カント、ヤコービ、フィヒテの哲学は神を彼岸に設定するだけであり、神の何たるかを認識していない。「かつては哲学の死と見なされていたこと、つまり理性が絶対者の内での自分の存在を放棄して、そこから端的に身を引き離し、絶対者に対して否定的にのみ関係すること、それが今や哲学の最高点とされている。」結局、啓蒙の宗教批判は実を結ぶことはなかったが、啓蒙は「自分の否定性（Negativität）を把握した」のである（以上316）。それがヘーゲルにとっての啓蒙の、つまりは若い日の自分のこれまでの宗教批判の唯一の成果であったのである。なおこのNegativitätに注目しておこう。『差異論文』ではNegirenという言葉は使用されているが、Negativitätという言葉は使用されていない。ともかくこの言葉は『信仰と知』の中心的な概念であるとともに、以後のヘーゲル哲学の代名詞ともなるものである。

〔北方の原理としての主観性〕

次に取り上げられるのが「北方の原理、宗教的にはプロテスタンティズムの原理、主観性」である。これは『差異論文』での「北西の原理」とは別のものであり、特殊ドイツ的精神と言ってもいいものである。「ここにおいて美と真理は感情と心根の中に、愛と悟性の中に姿を現す。宗教は個人の心の内にその神殿と祭壇を設ける。人々は神を探し求めるが、その直観は断念する。」けだし悟性は物を極度に嫌い、精神的なもの、神的なものを物的形態として表現することを拒否するからである。かくして主観的な美の戦いは、主観的なものが客観的になるという必然性に決然と抗議することへと向かわざるを得ない。だからどんなに美が客観化されようが、意識がどんなに客観性を苦労して形作ろうが、それらは全て廃棄されなければならない。（316-317参照）

北方の原理たる主観性は神を求めているが、神を捉えることができない。

けだし神は客観化されるとすぐにありふれた物と化すからである。その困難を克服してくれるのが、芸術としての美であったが、どう苦労しても現代にあっては古代ギリシアのようにそれが実現できなかったのである。

シェリングとは異なり、ヘーゲルにとっては、現代においては芸術をもってしても絶対者を捉えることではできない。では「宗教」はどうなのか。「宗教は永遠なる憧れに満ちた愛として、その崇高な側面を次のことのうちに有している、つまりそれがいかなる一時的な直観や享受にも固執せず、永遠の美と至福を憧憬するということ。宗教は憧れとして、主観的であるが、それが求めているもの、つまり絶対者と永遠なものは与えられない。」こうしてヘーゲルは宗教による絶対者の把握も断念したかに見える。しかしヘーゲルは微妙な文章をここに続けている。「もしも憧れがその対象を見出したとしても、それは何ら美しいものではないであろう。しかし内的な美の純粋な身体としては、経験的な存在自身が時間的なもの、特殊固有なものであることを止める。最高の認識は、そこにおいては個体が個別的なものではなく、憧れが完全な直観と至福の享受へと到達しているような、この身体なるものが如何なるものであるかの認識であろう。」(317-318) ここでヘーゲルが持ち出す「内的な美の純粋な身体」とはイエスのことではなく、上妻の邦訳の注に言うように[12]、「自由な民族」を指しているのであろう。<u>自由な民族の内で個人は単なる個別的存在であることを止め、民族の全体と合一し、そこに絶対者を直観し、至福の享受に至る、それがこの時期のヘーゲルの構想なのであろう。</u>それは先に見たシェリングとの共同の論文『哲学一般に対する自然哲学の関係について』及び『人倫の体系』の最後に示されている「絶対的宗教」とも合致している。それは古代ギリシアの宗教とキリスト教の統合であり、また若い日の「民族宗教」概念とも重なるものである。この時期(1802年)、ヘーゲルはまだ『ドイツ憲法論』の執筆を断念してはいない。彼はまだかすかに「ドイツ民族」の統一に期待しているものと思われる。

〔幸福主義としての啓蒙〕

「時が到来した後に、無限の憧憬は身体と世界を超えて現存在と和解した。その現存在はありふれたこの世である。」ヘーゲルが第3の契機として挙げるのは時代に蔓延している「幸福主義」である。幸福主義はキリスト教を否定するもの、キリスト教の無神論化を遂行するものなのである[13]。というのも

第5章　『人倫の体系』と『信仰と知』

この時期のヘーゲルの理解によれば、キリスト教の根本には現世に対する軽蔑があるのに、幸福主義はそれと和解するからである。それはキリスト教徒たりえないことを意味する。まさに彼らキリスト教徒たちが神を殺したのである。「幸福主義と呼ばれるものは明らかに経験的幸福を意味しており、永遠の直観と至福を理解してはいないのである。」(318-319)

　教養のこの体系＝幸福主義の原理は次の如くである。第1は有限なものが絶対的なものとされ、唯一の実在性とされる。有限なもの、個別的なものが多様性の形式のもとに立ち、全ての宗教的なもの、人倫的なもの、美的なものがここへと投げ込まれる。第2は概念であり、無限性である。こちらはそれ自身としては空無なものであり、内容は経験から受け取ることになる。両者は絶対的に対立している。第3にそれらの対立を超えた彼岸に存する永遠なるもの、理性の境界標識の彼方にある知られざる神が存在する（319参照）。近代ヨーロッパ精神においてはいかに幸福主義、現世第一主義といえども、神の存在を否定することはない。この幸福主義を哲学的に表現するのが反省哲学である。

〔反省哲学〕

「幸福主義と啓蒙のこうした根本性格は、プロテスタンティズムの美しい主観性を経験的主観性に変え、経験的存在との一切の和解を拒絶するプロテスタンティズムの苦痛の詩を、有限性の満足と良き良心の散文に変えたのである。カント、ヤコービ、フィヒテの哲学はその完成である。」(319-320)「有限性と無限性、実在性と観念性、感覚的なものと超感覚的なものの絶対的対立といった共通の原理の内部で、その客観的側面を代表するのがカント哲学である。そこにおいては絶対的概念が実践理性として端的に対自的に存在する。そして主観的側面を代表するのがヤコービ哲学である。それは無限の憧れと癒しがたい苦痛の感情という主観性の内に絶対者を宿している。フィヒテの哲学は両者の総合である。」(321)

「こうしてこれらの哲学において唯一確実なことは、思惟する主観、つまり有限性に触発された理性が存在するということである。それら哲学は理性を有限性の形式に絶対的に制限する。それら哲学は反省文化を体系へと高めた。」(322-323) このようにヘーゲルはカント、ヤコービ、フィヒテの哲学を「反省哲学」として一括し、自らの哲学を絶対者の哲学として対決しよう

とするのである。

A. カント哲学

　ここも『差異論文』でのフィヒテ体系の叙述と同様の、ヘーゲルによるカント哲学の叙述であるが、それは自己の立場である絶対的同一性を基準としての叙述であり、かつ他人に懇切丁寧に説明するという意図がなく、自分で理解する限りでの主観的思いを前面に出した解説となっているので、ほとんど誰にも理解されなかったであろう。

　「カント哲学はその本質が批判的観念論であるということにおいて、主観性と形式的思惟が自分の原理であることを端的に告白している。」つまりヘーゲルによれば、カント哲学は有限な主観的観念論である。「カントのように、精神と世界、魂と肉体、自我と自然、等々の対立を最終的に解消してしまうことを真の哲学の課題と見なしてはならない。哲学の唯一の理念は対立が絶対的に廃棄されていることである。絶対的同一性は哲学の出発点である。絶対的同一性を認識することは信仰、つまり知の彼岸ではなく、哲学の唯一の知である。」このようにヘーゲルは絶対的同一性から哲学を始めなければならないというシェリングと自分の「同一哲学」の立場をカント哲学に対置して、批判するのである。更にこう断じている。「カントにあっては、哲学の課題は絶対者を認識することではなく、主観性を認識することである、それも有限な悟性の観察に限定されることによって、カント哲学は観念論から脱落する。それは基本的にはロックの哲学と同じものとなる。」(325-326) ここでヘーゲルはロックの著書から長い引用を行っているが、それは1757年の独訳そのままであるという。ヘーゲルのこの断定は『純粋理性批判』の第２版以降、カント自身が「超越論的観念論」という用語を使用しなくなり、自らの立場を「形式的観念論」と呼ぶようになった経緯を鋭く捉えているとも言える。ヘーゲルにとってカント哲学は経験的自我の地盤で自我のアプリオリな形式を取り扱うだけの有限性の哲学＝経験論になってしまったのである。

　しかしカントの内にも有限性を超えた理念への眼差しはある。「カント哲学のうちで真の理性的理念が表現されているのは、いかにしてアプリオリな総合判断は可能か、という問いかけである。総合判断において主語は特殊な

第5章　『人倫の体系』と『信仰と知』

ものであり、述語は普遍的なものである。主語は存在という形式の内にあり、述語は思惟という形式の内にある。この異質なものどうしがアプリオリに同一的である、つまりは絶対的に同一的である。この措定が可能なのは理性だけである。人はこの理念をカテゴリーの演繹の浅薄さを介しても見ることができるが、とりわけ統覚の根源的総合的統一において見ることができる。」(326-327) このようにヘーゲルはアプリオリな総合判断、カテゴリーの演繹、根源的統覚、さらには生産的構想力、といったカントの諸概念の内に理性的理念を認めるのであるが、ヘーゲルとしてはカントによるそれら概念の説明、取り扱いに不満がある。

例えばアプリオリな総合判断に関して言えば、特殊としての主語と普遍的なものとしての述語の根源的同一性が成立しなければならないが、それを「判断」として捉える限りは主語と述語を結びつけるのは「である ist」というコプラ（繋辞）でしかない。「コプラは没意識的なもの、認識されざるもの」である。理性的なものは「判断においてではなく、推理の内でこそ」表現されるのである（328-329 参照）。これは暫定的テーゼ以来のヘーゲルの持論である。

またカテゴリーの演繹等に関してはこう述べている。「カテゴリーの超越論的演繹について、そこで表象する主観としての自我から、統覚の根源的統一の能力としての自我を区別しなければ何も理解できない。また生産的構想力を主観と世界に後から追加される媒介項として捉えるのではなく、構想力を最初の根源的なものとして、もっぱら自体として認識しなければならない。根源的な二面的同一性としてのこの構想力は一面では主観一般になると共に他面では客観になり、根源的には両者であり、理性そのものに他ならない、ただし経験的意識の領域に現象するものとしての理性である。」(329) 見られるようにこの時期のヘーゲルは構想力を主観―客観の同一性として非常に重視しており、これは感性と理性とを調和させようという初期ヘーゲルの態度からの必然的な帰結と言える。ともかくヘーゲルたちの「同一哲学」は生産的構想力、根源的統覚といったものを絶対者として出発点に据えて、何の区別もない絶対的同一性から出発したいのである。

しかるにカント哲学はそうした出発点を採用しない。「それ故、批判的観念論が成立するとすれば、それは主観と物・非我がともに独自に存在すると

いう様式以外にはあり得ない。しかも主観と物の両者はそれぞれが実体として存在するのではなく、それぞれが絶対的ではあっても、カテゴリーによる規定性を一切欠いているのである。〔だからそこに成立する同一性は〕、形式的同一性に留まる。……主観と客観の両者の差異も客観的差異とされることはなく、主観的なものなのである。それは童話に出てくる血の通わない青銅の王様である。それは立ったとたんに血を吸われて崩れてしまうのである。」(331-332) 注によればこの「青銅の王様」は雑誌『ホーレン』1795年10巻に載ったゲーテの『ドイツ避難民閑談集』から採ったのものだという。ヘーゲルはこの雑誌の定期購読者であった。つまりカント哲学は理念の世界ではなく、経験の世界に住むものであり、しかもその経験が織りなす主観と客観の対立そのものが、実在的な対立ではなく、主観的な形式的対立に留まるものであり、「悟性によって認識されるであろう物は単なる現象であり、それ自体としては無である、これがカント哲学の結論である。」(332) このようにヘーゲルはカントの「悟性」が「人間的な悟性」にしか過ぎないことを批判しており、ヘーゲル自身の立場からすれば、悟性は単に主観的な存在ではなく、「自体的な存在」であり、「知性の形式において悟性が実在性を持つのと同様に、自然のうちにおいても実在性を持つであろう」(334) と言われている。ヘーゲルやシェリングにとっては、悟性や理性は自然界にも存在しているのであり、この確信のもとに彼らは叡智的な観念論の体系（知性の哲学）を夢見ているのである。感覚を超越した叡智性こそが彼らのイデアなのである。

　なおヘーゲルは形式的観念論としてのカント哲学の功績として、「超越論的構想力の内に真のアプリオリテートの理念を置いたこと、悟性の思惟を真の形式である三重性の原理 Triplicität として把握することにより、悟性の内にすら理性の理念を据えたという点にある」(335) としている。このいわゆる「三分法」はドイツ観念論、とりわけヘーゲル哲学の特色となるものであるが、その直接の源はこれまたカントであったのである。

　この後、ヘーゲルはカントの「原則論」「誤謬推理」「神の存在論的証明」に簡単に触れ、カントの議論を批判している。そして最後に「反省的判断力」に触れているが、批判の論点は既に出尽くしている。要はカントにおいては、理性的なもの、理念的なものが直観されることもなければ、認識され

ることもないということである。「最高の理念の絶対的実在性を要請することは非理性的である」(345) とされている。若い日に行ったカントの「実践理性の要請論」批判は健在である。

最後にカント哲学の簡潔な性格付けがなされている。(346 参照)

B. ヤコービ哲学

ヤコービはいわゆる『スピノザ書簡』(1785 年) によって、ドイツ観念論全体に大きな衝撃を与えた人物であり、ヘーゲルたちも学生時代からその書を読んでいたようである。しかしその影響となると、各人各様であり、ヘーゲルが大きく影響を受けたのはフランクフルト時代であり、心情主義的な「生命の思想」を主張していた時期である。イエナに来てヘーゲルが哲学者になることを目指してからは、ヤコービの影響はほとんどなくなったと言えるであろう。

ヘーゲルはヤコービの哲学をこう特徴づけている。「ヤコービによれば、哲学は構想力を使って人間に、人間の全体は実際には始まりも終わりもなく、全くの欺瞞と錯誤から、幻覚と夢から作られた織物であり、また人間は自分のために宗教や言葉を案出し、仮構した、等々ということを信じ込ませようとしている、というのである。要するに彼は構想力も理性ももともとある種、恣意的なもの、主観的なものと理解しており、感覚的な経験を永遠の真理として理解しているのである。」(368)

このようにヘーゲルはヤコービをロックやヒュームのイギリス経験論と同じ地盤に設定し、「哲学を有限性と主観性の内に埋没させる」ものと断じている。そしてヤコービの論敵であったメンデルスゾーンに触れ、「メンデルスゾーンなどには何が哲学的認識の対象であるかということについての伝統がなお生きていた」と持ち上げたりしている。「レッシングの信奉者」たるヘーゲルは一時期、メンデルスゾーンを尊敬していたことが思い出される。[14]

続いてヘーゲルはヤコービの人倫論を厳しく批判する。「ヤコービもまた人倫的なものの神聖さを全く理解していない。ペルシア王のもとに使者として赴いた 2 人のスパルタ人の、民族の掟に従って生きるという、人倫的自由の最高の必然性と最高のエネルギーをヤコービは全く理解していない。いったい彼は誰を教化しようというのであろうか。気取ったご夫人や情に脆い市

民たちをである。」(382) この辺りにヘーゲルのこの時期の人倫思想がよく出ている。『差異論文』で既に、最高の共同は最高の自由、と言われていたように、ここでも民族は人倫的自由の最高の必然性とされており、神聖なものとしてヘーゲルに意識されており、そうした意識を全く欠いているヤコービへの苛立ちをここに爆発させているのである。人倫の視点からすれば、ヤコービはヘーゲルの不倶戴天の敵なのである。「ヤコービの基調は、客観性の意識的欠如であり、自己自身に固執する主観性であり、自己の人格性への絶えざる反省であり、人倫的自由の代わりに最高の苦痛と憧れを渇望する利己主義、倫理的虚弱さ、永遠に主観に還帰する観察である。それは個人主義に凝り固まった地獄の呪いである。」(382) このようにヤコービのプロテスタンティズムが、無邪気さを持った「美しく、敬虔で、宗教的である」プロテスタンティズムではないと批判している。(383 参照)

最後にヘーゲルはヤコービの一段上のポテンツとしてシュライアーマッハーを位置付け、彼が自然を単なる有限性としてではなく、宇宙として直観することを評価している。つまりその限りでは、ヤコービの主観性を乗り越えているのである。そこでは「憧憬の主観性が観照の客観性へと高まっている」が、しかしそれ自身再び主観性になってしまう。(385-386)

「教会と国家との啓蒙された分離」という言葉が見える。この辺りもヘーゲルが何を言おうとしているのかはっきりしないが、シュライアーマッハーの教団論が批判されているようである。そこにおける原子論的発想が批判されている。シュライアーマッハーは確かに宇宙を直観する、この点でヤコービに勝っているのだが、それは精神の宇宙の直観とはならない。けだし精神は原子のような状態においては宇宙として存在できないからである。カトリックもその点では同様である。シュライアーマッハーの直観が民族の身体や普遍教会においてその客観性と実在性を獲得するものではない点が、ヘーゲルの最大の批判点のようである。先にも述べたように、この時期にもヘーゲルは民族のうちに宗教の最高の実現形態を見出そうとしているようであり、「民族宗教」構想を持っていたと言っていいだろう。

C. フィヒテ哲学

「ロックやヒュームの文化により規定された哲学の課題によれば、世界は主

第5章　『人倫の体系』と『信仰と知』

観の立場から計量され、そして説明されなければならない。そしてこの説明さるべき世界の中に対立が持ち込まれ、世界は観念的な側面と実在的な側面に分かれる。そして客観的なもの、実在的なものの普遍性は観念的なものの側面に属することになる。こうして客観的世界を説明する観念論は客観性を観念的なものとして認識しているからして、世界を観念的な原理、例えば自我から導出し、客観的なものが持つ即且対自存在を廃棄してしまうのである。それを端的に示しているのがフィヒテの批判的観念論である。フィヒテの観念論も先行のそれらと同様の知の形式主義である。」(388-389) このようにヘーゲルはドイツ観念論を全体としてイギリス経験論を受け継ぐ主観的観念論として描いてゆく。フィヒテの観念論も「物を感覚し、直観するのではなく、自分の感覚や直観を直観するのであり、単に自分の知を知るものである。」(390) それはまさに経験的知を反省する超越論的観念論であり、経験的意識を捨象して成立する「純粋意識」の哲学なのである。

この後、「ここでフィヒテの『人間の使命』の第2部での自我の歩み行きを見てみよう」(394) とある。先にも触れたが、フィヒテのこの作品はここで初めて取り上げられる。『人間の使命』は1800年の刊行であるが、『差異論文』では何故か取り上げられていなかった。『信仰と知』の以下の本文では、もっぱらこの著作が取り上げられてフィヒテの思想の検討がなされる。さてそうした検討の結果の結論は次のごとくである。

「フィヒテの哲学体系の三元性、第1は、措定であり、思惟であり、無限性である。第2は、反対措定であり、存在であり、有限性の世界である。第3は、知に対する両者の相互関係である。ここには因果関係による有限な知と、信仰とがある。信仰が関係する絶対的同一性は認識の外に存在するものである。知としての形式と信仰の実質は決して一つになることはない。」(396-397) ここではフィヒテの総合が因果性による総合である点が批判されており、その視点は『差異論文』で既に示されていた。ここでは新たにフィヒテの信仰と知の関係が言及され、それが「決して一つになることがない」と断じられている。ヘーゲルとしては『人間の使命』でのフィヒテの神が、素朴信仰と同様の「認識の外にある」神である点が気に入らないのである。だからヘーゲルはこう畳みかける。「ヤコービはフィヒテのニヒリズムを嫌うが、フィヒテの哲学はそこに到達できない。哲学の最初の事柄は絶

対的無を認識することである。それはフィヒテには出来ない。ヤコービは神は自我の外部に存在するか、さもなくば自我が神であるかのどちらかであり、第3のものは存在しないとしている。しかし哲学は第3のものは存在する、と言う。哲学は神について単に存在だけではなく、自我をも述語付ける。神は存在と自我の絶対的同一性である。二者択一は絶対的媒辞のうちで絶滅させられる。哲学は神にとってのいかなる外部も認めない。」（398-399）ヘーゲルはここでスピノザ風に神を思惟と延長の統一として捉えようとしているが、絶対的媒辞としては「神が人となること」が考えられているのであろう。だがそうだとすれば、その「ひと」とは一体何なのであろうか、一体誰なのであろうか。具体的なことは何も語られていない。この点についてはシェリングの1802年5月に刊行された『ブルーノ』のある個所が参考になる。シェリングの同一哲学においては神が人になることは、人が神になることでもあり、それは「自然を神の中に見て取り、神を自然の中に見て取る」ことであるという（AA. I, 11, 1, 447 参照）。ヘーゲルの考えもこれと同様のものであったのであろう。ヘーゲルの考えは少し後で示される。

　次にはフィヒテの「純粋意志」が取り上げられ、「この意志は一切の内容を欠いた純粋同一性であり、そしてこの意志が純粋であるのは、それが徹底的に形式的なもの、無内容なものである限りでのことである」と批判されている（402）。イエナ初期のこの時期にはこのように批判的な視点から取り扱われているが、後のヘーゲルが「純粋意志」を原理として『法の哲学』を構想しているのは周知のことである。ヘーゲル自身の人倫論がまだ発展途上であることが分かる。

　続いて、フィヒテが自然を単に劣悪なもの、否定さるべきものとして捉えていることが延々と批判されている。自我の途方もない高慢と自負の狂気、が批判されている。自然の内部に精神は入り込むことはできないというハーラーの詩が又しても引用されながら、フィヒテの自然がまるでそこには理性的法則などないかの如くに貶められていることを批判しているが（404）、こうした自然蔑視、自然支配の思想はやがてヘーゲル自身が持つに至る自然観であり、結局フィヒテに対する視点は間もなく、ヘーゲル自身の内で大きく転換せざるを得ないことになる。

　続いてヘーゲルはヴォルテールの悲観主義をカント、フィヒテの悲観主義

第5章 『人倫の体系』と『信仰と知』

と対比しながら論じているが、論点は極めて難解である。最後にこう言っている。「彼らはプラトンが世界について語った「神の理性が世界を至福な神として生んだ」ということを認識するのを完全に放棄している。」(407)ここからすればヘーゲルとしては、世界の内に、また現代の悲劇の内に、カントやフィヒテとは異なって、理性を読み取ろうという立場なのであろう。

こうした悲観主義者たるカントやフィヒテの「絶対的主観性」の哲学に対して宗教は別の立場をとる、とヘーゲルは言う。カントたちが悪を自体的に有限な自然の偶然性、恣意として把握するのに対して、<u>宗教は悪を有限な自然の必然性として把握する</u>、と言う (407)。このようにここでヘーゲルは人間の自然を悪と見るキリスト教の立場に好意的な発言をしている。大きな変化として注目に値する。[15] 更にヘーゲルはキリスト教の救済が、カントたちの救済のような無限累進ではないとしてそれを好意的に描く。「宗教は真に実在的な現存する救済を描き、自然に対して可能な和解を呈示する。その根源的な可能性は神の根源的な似姿における主観的なものであり、その客観的なものは神の永遠の人間になることにおける現実性であり、かの可能性とこの現実性の同一性は精神を通して人間となった神と主観的なものとの一体化として、かくてまた自体的な世界として再構成され、救済される。」(407)

ヘーゲルがこの宗教の立場と一体なのかどうかは不明である。ともかくこの宗教において世界は聖化されている、とヘーゲルは主張している。だとすると、それは「神は死んだ」という認識とどう結びつくのであろうか。理屈からすれば、キリスト教によって聖化されていた世界が、その後の世の動きによって、端的にはカントやフィヒテの哲学によって否定され、キリスト教自身も否定されたということなのであろう。そうだとすればそこに再構成Reconstructionが必要になる。だがカントたちのそれは間違っている。こうしてヘーゲルは自分のそれを示す。

「再構成は「精神の本質」を明らかにするものでなければならない。先ず、自由なものとしての精神の内で自然が自己を反省し、自己内に立ち戻り、その**根源的な美**を観念的なものへと、かくて精神へと高める様が表現されなければならない。次に、「自然の本質」が可能性の形式において、換言すれば精神として、生きた理想として自己自身を直観可能な活動的な実在性のうちで享受し、次に人倫的自然として現実化する、ここにおいては人倫的無限つ

151

まりは概念と人倫的有限つまりは個体性は端的に一つである。」(408)

ここにこの時期の**ヘーゲルの同一哲学の体系構想**が示されているが、それは自然と精神の統一と表現できる。それは自然の内に精神を求め、精神の内に自然を求めるといった両者のある種対等な関係に基づく統一であり、後の精神の自己展開としての統一ではない。自然の自己内反省として美を捉え、それが生きた自然の内におそらくは生命として存在する。そしてかかる生命たちの頂点に精神が位置する。しかし精神は再び自然を身にまとって、人倫的自然として、つまり精神的有機組織としての民族、国家として存在する、等々。ヘーゲルは1801年に「ドイツはもう国家ではない」と断じながら、1802年に至ってもその夢を捨てきれなかったのである。だからこそこの時期のヘーゲルはフィヒテを強く批判せざるを得ないのである。けだし「フィヒテの実践哲学の内にあるのは個人の人倫つまり道徳性だけであり、真の人倫はない」からである。真の人倫は普遍的なものと特殊なもの、質料と形式の真の同一性である。〔フィヒテのように道徳性を人倫の上に追加する、つまり人倫的な行為に際してその上に道徳的反省を加え、その行為が義務にかなっているかどうかとたずねること〕は、人倫を混ぜこぜにして不純なものにするだけである。それに対して真の人倫においてはそのような主観性は廃棄されているのである。」(409-410) これなども何とも反時代的考察であるが、ヘーゲルのイエナ初期の「古代的イデア主義」＝プラトン的強権国家のなせる業である。『暫定的テーゼ』の12番で言われていたように、ヘーゲルの意識からすれば、「完全な道徳は徳と矛盾する」のであり、絶対的人倫においてはフィヒテ的道徳は無用なのである。

『信仰と知』でのフィヒテ批判は『差異論文』における批判と同一のものであり、絶対的同一性の哲学の立場からの批判である。この立場は1803年以降は大きく変化するので、『信仰と知』は最後の「同一哲学」期の批判と言える。フィヒテにおいては、「主観的なものと客観的なものの同一性という理念は徹底的に不在である」とされている (412)。ただしヘーゲルはここでは『人間の使命』を素材に取り上げることにより、以前の論点を少し具体的に示している。「自負の錯乱」とか「世路」とか、道徳的意識の偽善の問題等も、ここで取り扱われていて、それらは全て後の『精神の現象学』に題材を提供しているのである。

第5章　『人倫の体系』と『信仰と知』

　ヘーゲルは最後にやや唐突な結論を示している。
〔結語〕
「このように見てくると、客体性の形而上学は主観性の形而上学に変わり、哲学の革命を通じて、物としての魂は自我、人格性と個別性の絶対性に変わり、物としての世界は現象の体系に変わり、理性の対象としての絶対者は理性的認識の絶対的彼岸へと変わった。こうした教養形成を通じて真の哲学が登場する可能性が設定された」とヘーゲルは言う。カントたちの哲学は、「対立の、つまりは有限性の純粋な否定であると共に、永遠なる運動の源泉でもある。その無から、無限性の純粋な夜から、真理は秘められた深淵から立ち上ってくる。」(413) 真の哲学はカントたちの哲学の絶対的な否定性の無から生まれてくるという。『差異論文』以来の絶対者＝無＝夜という発想がここにも生き続けている。カントとフィヒテの主観主義がヘーゲルたちの出番を準備してくれたのである。それは世界と魂と神を概念の深淵に投げ込んだのである。
「純粋な概念、全ての存在がそこへと沈み込む無の深淵としての無限性は、無限の苦痛を一つの契機として、最高のイデア・理念として示さなければならない。それは近代の宗教がそこに基づいている、神は自ら死んだという感情である。哲学はそれを思弁的な聖金曜日として、その真理において、神喪失の厳しさのうちに再興しなければならない。」(414)
　以前、私はここで言われている「近代の宗教」は16世紀の宗教改革の頃のキリスト教だろうと想像していたが、どうもそうではなさそうである。「近代の宗教」とはキリスト教（イエスの宗教）そのものであり、これには「古代の宗教」たるギリシアの宗教が対応しているのである。キリスト教の登場によって、古代の神々も、1人なる神も、みな死んだのである。それをここでヘーゲルは「無限の苦痛」と呼んでいるが、それは後の『精神の現象学』での「不幸な意識」の嘆きであると同時に[16]、1802年のヘーゲル自身の嘆きでもあったのである。キリスト教の登場によって、神は死んだのである。ただしそれにしても、ここでのヘーゲルの表現は全体として見ても、極めて抽象的で内容に乏しいものである。それはヘーゲル自身の哲学の未成熟の表現である。例えば、「その最高の総体性をその全き真面目さとその最深

の根拠から……」といった内容のない抽象的な言辞が重ねられている。唯一想像できるのは、ヘーゲルがこれまで愛好してきた古代ギリシアの宗教とキリスト教に涙ながらに別れを告げて、カントとフィヒテの哲学の路線に踏み出そうとしていることである。またその時、続いて言われている「諸々の自然宗教」が、訳者上妻も推定する如く、そこにギリシアの宗教も含まれている点にまだ民族宗教への愛着が吐露されていることも忘れてはならない。ここは明らかに時期的にも『人倫の体系の続稿』の宗教論と重なっている。ともかく全体としてこの論文でヘーゲルの哲学、つまりは絶対者の哲学が「信仰と知」の問題にどう決着を付けるのかは具体的に何も語られていないのである。この論文で語られているのは、絶対者の「哲学」を仕上げなければならない、というヘーゲルの決意だけである。絶対者は「無の深淵」であり、そこに蠢く精神の情動である。具体的に言えば、カント・フィヒテの哲学の精神を、「神の死」を痛切に嘆く若い日以来のヘーゲル自身の衝動、苦痛と結合させて、新しい哲学を形成するということである。ヘーゲルはここでもまた「死」を介しての再生を求めている。神を、宗教を捉えるのはもちろん哲学である。同一哲学期以降のヘーゲルはあくまでも哲学でもって神を把握しようとしている。だからヘーゲルたちの同一哲学とは、「神の死」を介しての世界の「再構成」なのである。神とは何であったのか、神と世界とは如何に関係するのか、それをヘーゲルの哲学は示さなければならないのである。しかしそのためにも単なる内容目次ではない「哲学体系」の形成が以後のヘーゲルの課題となるのである。今後、ヘーゲルは神の死をロゴス（本質態 Wesenheit）に代替させることによって世界の再構成を試みるのである。

第5章 『人倫の体系』と『信仰と知』

注

1 いくつか邦訳がある。上妻精訳『人倫の体系』以文社、1996年。これには「人倫の体系の続稿」も収録されている。
2 『人倫の体系』が収録されているGW5巻の編集者K. R. Meistによる新たなPB版のSystem der Sittlichkeit. 2002の「序文」参照。
3 直観と概念の相互の「包摂」を強調するのが『人倫の体系』の特色である。上妻精の邦訳にはその一覧が整理されていて、参考になる。ただし私はヘーゲルの主張する包摂の図式にほとんど意味を見出すことはできないので、それぞれの包摂について言及することは省略することにする。なおこの「包摂」という用語は同じ時期のシェリングも使用している。1802年の『哲学体系の詳述』参照。
4 「構成」については既に見たようにこの時期のシェリングが重視する概念である。絶対者を単に絶対的同一性だと主張し続けるのではなく、何とか具体的に表現したいという彼らの思いが「構成」において実現するはずなのである。上記の『哲学体系の詳述』においても、「構成」に一章が割かれている。ヘーゲルは特に「構成」という言葉を多用することはないが、「再構成」という言葉を愛用している。
5 ルカーチ『若きヘーゲル』は副題として、「経済学と弁証法」となっているのは周知のことである。確かにドイツ観念論の中で経済学を自己の哲学の内に吸収したのはヘーゲルだけであった。
6 「ポテンツ」はこの時期のシェリングが愛用する用語である。シェリングの説明によると、もともとはエッシェンマイアーが使い始めたものだという（GW4, 161参照）。ヘーゲルもイエナ期の中頃までその用語を愛用している。
7 後で取り上げる『自然法論文』の「第1章」では「自然状態」という概念が批判されている。そこでもう一度この概念を見ることにする。
8 この傾向は『1805/06年の精神哲学』にまで受け継がれており、ヘーゲルが「知性」の前段階としての「意識」を精神の一段階として設定するのは『精神の現象学』においてからである。
9 先に見た1801/02年のヘーゲルの最初の講義のトロックスラーによる筆記ノートに「弁証法」という言葉が既に出ていた。

10　イエナ期全体を通じて、ヘーゲルは Nation と Volk を区別している。Nation は自然的民族集団であり、Volk は精神的文化的民族集団である。Volk こそが絶対的人倫である。

11　フランス語訳としては M. Méry Premières Publications. Edition Ophrys, 1952. 英語訳としては Cerf と Harris の Faith and Knowledge. UNP, 1977. 邦訳『信仰と知』として久保陽一のもの（公論社、1976 年）と上妻精のもの（岩波書店、1993 年）がある。

12　上妻前掲邦訳『信仰と知』179-180p 参照。

13　この幸福主義者としてのキリスト教が近代のキリスト教であるとすれば、初期及び中期のキリスト教が「不幸な意識」ということになる。ただしこの 1802 年の段階では、ヘーゲルに「不幸な意識」という概念は成立していなかったと思われる。それが成立するのは『精神の現象学』においてである。

14　前掲拙著『革命と宗教』15-16, 67-68, 239-240, 266p 参照。

15　「悪」を人間の思惟活動として積極的に把握する視点にヘーゲルが到達するのは『1804/05 年の論理学・形而上学』、更には『1805/06 年の精神哲学』においてである。該当個所で後述する。

16　『信仰と知』での「無限の苦痛」は、『精神の現象学』では「精神の苦痛」として、「不幸な意識」が抱く感情として繰り返し登場することになる。GW9, 122, 131, 184, 363, 378, 401 等参照。

第6章 『自然法論文』その他

第1節 『自然法論文』[1] (GW4, 417-485)

　これは『哲学批評雑誌』の第2巻の第2分冊と第3分冊に分けて掲載されたものであり、第2分冊は、1802年12月中旬、第3分冊は1803年3月に刊行されている。第3分冊の始まりは区切りの悪いところから始まり、厚さも極めて薄いものであったところからすれば、「自然法論文」は1802年の内に一挙に書かれていたものが、編集上の都合で分断されたものと思われる。正式な表題は「自然法の学問的な取り扱い方について、及び実践哲学の内でのそれの位置、また実定的法学へのそれの関係について」である。ヘーゲルは先ずはこう述べている。
　「自然法という学問も、他の学問、例えば力学とか自然学と同様、本質的に哲学的な学問として承認され、哲学の本質的な一部門として承認されている。しかし自然法は他の学問と共通の運命を持ってきた。つまり哲学の哲学たるゆえんが専ら形而上学に置かれて、他の学問にはそれが認められず、イデア・理念から全く切り離されてしまったという運命である。その結果、それらの学問は経験と呼ばれているものを自分の学問的原理として承認し、経験的知識の寄せ集めであることに甘んじているのである。」(417)
　こうしてヘーゲルは「自然法の経験的取り扱い方」を「イデア・理念」の視点を欠落させたものとして批判しながら、自然法のイデア・理念を自分なりに示そうとするのである。自然法学は確かに哲学の一分野ではあるが、そのイデア・理念を捉える限りでは、それ自身一つの自立的学問であり得る。「イデア・理念自身はこうした〔一分野であるという〕規定性から自由であり、絶対的生命が各々の生命あるものの内で表現されるように、それら一定の学問の内で照り返ることができるのである。」(417) このイデア・理念が全ての学問の本質をなすというのである。このように「古代的イデア主義」に基づく理念主義、及び「生命の思想」はまだ脈々と生きている。また「学問を完全なものにするためには、直観と像〔表象のことと思われる〕が論理

的なものと結合され、純粋な観念的なものへと取り入れられ、真の学問からその個別性が取り除かれて、その原理がより高い連関と**必然性**において認識されることが必要である。それによってその学問も完全に解放され、その限界も認識されるのである」(418) とされており、直観・表象と論理的なものの結合、といったここでの主張は、直観と概念の相互包摂を主軸とした『人倫の体系』との近さを思わせる。またここで言われている「必然性」は論文の後半で明らかになるように、この論文での独特の位置を占めている用語である。必然性は「絶対的実体」に不可欠の様態である。ここに見られるように、ヘーゲルの自然法思想はホッブズやロック等々の経験論的自然法及びそれと相補うカント、フィヒテの批判哲学の自然法思想との対決から生まれてきたものである。既に『差異論文』でフィヒテの『自然法の基礎』(1796年) が批判されていた。ヘーゲルは恐らくはそれが出版された直後からそれを読み、批判的な意見を育んできたのであろう。また1798年には、カントの『人倫の形而上学』の研究もしている。その意味ではヘーゲルの自然法思想研究はフランクフルト時代から準備されていたのである。

　ヘーゲル自身が以下、第1章では自然法の経験的な取り扱い方を、第2章では形式的な取り扱い方を、第3章では、人倫の諸学の本性と相互関係を考察し、第4章で、実定法学との関係を論じる (420-421)、と述べている (ただしヘーゲル自身は「第1章」「第2章」等々とは言っていない)。それに沿って見てゆくことにしよう。

〔第1章　自然法の経験的な取り扱い方について〕
　ヘーゲルは自然法の経験的な取り扱い方、主にホッブズの思想、を念頭において批判しているが、中心となるのは「自然状態」という概念である。ヘーゲルによれば、自然状態はあるときは「必然的、自体的、絶対的」なものとされ、あるときは「思想上の物、虚構」とされる。それは「余りにどぎつい矛盾」である (424)。そして自然状態は原子論的諸個人からなる「カオス」であり、「相互に絶滅し合う戦争」状態であるが (425)、それは必ず放棄されて、カオスを克服した調和状態に到達することが前提されている (426)、とヘーゲルは批判している。批判の要点は自然状態なる概念の虚構性と、そこから法状態へと移行する論理の破綻である。それに対して人倫的

第6章 『自然法論文』その他

イデア・理念を有するヘーゲルにとっては「人倫の絶対的イデア・理念は自然状態と法状態の尊厳とを端的に同一のものとして含んでいる。法状態の尊厳はそれ自身絶対的人倫的自然に他ならないし、絶対的自由を何ら欠いているものではない。そこでは人倫的自然は決して放棄されてはいない。人倫的な関係において放棄さるべきだと考えられる自然的なものがあるとすれば、それはそもそも人倫的なものではないであろう。同じくまた、個人の無限性、つまり個人の無は……服従の関係として、尊厳との相対的な同一性のうちにあるようなものではなく、無限性はイデア・理念の内で真実であり、<u>個別性そのものは無であり、絶対的人倫的尊厳と端的に一つであり</u>、……それこそが個人の真の人倫である。」(427)

ここに言われている「人倫的自然」は「自然的人倫」ではない。それは精神的存在としての、つまりは人倫的存在としての人間の自然そのものであり、絶対的人倫として花開くものである。それは『人倫の体系』での人倫観と同一であり、精神の優位は主張はされるが、基本的にはヘーゲルの古代的イデア主義＝同一哲学に基づくものであり、<u>自然と精神は絶対的に同一なのである</u>、というより、そうでなければならないのである。そしてまた個人の自由は、上記下線部に見られるように、全く全体主義の内に埋没している状態である。「個人の無限性」は絶対的人倫においては、個体性を抹殺して人倫の普遍性と一つになっている。直観はまだまだ強調されている。「これまで学問的な経験知の不十分さを指摘してきたが、そこにおいては結局、内的な総体性としての直観が否定されている。だから直観が救出されなければならないのだが、それはむしろ単なる経験知の内に保存されていることになる。偉大で純粋な直観は真に人倫的なものを表現できる。」(427) この直観は言うまでもなく個人による「民族」の直観である。ホッブズ流の経験的自然法に欠けているのは、普遍性としての民族の直観である。同じ同一哲学でも、「民族の直観」を語るところに、シェリングと対比してのヘーゲルの固有性がある。シェリングには民族の直観は念頭にない。

〔第２章　自然法の形式的な取り扱い方について〕

「次に無限性の考察に移ろう」(430) としてヘーゲルはカント・フィヒテの自然法思想の検討に移る。「無限性は運動と変転の原理であり、その本質

は、自己自身の無媒介の反対ということ、換言すれば否定的絶対者であるということである」(431)、とある。ヘーゲルにとって「無限性」とは思惟及び概念のことである。それは感覚的存在たる有限なものと区別されている。カントとフィヒテの哲学はこうした無限性と有限性を統一できないままに放置しているのである。「だから〔彼らの〕実践理性なるものは観念的なものと実在的なものの同一性の形式的理念を認識するだけであり、観念的なものは実在的なものに至ることはない。批判哲学の人倫的部門では、観念的なものと実在的なものの同一性が語られはするが、そこにおける人倫的理性はその本質において非同一性なのである。」(432) つまり批判哲学は対立を止揚することが出来ないのである。そこに成立する同一性は相対的同一性であり、相関である。例えば、理性が感性を制限することによって成立する相対的同一性である。そこにおけるイデア・理念は単に主観的観念的なものであり、ヘーゲルたちの「イデア」、つまり観念性と実在性を統一しているものではない。ヘーゲルにとっては「人倫はある種、絶対的なものであるからして、批判哲学は**人倫の立場**〔つまり民族・国家を絶対的なものとする立場〕ではないことになる。批判哲学の内には人倫は存在しないのである。」(434) つまり批判哲学は個人の自立を原理とする原子論的社会観なのである。そこに人倫はないと断じるからにはこれ以上、批判哲学の自然法を検討する必要はなかろうと思われるが、ヘーゲルは延々と批判を続けてゆく。

「彼らが捉えたのは肯定的な絶対者ではなく、否定的な絶対者である、つまり絶対的概念である。権利義務と主観とが一体のものとしては、道徳性の分野で示され、分離は、適法性の分野〔自然法〕で示される。両者はしかもどちらかが肯定的でどちらかが否定的というのではなく、共に相対的に肯定的、否定的なのであり、だからこそ両者共に人倫的ではないのである。」(441-442) このように批判哲学は道徳の分野でも、自然法＝社会生活の分野でも、ヘーゲルにとっては人倫的ではないのである。「適法性の体系を端的に示すのはフィヒテの『自然法の基礎』である。以下それを見てゆく」としてフィヒテ批判が続けられる。「そこでは疎遠な人倫や宗教を必要としない首尾一貫した〔無神論的？〕体系が試みられている。だがそこには普遍的意志と個別的意志の対立があり、その統一は内的な絶対的な尊厳として把握されるのではなく、外的な相関関係、つまりは強制によって生み出される

第6章　『自然法論文』その他

べきものとされる。」（442-443）結局、ヘーゲルはフィヒテがどんなに優れた社会理論を提示しようと、それが個体的意志を原理とした普遍と個別の相対的同一性、自由の制限であったり、悪人を強制したりする統一であることが、「人倫」に反すると思っているのである。そもそもこの時期のヘーゲルには「強制」という概念が気に入らないのである。もっと言えば、ヘーゲルには、フィヒテの社会理論の中に、宗教が、神が登場してこないことが気に入らないのである。何度も述べているように、この時期ヘーゲルはまだ「民族宗教」構想を抱いたままである。神が登場しない限り、「人倫的尊厳」はないのである。

「かくて示されたのは、相関関係によってのみ措定される人倫的なもの、つまりここでは外在性と強制は、総体性として考察されると、自己自身を廃棄するということである。相関関係は総じて自体的なものではないという事を**弁証法**は示さなければならない。」（445-446）ここは弁証法 Dialektik という言葉の初出の個所であり、しかも GW4 ではここだけで使用されている。この「相関関係」の正体を暴くことが弁証法の仕事だとされている。それは真実の立場である絶対者の立場からする批判である。弁証法は批判哲学の二元論と抽象的同一性を批判・克服する論理だということになる。具体的にはヘーゲルは相関関係を克服するのは直観であると思っている。直観が捉える「実体」こそが相関関係を超えることが出来るのである。先に引用した絶対的概念が「否定的絶対者」であるのに対して、直観が捉えるのが「肯定的絶対者」として今もなおヘーゲルの内に残存しているようである。

　フィヒテにあっては「全ての者の普遍的自由」、次には「個々人の自由」が登場する。「両者共に実在性を欠いた抽象である。この自然的根源的自由が普遍的自由の概念によって制限されなければならないとされる〔フィヒテの立場では〕。しかし制限される自由などなんら絶対的自由ではないであろう。」（446）フィヒテは社会の内で各人の自由を保障するために、「承認の概念」を提起し、各人が他者の自由のために、自己の自由を制限する、という社会の規則、法原理を設定したが、それがヘーゲルには気に入らないのである。けだしこの時期のヘーゲルにとっては「個人は個別性であり、自由は個別性の否定である。」個別性を否定して生きることが「人倫」なのである。（447）

ヘーゲルはここで「**抑制 bezwingen**」という用語を使用して、それをフィヒテが使用する「**強制 zwingen**」の概念から区別する。ヘーゲルにとっては個人を強制することは不可能であり、抑制されることのみが可能である。「死ぬことが可能であるということによって主観は自己を自由なものとして証明し、そして端的にあらゆる強制を超えて高まるのである。<u>死は絶対的抑制である</u>。死は絶対的であるからして、無限であり、自己自身の反対である、つまり死は絶対的解放である。純粋な個別性は死において自己自身の反対のもの、普遍性である。かくして抑制の内に自由はあるのである。刑罰も自由の回復である。」(448) ここは相当無茶なことを主張している。しかしそれがこの時期のヘーゲルにとって「人倫的」なのである。有限なものに拘束されることなく、自己自身の個体性をも捨てて、祖国のために死ぬことが自由だというのであり、これではフランス革命当時の一時的な社会理論とはなっても、人間的自然の真実からは程遠いものである。なおこの「抑制」の概念はすぐに消滅する。この概念が登場しているのは『自然法論文』と『人倫の体系』だけである。『差異論文』にはそれらしい萌芽が見られるし、また『1804/05年の論理学・形而上学』にはその残滓もみられる。いずれにしてもフィヒテの「強制」の概念に何とか対決したいというヘーゲルの思い入れが創作した一時的概念である[4]。「強制」というあまりにも美的感覚に対立するフィヒテ的様式が、心情的調和と美しい共同を求めるイエナ初期のヘーゲルのロマン主義に反しているのである。

〔第3章　絶対的人倫〕
　以上の否定的な絶対者つまり無限性を、以下それが絶対的人倫においてどうなっているのかを示さなければならない。「先ず我々は、絶対的人倫的総体性は**民族**に他ならないということを前提する」としてヘーゲルはこう続ける。「さて絶対的人倫においては無限性、つまり絶対的な否定的なものとしての形式は、以前に把握された、その絶対的概念へと受け入れられた抑制Bezwingen それ自身である。……それら形式の肯定的なものは絶対的人倫であり、民族の内に属しているということである。個人は民族との一体性を否定的なものの内で、死の危険を介してのみ明白な仕方で証明する。」(449)「戦争は人々に特定のものへの関心をなくさせ、特定のものへの慣れと惰性

第6章　『自然法論文』その他

をなくさせるということで諸民族の人倫的健全さを保つのである。」(450)

　ヘーゲルにとっては、個人の人倫は自己の個別性を戦争という死において克服することの内に存する。こうした軍国主義的「無限性」に対して「多様なる実在性」の領域が存立している。後のヘーゲルの用語でいえば、「市民社会」がそれである。「それは感情としては肉体的な欲求と享受である。それは色々なつながりを持って拡がり、<u>欲求と労働の普遍的な相互依存性の体系</u>となる［市民社会］。学問としては**政治経済学**を形成する。」(450) ヘーゲルは既にフランクフルト時代からイギリスの国民経済学を研究しているが、イエナ時代にもアダム・スミスを読んでいる。その知識は既に『人倫の体系』に示されていたが、『1803/04 年の精神哲学』では直接引用がなされている。

「実在性のこの体系は単に相関関係の両極を表現しているだけである。……それに係わる政治経済学はそれらの〔商品の価値の〕計量方法を定めることを目指すのである。」(451) 古代的色彩の中に、このような現代の先端の経済学研究が取り入れられているアンバランスもこの時期のヘーゲルの魅力ともなっている。ヘーゲルはマルクスに先駆けて、イギリスの国民経済学の研究と批判を始めたのである。

　続いてヘーゲルは「身分論」に話を進める。「人倫の<u>絶対的必然性</u>に従って２つの身分が形成される。一つは自由人の身分であり、絶対的人倫の個体〔これは一つの全体であり、個人のことではない〕であり、その器官は個々の個人である。この身分は絶対的な生きた精神であり、生き生きとした運動であり、神的な自己享受である。この身分の労働は個々の個別的な規定性の絶滅に向かうのではなく、死を目指す。」(455)「次は自由でない者の身分、それは欲求と労働という差異の領域、占有と所有の法及び正義の領域に住む者たちである。その労働は個別性へと向かっており、かくて死の危険を免れている。更に第３の身分が算入されなければならない。その身分は教養形成など積まない自分の労働の粗野さの中にいて、大地というエレメントでのみ生きていて、労働の様式も媒介項を欠いており、欲求の全体を目の前に持っている。」(455) 見られるようにここでの身分論は『人倫の体系』におけるものと同一である。ただしここ『自然法論文』ではヘーゲルはギボンの『ローマ帝国衰亡史』を引用しながら、第１身分が自由な共和政の崩壊と

ともに歴史的に消滅したと指摘する。この認識はヘーゲルのベルン時代以来のものであるが、ただしここでは共和政の崩壊の結果蔓延したのはキリスト教ではなく、ブルジョア社会であるとして展開しようとしている。だがヘーゲルは奇妙にも、第１身分の消滅を歴史的必然として受け入れようとはしない。いやそれは確かに歴史的必然であったのだが、そうであれば第２身分をまさに歴史的必然として認めて、第１身分から切り離すべきである、というのである。第１身分を何としても現代においても守りたいのである。驚くべき反時代的考察である。第２身分は「市民・ブルジョアとして振舞うのである。彼は政治的には無であるが、その代償として平和と営業活動の果実を味わうのである。」(458)

このようにしてプラトンの『国家』の主張に倣い、第１身分と第２身分の原理の混同が排除され、各々が意識的に分離されて構成されることによって、各々はその権利を得ることになり、「人倫の実在性が絶対的無差別として実現されるということが可能となる」とヘーゲルは言う。「この和解は<u>必然性の認識と法・権利の内に存している、それは人倫が自分の非有機的自然と地下の諸威力に与える権利である。人倫は自分自身の一部を犠牲に供し、それを切り離し、別のものとして認識する、こうしてそれを無差別の内へと受け入れる。それによって生あるものはそこから同時に清められるのである。これこそが人倫的なものにおける悲劇の上演に他ならない。絶対者はそこで永遠に自己自身と戯れている。死と再生。」(458)

ルカーチが注目することによって有名となった「人倫的なものにおける悲劇」は現代社会の悲劇であるとルカーチは解釈するが、むしろヘーゲル自身はそれを古代ギリシア悲劇に描かれた神的なものの在り様として解釈しようとしている。神的なものはその姿と客体性において直接的に二重の自然を持っており、その生命はこの二つの自然の絶対的一致存在である。その端的な例が古代ギリシア悲劇の『オレステイア』である。悲劇は次の点に存する。人倫的自然＝政治共同体は自己の非有機的自然＝血縁家族を、それと自分が混ざり合わないようにするために、運命として自分から切り離し、それと対立する。そして戦いにおいてそれを承認し、神的な実在と宥和する（復讐の女神が恵みの女神となる）。それに対して、喜劇には運命がない。喜劇には２種類あり、一つは古代の神的喜劇であり、一つは近代の喜劇である。

第6章　『自然法論文』その他

前者は絶対的生動性の内で架空のものが活動する。後者はそれを欠いたものであり、架空のものが自立性と絶対性をもって描かれる（459参照）。神的喜劇は運命を欠いておりまた真の戦いを欠いている、そこには絶対者の実在性に対する絶対的信頼と確信がある。個別性が自立化する契機は多々あるにしても、それらは無力であり、また個人的な才能に溢れた神的な怪物、例えばホメロスやソポクレスやプラトンも登場するが、それは人倫的組織の晴れやかさを増すだけである。「ただしソクラテスの例に見られるように個人化の進展を見誤ってはならない。それらのことはこの人倫の生命の力が頂点に達していたことを示すと同時に、この肉体の死が近いことを告げていたのである。」(460)

　ソクラテスの精神を「個体性の原理」と呼び、そこに古代的人倫を破壊する新しい原理を見出すのが、後のヘーゲルの歴史観の基本であるが、ソクラテスの死という事件に少年時代から興味を持ち続けてきたヘーゲルは、今ここにそうしたソクラテス像に辿り着いたようである。ただしこの「個体性の原理」をヘーゲルはまだ<u>歴史的必然性</u>として受け入れようとはしていない。『自然法論文』においては歴史的意識と超歴史的視点が奇妙に混ざり合って現代と古代が錯綜している。「人倫的なものにおける悲劇」は祖国のために生命を賭す有徳な市民が消失し、各人が自己の私的生活を守ることに汲々としている現代社会にあって、国家としてはその私的生活を認めざるを得ないという国家の悲劇であるとともに、古代のギリシア悲劇自身が内に孕んでいた悲劇でもあった。そこには歴史の進展があるはずなのに、この時期のヘーゲルはその<u>歴史的必然性</u>を認めようとはしないで、絶対的人倫の視点から二つの悲劇を同一の視点から捉えようとするのである。

　こうしてヘーゲルは「人倫の実在的な<u>絶対的意識</u>」の否定的側面と肯定的側面の「一致存在」としての「人倫の絶対的生命のイデア・理念」を描こうとする。「ここに神的自然は輝いている」とされている。ここでヘーゲルはイデア・理念が自然へと外化するということを言わんとしているようである。ここでは物となったイデアの姿が描かれようとしている。ヘーゲルは、先ず第1のものとして、完全なる鉱物〔ピラミッド〕、次には大地〔ギリシアのガイア〕を挙げ、そこにおける諸部分が人倫的自然において完全なる同等性へと、また絶対者と個人との絶対的一致存在へと収斂して、最初のエー

テルへと還帰する、としている。そしてそれは抑制されて知性となる（463参照）。そして知性においてのみ、個別化は極端にまで進み、絶対的概念になる、つまりそれは絶対的に否定的なものであり、自己自身との無媒介の反対である。それは絶対的個別性であるからして、絶対的普遍性である、としている（464参照）。以上が神的自然の抽象的展開である。ここには同一哲学期の古代的イデア主義が示されており、以上の展開は全て<u>イデアの展開</u>としての同一哲学期のヘーゲルの哲学体系なのである。なお、ここに登場している「絶対的意識」は『1803/04年の精神哲学』に受け継がれる概念である（後述）。ただここには自然哲学と精神哲学の目次が示されているだけで、論理学・形而上学は示されていない。

　続いてヘーゲルは以上の展開を少し具体的に記述している。エーテルは自分の絶対的無差別を光の無差別態において多様性へと投げ出して〔無数の星〕、太陽系の花びらの内でその内的な理性と総体性を膨張させて生み出したが、星たちは分散したままである。また惑星たちも固定した個体性のままに太陽の周りを回りながらもそれと対立したままである。だから統一には普遍性が欠けており、普遍性には統一が欠けている。〔以上が、天上の体系である。〕それに対して「人倫の体系」においては、花々は一体となり、絶対的個体たちは普遍性へと完全に一体化されている。ここにおいてのみ絶対的体系が可能である。まさに**<u>精神は自然よりも高い</u>**のである。精神は自己自身を直観し、絶対的認識であり、宇宙の全体を自己内へと取り戻しており、無限の概念という無媒介的統一点としての自己に反省しているのである。（464参照）

　自然よりも高いものとしての精神の「自己内反省」が強調されている。この個所もルカーチによって早くから注目されてきた個所であるが、この点はこの論文の最後の部分とも突き合わせてよく考える必要がある（後述、本書171, 174p参照）。「絶対的人倫の自然の以上のイデア・理念から、実在的な絶対的人倫に対する個人の人倫関係及び道徳学と自然法学との関係を論じることができるようになる」（467）、としてヘーゲルは絶対的人倫と個人の道徳の関係を論じてゆく。絶対的人倫は全ての者の人倫であるからして、それ自身として個人のもとに映現するとは言えない。つまり絶対的人倫はあくまでも本質なのであり、自然界を貫通するエーテルが自然の諸形態の切り

離すことのできない本質であるのと同様である。人倫は個々人の中で表現される限りでは、否定的なものである。人倫は普遍的なものであり、民族の純粋な精神である限りでのみ、個々人の魂なのである。そしてこの肯定的なものこそが、アリストテレスも言うように、その自然からして否定的なものよりも先なのである。民族は個人よりも先なのである。だから人倫が人倫として個人の内で表現されるときは、それは否定の形式のもとで措定される、つまり人倫は普遍的精神の可能性として存在する。個々人に属する人倫的な性格、例えば勇気とか節度とか気前のよさ、は否定的な人倫である。つまりそれらは個人の特殊性のうちにそのまま存在するようなものではなく、普遍的な人倫の内に存在する可能性を意味しているのである。(467-468 参照)

この考えは『暫定的テーゼ』の 12 番、「絶対的に完全な道徳は徳と矛盾する」や『人倫の体系』での思想と一致するものである。個人の徳はそれ自身としては何ら絶対的なものではないのである。この時期のヘーゲルにとって「人倫」とはあくまでも共同性、普遍性、全体、公共性のことであり、裏を返せば、「人倫」とは、個人的なもの、特殊なものを否定することに他ならないのである。全体のために自己を犠牲にすることが最大の人倫なのである。だから第 2 身分の人倫たるモラリテートは「ブルジョア、私人の人倫である。それはある種、依存的なものであり、何ら真の人倫ではない。」(468)

絶対的人倫はその普遍性においては立法である。「立法の体系は完全に現存する習俗の実在性と生命を表現するはずであり、……習俗の観念性とそれを**法律**という普遍的形式に仕上げることとは再び一体とされなければならない。それは純粋な絶対的形態をとって民族の神として直観され、崇拝されなければならない。そしてこの直観自身は再び礼拝の内で活発に喜びに満ちて躍動するであろう。」(470) この最後の叙述からするとヘーゲルはこの時期なお「民族宗教」構想を有していることは明白である。神とは民族の習俗の内に日々生きて活動していると共に、法律として普遍的形態へと取り出されているものでもあり、人倫の結実であり、産出者である。その神はどう見てもキリスト教の神であることはできないであろう。

ともかくヘーゲルとしては以上によって、時代を超越した絶対的人倫の姿を示したのである。ホッブズの経験的自然法、カント、フィヒテの形式的自然法は、古代ギリシアの絶対的人倫によって補完されるものとして描かれて

いる。ヘーゲルの古代的イデア主義は今なお健在である。そして以上に示されたイデアの全展開がこの当時のヘーゲルの哲学体系なのである。

〔第4章　実定的法学への自然法の関係〕
「以下では自然法と実定的法学との関係を見てゆく」とヘーゲルは述べている（470）。ここでヘーゲルは若い日以来使用し続けてきた「実定性」の概念と最終的に対決し、<u>この論考でもってヘーゲルの「実定性」概念はその役目を終えて、使用されなくなるのである</u>。
「実定的学問がある表象を経験の内に見出したと主張するのであれば、哲学はその反対を主張することができる。哲学は自分の表象を経験の内で示すことができるが、その根拠は経験と呼ばれるものの持つ両義的な本性による。**経験**とは直接的な直観ではなく、知性的なものへと高められ、思惟され、説明された直観であり、その個別性から取り出されて必然性として表明されたもののことである。」（471-472）ここは「思い込み」「経験」という概念の豊かさにヘーゲルが気付いた場所であり、『精神の現象学』の成立との関係で注目すべき個所である。経験は素朴な直観ではなく、知性に支えられた直観である。カントが経験を客観的な知識と見なしたように、ヘーゲルも経験を必然性と結びつけようとしている。「例えば実定的法学において、ある関係が「強制」として規定されたとする」と、強制は経験的事実だとされていることになるが、「哲学は、経験に照らして強制は存在せず、人間は強制されるものではなく、強制されたこともないことを示す。」（473）つまりここでいう哲学の側の「経験」は哲学的見解である。同じ経験と言っても法学者の経験と哲学者の経験は異なるのである。「法学が実定的になるのはそれが思い込みと抽象態とを固持するからである。実定性は仮象と思い込みを根拠としているのであり、つまりは形式の内に根拠を有しているのである。対立したもの、一面的なものが孤立化されて絶対化されるのである。そうした形式こそが、直観を廃棄し、全体を解体するのである。」（475）つまり実定性を形作るのは各人の思い込みが孤立化させられることによるのである。そしてその仮象が人を、つまりは人倫を惑わすのである。

続いてヘーゲルは実定性の質料の考察に移る。
「全ての生あるものと同様に、人倫的なものもまた端的に普遍と特殊との同

第6章　『自然法論文』その他

一性である。それは一つの個体性であり形態を備えている。……民族の人倫的な生命は、それが形態を持つこと、そこにおいて規定性が実定的なものとしてではなく、普遍性と絶対的に結合されており、普遍性によって生気付けられていることにある。魚にとって水が実定的なものではないように、人倫にとっても気候や時代や文化は実定的なものではない。**世界精神**はそれぞれの形態の内で絶対的な自己感情を持ち、それぞれの民族の内で自己自身を享受するのである。」(479)

「例を出そう。封建制は確かに全く実定的なものとして現象する。だが必然性の側面からすれば、それは絶対的な個別的なものではなく、必然性の総体性の内にある。内側から言えば、それが実定的であるかどうかは、民族がそこにおいて自己を個体性として真に形成しているかどうか、そこにおける法律が習俗となっているかどうかにかかっている。」(480) こうした視点に立つようになれば、個々のものを「実定性」の概念で判断しても意味はなく、民族全体の精神を捉えなければならないのである。「全体のこの個体性からまた民族の一定の性格から全体系が認識されなければならない。憲法や立法の全ての部分は、そしてまた人倫的諸関係の全ての規定はどのように全体に規定されているのかが認識されなければならない。モンテスキューの著作の不朽の価値は諸民族の個体性と性格の直観にこそある。彼は制度や法律を理性から演繹したのでもなければ、経験から抽出してきたのでもない。彼はそれらの諸規定を全体の性格から、全体の個体性から把握したのである。それらはアプリオリな理性でもなく、アプリオリな経験でもなく、民族の生き生きとした個体性であり、それは再び普遍的な必然性から把握されなければならないのである、ということを彼は示したのである。」(481) このようにヘーゲルの視点は個々の事象を実定的か、実定的でないか、といったことで判断する視点から、全体としての民族精神の個体性を捉える視線に変化してきている。

「時代遅れのものだけが実定的なものなのではない。現在生きていても、全体の生命を脅かすようなものもまた実定的なのである。……だからある**解体した民族、例えばドイツ民族**の場合でも、法律が真実を持っているかに見えることもある。しかしそれは否定的なもの、分離としての法律と真実の肯定的なもの及び統一の法律とを区別しないときにだけ言えることである。」

(482-483) ここにはっきりとヘーゲルはドイツ民族を「解体した民族」と呼んでいる。それは『ドイツ憲法論』を書き始めた頃からのヘーゲルの心情であったが、その思いは益々強まって、頂点に達しようとしている。だがヘーゲルはまだ夢を完全には諦めていない。

「哲学は、特殊なものが特殊であるから**実定的**であると見なすのではなく、特殊なものが全体との絶対的連関の外部で固有の一部分として独立する限りでそう見なすのである。……支配的なポテンツが衰退し、死滅する。だがそこには過渡期の不幸がある、新しい文化が強力になっても、過去のものから絶対的に純化されていないということがある、そこに**実定的なもの**が巣くうのである。自然は段階的に発展する。だが人間の場合にはそうした漸次性はなく、<u>突然の飛躍</u>があるだけである。」(483-484) 自然は飛躍しないが、人間社会は突然の飛躍で発展する。これはドイツ観念論に共通する発想であるが、ドイツ民族に期待をかけ続けてきて、今や絶望し、ドイツ民族を解体した民族とまで呼ぶに至ったヘーゲルに残されているのは「突然の飛躍」だけである。民衆的地盤を完全に喪失した哲学者に残されているのは突然登場する「英雄」だけなのであろう。

　最後にヘーゲルは必然性についてこうまとめて述べている。人倫の哲学がこの必然性を把握し、その内容の連関やそれらの規定性を精神と絶対的に結びついたものとして、そしてまた精神の生きた身体として認識することを教え、形式主義と対立するならば、人倫の哲学は人倫の個体性の生命が形式的な生命であることを同時に認識する。というのも必然性に属するものの制限はたとえ絶対的な無差別へと受け入れられても、必然性の一部分であり、絶対的な総体的な必然性そのものではないのであり、かくして絶対的精神とその形態の不一致が常にあるのである。絶対的な形態はカントたちの様に、世界市民主義や、国際連合や世界共和国といったものに救いを求めることはできない。人倫的な生命はそうしたものとは正反対のものである。「絶対的理念は自体的には絶対的直観である。そこに構成されるのは最も純粋で最も自由な個体性であり、そこにおいては精神は自己自身を自己の形態において完全に客観的に直観する、しかも直観から自己へと還帰することはなく、直接的に直観を自己自身として認識し、かくて**絶対的精神**であり、完全な人倫である。それは先に我々が実定的なものと呼んできた否定的なものとの絡み合

いを撃退しなければならない。人倫はその否定的なものを客観的なものとしてまた**運命**として自己に対置し、自己自身の一部を犠牲にしてそれに権力を与えて固有の領土を意識的に認めて、自己自身の生命をそこから純化して保つのである。」(484-485)

　この最後は先の「人倫的なものにおける悲劇」と同じことが述べられている。これは和解とか承認の発想からする解決策である。絶対的精神は実定的なものの客体性を承認して、そこから身を引き離して自己の純潔を守ろうとしている。だがそれでは絶対的精神とはなれないであろう。たとえ実定的なものを自己から切り離したとしても、その存在を認める以上、絶対的精神は自己を相対化しているのである。フィヒテ風に言えば、絶対者自身が自己を「制限」しているのである。ここでのヘーゲル風に言えば、絶対者自身が自己を「抑制」しているのである。絶対者は絶対的人倫を捨てて、やがてソクラテスの個体性の原理を、そして北方のプロテスタンティズムの主観性の原理を承認する他に道はないのである。それがヘーゲルがこれから歩む道であり、「必然性」なのである。だがしばし彼はそれを自覚することはない。『自然法論文』が捉えた「必然性」は諦念であり、自己を否定するものの存在を部分的に認めて、自己の純潔を保つという上品な自己保存であった。この時期のヘーゲルの絶対者はまだ「生死を賭する戦い」を遂行していないのである。承認をめぐる生死を賭する戦いは続く『1803/04年の精神哲学』、『1805/06年の精神哲学』及び『精神の現象学』において遂行されることになる。「精神は自然よりも高い」という発言はあったにしても、精神はなお古代的自然＝イデアの内に埋没しているのである。

第2節　『人倫の体系の続稿』(GW5, 459-467)

　次に『人倫の体系の続稿』と呼ばれているものを見ておこう。これはローゼンクランツの『ヘーゲル伝』及びハイムの『ヘーゲルとその時代』で紹介されているもので、アカデミー版全集 (GW5, 459 ff) に収録されている。草稿は喪失したようである。アカデミー版全集の第5巻の編集者は、1802年の後半の成立と推測している (GW5, 701)。ヘーゲルがたびたび予告して

いる自然法の講義のための準備ノートと考えられる。その点からすれば、1805年頃にもヘーゲルが手を加えた可能性を想定する研究者もいる[7]。しかし私としては1802年後半、遅くとも1803年までのものと想定しておく。時期的には『ドイツ憲法論』の「清書稿」と重なり、「民族宗教」構想がまだ残っている点が共通している。先ずはローゼンクランツの報告を聞いてみよう。

「ヘーゲルは哲学体系の最後を精神の哲学の最後とした、彼は一民族における哲学の必然性を戦争の観念的補完として描こうとした。絶対的労働は死のみである」云々。ローゼンクランツはこう語りながら説明を続けてゆくが、ヘーゲルの思想の脈絡は次のようなものであろう。各人＝個別の使命は祖国＝普遍のために尽くすことであり、その頂点としてありうるのは祖国のために死ぬことである。だが全ての者が祖国のために死ぬことは出来ない。もしそうすれば民族は滅びてしまうであろう。民族の大部分は死なないで、生き残るのである。戦って死ななかった者たちには、「死ななかったという恥辱、自分の個別性を享受しているという恥辱」が残る。これを克服して各人に「無限なるものの単純なる意識」を可能にするのは「真理の絶対的認識としての思弁」のみである。これで「哲学の終わりは哲学の始まりに還帰した」とされている（459）。これだけでは、どのようにして各人にそうした意識を可能にするのかという肝心のことは何も説明されていない。

ローゼンクランツは続けて、ヘーゲルは実際の講義では上記の結論が気に入らず、国家体制の区別の概念を更に展開し、自由な者の身分を君主政にとっては貴族だとして規定し、貴族は尊厳に対して無言の、服従の形式で戦いながら対している、云々と続けているが意味不明である。むしろ「講義」でヘーゲルがこのように修正した、と言っていることに注目しよう。つまりこの草稿それ自身が講義の準備ノートであり、上記の文章はそこの欄外に追加的に記されていたのである。ということはこの『人倫の体系の続稿』は最初の自然法講義である1802年の夏学期の前後の成立と推察される。ただし夏学期の講義は行われなかったと思われるので、<u>実際に講義の時の「修正」がなされたのであれば、それは1802/03年の冬学期の講義の時と思われる</u>。

そして更に「ヘーゲルは宗教的礼拝の概念を展開した」として以下の宗教論が紹介される。どうしてここで宗教論が出てくるのかその脈絡は不明であ

第6章 『自然法論文』その他

る。ただしそこで示される宗教論は、この当時、おそらくは1802/03年のヘーゲルの宗教論として大変興味深いものである。ヘーゲルの意識は明らかに「宗教とは何か？」と尋ねており、その問いによって宗教は相対化されようとしている。「宗教的礼拝において民族は最高の自己享受に至る。〔つまりこの時期のヘーゲルにとって、宗教は民族宗教であるということであり、それ以外の個人的な宗教は問題とされていない、ということである。〕ヘーゲルは宗教のうちで客体的なものの実在性が、かくてまた主観性と特殊性が廃棄されたものとして措定されることを望んだ。彼は主観性を否定的自由として最後まで固持しようという態度、あるいはシュライアーマッハーのようにそれを特別な名人芸として称える態度を批判している。」(459) この「名人芸」は『差異論文』や『信仰と知』でも言及されており、この草稿とそれらの論文との近さの証拠となろう。ヘーゲルが個体性の自立を否定するイエナ初期の立場に立っていることと、宗教が今もなお民族宗教であることが分かる。

「宗教のうちでは精神の観念的形態は実在的であり、だがその実在的側面は観念的であるが、精神は個人に対して現象するからして、精神は個人にとっては先ずは客体的なものという形態を持っている、それは民族の内でその精神として活動しており、全てのものの内に生きている。」続く「学……」は意味も脈絡も不明であるが、更にこう言われている。「それ故、質料からすれば、知は宗教に対してなんら特別優れたものはない。」宗教は各人に絶対者を実感させるのである。「経験的存在の総体性として客観的に自己を表現するとき、神の本質は精神に対して一つの歴史物語をもつ。神が生きている証しは出来事であり、行為である。ある民族の生きている神はその民族の国民神であり、」ここにおいては純粋な精神が現象するだけではなく、真理ならざるものも現象する。「精神は宗教の内では学の観念性においてではなく、実在性と関係しているからして、必然的にそれは限界のある形態をとり、それが固定されると、それぞれの宗教においてその**実定的側面をなすこと**になる。」(460) このようにヘーゲルは後年の思想、哲学と宗教は内容は同じであるが、形式が異なる、一方は思惟、一方は表象、という思想にほぼ到達しているようである。またここに「実定性」の概念が残存しているのも興味深い。実定性の概念は『自然法論文』にも残っており、それでもって消

失する概念である。この『人倫の体系の続稿』との近さが感じられる。
　更にローゼンクランツによると、ヘーゲルは、哲学、宗教、芸術という３者の関係にも言及している。「宗教的伝統は二重のものを表現する、一つは精神の思弁的理念、もう一つは民族の経験的存在から引き出される限界、しかもこれは芸術のもつ理念の限界とも違うものである。こうして宗教は学および芸術から区分される。しかしまたそれらを補完しもする。というのも礼拝において偉大な精神に個別性の一部を犠牲に捧げることによって、主観性と自由とをその最高の享受に高めるからである。この犠牲・供犠はイロニーであるが、つまり一部を捧げれば後は全部自分のものになるというイロニー、それは宗教の根本である和解なのである。」(460) ヘーゲルがここで、宗教が「精神の思弁的理念」を含んでいると主張していることに注目すべきである。宗教者から哲学者へと変身してきたヘーゲルは宗教と哲学を明瞭に区別しながらも、両者の間に共通するもの、つまりは「思弁的理念」を感得している。「思弁的」という以上、それは主客の統一であり、宇宙を一つのものとして捉えるものであろう。そしておそらくそれはロゴス＝論理学とつながるのであろう。ヘーゲルは神話の中に、またそれぞれの宗教、とりわけキリスト教の教義の中に思弁的理念＝論理を読み取ろうとしているのである。続いてローゼンクランツは、ヘーゲルが当時の自然哲学の流行語であるDimensionという言葉を使いながら、宗教の３段階を区分しているという。これがおそらくは「思弁的理念」のことであろう。それは３段階の展開を見せる。第１は、同一性の形式、精神とその実在的存在は根源的に和解している状態。第２は、精神が同一性の無限の差異から出て相対的な同一性を再興して和解する状態。第３は、この同一性が最初の絶対的同一性のもとに包摂されること (461)。この３段階はフランクフルト期以来ヘーゲルが愛好するものであるが、ドイツ観念論に共通する三分法でもあれば、キリスト教の三位一体とも類似のものであるだろう。またそれは宗教の歴史的発展段階とも解されている。第１段階が絶対的同一性とされるということは、第１段階たる「自然」が肯定されていることであり、精神の絶対的優位が確立されていないことを示している。第１段階たる自然宗教への強い愛着があったことになる。「第１の次元においては、そこは根源的な和解の状態なのだが、宗教は自然宗教である。この汎神論の想像力にとっては、自然はそのま

第6章 『自然法論文』その他

ま精神であり、聖なるものである。……美しい神話の理想の永遠性は芸術美にも、真理にも基づくのではなく、全てのものの同一性と不可分離性に基づいている。」(461) 自然宗教を古代ギリシアの宗教としているところからして、ここでの宗教論は『精神の現象学』での宗教論と明らかに異なっている。また注目すべきは、ここでの自然宗教が汎神論だとされており、これ自体に相当好意的であるということである。イエナ初期はスピノザ愛好の時代である。先に見たシェリングと共同での宗教論にも見られたように、神的なものと自然との統一がヘーゲルを魅了していたのである。

「だが第2に、この美しい神々の世界はそれを精気づけていた精神と共に没落し、思い出として留まらざるを得ない。精神と実在性の統一は破壊される。観念的原理は普遍性の形式の中で構成され、実在的原理は個別性として固定されざるを得ない、そして<u>自然は冒瀆された死骸として</u>両者の間に横たわらざるを得ない。精神は生きた自然の内での自分の住居を捨てて、自然に対する優位として高まらざるを得ない。」(461) 自然と精神の美しい統一が破れ、自然は神聖さを喪失する。自然の世界から神々は遠ざかる。それはシラーの詩『ギリシアの神々』、ヘーゲルの詩『エレウシス』やヘルダーリンの詩『パンとぶどう酒』での嘆きであった。[8]「人倫的な苦痛は限りないものであったに違いない。苦痛の時代はローマが諸民族を破壊しながら自分たちの普遍的支配を打ち立てた時に到来した。そんな中で**エーテル的理性**が再び目覚めたのは最も排斥された民族においてであった。キリストは宗教の創設者となった、彼はその時代の苦悩を最内奥の深みから表出し、精神の神性の力を、和解の絶対的確信を表明して、自分の確信でもって他人の確信を呼び覚ました。」(461) 自然の中から神々が立ち去り、いなくなってしまった時代、それは人倫的苦痛の時代であったとヘーゲルは考えている。それは古代ギリシアの時代が終わり、ローマ帝国が共和政の精神を喪失し、奴隷制度と隷属的精神が蔓延した時代であった。そのような時代にこそキリスト教は生まれてきたとベルン時代のヘーゲルはギボンに倣い、主張していた。今も基本論理は同じであるが、同一哲学期のヘーゲルはそんな中から「エーテル的理性」が立ち上がり、キリスト教が成立する、と主張する。ちなみに「エーテル的理性」という言葉はヘルダーリンも『パンとぶどう酒』で使用している用語である。もしかしたらフランクフルトでの2人の語らいの中から生

まれた用語なのかもしれない。「エーテル的理性」は目には見えない精神的なものである。端的に言えばそれは「思弁的思想」であろう。
　「キリスト教の枢軸としての２つの要素」としてヘーゲルは、自然の非神化、かくて現世への軽蔑と、もう一つは自分が神と一体であるという確信を挙げている。以前は軽蔑されていた「確信」なるものが重視されようとしている。この「確信」は「神が人間の姿で現れたということである」。そこにはこの一個人が全人類を代表するという信仰がある。ヘーゲルはここで「der Nationalgott des Geschlechts」という言葉を使用している。上妻精の邦訳では「人類の国民神」とあるが、言葉として何とも落ち着かない。イエナ期のヘーゲルがNationを自然的血縁集団と見なし、Volkを文化的精神的集団と見なしていることを勘案すると、ここでのNationalgottは「人類の〔共通の〕自然神」と理解すべきものであろう。ヘーゲルはイエスなる人物を人類の自然全般に共通する神として理解しているのであろう。ただしポイントはあくまでも「自然」である。イエスは「自然の神」なのである。ただしそれはゼウスやジュピターのような一民族の神ではなく、人類全体の神である。ここにこそ『自然法論文』が主張していた「人倫的自然」（GW4, 427）の根源があるのであろう。そして新しい「原理は**無限の苦痛**であり、自然の分裂である。この苦痛なしには和解は意味を持たない。この宗教が力を持つためには、永遠の和解が可能であるためには、この苦痛を永遠に生み出さなければならないのである。もしも現世が幸福になったならば、この宗教も廃棄されるのである。神的なものは生活の日常性に衝突し、それ自身死んでしまったのである。だから、<u>地上において神が死んだということは、この無限の苦痛の感情を言い表しているのである。</u>」（462-463）先には自然の中から古代ギリシアの神々がいなくなったが、今や地上において人類の自然の普遍神が死んだのである。「自然」は神を冒瀆したのである。これは『信仰と知』で言われた神の死と同じものである。ここではそれが少し詳しく説明されている。イエスなる神は復活する。
　「イエスの復活。神の生と死によって神は貶められたが、神の復活によって人間は神化された。この永遠の和解といい、先の無限の苦痛といい、この宗教は偶然的経験的な個別的なものでそれを遂行することはない〔つまり鶏を捧げるとか、初物を捧げるということで神との和解を図るのではないという

第6章 『自然法論文』その他

こと〕。この宗教は再構成 Reconstruction から出発する。このことはキリスト教においては完成した知恵から始まる。神と一体となるために彼の肉体を食べ、彼の血を飲むという儀式が導入される。神の歴史物語は全人類の歴史であり、各人は全人類のこの全歴史を通り抜けてゆく。再び清められた人間から全自然も再び神聖となり、再び覚醒した生命の寺院となる。全てのものに新しい清めが与えられる。〔例えば、〕君主の支配権。全てのものにかけられていた古い呪いは解かれ、全自然は恩寵へともたらされ、その苦痛は和解されている。」(463) ここでのポイントは「再構成」であり、この言葉は『差異論文』の先頭でも使用されている (GW4, 6 参照)。また『信仰と知』でも使用されている。シェリングも1802年に『哲学における構成について』という論文をしたためていた。ヘーゲルはそれをあえて「再構成」と呼んだ。意味は比喩的な意味での「革命的再編成」というほどのものであったであろうが、今やそれは思弁的な意味合いを付与されている。というのも上記に「完成された知恵」という言葉があるように、「再構成」はその知恵から始まるのであり、かくしてそこには「思弁的イデア・理念」が示されるのであろう。ただし「知恵」は「悪」の始まりでもある。

「この**再構成された宗教**によって、精神の理念性の形式に、他の側面が、つまり思惟の形式のもとでの精神の理念性という側面が付け加わる、それ以前には自然宗教において芸術が理念性の形式としてあった。民族宗教は思弁の最高の理念を単に神話としてだけではなく、イデア・理念の形式においても語られたものとして含まなければならない。それは絶対者を三位一体の形式で崇拝する。父なる神、絶対的思想。第2に実在性、永遠の息子。神の子という側面と、この世。第3に、この世と思想との永遠の統一、精霊。」(463) こう見てくると後のヘーゲルの宗教哲学が出来上がりつつあることが分かる。ヘーゲルにとって「精神の理念性」の形式は芸術、宗教、哲学であるようである。しかもそれが宗教を中心に成立している。<u>自然宗教には芸術が含まれ、キリスト教には哲学が含まれる</u>。否、もっと正確には、哲学ではなく、「思惟の形式」である。それは先に「思弁的イデア・理念」と呼ばれたものと同一のものであろう。<u>キリスト教という宗教の内には思惟の形式が含まれている</u>とヘーゲルは発見するに至ったようである。だから「民族宗教」は、(ただし何故ここで民族宗教が出てくるのか全く不明であるが)

177

神話だけでなく、思惟の形式をも捉えなければならない、とされている。この発想は1797年の『ドイツ観念論最古の体系プログラム』での理性の神話（GW2, 616-617）を更に推し進めたものである。哲学的ロゴスが独自の分野として含まれたところが新しいと言える。ただしここではヘーゲルはキリスト教に含まれる思弁的理念を三位一体以外には具体的に記述してはいない。しかしともかくキリスト教においては、古代ギリシアのように芸術でもって神々を表現するのではなく、思弁的理念＝三位一体のようなもので神を表現し始めたのである。その形式がおそらくはカントやフィヒテの三分法の形式と合流するとヘーゲルは考えているのであろう。なおヘーゲルは三位一体の最後に神への愛としてマリア崇拝を位置付けているようで、ローゼンクランツは「神の母」という言葉を使用しているだけだが、ハイムは少し詳しい文章を引用している。しかし、「神への愛は無限の苦痛から生まれたものでなければならない」としているだけで、言わんとすることは良く分からない。続いてカトリックとプロテスタントに言及されている。

「カトリックは美しい宗教。プロテスタントは清めの詩、聖別の個体化を廃棄することにより、宗教的祖国、神の現象を自分の祖国から追い出して遠い彼方に至らしめた。プロテスタントは無限の苦痛、生動性、確信、和解の平和を無限の憧れに変えた。それは宗教に北方の主観性という性格を押し付けた。」(464) ここでの「北方の主観性」は『信仰と知』でも言われていたことであり、ここでもヘーゲルは、プロテスタントの国でその「無限の憧れ」が哲学と和解したとみなしている。和解の根拠はおそらく先の「エーテル的理性」であり、宗教と哲学に共通するその理性から思弁的理念、思惟の無限性が把握されることになるのであろう。ヘーゲル論理学の形成は間近である。

　最後にローゼンクランツはこう述べている。「ヘーゲルは当時、カトリック同様に、プロテスタントもキリスト教の有限な形式だと見なしていたので、ただし多くの同時代人のようにカトリックに転向するのではなく、キリスト教から哲学を媒介とすることによって、宗教の第3の形態が現れてくると信じていた。彼はこう述べている。〔以下はヘーゲルの文章からの引用である。〕 かの美と聖化は没落している、だからそれらは立ち返ることも嘆かれることもかなわず、もっぱらその没落の必然性が認識されるだけである。

第6章 『自然法論文』その他

〔カトリックによる〕再構成は対立という領域の内部で生じただけであり、自然は聖化されているが、自分自身の精神になってはいない。自然は和解している、しかし自然はそれ自身としては以前と同じように、聖ならざるものである。〔カトリックにおいては〕清めは自然に外からやってくる。全精神的領域が自分の根拠と地盤から立ち上がってきているのではない。無限の苦痛は聖化においてもそのまま永続しており、和解自身も天に向かっての嘆息である。プロテスタントが疎遠な清めを脱ぎ捨ててしまった今となっては、精神は自分を自分自身の形態における精神として聖化し、自分との根源的和解を一つの**新しい宗教**において再興することを敢行出来る。自由な民族が存在し、理性がその実在性を人倫的精神として再興するならば、またその精神が自分自身の地盤に立って、自分自身の尊厳から自分の純粋な形態を身にまとう大胆さを持つならば、精神の対立の無限の苦痛と全ての重みがこの宗教の内に受け入れられて、濁りなく純粋に解消されるのである。各人は、それにそって世界が形成される絶対的必然性の連鎖の盲目的一項に過ぎない。各人はしかしその偉大な必然性を認識することによって、それを支配することが出来る。その認識を与えるのは哲学のみである。」(464-465)

　ヘーゲルがこの当時にもまた構想したという「新しい宗教」は今回もまた看板だけであり、内容は示されていない。ただこの最後で強調されている「偉大な必然性」という言葉は、『自然法論文』の頃までヘーゲルが依拠する支点となるものであり、注目しておく必要がありそうである。ともかくヘーゲルはフランクフルト期の最後の頃から、「自由な民族」に期待をかけて、そこにおける人倫的組織の内に新しい宗教、それは当然若い日に構想した「民族宗教」の復活となるものであろうが、を樹立することによって、キリスト教の不足を補えると考えていたのである。この草稿を書いていた頃、つまり1802年の秋の頃からヘーゲルは『ドイツ憲法論』の清書稿の執筆にとりかかる。ドイツ統一の夢はまだ捨てていない頃である。ともかくこの『人倫の体系の続稿』という宗教論において、ヘーゲルはキリスト教を全人類の自然的素質として設定し、そこにおける神の子イエスを人類の自然神として想定し、この神の死を自然の分裂として嘆くのである。その嘆きは神が死んだという嘆きであるだけではなく、キリスト教がイエスという「犯罪者」(462)を神としなければならなかったという、何とも反理性的な出来事を

理性が受け入れなければならないという嘆きなのである（先に触れた悪の問題）。この自然神が死んだ後、キリスト教ではイエスは復活する。イエスの復活は自然の否定であり、精神・精霊の誕生である。精神だけが犯された罪をなかったものとすることができる。犯罪者に栄誉を与えることができるのは精神だけである。とまれ、古代ギリシアの神々も、神の子イエスも共に死に絶えたのである。「神は死んだ」。神はエーテル的理性となって、我々人間精神の内に思弁的理念＝ロゴスとして住み着いたのである[9]。「自然」を乗り越えて、「精神」は独自の道を歩み始めようとしている。精神は知恵によって世界を新しく再構成する。それは「悪」＝知恵・思惟を積極的に取り込んだ「精神の哲学」となるであろう。ヘーゲルの「同一哲学期」はもう終わろうとしている。

注

1 いくつか邦訳がある。平野秩夫訳『自然法学』勁草書房、1963年。松富・国分・高橋訳『近代自然法批判』世界書院、1995年。
2 既に見たように、トロックスラーによるヘーゲルの1801/02年の『論理学・形而上学』の講義ノートに「弁証法的」という言葉が出てきていた。ヘーゲル自身がその頃から使用していたと思われる。
3 GW5『人倫の体系』では形容詞 dialektisch の用例がある（310）。
4 実際には後の1820年の『法の哲学』の§91で、言葉として「抑制」と「強制」が区別されている。その意味ではこの概念はヘーゲルの内に生き続けていたとも言えるかもしれないが、その個所を見る限り、1802年の区別が1820年まで生き続けたとはとても言えない。ヘーゲルは過去の自分の未熟なこだわりを懐かしく思い出しただけなのであろう。
5 生松・元浜・木田訳『ルカーチ著作集11　若きヘーゲル（下）』（白水社、1969年）284-297p 参照。
6 Bernard Bourgeois はこれを当時のヘーゲルの自然哲学と見ている。Bernard Bourgeois　Le droit naturel de Hegel. J. Vrin, 1986, 511-524p 参照。

第 6 章　『自然法論文』その他

7　前掲の上妻精訳『人倫の体系』369p 参照。
8　二人の交流については、前掲拙著『革命と宗教』303-311p 参照。
9　ここには若い日に共に語ったヘルダーリンとの思い出が蘇っていることだろう。ヘルダーリンは『パンとぶどう酒』の最後で、真実が現れるには、「各人が、万人が、我らの父なるエーテルを認識し、自分の所有とする」必要があるとしている。手塚・浅井訳『ヘルダーリン全集 2』(河出書房新社、1967 年) 116p 参照。

第 2 部

超越論的觀念論期

1803-1804

『自然法論文』において、精神は自然より高い、と主張するに至ったヘーゲルは自然と精神の絶対的同一性から出発する同一哲学を捨てて、徐々に超越論的観念論の立場に近づいて行った。「超越論的観念論」とは、経験的意識を哲学者の視点から眺めて、「経験の可能性」の条件を探り、またその働きを主観の内側の形式及び出来事として説明する態度を意味するものである。もちろんヘーゲルのこの時期の超越論的観念論は、まだカントやフィヒテの自我＝自己意識を自己の哲学の原理とするまでには至らないものではあるが、対象を処理する視点は超越論的観念論のものである。実相は以下見てゆくことにする。なお1803年の夏学期の講義予告は「哲学のエンチクロペディー」とあり、「コッタ書店から出るテキストによる」と付記されており、ヘーゲル自身としては一気に哲学体系を書き上げるつもりのようである。ただしこの夏学期は講義はなされなかったようである。1803/04年の冬学期には、「思弁哲学の体系」として、論理学・形而上学、自然哲学、精神哲学のいつものヘーゲルの哲学体系が予告されている。そして論理学・形而上学が「超越論的観念論」と言い換えられている。ヘーゲル自身が超越論的観念論の立場を採用した宣言と見なしていいであろう。なお冬学期の講義予告にはテキストへの言及はなく、「口述」となっている。ヘーゲル自身が一挙にテキストを書き上げるのは困難であると判断したものと思われる。単なる「構想」の時期は終わり、「体系叙述」の時期が始まったのである。

「超越論的観念論期」の基本を前もって示しておく。

① 精神の一元論的展開。自然は精神の他者。
②「精神の労働」という視点の萌芽としての「自己外化」という発想の登場。
③ 論理的諸規定としての本質態 Wesenheit への注目。
④ 主観性を悪として、神と対決しつつ和合を試みる。

第7章　自然は精神の他者

第7章　自然は精神の他者

　1802年の秋から1803年の最初の頃には『ドイツ憲法論』の「清書稿」が書かれているが、それについて先ずは見ておこう。

第1節　『ドイツ憲法論』清書稿 1802/03年 (GW5, 159-202)

　1801年にイエナに来たヘーゲルが最初に取り組んだ草稿は『ドイツ憲法論』であり、その大半はすでに見てきたとおりである。ヘーゲルは1802年の秋頃から『ドイツ憲法論』の清書稿を仕上げ始めた。しかしその試みは、1803年2月25日の「帝国代表主要決議」によって頓挫したものと思われる。この決議によってドイツ帝国は300有余の領邦国家の分裂状態から脱して、30ほどの小国に整理統合が行われた。これはドイツ全体にとっては少しばかり好ましいことではあったが、ヘーゲルにとっては最悪のシナリオであった。けだしヘーゲルは分裂状態の中でほぼ完全にその機能を失っている「ドイツ帝国」を復活させてドイツの統一を図ろうとしていたのであり、30ほどに領邦国家が整理されると、ドイツ帝国復活はますます遠のき、分裂状態が固定化され、ドイツ統一の夢はまさに幻となるからである。現に「ドイツ帝国＝神聖ローマ帝国」は1806年8月には歴史の舞台から正式に退場するのである。『ドイツ憲法論』でのヘーゲルの目論見は完全に失敗したのである。ヘーゲルはおそらくは、1803年の2月の末まではこの清書稿に携わっていたであろう。草稿の途中に欠落があるのは確実であるが、最後は途中で止めており、最後には草稿の欠落はない。清書稿であるということで、この草稿は以前の古い草稿と重なる部分が多い。

⑰ **Deutschland ist kein Staat mehr**（161-178）〔清書稿　その1〕
〔序論部分〕（161-165）
　ここは① 5-14p 及び ⑫ 52-57p の部分を書き直したものである。ヘーゲルは新たに「序論」を書き直したのである。

185

「ドイツはもう国家ではない。昔の国法学者たちはドイツの国家法を論じる際に、ドイツの国制についての概念を確定しようと努力したが、意見の一致をみるには至らなかった。それで最近の国法学者たちは概念を断念して、それを経験的に存在するものとして取り扱うことにした。だがそうだとすると、概念にもたらされないものはそもそも存在さえもしないということなのである。だからある外国の学者と共にドイツの国制はアナーキーと呼ぶ他はないのである。木から落ちた実は確かに昔はその木に属していたが、木はもはやその実を腐敗から守ってはくれないのである。」(161)

見れば分かるように、この辺りは「第1次準備草稿」(1801年)とほぼ同一のものである。「ドイツはもう国家ではない」という1801年に成立した認識が繰り返されている。だが同じくまたその時に成立していた認識、<u>そのような状況を作り出したのは古いドイツの伝統「ドイツ的自由」であるという主張がどこにも見られないことに注目すべきである</u>。すでに指摘したように、「ドイツ的自由」という概念をドイツ帝国崩壊の原因として設定するという営みはヘーゲルの内部で自己矛盾を引き起こしていた。1802/03年の清書稿の段階では、ヘーゲルは「ドイツ的自由」という概念を使うことはできないのである。

「国家の健康は一般に平和な時よりも、戦時の動乱において明らかとなる。……だがこうした結果の原因、精神を尋ねることは平時に適している。またそれらの出来事を考察するのは、……その部外者の人の方がふさわしい。その者こそが事件の必然性を洞察することが出来る。……この著書において示される思想は、一言で言えば、存在するところのものの了解、であり、それによる冷静な洞察である。」(163)

この辺りからすれば、ヘーゲルはまさにドイツのマキャヴェリとして客観的、冷静に「存在するところのものの了解」を目指している。こうした姿勢は既に「第1次準備草稿」にも見られたところである。「存在するところのものの了解」という主張と密接に関係しているのが「必然性」である。だが「人間にとって必然性を認識し思惟するように努める習慣を身に着けるのは困難なことである。」(164) それはヘーゲルの若い日以来の中心概念である「実定性」の概念とも関係しながらヘーゲルの歴史観の形成にコミットしてゆくことになる。実定性概念が、1800年の『実定性改稿』で歴史的視点の

第7章　自然は精神の他者

もとで捉えられるようになって以来、「必然性」は重要性を増してきた。それを端的に示していたのが『自然法論文』であった。既に見たように、この論文を最後に若いヘーゲルの「実定性」概念は消失した。後は「必然性」の理解だけである。何が必然性なのか、自己の理性を研ぎ澄まして、世界精神を、時代の趨勢を見極めなければならないのである。「「ドイツの国制」と呼ばれるものが組織されたのは現在とはまるで違う生活においてのことであった。かの時代の運命が住んでいた建物は、今日の時代の運命によってはもう支えられていない。それは今や世界の精神から遊離して立っている。」(165) そうだとすれば、世界精神は今、何を求めているのであろうか。

1. 国家の概念（165-178）〔中央集権国家への批判〕

この部分の165-171pは⑬の66-72pの写しである。同じものなので引用は省略する。以下の172-178pまでは全く改行されずに一気に書きつづられている。ここが新稿である。

「我々の時代には自称哲学者、人権の教師によって唱導せられている国家理論、およびとてつもない政治実験において行われた国家理論があるが、それによれば全てが最高国家権力に直属させられ、末端までが国家権力によって操縦されることになる。これに対して古代ヨーロッパ諸国の偉大な長所は、個別的な事柄に関しては国民の活動に自由な余地を残したところである。もちろん古代の国家と現代の国家の大きな違いは国家の規模が違うので、古代におけるような直接民主政は現在では採用不可能である。」(173)

このようにヘーゲルはフィヒテおよびロベスピエールの中央集権的な国家理論を厳しく批判している。この批判はそれなりの妥当性を持ちはするが、国民の自由を持ち出すことによって、現存する不平等はそのままに放置され、承認されることになっているのも事実である。しかも国家権力の創設を提案しながら、中央集権を否定するようなヘーゲルのこの発言は彼の提案を色あせたものにせざるを得ない。つまり<u>ヘーゲルは純粋な中央集権的国家権力を望んでいるのではなく、現状の三百有余の領邦国家の連合体を目指しているだけなのである</u>。ヘーゲルの国家統一の願望そのものが、現状維持の保守的な地盤の上に成立する形式的国家統一であることを示している。ただしヘーゲルのこの辺りでの発言は、イギリスの国民経済学研究の成果でもあり、市民社会の独自性にヘーゲルが気付いたことをも示している。『自然法

論文』での「人倫的なものにおける悲劇」の思想が持続している。次のような発言がある。

「教会の設備施設なども国家権力によって作られたものではなく、それぞれの組織の固有の管理と運営によって形成されてきたものである。また国内の社会制度の大部分もそれぞれの欲望のためになされる市民たちの自由な活動によって作り上げられてきたものであり、……政府としてはこれらの制度を擁護するとともに、一方の領域が過大に成長して必要な他方の領域を圧倒することのないように制限するだけでよいのである。」(174)

「国家権力の中心点、つまり政府は、対外的対内的な安全のために必要欠くべからざる権力を組織し、維持することをもっておのれの使命とするものであり、この使命達成のために必要不可欠ではないものはこれを国民の自由に委ねるべきである。かかる事柄については国民の自由行動を許し、それを擁護すること以上に政府にとって神聖なことはないのである。この自由はそれ自体において神聖なものである。」(175)

「なおこうした国民参加は国家にとっても次の3つの点からしても有益なことである。第1にはそれによって経済活動が活発化して、貨幣収入が増える。第2に国民の悟性と優秀性が増してゆく。第3に精神が満足して活気が増え、生き生きとし、のびやかな自己感情が可能となる。」(175)

　こうした国民の自由を一定程度認めるという視点はイギリスの国民経済学の知見を採用したものであると同時に、先に指摘した「ドイツ的自由」の消失とも関係している。1801年の段階でヘーゲルはドイツがもう国家ではないという分裂状態の原因として「ドイツ的自由」を糾弾したのであったが、論考の最後にきて多くの民衆が一定の自由を強く愛好し、求めていることを容認したのであった。現在のイギリスで進行している市民社会での営業の自由、交易の自由といった活動と、「ドイツ的自由」はこうしてこの段階1802/03年で部分的に重なったのであろう。ヘーゲルはこの段階で「ドイツ的自由」を正面から批判する態度を撤回したのである。こうしてヘーゲルは現在のドイツの分裂したままでの領邦国家の諸制度をそのまま認めながら、形式的統一だけを求めようとしているのである。これではまるで「形式的観念論」だとヘーゲルが批判し続けてきたカント・フィヒテの哲学と同じである。政治の領域でもヘーゲルは超越論的観念論＝形式的観念論に近づい

第 7 章　自然は精神の他者

ているのである。

　なお続くヘーゲルの批判から明らかになるのであるが、ヘーゲルは現在のフランス共和国（ナポレオンが支配しているのだが）、をもロベスピエール時代と同様の中央集権国家と見なしており、更にはまたプロイセンをも同じグループに算入して、その国土には精神に欠けた生活が蔓延していると非難している（177参照）。ヘーゲルが中央集権国家に反対しているのは明瞭である。かくしてこう結論されている。
「こうして我々は国家権力にとって必然的な事柄とそうではない偶然的な事柄とを区別する。後者の中には国民の社会的結合にとっては必然的なものも含まれるが、国家権力にとっては必要不可欠なものではない。そうした領域を国民の自由に委ねている国家こそが無限に強力な国家なのである。」(178)
これまでの軍国主義者ヘーゲルが少し柔和になった観があるが、それはあくまでも「人倫的なものにおける悲劇」の一環であり、市民社会での営業の自由等に関与する部分であり、古代的な絶対的人倫の思想が放棄されたわけではない。中央集権国家を批判することによって、この時期のヘーゲルの国家は益々近代国家から遠ざかるのである。というよりもヘーゲルがこれまで求め続けてきたドイツの統一なるものが実は前近代的な統一であったことがここにきて露呈しているのである。これまでヘーゲルが求めていたのは領邦国家の独自性を認めた上での緩やかな「ドイツ帝国」の連合体であったことが分かるのである。彼が求めたのは、領邦国家の独自性を全て否定した上での新たなドイツ帝国ではなかったのである。ここには、宗教の分野だけではなく、政治の分野においてもヘーゲルの保守的な心性が見え隠れしているのである。

⑱ jedes Gesicht auf（179-201）〔清書稿　その２〕

　この直前の草稿とこの草稿とは形式的にはつながっているが、見ればわかるようにこの草稿は文章の途中から始まっており、一部の原稿が喪失したことは確実である。この部分は古い草稿 ⑨ Die Fortpflanzung dieses kriegerischen Talents をほぼそのまま利用したものであり、先行部分も写されていたことは確実であろうが、その部分が無くなったようである。ただし無くなったのが、⑨の草稿の写しだけとは限らない。

〔軍隊〕(179-182)
　この部分は 77-80p の写しである。帝国軍隊の性能上不利なる点は多々あるが、最も大事なことはそこに決して一つの統一ある軍隊が編成されていないということである。

〔財政〕(182-187)
　この部分も初めの部分は新しい文章であるが、183p からは 82p からの写しである。しかし最後の方では新しい文章も書かれている。ヨーロッパの諸国が多少とも封建制度を離脱してからは、財政は国家権力の一つの本質的な部分となり、国家権力の掌中に直接的に帰す他はなかった。

〔領土〕(187-192)
　この部分は最初から、30-35p の写しであり、その後に新しい文章の追加が 1 ページほどある。「ここでは遠い昔にまでさかのぼることなく、ウエストファリア条約以降の外国勢力との関係を見てゆくことにする。最近のリュネヴィル和約はドイツからライン左岸をもぎ取り、それによって領邦君主の数を減少させ、更には弱小の帝国議員の数を一層減少させて、個々の部分が全体に対して、また弱小議員に対して一層の脅威となることの基礎を置いた。」(192)
　ここはヘーゲルのドイツの現状に対する姿勢を知る上で重要である。ヘーゲルはプロイセンなどの強大な「個々の部分」が全体、つまりは「ドイツ帝国」に対立するようになる事態を憂えているのである（ヘーゲルの古い用語を使えば、それこそがまさに実定性である）。ヘーゲルの眼からすれば、そうなればドイツの統一はますます遠ざかるのである。

〔司法〕(192-201)
　ここは内容はともかくとして、文章は全てが新しく書かれたようである。「以上のようにドイツは戦力及び財力においてそれ自身独立の国家権力を形作らず、一つの国家ではなく、多くの独立国家の寄せ集めである。それらの内の強大なものは対外関係においても独立国家として振舞っている。弱小のものはただし大勢に追随する他はない。」(192)「またそれらの内に連合が出来た時にも、その「連合」は出来るだけ機能しないものとなるように調整される。」(193)「だがそれにもかかわらず、ドイツが一つの国家たるべし

という要求は存在する。これを可能とするのは「観念国家 Gedankenstaat」である。ドイツは観念においては国家であるが、現実においては国家ではないのである。観念国家の体系とは、国家の本質に属する事柄において何ら実力を持たない法体系である。」(194)

この「観念国家」という表現も清書稿特有の表現であるが、同趣旨の思想は既に「第１次準備草稿」にも見られたところである。「観念国家」はまさに実在性を欠いた主観的な観念にしか過ぎない存在であり、同一哲学が求めたイデア的存在ではないのである。

「ドイツの観念国家においては法律は直線であるのに、それが実現される現実は曲線なのであり、これら２つの線は通約不可能なのである。司法とはそもそも思想を現実へと適用し、実現するものであるが、ドイツにあってはその司法自身がまたしても観念上のものにされてしまうのである。」(196)「司法権はこうして麻痺してしまうのである。」(197)

この後、帝国最高裁判所の判事の数の推移が具体的に説明されたりしている。結論として、こう言われている。

「国家権力が存在すべしという要求は確かにある。そしてまたそれが単なる思想ではなく実現されなければならないという要求もある。だがそれは<u>服従を拒む者たち</u>と対立している。法的処置の実現は観念上のものに終わるのである。」(201) ここに見られる「服従を拒む者たち」とは「ドイツ的自由」を主張する者たちのことであるのは明白であるが、ここでもヘーゲルは「ドイツ的自由」という言葉を封印している。

Kapitel Rechtmässigkeit ‚daß ...（201-202）

　１ページ余りの短いものではあるが、まとまった国家理論となっている。直前の結論を受けての展開であることは明白である。次のような表題が付けられている。

〔第２〕章　国法の執行が実現しないことの合法性

「先行の章では次のことが示された。国家は法的な処置が何等実行されないことによって、観念国家にとどまり、法的処置の力は威力によって妨げられる。」(201)「野蛮状態とは民族が一つの国家をなすことなく、単なる群衆である状態のことである。……きちんと出来上がった国家においては君主の人格性と諸個人との間に法律が、<u>普遍性</u>がある。……国家が最高権力であり

且つまた諸個人が国家によって圧殺されることがないという矛盾を解くのは法律の威力である。この課題を解くことに国家組織の全ての知恵がかかっている。」(202)

このようにヘーゲルは君主政をモデルに法治国家の像を描こうとしたところで筆を折っている。国家が遂行すべき「知恵」は描かれないままである。結局、ヘーゲル自身による自分の時代の世界精神の必然性の認識は示されなかったのである。むしろヘーゲルは時代の現実の「必然性」を前にして、もう『ドイツ憲法論』を語ることはできなくなったのである。けだしそこには、「普遍性」を備えた君主が存在していないからである。ただしヘーゲルにも、カントやフィヒテのように、抽象的に「国家理論」そのものを語る道は残されている。それが実際に語られるかどうかは、ヘーゲル自身の情動と時代の動きにかかっている(これが実際に語られるのは『1805/06 年の精神哲学』においてである)。今はしばし「政治」の世界から遠ざかる他はないのである。この後、ヘーゲルはシラーによれば、軽い鬱状態に陥ったようである。それは「哲学体系」を叙述・構築するためのしばしの休養期間であった。

第2節　1803 年夏学期の講義草稿 (GW5, 365-377)
——自然は精神の他者

ヘーゲルの 1803 年の夏学期の講義草稿と思われるものが残されている。ここには 3 つの断片が納められている。成立は全て 1803 年の夏と推定されている。この草稿において、後々までヘーゲルの有名な言葉となる「自然は精神の他者」という表現が登場する。なおこの草稿はアカデミー版全集の第 5 巻 (1998 年) で初めて公表されたものである。

① **ist auf das Allgemeine** (365-369)
〔世界との対決・絶対的孤独、認識のエレメント〕
これは 1801 年以来の「哲学の欲求」を詳しく展開したものであり、哲学体系の序論の部分と思えばいい。「哲学の欲求」を先頭に置く様式はこの草

第7章　自然は精神の他者

稿でもって終わりとなる。ヘーゲルはようやくにして政治から一歩退いて、「哲学者」として生きてゆく決意を固めたのである。『ドイツ憲法論』の③の草稿に既に見られ、『差異論文』で「哲学の欲求」と呼ばれていた、哲学への欲求を持つ「目覚めた意識」が次のように描かれている。

「哲学することへの衝動に目覚めた主体は、絶対的に個別的なものとして存在し、見捨てられたものとして存在する。彼が欲するのは全てである。人間は自己を孤立したものとして、独自に存在するものとして、絶対的人格として認識している。目覚めた意識は神に対する自己の関係、世界に対する自己の関係を問う。」(366)

既にみた『人倫の体系』で、ヘーゲルは動物には<u>絶対的孤独</u>がなく、それがあるのは人間だけだ、と述べていた（GW5, 295 参照）。人間主観は絶対的孤独において「世界」と対峙する。この絶対的孤独が我々人間の限界であると同時に絶対的な存在条件である。<u>哲学者たる我々は1人で、世界と対決する他</u>はないのである。だが個人はいかに世界に対立するとも、世界なしに存在することはできない。それだけではなく、「自然及び客観的世界に対する個人の対立した関係は〔永続的には〕不可能であり、世界はその法則の権利と固有の存在において存立し続けなければならない。だから個人は〔世界との〕共同の活動の様式を考案することが出来るだけである。そこにおいて自然は必然性という自分の道を独自に歩む、そして個人はいわば自然が自分の目的と合致する場所で<u>自然を待ち伏せる</u>のである。そして個人はこうして自然に関係し、自然が自分だけで動いているかのように、自然を欺くのである。」(367) これが哲学の営みであり、後の言葉で言えば、「理性の狡知」である。ヘーゲルの「自然哲学」が少し変化してきているのが分かる。同一哲学期でのように、無理やり自然をイデア・理念の姿で描くのではなく、自然の独自性を認めつつ、自然を理念の発展段階の中に位置づけ、その局面を精神的な姿で示すことになる。そして哲学は最終的には「個人の個別性と世界の普遍性を和解させる」という課題の解決を目指すのである。「だが世界自身も自分に対する個別性の対立の解消を所持している」とヘーゲルは述べる。この関係は具体的には「自然に対する個人の合目的的な振舞いの法則の体系、賢さの体系の内に、次には人倫の体系の内に、また諸学の全体の内に、そして最後には宗教的直観の形態化の内に」実現されている (367)、

としている。このようにヘーゲルは哲学の営みをそれだけとして捉えるのではなく、哲学が対象とする自然・世界それ自身も形態化を経て①合法則的自然、②自然の有効利用、③人間世界での人倫組織の形成、④更には学問や宗教の有機組織が形成される、と主張する。これがそのままこの時期のヘーゲルの哲学の体系であろう。①が自然哲学、②は市民社会論、③は国家論、④は絶対的精神論ということになるだろう。②③④を合わせたものが「精神哲学」だと考えればいいであろう。大雑把な体系ではあるが、宗教が頂点に位置していることが分かる（宗教の具体的内容は次の草稿で展開されている）。もちろん「宗教」は「哲学」によって把握される。上記の引用にもあったように、「目覚めた意識は神に対する自己の関係」を問うのである。「哲学」が全てを、つまり自然と世界の全体である神を把握し、描き切るのであり、またそうしなければならないのである。

　個々人も民族も時代の内に生きている。「だがこの全体との関係を個人が対立したものとして固定的に捉えると、彼は不幸なものとなり、こうした感覚で行為すると、彼は犯罪者となる」とされている。それはソクラテスやイエスの運命であるとともに、宗教と社会の実定性を激しく糾弾していたヘーゲル自身の若い頃が思い出されているのであろう。ヘーゲル自身1800年の頃に、一歩間違えると、親友のシンクレーア同様、大逆罪で逮捕されたかもしれないのである。「全体がそうした対立を固定することになると、精神の有機的全体としての民族の大多数において分離が起こる。そうなると結びつきの全体が失われてしまう。各々の成員のもとから撤退した生き生きとした生命の精神は新しい形態を求め、新しい有機的組織を獲得しなければならない。」(368-369) つまり個人の反抗は時代そのものの生命の枯渇の現れでもある。時代は新しい精神の誕生を求めているのである。そこに犯罪は起こるのである。

「この不和抗争の内に哲学の現存在はその根拠を有している。生命がそこで獲得する形態は絶対的に自由な形態であり、認識のエレメントにおける形態である。このエレメントはそれ自身意識であり、個別性である。それは観念的な形態化であり、絶対的に普遍的な自由なそれである。けだしここにおいてはいかなる規定性も濁ることなく、それは純粋な透明なエーテルである。このエーテルは自己内で無限に自己形態化する認識である。」(369)

第7章　自然は精神の他者

　時代の内で生きる哲学は絶対的孤独を経験し、世界と対峙するが、個人はその際、「認識のエレメント」においてすべてを把握しようとする。そのエレメントをここでヘーゲルは「エーテル」と呼んでいる。既に見た如く、エーテルは1802年以降特別に重要な意味合いを持ってヘーゲル哲学体系の内に息づいてゆくことになる。当面のこの個所では、エーテルは主観の純粋な思惟活動であり、それが透明であるということは、思惟活動が孤独な営みでありながらも、<u>万人に共通する地盤である</u>ということであろう。個人の内に成立するそうした共同の地盤こそが超越論的観念論が切り拓く思弁的精神空間である。ヘーゲル自身がこの時期、「超越論的観念論」の立場に立ったのである。人間主観はそれぞれが世界と対峙する絶対的孤独の内に存在しているが、各人は先ずは世界を「認識のエレメント」において、つまりは主観性の内部で把握しようとする存在である。そしてこの主観性の思惟活動は万人に共通する純粋悟性概念＝カテゴリーとして、そしてまたプラトン的範疇＝同・異・存在として、まさにエーテル的透明さの内で展開する。かくして思惟の内では各人の個別性は消滅し、普遍性・本質態が支配するのである。こうした超越論的観念論の立場に立つことによって、ヘーゲルは同一哲学期以来求め続けてきた各人の個別性・個体性の廃棄を、思惟を地盤とするロゴスの普遍性の内で実現しようとするのである。そしてこのように宇宙・世界全体を把握しようとする主観性をヘーゲルはやがて明瞭に「悪」として把握し、善なる神（世界）と対峙するのである。

② **Das Wesen des Geistes** (370-373)〔精神の他者としての自然〕

　これは「精神」と「自然」の関係についてのこの時期のヘーゲルの新しい知見を述べた草稿として重要なものである。内容的には直前の草稿と関係していて、その続きとみればいい。自然は明白に「精神の他者」として規定され、この規定がその後のヘーゲルにおいても持続することになる。この草稿では自分のこれからの講義の目次が語られている。自然と精神はもはや絶対的同一性のもとにあるのではなく、精神は自然を超越し、支配するに至るのである。ヘーゲルはそうしたものとしての精神を次のように描いてゆく。

「精神の本質は次のごとくである、つまり精神は自然に対立している自分を見出す、そしてこの対立と戦う、そして自然に対する勝者として自己自身へ

と到達する。精神は存在するものではなく、生成するものである。……精神は単に自己の異他的存在 Andersseyn[6] の廃棄である。精神自身とは別のこの他者が自然である。精神は単にこの異他的存在から自己を自己自身に等しいものにするものである。<u>精神の本質は自己同等性ではなく、自己を自己同等なものに作りなすことである</u>。精神は、自己の異他的存在、つまりは自然を廃棄することによって自己を自己同等なものにする。精神が自然を廃棄するのは、この異他的存在は精神自身であると認識することによってであり、自然は対立するものとして措定された精神自身に他ならないと認識することによってである。この認識によって精神は解放される、換言すればこの解放によってはじめてそれは精神である。」(370)

このように認識の機能が強調され、自己自身を否定しながら、自己へと還帰するものとして精神一元論が展開され始める。精神は自然と根源的に同一であると主張するのではなく、自然との同一性を自ら作り出してゆかなければならないのである。「精神の労働」という視点が徐々に形成されてきているのが分かる。精神の他者たる自然は、何と驚くべきことに、この時期には<u>精神に支配され</u>、その意味で「軽蔑」されることになる。「個別的な精神は、人それぞれの性格というエネルギーとして、自分を固持していて、彼の個体性は自然などどうでもいいと、主張し、自然の猛威を軽蔑する。この軽蔑において彼は自然を遠ざけるのである。」もちろん「自然の軽蔑はまだ精神の自己のもとでの存在ではないのであり」、精神の完成段階ではない。だがヘーゲルはこのような、自然を軽蔑し、自然に対立している精神を「空虚」と呼び、<u>この空虚を精神の不可欠の構成要素として確定する</u>（それは先に「絶対的孤独」と呼ばれたものと同じものである）。「精神が自然の内で直観する自分自身の像は、精神が自分自身に対立する限りでのみ、自然からの精神の解放である。そこにおいて精神は自然であることを止める。精神は自分にとって他者 anderes となることによって、自己自身を喪失する。精神は空虚である、宇宙の全富はこの空虚に対抗している。」(371)

空虚なる無としての精神＝絶対的孤独の前に自然全体が無限に広がっている。だが「統一としての自然、その全体としての自然は未知なるもの、彼岸であり続ける、<u>それを神と呼ぼうが自然と呼ぼうがどちらでも構わない。神とは認識する精神が自己を端的に不等として措定するところのものであ</u>

第7章　自然は精神の他者

る。」(372) 宗教に対する新たな認識が示されている。既に『信仰と知』においてヘーゲルは「神は死んだ」と宣言した。そしてその言葉を「自然は至る所で失われた神を指し示している」というパスカルの言葉で言い換えていた。神とは認識されざる自然の統一である。否、それは認識されていない以上、統一ではなく、<u>混沌なのである</u>。目覚めた意識たる精神はこの混沌を自己に不等なものとして措定するが、最後にはそれを自己と同一化しなければならない。それなくして精神の完成はない。精神は自然の内に死んでしまった神を認識しなければならないのである。それは先に「自然を待ち伏せる」(367) と言われていたことと同じである。そして待ち伏せした先で死んだ神と対決しなければならないのである。この草稿ではヘーゲルは先ずは死んだ神の第1段階、つまりは芸術と自然宗教を次のように描いてゆく。

「自然は生き生きとした直観、お好みとあれば、詩的直観にとっては全体である。詩的直観は藪の中に、空気の内に、水の内に同胞を認識する。」だが「無限なものをめぐる詩をその正当性において登場させるためには、無限なもの自身を形態化し、人倫的な個体性は自然の外へと歩み出なければならない。自然は副次的存在 Beiwesen であり、人倫的個体性の道具である。」(372)「同様にまた詩の神々あるいは純粋に詩的なものは制限された諸形態であり、絶対的精神、絶対的生命は、あらゆる形態への無関心性であるからして、自己の本質の内で、存在するとともに、消滅してゆくのであり、詩から逃れてゆくのである。絶対的精神は哲学の内でのみ表明され、表現され得るのである。」(373)

このようにヘーゲルは自然宗教を芸術宗教として捉えているが、それが描く無限なもの、つまり「神」は結局制限されたものになる他はない。どんなに素晴らしい芸術においても、神は十全には捉えきれないのであり、絶対的精神は芸術を見捨てて哲学へと救いを求める。ヘーゲルはシェリングほど芸術哲学に多くを期待しないのである。

「本来の認識、つまり**自然の哲学**は芸術一般が出来ないことを実現する、つまり自然を形式的な全体ではなく、絶対的全体へと高める。自然は哲学にとってはある種制限された生命性ではなく、自然の全富における生命である。精神は自己の全内容の内で自分にとって他者となる。そして認識する個人は精神をその異他的存在において全体として直観することによって、何か

197

を自分独自に属するものとして対自的に保持しようとすることを止める。個人は彼の所有となり得るもの全てを<u>外化・譲渡</u>する。この喪失において彼に残されているのは空虚つまりは普遍性だけである。彼は全てから解放されている。個人の諸々の個別性自身が個人の外部に措定されることによって、それら個別性自身が自由で普遍的であり、各人に属するとともに、個人自身に属さない。それら個別性は対自的に存在している。しかしそれら個別性の対自存在、つまりそれらの普遍性は、その普遍性が呑み込んだものであり、それが個別性の無限性である。この無限性においてそれら個別性はただ相互の関係の内にのみ存在しており、つまりはむしろ対自的には存在していない。対自的に存在するのは対自存在だけであり、つまりは絶対者だけである。認識が自己自身のこの<u>自己外措定</u>をそれが自体的にある姿で認識するならば、有機的組織は……」(373) この後は途切れている。

　見られるように、1803年の段階においては、宗教だけでなく、芸術も絶対者を把握できないものとして確定されている。神も、芸術も死んだのである。残されているのは「哲学」だけである。哲学は「自然の哲学」を形成することによって、芸術の不在を補完する。個人はその哲学の内で自己の全てを外化・譲渡して絶対者の内で消滅してゆく。ただし個人には空虚が残されている。この空虚が彼の「主観性」であり、先に「認識のエレメント」と呼ばれたものである。この主観性への注目によって、ヘーゲルは超越論的観念論に近づいてゆくのである。だが1803/04年のヘーゲルにとっては、個体性の原理はまだ確立されておらず、個人は民族精神および絶対者の内で消滅する存在である。「対自存在するのは絶対者だけである」、と同一哲学期と同じ趣旨の主張が上記でなされている。だが個人、個別性が端的には承認されていなくとも、対自存在としてほぼ承認されかけているのも事実である。「自己外化・譲渡 sich entäußern」とか「自己自身の自己外措定 Außersichsetzen seiner selbst」という言葉が使用されており (373)、全てを主体の労働の成果として把握しようとする視点が垣間見えてもいる。これは先に私が「精神の労働」という視点として述べたものと同じものであり、この頃のイギリス国民経済学の研究の成果と思われる。精神が自己の内から全てを生み出すことになる（労働価値説）。更に、個人は「自然の全富」と対峙する「空虚」・「絶対的孤独」として描かれることによって、同一哲学期の

絶対者像である「夜」「闇」と重なって、絶対者の内に潜り込もうとしているのである。絶対者は主観性へと変身する。そして主観性が紡ぎ出す思惟諸規定、カテゴリーを批判し、それらの相互関係を整理すること、つまりは「論理学」を形成してゆくことがヘーゲルの課題となる（この課題の遂行が『1804/05年の論理学・形而上学』である）。

③ **seiner Form**（374-377）〔神話、芸術宗教としての自然宗教〕

　ここでは神話及び芸術が取り上げられている。その意味でこの草稿は先に見たいわゆる『人倫の体系の続稿』と重なっている。
「神話は自由な生命性の直観の内にある。それはその現存の必然性、その外在性の形式から身を引き離し、単純な自己同等的な精神となる。神話は自然の内で始まる、自然はその干からびた姿から出て持続的な生命へと形作られ、そこにおいて自ら意識となる。より高い神話は人倫的なものへと高まる、神話はあの自然の精神をある民族の意識へと高める、そして民族の人倫的精神はそこに自己を認識する。」(374) ここでは古代ギリシアの神話が考えられているのであろう。そしてそれが後のヘーゲルの宗教哲学での理解と同様に、自然的な神々と人倫的な神々に区分されていることが分かる。
「ある民族の精神は他の諸民族の神々をも自己と並んで承認するが、ある民族は自分の神と並んで他の神を認めずに、自分たちの神だけを普遍的なもの、民族神にするのであれば、それは最悪であり、忌むべきものであろう。」(375) ここでは包容力のある古代ローマの神殿と偏狭なユダヤ教が言及されている。
「ムネモシュネ（記憶の女神）、つまり絶対的ミューズたる芸術は無限なものの形態を外的に直観可能にし、目に見え、耳に聞こえるように表現する。このミューズは民族の普遍的な語りかける意識である。芸術作品は民族の全員の作品である。」(376) この後、石造りのアーチの制作についての比喩的な表現、「みんなが石を運ぶ」等々と言われている (376)。ここはエジプトの宗教であろうか。上記のいずれの古代宗教も、またそれに伴う芸術作品も個人の作品ではなく、民族全員の作品、まさに民族精神の現れであった、とヘーゲルは言いたいのであろう。それに引き換え、「現代はもう芸術作品の時代ではない。芸術作品が生き生きとしている時代ではない。現代の芸術は

その作品に夢想という性格を、生きてはいないという性格を、端的な過去なのだという性格を押印する他はない。」(377) 芸術宗教の時代は、つまり生きている神々の時代は終わったのである。芸術は民族の生き生きとした作品であることを止め、個人の夢想に変質したのである。

　この後に続くはずの宗教、及び哲学については何も述べられていない。結局この３つの草稿においてはヘーゲルの哲学体系の大枠が示されて、自然と精神が区別され、精神が自然全体をも包み込む「空虚」として描かれ、この空虚は自己を外化し、表現する。そして表現された精神の最高段階としての宗教が論じられているが、宗教はその第１段階、自然宗教＝芸術宗教の部分のみが語られたままに途切れているのである。注目すべきは宗教が古代ギリシア、ユダヤ教、キリスト教だけではなく、ローマ及びエジプトにまで視野が広げられていることである。また哲学もそれら芸術及び宗教の不備を補うものとして言及されているが、この時期の草稿では具体的な姿を取ってはいない。それを遂行するのが以下の草稿群である。

第３節　『1803/04 年の自然哲学』草稿

　かつてホフマイスターによって『イエナ実在哲学Ｉ』と呼ばれていた草稿は、アカデミー版の新全集では『イエナ体系構想Ｉ』と呼ばれている。それは 1803/04 年の冬学期の講義の準備草稿と見なされる。成立もその頃であろう。予告されていた「論理学・形而上学」の草稿がないのが気になるが、残された「自然哲学」の草稿も「精神哲学」の草稿もその多くは断片的である。そこからこれらがヘーゲルが初めて書き下ろした自分の「哲学体系」草稿であることが推測される。私はこの草稿を『1803/04 年の自然哲学』、『1803/04 年の精神哲学』と分けて呼ぶことにする。先ずは『1803/04 年の自然哲学』[7]から見てゆこう。この草稿に関しては当時の自然哲学に関する私自身の知識不足のため、ヘーゲルの言わんとするところが理解できないところが多々存在する。不十分な考察を書き記すことをお許しいただきたい。以下の〔　〕の見出しは私が付けたものである。

第7章　自然は精神の他者

〔天上の体系と地上の体系、機械論〕　(GW6, 3-30)
断片1.
　途中から始まっている。太陽からの距離が離れるにつれて惑星の密度が低くなるという法則に触れながら、それが天王星には当てはまらないという事実を指摘して、その法則が恣意的な前提に依拠した、一面的なものだとしている。そしてシェリングの名前を出して、「だからシェリングは質量の価値を独自に評価することはしなかった」としている。続いて「そこで第1に地球がどのようにして形成されてきたのかを認識しなければならない。そのためにまず第1に、地球のイデア・理念を構成しなければならない。その後でこのイデア・理念そのものがそれの固有の規定性において表現できるのである」(3)、と言われている。このように先ずはイデア・理念を描き、次に実在としての姿を描くという、ヘーゲルの今後も持続するスタイルが既に登場している。それはまさに観念論的な設定であり、「古代的イデア主義」は健在であるとも言えるが、ここではイデアは実在と対立する関係にある。イエナ初期に比べてイデアの権能が限定されている。なおイデアを先行させるという態度に関して言えば、現代の宇宙理論においても我々は単なる事実だけからは出発できないのであり、何らかのイデア・理念を立ててそれを証明する他はないのも事実である。

〔天上の体系から〕　地上の体系への移行
　この「地上の体系への移行」という見出しはヘーゲルが付けたものであり、ここに示されているように、イエナ初期のヘーゲルの自然哲学はプラトン、アリストテレスに倣い、天上の体系がまず述べられて、次に地上の体系が述べられるという順序になっていて、これは『1804/05年の自然哲学』まで続けられる。
「太陽系は4つの運動の絶対的総体性であり、同一性である」と言われている。4つの運動は次の断片2．に具体的に示されている。この宇宙の4つの運動体系は先の『惑星軌道論』においては明示されてはいなかったが、そこでも「太陽、惑星、彗星」の3つの「運動」が主要なものとして指摘されていた（GW5, 241 参照）。これに「月」が加わっての4つの宇宙の運動体系は以後のヘーゲルの「自然哲学」の中に受容され続けることになる。例えば、ヘーゲルの最後の『自然哲学』である『エンチクロペディー』第3

版（1830年）§279と§280でもその4つの運動が述べられている（GW20, 282-284参照）。なおこの時期（1803/04年）のヘーゲルにとっては、宇宙とは太陽系のことであり、それ以外の恒星群は触れられることはほとんどない。太陽系を論じることがこの時期のヘーゲルの宇宙論なのである。ある種、中世的な世界観がヘーゲルの精神を支配していたと言えよう。太陽を太陽系に限定して、それを含めての広い天上界・宇宙を独立に論じるようになるのは『1805/06年の自然哲学』からである。

断片2.

4つの運動は地球、太陽、月、彗星である。「太陽は単に実在的な中心であり、観念性を欠いている。月は単に観念的な中心である。彗星は観念的中心と実在的中心の2つを混ぜ合わせている。地球はその2つを自己内で分離して、なおかつ結合する。」(7) 見られるようにヘーゲルの宇宙論では地球がすべての中心である。プラトンの『ティマイオス』が大きく影響しているようである。もちろんヘーゲルは天動説の立場ではなく、地動説を認めているが、地球中心主義を捨てきれないのである。「地球は光の運動の無限性から自己自身の内への真の還帰である。そこにおいて直観からの絶対的相関は反省へと転化する。光は一方で自己を太陽として、そして対立した形で月および彗星として分裂し、それらの内で自己を他者として直観する。それに対して地球はそれらの受動的な媒辞である。」(8) このように地球は自己内還帰する中心として、全ての運動の媒辞として構想されている。しかしここの叙述からすると、4つの運動を論じる前に「光」が位置付けられていることは確実である。続く叙述では、光の運動が「自己自身の反対」であるとか、反省の統一、「観念的無差別点」とも言われている。おそらく無差別点としての「光」が天上の運動としての4つの運動に先行していたであろう。その構想は『差異論文』にも見られたところである。そして光よりも前に、つまり自然哲学の先頭に「エーテル」が位置していたであろう（後述、本書208, 215-217p参照）。

最後にこう言われている。「地球は自己自身の生命性とは反対のものとして先ずは現象する。……その死滅として現れる第1の契機が機械論 Mechanismus である。」(9) こうして「生命」よりも前に、「機械論」が始まる。「機械論」としての自然はまさに死んだ神なのであろう。

第7章　自然は精神の他者

断片3.

「地球においては運動の2つの、つまり観念的な無差別点と実在的な無差別点が措定されている。」(11) この2つの無差別点は絶対的静止と絶対的物質である。2つを合わせれば近代自然科学が捉えた物質、つまりは「惰性的物質」が成立する。ヘーゲルはそれをここで「原子」と呼んでいる。質量は不可分の原子に分けられるとともに、<u>無限に分割される</u>。ここには「否定的な一と肯定的な一の絶対的矛盾が措定されている」(12) と言われている。この辺りの記述を根拠として、この時期のヘーゲルが原子説を採用しているとする解釈もあるが[8]、誤解と思われる。既に『差異論文』でフィヒテの原子論的自然観及び社会理論を批判し、1802/03年の『自然法論文』で近代自然法の原子論的社会理論を批判していたヘーゲルが (GW4, 53-58, 425)、1年後の『1803/04年の自然哲学』において原子論を採用するとは考えられない。見られるようにここでのヘーゲルは「原子説」を採用しているわけではなく、それの持つ矛盾を指摘しているだけである。上記のヘーゲルの表現「無限に分割される」原子などというものは、「原子」とは呼べないのである。シェリングも当時の代表的な原子論者ルサージュ (1724-1803年) の「機械的原子論」に対抗して「力動的原子論」を唱えたことがあったが、唯物論的原子論とは無縁の観念論的用語であった[9]。ともかくヘーゲルはここで惰性的物質を「原子」と呼んでいるのであり、惰性的物質なるものはヘーゲルにとっては単なる虚構なのである。

こうした惰性的物質も何らかの「力」を受けて活動する。それが、(a) 重力、(b) 落下、(c) 放物線運動、(d) 振り子運動、(e) 梃、として取り扱われて、途中で途切れている。(18参照)

断片4.

内容的には直前の断片と重なっているが、編集者も推測しているように、同じ分野の時期的に**異なる草稿**であろう[10]。こちらの方が整理されている。同一分野に関しても何種類かの草稿があったと考えられる。途中から始まっているが、明らかに「機械論」以下の叙述の「区分」を述べていて、第2部が化学論で、次が両者の統一としての「有機的物理学」である、としている。断片3．の11-12pで同様の区分が述べられていたが、そこには「有機体」という表現はなかった。

Ⅰ．機械論

「機械論は天上の体系から地上の体系への移行とともに始まる、つまりは運動の静止への還元であり、両者の分離から始まる。運動と静止はそれぞれが自己自身の反対となっている。地球は両者の統一ではあるが、まだ全く無規定の一者である。機械論では、第1には死せる質量の内に運動が措定される、振り子と梃。第2には個々の物体が生じ、一方が流動性で、他方が粘土である。第3にはそれらが形態となる、磁気あるいは凝集力。」(22)

以下、この区分に従って第1から始まるが、ヘーゲルの表記はいつものことながら混乱しているので、その表記は無視して見てゆくことにする。

機械論の第1のポテンツ、直線運動。

「天上の物体の自己同等的なものは今や運動から静止へと至り、死せる質量となる。それは自己内還帰しており、反省の一者である。」つまり多くの原子となる。原子について断片3．と同様の主張（不可分でありまた無限に分割されるという矛盾）が繰り返されている（24）。つまり原子は定量 Quantum であり、無関心的で、惰性的である。だがその惰性は自己を廃棄して重力となる。「否定的なものとしての惰性」が「重力」を意味する。「重力は否定的自立性であり、否定的実体性である。」重力は惰性的物質の無関心性を克服して、「外へと向かっている。」（25-26 参照）　運動は静止から始まり、静止して止む、つまり落下である。「天上の運動は円運動であり、始まりも終わりもない無限なものである。そこには動かされたものはなかった〔おそらく自分自身で動いていたということだろう〕。それに対して地上において初めて動かされたものが登場する」とされている（28）。これが落下に代表される直線運動である。アリストテレスの運動理論、天上界は円運動、地上は直線運動、がそのまま採用されている。

機械論の第2のポテンツ、曲線運動。

ここには静止した能動的質量と、それによって動かされた無活動の質量と、それらを結びつける媒辞がある。第2のポテンツは曲線〔放物線を描く〕運動である。(30)

第7章　自然は精神の他者

〔化学論と自然学〕（GW6, 31-209）

断片 5.

ここでヘーゲルは大気圧の変化と、海の干潮と満潮の問題に触れている。編集者の注によると、これは当時多くの人が論じた問題であるという。ヘーゲルは最後にこう言っている。「これは地球上における天体運動の表現である。海の干満は月の運行に関係づけられるが、月自身はその運動において何ら自立的な本性を持たない。だから月の運動は他のものによって認識されねばならない。」(33) 月の引力による潮の干満はヘーゲルが尊敬するケプラーの独創的な主張であったが、編集者の注にもあるように、ヘーゲルはここでは必ずしもケプラーに全面的に賛成しておらず、太陽の働きをも強調するラプラスの説にも注意を払っている。この視点は後の『自然哲学』でも同様である（GW24, 3,1253 参照[11]）。

断片 6.

かなり長いものである。最初の所で化学論への移行が取り扱われているが、それらが天体の運動と関連付けられていて、何とも難解である。地上の運動を天上の運動と関連付けて論じる手法はこれ以降も生涯変わることなく見られるヘーゲルの手法である。「地球は２つの運動、太陽を回る運動と地軸の自転運動を自己内に取り入れた。流動性と粘性の統一。東西の極、南北の極。死せる形態において２つの側面の普遍的な肯定的な統一が指定されているが、否定的統一は指定されていない。全形態を流動性のもとに包摂するとそれらは自立的な粘土に解消する。彗星的自然としての地球・大地は月である。……地球の彗星的自然とともに、我々は化学論の第２のポテンツに歩み入る。凝集力の観念的極が実在的となり、対自存在する。」(38-39) ともかく物質の流動性とか、粘性を「月」や「彗星」の作用と結びつけて、地上の物質の化学論的説明に移ってゆこうということのようである。

Ⅱ．化学論

個々の要素は、① 流動性。② 比重、粘土。③ 両者の統一としての完全な物質、物質的質。それらは規定性と無差別の絶対的矛盾であり、以下はその展開である。(45 参照)

先ずは規定性の側面からそれらを見てゆく。第１の元素は窒素、第２は水素、第３は酸素、第４は炭素である。計量できる塩基と計量不可能な塩基、

後者は熱素である。続いて「数的一つまりは反省の点」という言葉が初めて出てくる（47参照）。以下、当時の化学の「熱素」を中心とした概念に相当詳しく言及している。編集者の注もこの辺りはかなり詳しい。この辺りは、化学史の専門研究に委ねることにする。私としては「無限性自身のゼロ」（52）という表現に注目するに留めておく。この言葉は『1804/05年の論理学・形而上学・自然哲学』にも登場している（GW7, 170, 228参照）。

断片7.

δ）と題された最初の5pは当時の自然科学者の他の見解、有機体を窒素、水素、酸素、炭素の合成として理解しようとする見解の批判に当てられている。それを捉えるにはより高いポテンツに到達しなければならない、として「自然的元素」へと移ってゆく（62参照）。

「Ⅱ.」として古代ギリシア以来の自然的元素が論じられる。つまりは「火」「水」「空気」「大地」であり、それぞれに無差別とか、否定的統一とかの規定を与えて説明しているが、興味深いのは「空気」を「現象する媒辞」と呼んでいることである。またそれらを精神活動に喩えて、火を精神、空気を表象、水を感覚と呼んでいる。「大地」は既に「絶対的個体性」と呼ばれている（75参照）。ヘーゲルにとって大地・地球は生命ある個体を産出する源である。76pには「エーテル」という言葉も出てくる。この草稿での初出個所である。

最後の方でニュートンの理論に対立するものとしてのゲーテの色彩論に立脚しての「色」の理論が展開されていて、「光と闇」の対立を基本概念とする色彩論となっている。(83参照)

断片8.

かなりの長さがある（84-107）。「大地」の成立を受けて、そこにおける火、水、空気の存在形態を展開する。大地との関係では、火は色および熱であり、水は海であり、空気は香であるとともに、気象現象である。以下、気象学が展開される。雲の形成、等々。「こうした過程において大地は受胎する」（106）と言われている。

断片9.

これは短いものであるが、大地の受胎が述べられている。「受胎した大地は自己内に還帰する。絶対的な点が大地の内に倒れ込む。この点は大地と空

第 7 章　自然は精神の他者

気の間に立っている。この一致の内で、大地は有機体を産み出すであろう。」(109)

　　断片 10.
「我々は大地のこの理念と共に自然学・物理学 Physik の内に歩み入る」と始まるこの部分（110-209p）は、非常に長い草稿である。
　A）Die physische Idee des Körpers（物体の物理的理念）とあるが、これに続く B）は見当たらない。
　我々は元素を個別的に考察し、〔次に〕それを実在性の内で取り上げた。そこではそれらは別のものになっていた。火は炎に、色になり、水は海になり、空気は普遍的なもの〔大気〕になり、大地はそれら全てを〔飲み込んでいる〕。続いて、もう一度、火、水、空気が纏められている（113 参照）。「大地はこれら観念的元素の還元である。大地はそれらを絶対的に一つに纏めるものであり、点としての絶対的硬直性である。〔こうして物体論が始まってゆく。〕古人〔パラケルスス〕は物体を、水銀、塩、硫黄、土、からなるとした。最近の人〔ボイルなど〕はそれらをもっと経験的な姿で捉えようとしている。我々はそれらを火の、つまりは絶対的概念のメタモルフォーゼとして、ひとつの体系をなすものとしてみようと思う。だからこれから描くことになる物体の理念はそれらが体系をなすに至る過程の全てを表現するであろう。〔だが理念ではそうであっても、現実には〕これらの物体には対自的統一が、つまりは絶対的無限性が欠けている。換言すればそれら4元素にはそれらを統一する第5感覚が欠けている。つまりそれらには「声」が欠けているのである。個々の物体は真実の凝集力を持たないのである。」(118)
　地上の物体の区分。(a) 金属、(b) 塩、(c) 土〔大地〕 この区分に従って詳しく論じられてゆくが内容は難解である。同時期にイエナで活躍していたステフェンスとリッターの名前も見える。「自然の認識は自然を精神へと高めること」(126) という表現もある。上記での「第5感覚」としての「声」の重視などが、ヘーゲルにとっては「自然を精神へと高める」認識の視点なのであろう。ヘーゲルにとっては、認識によって自然は精神化されるのである。また 130p 及び 138p には後の「自然の無力」の思想が顔を出している。そこでは自然が認識に刃向かっているのである。続いて大地の豊饒化として花崗岩とか、玄武岩が取り上げられている。ヘーゲルがこの頃「鉱物学協

会」に入会しているのも理解できる。

　140-173pまでは「化学的過程」としての物理学・自然学が延々と取り上げられている。ヘーゲルも当時の化学理論を多大の興味を持って研究している。この後で「有機体論」が始まる。

「有機的なものは先ずは大地の絶対的個別性であり、数的一であり、これのもとでの大地の観念的な被措定存在である。だがそれは同時に安らえる観念的な存在ではない。安らえる一致存在の内ではただ諸エレメントの個別化が〔みられるだけである〕。有機的なものはそれらエレメントの個別化の廃棄された状態、プロセスとして現存している。」(178)

「有機的なものは諸エレメントから魂を独自に取り出した。それは生命の炎であり、無限性の普遍的なものである。これまで我々の反省であったものは、つまり総体性の諸契機が本質的に無限性の内での関係、一致存在であるといったことは、有機体の内に現存することになる。」(184) 先にヘーゲルが1803年の講義草稿で「自然を待ち伏せる」(GW5, 367)と言っていたことは、このような個所で実現していることになる。哲学者による自然考察が、有機体に至ることによって、自然自身の歩みとなったと、ヘーゲルは主張しているのである。

「有機的個体性のイデー・理念は類であり、普遍性である。類は自己にとって無限に他者であり、この異他的存在の内で、類自身は性の分離の内に現存する。その各々は全的なイデー・理念であり、また自己自身に外的なものに対して関係するように関係し、異他的存在の内に自己自身を直観する、そしてこの対立を廃棄するものである。女性は肯定的普遍性であり、男性は否定的普遍性である。」(185) こうした把握は『1805/06年の自然哲学』でも見られる。有機体は個体自身が全体であると同時に、個体性を超越した類である。しかも有機体は単に個体および類として存在するだけではなく、異なる性として存在することによって、概念としての三分法（普遍・特殊・個別）を備えることになり、ヘーゲルたちの格好の哲学的テーマとなるのである。

「我々が有機的なものの本質として認識した絶対的統一は**絶対的な生命力**である。それは絶対的に普遍的なものであり、その統一と単一性のゆえに他のものから理解することが出来ないものである。それはこうした単純なものとして把握不可能なものであり、**絶対的エーテル**である。こうした自己同等な

ものとしてエーテルは全ての対立を自己内に有している。それには何ものも対立しない、つまりそれは他のものから把握され得ない。それは絶対的概念それ自身として普遍的なものである。それは抽象的な統一ではなく、生き生きとした統一である。」(189) 性差は統一することによって新しい類を生み出す。かくしてヘーゲルは「我々はこうした有機的なものの普遍的なイデア・理念から有機的なものの実存へと移行する」(193) と述べ、植物及び動物という有機体の考察に移る。ここに見られる「イデア・理念」から「実存 Existenz」への移行を見ていると、ヘーゲルの「古代的イデア主義」の色合いがかなり変容していることが分かる。「イデア」は同一哲学期（1801-1802年）でのように、観念的なものと実在的なものの同一性として端的にその実在性が強調されるようなことがなくなり、「イデア」の観念性が論理的諸規定として受け取られて、それが実在化するプロセスがこれから始まるとされているのである。「イデア」もカント的な、つまりは超越論的観念論風の主観性へと薄まりつつあるのである。それと同時にここに「エーテル」なる概念が登場して、大きな役割を果たそうとしている。「エーテル」は「絶対的概念」だとされており、「生きた統一」だとされている。「エーテル」は「イデア」の主観性を補完する生動的なリズムとして作用しようとしている。イデア界からこぼれ落ちたエーテルは物質の中に浸透して、再びイデア界に還帰するのである。

〔**有機体論**〕（GW6, 210-265）
　断片 11.
「動物」を主題としたかなり短い断片である。「それ〔流動的なもの？〕は有機的な統一としての大地から普遍的に切り離されて、全てのエレメントの普遍的な混合であり、絶対的に一つに溶け合ったもの、**ゲル状態 eine Gallerte** である。ここにおいては何ものも区別されない。その内には生命の芽がある。このゲルは絶対的概念に浸透されている。」(210) 生命の芽としての「ゲル状態」は『1805/06年の自然哲学』でも使用されている（GW8, 150参照）。この後、皮膚、骨、筋肉組織、反応性、等々が取り扱われている。(212-218参照)

断片 12.

　この断片は短いものである（219-222）。
「動物的なものの形態化は存在として考察されるとともに、絶対的に過程としても考察される。それは非有機的自然に対立して運動する生産であり、自己自身の内における生産である」とされており（219）、ここにも全てを存在＝形態と生成・生産＝過程において考察しようとする視点が示されている。単発的ではあるが、「絶対的物質としてのエーテル」という言葉も見える（220）。

断片 13.

　これはかなり長い断片であり、個体と類との関係が取り扱われている。その意味でこの断片は、「断片 10.」以降での有機体論の再論である。「動物的感覚の体系はこの絶対的普遍性として、性としての類の現存であり、かくてここにおいては個体性は滅んでいる」（224-225）とされて、相変わらず類の内で個体性を廃棄・克服することが目指されている。その後では、「断片 11.」と同様、筋骨組織、血液システム、神経システム等が取り上げられ、それらが感覚として纏められている。感覚は「理論的プロセス」とも呼ばれており（234）、自然界において主観的精神が準備されている段階が示されている。

断片 14.

　この断片は短いものである（241-244）。観念的過程、つまり感覚の過程から病気へと移ってゆく。主題は、「病気は理性への移行である」というものであり、<u>動物の病気を介して人間の理性が覚醒する</u>というヘーゲルの独特の理論が登場している（これはシェリングも述べている。AA. I. 9, 1, 195 参照。当時の医者の意見でもあるようである）。下線部と同様の発想が、「承認をめぐる生死を賭する戦い」であろう。そこでも「死」の経験を介して、「認識」が目覚める。欲望及び時間も論じられている。「欲望の満足において子供が生まれる。個体はそれによって類になる。それは動物に可能な理性性の最高の形式である。」（243）なお、この最後の部分での発言も、いかにもヘーゲル的である。個体としての犬は犬の子を産むことによって、自己を類的存在として証す。「類」も物的形態ではなく、あくまでも「作用」である。

第7章　自然は精神の他者

断片 15.

　これはかなり長いものである（245-267）。直前の断片同様、病気を介しての理性への移行が取り扱われており、最後の部分は「Ⅲ．精神の哲学」となっている。この部分は短い。自然哲学の最後の部分である。冒頭にはこういわれている。「有機体はこうして完成している。それは形態化の過程から内的な有機体へと自己を取り戻している。」（245）ヘーゲルは有機体を「外的な有機体」と「内的な有機体」の２つに区分している。外的な有機体は「自己の外に出ている」。つまり外的な有機体は非有機的自然に向き合い、対立している。有機体はこの非有機的自然なしには生きてゆけない。有機体はそれを「自己自身として措定する」。この一体化によって有機体は「内的な有機体」となり、「自己自身の内へと反省」する。この内的な有機体が分節化されたものが「感覚の体系」であり、感覚の数多性は「声において自己自身へと還帰」する。こうして「有機体は完成している」のである（245参照）。ヘーゲルはこれを「理論的な普遍的な過程」とも呼んでいる。いずれにしても有機体とは「運動」であり、流動性と区別・差異性（形態）の交替である。この交替がうまくいかないと「病気」になる。「病気と共に動物は自己の自然の限界を超えてゆく。動物の病気は精神の生成である。」（259）これは何度も出てくるヘーゲルの持論である。精神への移行を前にして、ヘーゲルは有機体のまとめを以下のように行っている。

「動物は今や有機体の三元性を備えている、外的なもの、それに関係する内的なもの、そして絶対的な内的な自由である。」（263）「外的な有機体とは姿を持った個体のことであり、内的な有機体とは感覚のことである。<u>個体の対自存在は空虚な錯覚である</u>。それは自分個人を作り出していると思い込んでいるが、実は全体の産物であり、全体を作り出しているのである。」（264）ここでも有機体における、個体性の対自存在が否定されている。有機体はあくまでも類の理念、普遍性を実現することに意味が認められている。

「動物の本質がこのように個別性から抜け出ることは自己自身への自然の絶対的な還帰でもあり、絶対的な内化である。それはエーテルの、絶対的な単純な物質の自己内存在であり、また自己外存在でもある。天上界のエーテルの対自存在は大地・地球の絶対的な数の個別性の内で崩壊している。それは観念性に、普遍性〔空間〕と無限性〔時間〕の統一になった。精神の内で自

然はその本質的な姿において実存する。」(264-265)

　ヘーゲルにとって「存在」は個別性の形態ではなく、普遍性において現れなければならない。単独の個体は意味がないのであり、個体は自己を否定して全体と一つにならなければならない。全体だけが、あるいは全体との一致だけが存在なのである。そうした存在なりイデア・理念を体現しているのが、ヘーゲルにとっては、有機体であったのである。死んだ自然は生きた自然となっている。有機体は自然における花である。しかし有機体もなお真実の存在ではない。動物的個体主義がそこではまだ克服されていない。自然ではなく、精神こそが真実の普遍的存在である。けだし、精神は自己を否定して全体と一つになれるからである。精神は思惟において普遍性を身に付け、運動において無限性を体現する。無限性とはヘーゲルにとっては「自己自身の反対」であり、対立の統一を意味する。先ずは精神の無限性が探求されなければならない。それが以下の「精神哲学」の課題である。

注

1　草稿の形式について簡単に言及しておく。「清書稿」の大半は古い草稿を引き写したものである。中に一部、新稿がある（172-178p 他）。最後は何も書かれないまま途中で終わっている。
2　興味深いことに、カント自身は『純粋理性批判』の第2版で、それまで使用してきた自分固有の概念たる「超越論的観念論」という用語を捨てて、「形式的観念論」という用語を採用したのであった。
3　前掲拙著『ヘーゲルのイエナ時代　生活編』108p 参照。
4　もっと遡れば、ヘーゲルのこの衝動は 1800 年頃からのものだったと言えよう。既に取り上げた、『ドイツ憲法論』の③番の草稿を参照されたい。自分の生きる道を求めて、世界との関係を模索したのが、ヘーゲルの「哲学への欲求」であったと言える。
5　前掲拙著『ヘーゲルのイエナ時代　生活編』29-31, 166-169p 参照。
6　Andersseyn は「他的存在」とか、「身代わり」などとも訳されるが、私は「異

第7章　自然は精神の他者

他的存在」と訳すことにする。意味としては「よそ者」とか、「見知らぬ他者」のことである。

7　この草稿に対する邦訳は今もなおない。仏訳も英訳もないようである。研究書としてはハリスの前掲書の他に、論文集 Hegels Jenaer Naturphilosophie. Hrsg. von K. Vieweg. W. Fink Verlag, 1998 がある。

8　加藤尚武は『1803/04 年の自然哲学』では「原子説を導き出すという姿勢であったが」、『1805/06 年の自然哲学』では「原子説そのものを批判にさらすという姿勢」に変わってゆくと主張して、ヘーゲルが 1803/04 年の頃、原子論を採用していたかのような主張を展開している。加藤尚武監訳『イェーナ体系構想』（法政大学出版局、1999 年）257p 参照。なお加藤は岩波書店のヘーゲル全集の『自然哲学　下巻』の解説（753-760p）でもこの問題に詳しく触れているが、ヘーゲルが『1803/04 年の自然哲学』で「アトムの演繹」を行ったが、「その意図が成功しているとは言えない。そして以後ヘーゲルは、原子の演繹を行わなくなる」としており、一体何が主張点なのか不明である。

9　シェリングは 1797 年の『自然哲学への理念』で既にルサージュの原子論を批判しているが（AA. I. 5, 197-207）、1799 年の『自然哲学の体系　第 1 草案』でも批判を繰り返している（AA. I. 7, 86）。シェリングの「力動的原子論」は物質を超越した「作用」「力」に注目するものであり、それらは「何ら物質ではない」のであり（同所参照）、何ら原子論と呼べる代物ではない。ヘーゲルが原子論に言及するのもこうしたシェリング及びその時代のトピックとしてのことである。

10　これは以前は『1804/05 年の自然哲学』の付録に収録されていたものである。Jenenser Logik Metaphysik und Naturphilosophie. F. Meiner Verlag. 1923 (1967). 361-374p 参照。本田修郎の邦訳、ヘーゲル『自然哲学　上』（未来社）にも付録として収録されている。

11　引用個所はヘーゲルの書いた本文ではなく、講義で話した部分、いわゆる「補遺」の部分であり、ミシュレが 1842 年に編集・刊行したヘーゲルの『自然哲学』に収められている。アカデミー版の全集では「補遺」の部分は一括して 24 巻の第 3 分冊として、2016 年に刊行されている。なお私が引用した部分は加藤訳の『自然哲学』上（岩波書店版）154p になる。

第8章 『1803/04年の精神哲学[1]』(GW6, 265-326)

『1803/04年の自然哲学』の終わりの部分である「断片15.」の最後の方に「Ⅲ．精神の哲学」という見出しが付けられて、10行ほどの文章が書かれている。先ずそれから見てゆこう。「Ⅲ」という数字が気になる。[2]「Ⅲ」という以上、「Ⅰ」も「Ⅱ」もあったと思われる。「Ⅱ」が「自然哲学」だとすれば、「Ⅰ」は「論理学・形而上学」のはずであるが、その草稿は見当たらない。残されている草稿は「自然哲学」も「精神哲学」も全て断片的な草稿であり、しかも削除された部分や、追加された部分が複雑に入り混じっている。編集者がそれらを上下2段に分けて掲載していることは先に述べたとおりである。『1803/04年の精神哲学』の部分には全部で8つの断片が残されている（断片15．から断片22．）。その内の断片15．から断片19．は全て、精神・意識の大局的な発展段階を示した目次であり、ヘーゲルが初めて精神哲学の理論的部門に取り組んだことが垣間見える。この部分はヘーゲルによる最初の「意識論原論」と呼ぶことができるであろう。私なりに区分してみると、①意識の生成、②意識の本質、③意識の発展段階の区分が、語られている。ここは「精神哲学」の「序論」部分と言える。残る断片20．から断片22．で本論が展開されている。理論的意識、実践的意識、占有と家族、承認の過程と民族の精神、が論じられているが、完結しないまま途切れている。つまり統治を中心とした国家論及びそれに続くはずの絶対的精神論は全く触れられていないままである。

断片15．Ⅲ．精神の哲学　〔①　意識の生成〕

　これは先に見た「自然哲学」の「断片15．」の最後の方に書かれている短いものである。当然、自然哲学から精神哲学への移行が問題とされている。こう始まっている。「精神において絶対的に単純なエーテルは大地の無限性を介して自己自身へと還帰している。大地の内には総じてエーテルの絶対的単純性と無限性の一致が実存する。」(265) ここに言われている「エーテル」は『1803/04年の自然哲学』でも冒頭を飾っていたものと思われるが、

既に見たようにそれの冒頭は失われている。おそらく自然の始まりに位置していた天上の「エーテル」は、地上では消失しているが、地上の「精神」において、「大地の無限性を介して」自己内還帰しているとされている。「大地の無限性」とは大地が生み出している諸々の個別性のことである。この個別性は人間に至って「精神」として現存している。そしてかの「エーテル」は精神の内で再び自己の住処を見出している。エーテルの住処となっている精神は先ずは「意識」である。意識は如何なる経緯で生じてきたのであろうか？ ヘーゲルはこう続けている。「動物にとって本質的な規定である個別性の数的一は観念的なものに、一つのモメントになっている。かく規定された精神の概念が**意識**であり、単純なものと無限なものとの一致の概念である。意識はそれ自身、自己自身の直接的な単純な反対である。」(266) ここに言われている「数的一」はこの時期の特徴的な概念である。直接的にはこの言葉はアリストテレスの「実体」の定義の一つとして有名であるが、単独の個体を意味する言葉である。ヘーゲル自身は『1803/04年の自然哲学』においては「地上の物体」とりわけ「有機体」の個体を指して「数的一」という概念を使用している（173, 178参照）。だから動物の諸個体はまさにそれに該当するものである。この繋がりで人間諸個体も「数的一」と呼ばれることになるが、人間においてはその規定は「観念的なもの」になっていると言われている。つまり人間は数的一という個体性に固執することなく、普遍的なものたる「類」を自己の本質とする存在＝精神であり、「類」を意識するとき、動物は人間になるのであり、自己の個体性は観念的なものとなるのである、それがヘーゲルの言わんとするところである。ヘーゲル自身のここでの「意識」の定義に注目しておこう。「数的一」、つまり単独の個体としての動物的個体性を廃棄して、全体＝類と一つになっているのが「意識」である。当然のこととして、個々の個体が意識を持つのであるが、意識においてその個体性は廃棄されてエーテル的な透明な普遍性に還帰している、と言うのである。ここ『1803/04年の精神哲学』の「意識」論においてヘーゲルは個体性が観念的なものとなって、普遍性＝全体と一致していることを「意識」および「精神」の特色として強調しているのである。これはイエナ初期以来の個体性軽視の視点であり、ともかく人間を精神として、普遍的統一の内に存在するものとして描きたいのである。エーテルはここでは単純性と無限性

第 8 章　『1803/04 年の精神哲学』

の統一とされている。単純性は自己同等性とも言い換えられるものであり、プラトンの範疇の「同」を念頭に置いており、イデア及び実体の根本規定である。無限性はカント、フィヒテの「概念」であると同時に、プラトンの範疇の「異」を念頭に置いている。それは変化の象徴であり、ヘーゲルの愛用語でいえば、「自己の他者」「自己自身の反対」である。意識が如何にして、「自己自身の反対」になり得るのかは、断片 17. 等で言及される。

断片 16.〔ヘーゲルの哲学体系の区分〕

再び、「Ⅲ. 精神の哲学」とある非常に短い、10 行ほどの断片である (268)。ヘーゲルによってここに挿入されているという (348 参照)。上記の断片 15. では意識・精神の生成が自然哲学との移行のプロセスを踏まえて描かれたが、この断片 16. では「ヘーゲル哲学」全体の中での「精神哲学」の位置づけが描かれることになる。

「哲学の第 1 部〔おそらく、論理学・形而上学〕は精神をイデア・理念として構成した。そしてそれは絶対的な自己同等性へ、絶対的実体へと到達した。この実体は受動性に対する活動性・能動性を介する生成において、また無限の対立においても、生成するとともに、また絶対的に存在してもいる。このイデア・理念は自然哲学においては絶対的に崩壊していた。絶対的存在、つまりエーテルは自己の生成、自己の無限性から身をもぎ離した。両者〔エーテルとその生成〕の一致存在は内的なもの、隠れたものであり、これは有機的なものの内で表れ出て来て、個別性の形式で現存する、つまり数的一として現存する。精神の哲学において、それは絶対的普遍性へと自己を取り戻すものとして現存している。」(268)

ここは短いものであるが、この時期のヘーゲルの哲学体系が明示されている個所として重要である。「第 1 部　論理学・形而上学」、「第 2 部　自然哲学」、「第 3 部　精神哲学」がイデアの展開として、生成と存在の両面から構想されている。ここでの「論理学・形而上学」の最後が「絶対的実体」であることを確認しておこう。これはおそらく『1804/05 年の論理学・形而上学』での「最高存在」に対応するものであり、受動性と能動性にあたるものが、「理論的自我」と「実践的自我」に相当するのであろう。その意味では 1803/04 年段階での論理学・形而上学の構想は 1804/05 年段階のそれと大枠では一致すると言えるであろう。次に、エーテルは「絶対的存在」とし

217

て自然哲学の冒頭に位置し、自然界では具体的な現象となることはなく、背後に隠れており、それが精神・意識に至って自己内に還帰するという、断片15.と同じ構図になっている。「エーテル」はヘーゲルにとっては言うまでもなく「イデア」であるが、ここに至ってイデアたるエーテルは端的な実在性を喪失しているのである。「イデア」は超越論的観念論風のイデー＝主観的観念に近いものになろうとしているのである。そして明示されてはいないが、意識は絶対的実体としての民族の精神に収斂するものと見なされている。なおこの時期のヘーゲルもイエナ初期と同様に、絶対者を「存在」と「生成」の両面から把握しようとしている。それはすぐ前では単純性と無限性とも言われているが、単純性＝自己同等性が存在であり、無限性＝差異・対立が生成である。これはプラトンの模倣であるとともに、シェリングの『超越論的観念論の体系』の影響下にあるものである。シェリングにとって、絶対者は単なる存在ではなく、生成であり、無限の生産作用である（シェリングのこの発想はもちろんフィヒテからの影響である）。既にみたように、『差異論文』以来、ヘーゲルはシェリングのこの構想を受け入れている。

断片17.と断片18.〔②　意識の本質　経験的意識と絶対的意識〕

　断片17.は短い断片であり（269-272）、断片18.も長いとは言えないものである（273-279）。両者ともに「意識の本質」を考察しており、断片17.での考察を受けて、それをより整理したのが断片18.であると言える。「個体の意識は個別性の意識であり、普遍的なものの意識ではないが、意識とはそもそも個別的なものとしての無限なものと、普遍的なもの、自己同等なものとしての無限なものとの一つであることである。意識は個別的なものとしての自己と、それに対立するものとしての絶対的意識との統一である。」(269)〔削除部分〕見られるようにヘーゲルとしては各人の意識を動物的個体性を超越した普遍的意識として捉えたいのである。修正稿も同様の思想がより論理的な概念で表現されている。「単純な本質的な数多性は今しがた規定された概念であり、直接的に肯定的な普遍性へと取り込まれた個別的なものであり、自己同等的な個別的なものである、つまり自分の異他的存在を、自分の不等性を、自己自身に等しくした個別的なものである。これに対立するのは数的一である。」(269)「精神の概念は絶対的個別性と絶対的数多性

第8章 『1803/04年の精神哲学』

との絶対的一致である。この概念が実現されなければならない。」(270) 何度も繰り返されるこうした定義は、フランクフルト期の「全一としての生命」の定義でもある。ヘーゲルにとって、生命とか、精神は、個と全体の統一のことであったが、今や「意識」がかかるものとして措定されているのである。意識は「数的一」として個別性であるとともに、異他的なものとしての対象を自分の思惟において概念把握するものである。概念は個人的なものではなく、普遍的なものである他はない。その限り意識は<u>個別性</u>と「規定された概念」＝普遍性としての<u>数多性</u>の統一である、とヘーゲルは言う。言うまでもなくこのような意識の構想は、カントの根源的統覚と諸カテゴリーの関係をモデルにしているものであり、『信仰と知』に言われていたところでは、カントはその両者の統一を十分に示せなかったのである。それを今、ヘーゲルは示さなければならないのである。ヘーゲルは既に1803年夏学期の『講義草稿』で、「絶対的孤独」としての主観性を「世界」に対峙させていた。主観はその「世界」を概念において把握し、更には「数的一」としての自己の内に取り込まなければならないのである。

ヘーゲルはここで「経験的意識」と「絶対的意識」を区別して論じている。「意識の本質は、直接的にエーテル的同一性において対立の絶対的統一であるということである。意識がそうしたものであり得るのは、対立の両項が意識自身である場合のみである。またそれは両項が直接的に自己自身の反対である場合のみである。意識の対立においては、一方は自己を意識しているものであり、他方は意識が意識している当のものである。意識するものと意識されるものは同一である。ただしその統一は<u>第三者</u>にとってのみ存在していて、両者それ自身にとってはそうではない。」(273) ここに言われている「第三者」は、後に「我々＝哲学者」と呼ばれるものであり、続く草稿にも頻出する。それはドイツ観念論に共通する視点であり、経験的意識を考察する超越論的視点を意味する[6]。その意味で、この時期のヘーゲル哲学は先にも述べたように「超越論的観念論」なのである。超越論的観念論とは経験的意識を考察する哲学者の視点から、主観と客観を共に主観性の内部で考察する哲学的立場を意味する。「意識の本質は、直接的にエーテル的同一性において対立の絶対的統一である」とここでヘーゲルが言うとき、「意識」は超越論的意識として、つまり「絶対的意識」として捉えられているのである。

それは対立の両項を統一した意識である。しかしヘーゲルはここで同時に、「対立の意識」にも言及しているのであり、意識されているもの＝対象と意識している行為としての意識を区別している。後のヘーゲルにあっては、「意識」とは「対立の意識」であり、対象と自己は別のものであると思っている意識を指している。ところが『1803/04年の精神哲学』においては、対立の意識は言及されはするが、「意識の本質」はあくまでも同一性の意識としての「絶対的意識」である。「絶対的意識」はすでに『自然法論文』で使用されているが（GW4, 462-464）、シェリングも『ブルーノ』（1802年）で使用している用語である（AA. I. 11, 379）。『1803/04年の精神哲学』の「絶対的意識」もヘーゲルとシェリングの同一哲学期の流れを汲むものである。対立の意識たる経験的意識についてはこう言われている。

「意識は自分が意識している当のものを自分に等しいものとしては措定しない。意識は自己を他者として対立措定する限りでのみ、意識である。意識は自分の他者を常に自分の外部に有している経験的意識である。この<u>経験的意識は絶対的意識にならなければならない</u>。……両者の統一が我々の目標である。それは意識の絶対的実在性であり、民族の精神であり、全ての者の意識であり、全ての者が直観する精神である。各人はそこにおいて自己の個別性が廃棄されたものであることを認識するのである。」（274）このようにヘーゲルの眼にも「対立の意識」は映ってはいるのであるが、その立場をあくまでも克服して、同一性を獲得することを目指している。<u>絶対的意識を獲得することがヘーゲルのここでの「意識論」の目標である</u>。しかもそうした絶対的意識を各人が獲得する場として「民族の精神」がここに提示されているのである。民族の精神の内で各人が自己の個別性を廃棄する時、各人の意識は絶対的意識となるのである。絶対的意識こそが先に意識の本質とされた「自己自身の直接的反対」を可能とする意識である。このプロセスを具体的に示そうとする試みが『1803/04年の精神哲学』のもう一つの特徴となる「媒辞」の理論である。

　ヘーゲルは以下の叙述の様式について次のように指摘している。「精神の概念としての意識は動物的有機的編成から直接的に高まってきた。自然においては精神はそのものとしては実存しておらず、それの代わりに我々が隠れた精神として認識したものの内に存在していた。精神の領域においては、

第8章　『1803/04年の精神哲学』

我々の先走った認識は廃棄されなければならない。そこでは精神が自己自身を認識しなければならない。精神の生成が、つまりは自然に対する精神の否定的な関係が［叙述されなければならない］。」(275) これは、既に見た「我々にとって」という視点の導入のことであり、超越論的観念論に固有の概念装置である。「我々にとって」だけでなく、事柄それ自身にとっての展開が示されねばならない、ということが強調されている。それがヘーゲルにとっては客観性を保証することになるのである。かくしてヘーゲルは、自然哲学との類比を用いながら、精神哲学の具体的な区分、言葉・道具・財産、等々を、媒辞とか、作品という重要な概念でもって説明してゆく。言葉・道具・財産などの「媒辞」としての姿は本論の中で展開されるので、具体的にはそちらで見ることにするが、先ずは簡単にこの「媒辞」なるものに注目しておこう。イエナ初期にヘーゲルが古代的イデア主義の立場に立ち、イデアを端的に主観的なものと客観的なもの、観念的なものと実在的なものの統一として主張していたのは既に見たところである。『1803/04 年の精神哲学』においてヘーゲルは、その「イデア」の役割を「媒辞」に果たさせようとしているのである。言葉にしても、道具にしてもそれらは主観性・観念性を備えた客体的存在でもある。ヘーゲルにしてみれば、それら媒辞はまさに主客の統一なのである。媒辞は既に『信仰と知』においても (GW4, 344)、『人倫の体系』においても (GW5, 290-291) 強調されていた。この時期ヘーゲルが「媒辞の理論」を大々的に展開したということは、イエナ初期の独断的イデア主義の克服を目指す姿勢の表れである。ヘーゲルが求め続けた主客の統一・同一性は媒辞において、客体的に表現されるに至っただけではない。この時期のヘーゲルの媒辞は各人の「作品 Werk」として把握されている（作品については後述する）。イデアの直接性はここでも克服されて、地上の有限な存在者たちが「統一・同一性」を形成することが可能となったのである。自然の世界における元素である空気をエレメントとして精神たる人間は「言葉」という媒辞を形成し、大地という元素から、「道具」と「財産」という媒辞を形成する (276-277 参照)。媒辞はこうして「持続的産物」となる (279)。アプリオリな「イデア」ではなく、人間たちの作品としての媒辞がこの世界を満たし、作り上げてゆくのである。しかしヘーゲルはこの客体的媒辞、「実存する媒辞」に対応する主観的行為としての媒辞も想定して

いる。言葉に対しては「記憶」、道具に対しては「労働」、財産に対して「家族」がそれに相当する。こうして自然的元素としての媒辞、実存する媒辞、主体的媒辞という3組の媒辞が登場し、媒辞の理論は膨れ上がり、さらにはこれら有限な媒辞に対して、「絶対的媒辞」としての「民族の精神」までが登場することによって（271 参照）、媒辞の理論は錯綜し、崩壊してゆくことになる。その具体的な姿は本論で見てゆくことにしよう。

最後にこう言われている。「意識は空気という自然の媒辞において自己の実存を獲得する。意識がこのように持続的な絶対的産物に到達するのに対して、自然は持続的な産物に到達することが出来ない。自然は真実の実存にいつまでたっても到達できないのであり、かくしてまた第5元素〔エーテル〕に到達できないのである。」(279)

意識が言葉において持続的な産物に到達するということは、音となった言葉＝産物が別の主観の内にイメージを引き起こすということである。ここでは主観的なものが客体的になり、客体的なものが主観的となる。対立したもののこうした転換が可能となるという事態が「エーテル」という言葉で表現されているのである。それはまさに透明な思惟の精神空間である。エーテルは「自己自身の直接的反対」というイエナ初期のヘーゲルのお好みの論理展開が可能となる思惟の空間、あるいは触媒なのである。もっと言えば、エーテルは人間たちの共同の精神空間＝「我なる我々、我々なる我」なのである。ヘーゲルにとっては、エーテルという純粋な思惟の内で各人の個別性は跡形もなく消えて、普遍性、共同性と合一するのであろう。このようにエーテル概念などを使用して、統一をひたすら求める態度をとったために、ヘーゲルの視野は超越論的観念論の視野となってしまい、『意識の経験の学』の視野は視野として浮上してこなかったのである。ヘーゲルはこの断片17. と断片18. において、「意識の立場」を具体的に展開することなく、やがて見てゆくように意識・精神の理論的分野を「知性」として捉えて展開し、<u>『意識の経験の学』への視野は開かれることはなかった</u>[10]。「知性」とはカント、フィヒテ、シェリングたちにとって、動物性を超越した人間固有の能力を表現するものであり、叡智的存在の証である。「知性」は有限な対立に縛り付けられた我々の日常から飛び出して、自己の自由を満喫できる能力である。ヘーゲルにとっては「知性」はまさに同一性の意識であり、絶対的意識

第8章 『1803/04年の精神哲学』

を可能とするものなのである。

断片19.〔③ 意識の発展段階〕

これは非常に短い断片であるが(280-281)、意識・精神の発展段階、区分が描かれているものである。実際にはこれ以前の草稿にも意識の発展段階は何度も示されていたが、ここでそれらが纏められているのである。
「精神の実存の最初の形式は意識一般であり、精神の純粋な理論的実存である。意識は対立を、一方では絶対的な対自存在の形式として、絶対的な自己内反省として、概念の絶対的空虚さとして規定する。他方においては対立を絶対的物質として規定する。」一方に絶対的主観、そして他方に絶対的物質、こうして意識は主観と客観を自ら措定するのである。つまりここでヘーゲルの描く意識の世界は超越論的観念論の世界なのである。主観も客観＝絶対的物質も、共に意識が作り出したものなのである。「意識は先ずは記憶として、そしてその産物たる言葉として実存し、悟性を介して規定された概念の存在として、単純な絶対的概念となり、絶対的自己内反省となり、形式的能力の空虚性となる。こうして理論的過程は実践的過程へと移行する。意識は労働することによって道具という媒辞になる。意識は第1のポテンツで**自然に対する支配**者たることを観念的に示したが、第2のポテンツにおいては自己を自然を脱却した精神として構成する。性差の関係において意識は自然の個別的な欲望を廃棄して、持続的な傾向へと自己をなし、家族において個別性の総体性へと生成する。そして非有機的自然を家族の資産となし、それを持続的な外的媒辞とし、ここから次には自己の絶対的実存、つまりは**人倫**へ移行する。」(280-281) ここでの「自然に対する支配」という言葉に注目しなければならない。以前の、フィヒテの自然支配の思想を厳しく非難していたヘーゲルは大きく変わり始めているのである。この変化は1803年の講義草稿に既に見られたものである。精神は第1と第2のポテンツにおいて自然の支配者となり、第3のポテンツたる人倫＝民族の精神においてその展開は完結する。「民族の有機的編成において精神の絶対的自然はその正義へと到達する」(281) と予告されている。「正義」は言うまでもなく国家権力である。それは自然の内には存在しないものである。自然と精神の同等の位置づけを目指していた同一哲学期は既に終わっている。なおこのように「国家」は予告はされているが、草稿は残されていない。

断片20.〔意識・精神の本論、その1　理論的意識と実践的意識〕

　これはかなり長い断片であり（282-300）、予告されていた「第1のポテンツ」と「第2のポテンツ」が具体的に取り扱われている。ここから「精神哲学」の本論が始まる。既にここに混乱が見られる。以上の「序論」部分で見てきたように、ヘーゲルはこの時期の「精神哲学」を媒辞の理論の展開として示そうとしていたが、その構想は早くも揺らいでいる。初稿ではこの部分は「A．形式的実存　Ｉ．言葉のポテンツ」となっていたが、修正稿では「Ｉ．ポテンツ」とあるだけになっている。初稿の段階では第2、第3のポテンツの見出しもそれぞれが「道具のポテンツ」「占有と家族のポテンツ」となっており、客体的媒辞を表題に使用しての見出しとなっていた。こうした構想に何らかの不都合が生じたものと思われる。その原因は本論中で探ってゆくことにするが、客体的媒辞の役割が減少したことだけは今この段階でも明瞭である。

Ｉ．第1のポテンツ
　最初のポテンツは、理論的意識の領域である。ここはまさに超越論的観念論の立場からする「知性」の叙述となっている。
〔a．直観、意識の肯定的形式としての空間と時間〕
　ヘーゲルは先ず感覚が意識される段階から話を始めている。意識は「感覚の観念性」である。換言すれば感覚が意識になるということは、「自分の異他的存在〔対象〕を自己自身のもとに持つようになる」ということである。意識は空間と時間の内で**直観**するが、「意識はものを空間と時間という肯定的普遍性において直観するのである。これに対して経験的な想像力は否定的普遍性の形式において、空間と時間の連続性を個別化して充実した断片で満たすのである。」(284) つまり直観としての意識は想像力によって多様に個別化され、精神化されてゆくことになる。すなわち一般的な用語でいえば、対象は「観念」になるのである。なおここでの「直観」は感性的直観であり、以前のような「知的直観」ではない。
　b．〔再生産と記号〕
「意識による個別化と特殊化が進行する。意識は「このもの」を、時間と空間を抹殺して取り出す。」(285) つまり意識は、以前の直観を、自分自身の

第 8 章　『1803/04 年の精神哲学』

内で「このもの」として再生産するようになる。能動的な再生産が可能となるのである。このようにここに「このもの das dieses」が登場しているところからしても、後の「感覚的確信」の構想が浮上していることが分かるが、しかしヘーゲルはこの意識を「確信」としては把握しておらず、それを「空虚な、真実味のない、覚めたり寝たりの夢想である」とし、この夢想を「沈黙した意識」と呼ぶ (285)。こうしてこの意識は現象の世界に登場することなく、暗闇の中に沈め込まれてしまう。この意識は「実存を獲得し、外在化しなければならない。」そうなったものが「記号」である。(286 参照)「記号の意味は主観への関係の内にしか存在しない。記号は主観の恣意に依存している。記号は自分の意味を自分自身の内に有してはいない。つまり記号の内では主観は廃棄されていないのである。」(287)　ここに言う記号はおそらく絵文字や象形文字のようなものであろう。それはまだ言葉とはなっていない。それはまだ一定の主観とかかわるだけの記号である。

c.〔記憶と言葉〕

　この沈黙の記号から「意味が独自に立ち現れなければならない。」それを可能にするのが、記憶であり、その実存それ自身が**言葉**である。「記憶とは我々が感性的直観と呼んできたものを記憶内容に、思惟されたものにすることである。」(287) 記憶内容は物ではなく、意識の集積である。それが言葉となる。言葉は「先ずは名前である。アダムが動物に対する支配を確立した最初の行為は、それらに名前を与えることであった。それによってアダムはそれらのものを存在するものとしては否定して、それ自身観念的なものにしたのである。」(288)　このように言葉によって人間は自然を支配するとヘーゲルが考えるに至ったことは、フランクフルト期、及びイエナ初期のヘーゲルからすれば、驚きである。

　ヘーゲルは更に言葉の持つ固有性をこう解明してゆく。「名前そのものは個々のものの名前にしか過ぎない。しかし言葉は諸々の名前の関係である。それは関係を表現する、それは生成した普遍である。換言すれば言葉は悟性になる。「青」は単独で取り出されたものである。それは記憶の中で対自的に存在しながら、他のものと並んで存在する。そして記憶の否定的統一作用の中で相互に関係づけられ、他のものに対立する。しかし「青」は「色」である。感覚の個別性はこうして精神においては「規定された概念」へと高め

られているのである。」(290) 同じことは 262, 292p でも言われている。これはそれ自身として興味深い発言である。青は記憶の内で赤と区別され、黄色とも区別される。そしてそれらは共通の「色」という普遍的概念に纏められ、区別されて、「規定された概念」(例えば「青い色」)となる。「概念」はまさに精神の独壇場となる。精神・意識は自己が産出した言葉相互を比較し、関係づけて新たな概念を生み出して、個々の言葉を規定してゆくのである。

　更にヘーゲルは、色を例としての実在論と観念論の対立に言及する。色は客観の内にあるのか、主観の内にあるのか (291)、はたまた主観の能動性に属すものなのか、受動性に属すものなのか、等々。ヘーゲル自身は両者の立場を批判する第3の立場に立っている。結論としては、「対自存在するものとしての規定性は自然に属するということ、同時に規定性はそれの廃棄された状態、つまり精神への関係の内でのみ存在するということ」である (293)。つまり自然の対象に我々が与える規定性は単に主観的なものではなく、自然自身の規定であり、かつまた自然の客体性は観念性へと取り込まれているという主張である。ここでのヘーゲルの観念論批判は、これまでと同様の「主観的観念論」批判であり、自分自身は観念論ではなく、主客の統一の立場だとする立場である。その意味でヘーゲル自身の意識としては、自分は超越論的観念論者ではないと思っているのであろう。ヘーゲルからすれば、対象の規定性は単に主観的なものではなく、主観的でありつつ同時に客観自身の規定である。カントのように客観の彼方に「物自体」を想定しない立場なのだという自負があるのであろう。

　言葉において「意識の概念」が成立しているが、それはまだ「形式的な意識」である。ここには大量の観念性が成立しているが、「絶対的な統一が欠けている」(294) とヘーゲルは言う。カントの純粋悟性概念も「名前から還帰する意識の統一に過ぎない。それは規定された概念であるから、意識の絶対的統一ではない。」(295) 純粋悟性概念＝カテゴリーは規定された概念であり、絶対的統一ではないとされている。意識は「根源的統覚」として把握されなければならないのである。ヘーゲルは根源的統覚を<u>点としての反省</u>として、実存するものとして、取り扱い始めるのである。

　「反省のこの点、絶対的な自己内還帰はこれまでは我々の概念に過ぎなかっ

第 8 章　『1803/04 年の精神哲学』

た。大地・地球の内にはそれは実在していなかった。この概念は今や意識の内に実在している。それは意識の絶対的存在である。それは意識の我意の自由である。個人は全てのものを絶対的に捨象し、全てのものを廃棄することが出来る。死において意識の絶対的な独立と自由が絶対的に否定的な意識として実現する。個人の意識は他の個人の意識に対立している。意識は今やこの個別性を廃棄しなければならない。意識は実践的意識となる。」(296)

このようにヘーゲルは『信仰と知』において注目していたカントの根源的統覚をここにきて、「数的一」更には「点としての反省」として捉え、規定された諸概念の絶対的統一の根源に迫ろうとしている。数的一・点としての反省は今や「意識の内に実在している」のである。だとすれば初稿で想定していたような、実在的媒辞としての「言葉」ではなく、この「点としての反省」こそが実在的な媒辞としての機能を果たせるのではないだろうか。「点としての反省」は全ての規定された概念、数多性を否定し尽くして、新たな統一を作り出すことができるかもしれない。しかし、ここでのヘーゲルは、あまりに早く「個人の死」を持ち出して、個体性の抹殺を図ろうとして、後のヘーゲルの用語「自己意識」の概念を分析、形成することなく、早々と実践的分野に話を進めるのである。カントだけでなく、ヘーゲル自身にも、「根源的統覚」への考察が欠けているのである。

第 1 のポテンツは、当初は「言葉」が「第 1 のポテンツの最高の花」(GW5, 295) として構想されてきたと思われるが、叙述の経緯の中で<u>その地位を「点としての反省」に取って代わられた</u>と言える。「Ⅰ．言葉のポテンツ」が「Ⅰ．ポテンツ」に変化した原因はここにあると言えよう。しかしこのカントの根源的統覚に相当する「点としての反省」をどう位置付けたらよいのかヘーゲル自身にも分からないままに、思惟は展開してゆくのである。

Ⅱ．道具のポテンツ

実践的意識は先ずは欲望である。「動物的欲望は動物的意識である。そこにあっては絶滅が阻止される。」つまり動物は獲物を取りつくすことはない。「人間的欲望は廃棄作用それ自身の内で観念的であり、廃棄されていなければならない。対象は廃棄されながらまた持続する。」つまり人間は対象を bearbeiten 加工する。「対象は否定されはするが、〔加工されて〕持続的に

存立する。労働は実践的意識であり、媒辞として存在する。労働が物と成る時、それが道具である。道具は実存する理性的媒辞である。道具はそこにおいて労働が持続する場である。それは労働するものからも加工されるものからも離れて残り続けるものであり、それらのものの偶然性がそこにおいて永続化されるところのものである。道具は伝統の中で伝播されてゆく。」(300) こうして、労働、道具といった日常生活が、既に『人倫の体系』でも見られたことであるが、ヘーゲルによって初めて哲学体系の内に導入されるのである。労働は、またその産物としての道具は、主観と客観を統一するものである。哲学は象牙の塔から、書斎から、市民社会へと歩み出たのである。これは1800年の前後からLeben生命・生活への還帰を求め続けたヘーゲル思想の大きな功績である。ただしヘーゲルは『1803/04年の精神哲学』においてはまだ「労働」の固有の意義を把握するに至っていない。確かに『人倫の体系』では労働と道具の関係において、「労働よりも道具の方が高い」とされていた(GW5, 292参照)。それがここ1803/04年においては、労働自身が「媒辞として存在する」ものとして同等の資格を持つに至ってはいるが、なお道具の持つ「理性性」が強調されている。ここでの理性性とは合目的性のことである。ヘーゲルにとって労働自身がまだ合目的的な活動として十分把握されていないのである。第1のポテンツでは言葉という客体的媒辞に対して「点としての反省」という意識の活動が優位を占めるに至り、表題から「言葉」という媒辞を追放したが、ここ第2のポテンツにおいては、労働という実践的意識の活動はまだ「道具」という媒辞を表題から追放するまでには至らず、「II. 道具のポテンツ」はそのまま残されたのである。労働の持つ意義は『1805/06年の精神哲学』、『精神の現象学』において解明され、強調されることになる。

断片21.　[本論　その2、先行するポテンツの総合としての家族]
　これは短い断片であり(301-306)、第3のポテンツが取り扱われている。ヘーゲル自身の指示があって、編集者はここに置いているようだが、一部の草稿が失われているようである。この草稿では、如何にして個人の個別性が「家族」において克服されるのかが、描かれる。以下の表題はヘーゲルによって削除されている。

第8章 『1803/04年の精神哲学』

〔Ⅲ．占有と家族のポテンツ〕

　文章は途中から始まっているが、人間における男女間の性的欲望が取り上げられている。そこには既に「意識の自由」があり、物理的必然性・困窮 Noth による自然的欲望は阻止されている。両性は相互に自立的な自由な意識として対峙する。各々は他者の意識において、つまり自己の個別性において、自己の対自存在において、自己を意識した対自存在である。欲望は享受への関係から解放されて、両者の絶対的対自存在において両者の直接的な一致存在となっている。それが愛であり、愛は結婚へと進む（301-302 参照）。夫婦の結合はカントが言うような「契約」などではなく、自然に属する神聖な紐帯であり、ここにおいて意識は総体性へと至るのである（302 参照）。夫婦が自分たちを一つの意識において認識し、一つのものとして認識しあい、かつまたそこにおいて自分たちが廃棄されているものとして認識するのは子供においてのことである。これまで意識にとっては他者は自分とは別のものであり、その意味で絶対的対立であり、純粋な他者であった。だがここにおいて意識は自分自身にとって他者となる。両親にとっては子供が、子供にとっては両親がそのような他者である。子供の教育において、意識は他の意識を自己内に措定するようなものになる。教育においては子供の無意識的な統一は廃棄されている。教育は自己自身の内で分節化され、教養形成された意識となる。両親の意識は子供の素材であり、それを使って子どもは自己を形成する。意識はここにおいて自分の内での他の意識の生成である。両親は子供の生成において自分たちの廃棄されていることを直観する。（304 参照）

　それと共に「世界」も以前のような外的なものという形式においてあるのではなく、意識の形式によって貫徹されたものとなる。子供にとっての非有機的自然は両親の知である。世界は既に調理された世界である。子供のもとにやって来るのは観念性の形式である。意識は対自的に内的なものと外的なものの同一性として自己を産出する[11]（305 参照）。つまり子供にとっては、対象的世界は既に両親の知によって媒介され、観念化されて与えられている。どこが安全な場所であり、どこに食料があるのか、いつリンゴが実るのか、子供は習い覚えて生きてゆけるのである。こうして「<u>家族において意識の総体性が存在する</u>。個人は他者の内で自己自身を直観する。」（306）下線

229

部のこの規定そのものは『人倫の体系』と同一である。子供は両親の内に、両親は子供の内に自己自身を認めるのであり、個体としての自己をはるかに超えた存在となるのである。人間は家族において単独の自立的存在としての自己を克服し、自然的存在としての人間である限りでの諸要素を完備するのである。つまりは「人間」としての生存が、「家族」の内で、「家族」に支えられて可能となるのである。そして次にはこの総体となった家族同士が出会うことになる。そして家族にまだ欠けている「人倫」へと移行してゆくのである。

断片22．〔本論　その３、承認の過程と民族の精神と作品の世界〕
　これはかなり長い断片であり（307-326）、この草稿でもって『1803/04年の精神哲学』は終わっている。体系は完成していない。
〔①　承認の過程〕
　承認の概念はフィヒテが既に『自然法の基礎』において展開したものであり、ヘーゲルのそれもフィヒテに由来する。フィヒテにとって承認とは「有限な理性的存在」が、相互に自由な存在として認め合うことを意味する。フィヒテもヘーゲル同様に、この承認が成立する際の困難を指摘している。「いかなる者も他者を、両者が相互に承認しない限り、承認し得ない。そしてまた如何なる者も他者を自由な存在として、両者が相互にそう取り扱わない限り、取り扱い得ない。」そしてフィヒテはこの問題をこう解決する。「私はあらゆる場合に、私の外部に自由な存在を、自由な存在として承認せざるを得ない。即ち私の自由を、彼の自由の可能性の概念によって制限せざるを得ない。[12]」
　既に見たように、こうしたフィヒテの考えをヘーゲルは『差異論文』で批判していた。つまりフィヒテにあっては、各人は自分の自由を他者との共同の内で「制限せざるを得ない」わけだが、こうした自由とは「反省の立場から」考察されている自由であり、フィヒテにあっては「自由は自由であるためには、自己を廃棄せざるを得ない」のである。つまりヘーゲルはここでフィヒテが他者との共同を自由の制限として捉える点に反対しているのである。それに対してヘーゲル自身の立場からすれば、「最高の共同は最高の自由である」（GW4, 54）。こうした立場をとるヘーゲルが、『1803/04年の

第8章 『1803/04年の精神哲学』

『精神哲学』では承認の過程を如何に展開しているのであろうか？ 承認とは先ずは何よりも、「自由な存在者」相互の承認であるはずである。ではこうした自由な存在者と最高の共同たる人倫とは如何に関係しているのであろうか？ この問題こそがヘーゲルイエナ期の最大の問題であった。ともかく我々もヘーゲルの展開を見てみよう。

先ず各人は家族において、自己の総体性に観念的に到達した。今や「逆の道」、つまり観念的なものの実在化が必要なのである。つまり各人は現実の内で自己を総体性として示さなければならない。そしてここに承認の過程が生じてくるのである。承認されているとは、「他者の意識の総体性の内に自己が意識の個別的総体性として実存し得る」ということである。このように自己の総体性を実現する、また他者にそれを示すとは、「自己の占有及び自己の存在の諸々の個別性を」「自己の無差別の内に取り入れ」、それら「諸契機を自己自身として措定する」ことなのである (307-308)。各人は先ずは他者を承認するよりも自己が承認されることを欲する。こうして彼は「他者の意識の内において他者をその個別性の全領域から排除する者として現象し、……この自己の行う排除において現実的に総体性であることを欲する。」(308) このことは「言葉や断言、脅迫、約束」などによっては成就しない。というのもここで対立している両者は「絶対的に相互に対自存在する者」だからであり、両者の関係は実践的関係であるからである。これに対して言葉は「単に意識の観念的実存にすぎない」(308)。こうして両者がまず自己の承認を求める場合には「両者は相互に毀損し合わざるを得ない」(309)。即ち、占有の内には一つの矛盾があるのである。占有される当のものである「大地という普遍的なもの」は誰もが占有し得るものである。ところが占有されるためには、それは「個人の威力 Macht」のもとに存在しなければならない。つまり普遍的なものが個別的個人の占有する個別的なものであらざるを得ないのである[13] (309 参照)。そしてこうした個別的なものへの毀損でさえも自己の全体への侮辱なのであるから、「各人は個別的なものを自己の総体性として主張し、各人が他者の総体性を否定するという現象が生じる」。つまり「各人は他者の死を目指す」(310)。これは同じくまた、「自己の生命を賭すゆえに、自己の死を目指す」ことなのである (310)。つまり『精神の現象学』で言う「生死を賭する戦い」が始まっている。こうして

231

ここに各人の最初の意図とは全く逆の事態が生じている。即ち、各人は自己を総体性として主張しようと欲していたのであるが、今や「自己の存在及び占有の個別性を主張しよう欲している」のであり、そして「自己の全占有及び享受の可能性、つまり生命そのものを犠牲に供する」のであり、この生死を賭する戦いの成果は「死という無」に過ぎない（311）。こうしてヘーゲルは承認の過程における絶対的矛盾をこう指摘する。「諸個人のこの承認は承認それ自身の内における絶対的矛盾である。承認するとは単に総体性としての意識の、他の意識の内での存在である。だがこの意識は現実的になることによって、他の意識を廃棄する。かくして承認することそれ自身が廃棄される。……しかし同時に意識は他者によって承認されるものとしてのみ存在するのであり、また同時に意識は絶対的な数的一としてのみ意識であり、かくしてかかるものとして承認されざるを得ない」（312）。

　こうしたヘーゲルの主張からも明らかな如く、承認の過程とは諸個人の社会化・普遍化の過程なのである。人間とは社会的（人倫的）存在であり、社会を離れて存在し得るものではない。しかも人間の存在は、一つの自立性を備えた数的一としての存在なのである。それ故、こうしたものとしての人間個々人の社会化は「絶対的矛盾」に突き当たるとヘーゲルは言うのである。人間の社会化はヘーゲルにとっては、近代自然法の言うような「社会契約」によっては成就されないのであり、そうしたフィクションの代わりに、ヘーゲルは「承認のための生死を賭する戦い」を設定するのである。もちろんこの戦い自身、フィクションに過ぎないが、この戦いの成果である「死という無」の経験が、自己を総体性として証そうとする人間にとって、絶対に必要なのである。自己の生命を賭さないものは、「他者の奴隷となる」のである（311）。つまりヘーゲルはこの「死という無」において認識の目覚めを導出しようとしているのである。各人は今までのように先ず自己の承認を求めるのではなく、逆に先ず他者を承認する、つまり自己自身を廃棄するのである。[14]「承認された総体的意識は自己自身を廃棄することによってのみ存在し得る」ということを「この意識自身が認識する」のであり、自己内反省を行うのである（314参照）。ヘーゲルの承認の過程はこうした「回り道」を必要とするのである。

　それ故各人は先ず自己自身を廃棄することによって承認される。つまり廃

第8章 『1803/04年の精神哲学』

棄されたものとしては各人はそのまま「他者の意識の内に」存在し得るからであり、この他者の意識の内にそのまま存在し得るということが、承認されているということに他ならなかったのである。こうして各人が同じく自己を廃棄するのだから、私の「個別的総体性は存在する、けだし諸々の他者の個別的総体性は単に廃棄されたものとしてのみ指定されているからである。」だがまた私も承認されたものとしては「廃棄されたもの」としてのみ存在し得るのである（314参照）。それ故「個別性としての総体性」は承認されている限り、つまり社会全体の内に存在する限り、「対自存在するものではない」(314)。諸個人の承認されていることは即、廃棄されていることであり、個別的意識が普遍化されていることが絶対的意識＝民族の精神とされるのである。そして民族の精神の内には「もはや諸々の個別的なものは存在しない」のであり、個々人はその内に存在するにしても、「単に廃棄されたものとしてのみ」存在し得るのである。民族の精神こそが「絶対的実体」なのであり、諸個人間の承認もここにおいてのみ成就されるのである（314参照）。

　ヘーゲルは承認の絶対的矛盾を前にして、承認の成立を「意識が自己を廃棄する」ことによって実現しようとする。各人が先ずは、自己を「個別的な総体性」としては廃棄するのである。各人は「廃棄されたものとしてのみ承認される」のである。個別的な総体性のこの廃棄された存在は「絶対的普遍性としての絶対的精神」である (313)。「この３つの形式、Seyn, Aufheben, Seyn als Aufgehobenseyn は絶対的に一つのものとして指定されている」とヘーゲルは主張する。「それは絶対的な実体であり、民族の精神である。それは絶対的人倫である。」(314) つまり各人が自己の自立性を民族精神において廃棄するとき、諸個人の承認は実現するというのである。そして更には、「生き生きとした多様性における人倫の存在は民族の習俗である。それはいかなる構成物でも、契約でもなく、暗黙の根源的契約でさえもない。個別者は自分の自由の一部を廃棄するのではなく、全部を廃棄するのであり、自分の個別的な自由は彼の死であり、彼の我意である。」(315)

　ヘーゲルはここで承認の成立する場を語っているが、それを社会契約によるものとして描くことに強く反対しているのである。ヘーゲルは『自然法論文』において近代自然法が描く「自然状態」なるものが「擬制 Fiction」で

233

あり、その上に成立する社会契約なるものは虚偽であるとして否定していた（GW4, 426参照）。ヘーゲルとしては、承認の成立の場をあくまでも「民族の精神」に、民族の習俗に求めたいのである（そこにこそ自然状態とは異なる人倫的自然がある）。それがこの時期のヘーゲルの承認論の一つの特色である。そしてまたこの時期の承認論のもう一つの特色は、各人の自己放棄が全面的なものである、ということである。これはフィヒテの自己放棄が部分的な自己制限であることに対するヘーゲルの批判に由来している（本書の62-63p参照）。ここでのヘーゲルの自己放棄はルソーの「社会契約」の精神を引き継ぐ「全面的自己放棄」なのである。全面的放棄によってのみ、各人は「絶対的意識」となれるのである。しかしそれでは承認という精神的行為は余りに古代的全体主義的な情緒主義に帰着する他はない。各人が自己の私利私欲を捨てて公共のために尽くすべし、祖国のための死を厭わず遂行すべし、等々という精神論では市民社会は運営できない。それでもヘーゲルは「民族精神」の中に市民社会も取り込んで人倫論を展開しようとするのである。

〔② 民族の精神〕
「民族の絶対的精神は絶対的に普遍的なエレメントであり、全ての個別的意識を自己内に飲み込んだエーテルであり、絶対的な単純な生き生きとした唯一の実体である。それはまた全ての者の共通の作品である。そこにおいて各人は自らを一つの民族として直観する。」（315-316）ここにヘーゲルは明瞭に民族精神を唯一の実体として示しているが、この把握がイエナ初期の基底である。個人ではなく民族こそが実体であるという思想がイエナ初期からのヘーゲルを規定しているのである。この規定はイエナ中期のヘーゲルにおいても変わっていない。カントやシェリングが諸個人の統一として「世界連合」を構想するのに対して、ヘーゲルはそうした普遍的概念を無視して、特殊であるはずの「民族」に依拠する。そこにヘーゲルなる思想家の若い日からの情動の蓄積がある。今はもう叶わぬ夢と諦めかけてはいるが、「ドイツ民族」こそがヘーゲルの「実体」である。それだけが自立的に自己自身の力で存在するものなのである。各人は自己の個体性をこの民族精神の内で否定して、民族精神＝絶対的人倫と一体化する必要があるのである。各人の自己

第8章 『1803/04年の精神哲学』

否定という人間たちの死によって精神も新しい精神として蘇る。そして精神は自然を脱却して絶対的人倫となる。

「精神は絶対的に人倫的な精神として存在するとともに、本質的に無限に否定的なものであり、自然の廃棄であり、自然の内で自己の他者となり、この他者を自己自身として措定し、自己内へと還帰することによって自己自身を絶対的に享受するものである。」(317) このように精神の三段階論が示されている。これによって自然と精神の同一哲学の立場は捨て去られた。自然は精神によって否定され、支配される。「最初のものは精神の否定的作品である。精神はその非有機的自然に対立している。」しかしここでいう「人倫的精神の非有機的自然」とは家族のことであり、家族の占有のことである。(317 参照) 家族はヘーゲルにとって自然的人倫（人倫的自然とは別のもの）であり、その意味で本来の人倫ではない。だから本来の絶対的人倫としての民族精神および国家は、家族を、また家族の財産を否定しなければならない。家族愛と私的所有を超えたところに人倫は成立するのである。だがこの草稿ではヘーゲルはその姿を具体的に描くことはない。家族とその財産の廃棄された姿は市民社会の労働、生産様式として描かれてゆくことになるが、家族と市民社会のつながりは何も説明されることはない。

ただしヘーゲルはここ（318 以下）で家族だけでなく、先行のポテンツ全体を「民族」というポテンツで振り返ろうとしている。先ずは「I」として「言葉」を振り返り、言葉も民族の言葉としてのみ存在する、悟性も理性も同様である、としている。次に「B」として「労働と占有」を振り返っている。これから見てゆく「作品の世界」は人倫的精神の第2段階であり、非有機的自然を自己内に取り戻す過程である。ヘーゲルはここで先行の媒辞、言葉・道具・占有を普遍性の形式の下に再構成する（234-235 参照）。ローゼンクランツはこの個所の意義は次の点にあるとしている。「ここにおいてヘーゲルが初めて国家と前国家的段階の中間領域、彼が後に市民社会と表示するところのもの、を個々の領域において叙述しようと試みた」点にある（Ros. 178）。この表現はかなり曖昧であるが、『1803/04 年の精神哲学』においてヘーゲルは初めて家族と国家の中間に市民社会を置いたのである。『人倫の体系』では市民社会は第1章のBで取り扱われているが、市民社会の後に家族が位置するのであり、第1章を総括するのは家族なのである。市

民社会は第3章の「普遍的統治」において再び出現するが、それはまさに統治の対象であり、市民社会としての独自の領域を有するものではなかった。『1803/04年の精神哲学』においても市民社会は民族の精神の内に編入されている。しかしこれはあくまでも作品としての民族の精神の領域であり、統治・国家組織としての民族の精神とは別のものであろう。ここにおいて市民社会は家族及び国家から実質的に解放されたと言えよう。

〔③　作品の世界〕
〔(ⅰ)　民族の言葉〕
「言葉は民族の言葉としてのみ存在し、悟性も理性もまたしかりである。」言葉は「民族の作品」としてのみ「精神の観念的実存」であり、「普遍的なもの、自体的に承認されたもの」となり、かかるものとしての言葉を媒体としてのみ各人は自分の思うところを表明し得る。これに対して言葉を民族の言葉にまだ仕上げていない野蛮人は自らの言わんとするところを表現し得ない（318参照）。それ故、文明国家においては各人は自国の言葉を習得しなければならない。これは教育に属する。この教育を受ける者にとって、言葉は「観念的世界、自己の非有機的自然」として現存している。非有機的自然としての言葉に対する各人の関係は、いわゆる自然に対する各人の関係ではなく、「言葉の観念性に対して実在性を発見し、言葉に対して存在の内に含まれている意味を探求する」ことである。つまり言葉はそれ自体としては、「単なる形式」であり、「生産行為ではなく、既に生産されたところのものを外在化する単なる形式」である（319）。こうして「外的なものの観念的廃棄」であった言葉は、それ自身再び「外的なもの」となるのである。だがこの外的なものはその意味が知られることにより、再び廃棄され、「自己の概念」となることにより、「総体性になる」のである（319参照）。つまりヘーゲルは民族の言葉において、思惟と存在の一致が実現されていると見るのである。

〔(ⅱ)　民族の労働〕
　次にヘーゲルは市民社会における労働の様式を3段階で論じている。第1は、労働一般、第2は、道具の発展としての機械、第3は商品生産、分業、貨幣を論じている。第1から見てゆこう。市民社会における労働は、個人の欲求に関係する個別的労働ではあるが、この労働はそれにもかかわらず「普

第8章 『1803/04年の精神哲学』

遍的労働」である（320）。というのは第1に商品生産社会の労働である限り、それは他者の欲求を満たす労働であるからである（322参照）。第2に、労働は市民社会にあっては「一つの普遍的規則」になっているからである。単なる個人の未熟な技能はここでは通用しないのであり、未熟な者はこの技術を習得しなければならないのである。この「習得の過程」を通じて個人の熟練が生じてくる。それ故「労働は本能ではなく、一つの理性性である。それは民族の内で自己を普遍的なものになすのである」（320）。

ところでこの普遍的規則とは、客体的には道具の体系、つまりは機械である。これは何ら固定したものではない。もしそうだとすれば、そこには進歩がないことになる。そうではなく、各人は自己を特殊者としてこの普遍的規則から切り離し、より有用な道具を考案する。有用であるためにはそれは真に普遍的であらねばならない。普遍的である限り、それは他者も利用できることになり、発見者の特殊性は廃棄されることになる。それは真に「普遍的な財」となる（321参照）。このようにヘーゲルは論じるのであるが、道具と機械の違いについてこう述べている。道具において人間は、直接的否定を道具にやらせているが、道具でもって人間自身が自然に働きかけている。だが「機械においては人間は自らこの自己の形式的活動性を廃棄して、機械を全く自分に代わって労働させる」（321）。このようにヘーゲルは先ずは機械の肯定的側面を論ずるのであるが、同時に彼はそれの否定的側面を鋭く指摘する。「人間は幾多の機械によって、自然を手ひどく取り扱うことになるが、自分が労働することの必然性を廃棄しはしない。……彼になお残っている労働はそれ自身ますます機械的なものとなる。人間は労働をただ全体のためにのみ減少させ、個人にとってはそうはさせないで、逆に労働を増大させる。けだし労働が機械的になればなるだけ、それだけ労働は価値を持たないものとなり、かくしてまたこうした仕方で労働せざるを得ないからである」（321）。

ここでヘーゲルは機械の導入に伴い人間の労働が被る否定的変化として、一つは自然から遠ざかること、つまり労働そのものが生動性を失って機械的なものとなるということと、もう一つには労働の機械化に伴う労働の価値の低下を指摘している。第3にヘーゲルは商品生産と分業と貨幣の問題を論じている。商品生産社会の労働については先に見たのと同じ指摘がなされてい

237

る。つまりこの社会においては個別的労働も実は普遍的労働である。またこの社会における労働は自己の直接的欲求を超えた生産を行う。それはまさに他者の欲求充足のための労働である。「彼の労働は普遍的なものとしての欲求のために存在するのであり、彼の欲求のために存在するのではない」(321)。彼の労働は「全民族の労働」であり、「かかる労働は価値を持つ」とされている（322参照）。ヘーゲルはこうして労働の持つ肯定的側面を指摘すると同時に、ここでもまたそれの否定的側面を指摘する。この社会においては「諸々の欲求の充足は全ての者相互の普遍的依存性であり、各人にとって個別的なものとしての彼の労働が、彼の諸々の欲求に直接に適合するという全ての確実性と確信は消滅する」(323)。続いてヘーゲルはこの相互依存性の体系としての分業の問題に移って行く。ここでヘーゲルはアダム・スミスの名を挙げながら「労働の個別化」、つまり分業のもたらす弊害を4点にわたって指摘している。第1は、生産量が増えるにつれて労働の価値が下落すること。第2は、労働がますます死んだ機械的なものになること。工場労働者の意識が愚鈍化すること。第3は、個々の労働と全体的労働との関係が見渡しがたくなること、盲目的依存性が増大し、遠く離れた地での作用が労働者階級の労働を突然阻止し、余計なもの、不要なものにする。第4は、自然を我が物とする過程がますます細分化されて便利になるとともに、逆に全くの不便さを招来する（324参照）。この部分をマルクスの「疎外された労働」と比較するのも興味深いことであろう。マルクスはヘーゲルのこの草稿を知らなかった。だが不思議なことに、マルクスを含めてのドイツ観念論によるイギリス国民経済学批判は「全面的に発達した人間」という理念のもとに展開されるということがここに既に示されている。分業と対決し、人間の総体性を回復すること、それが彼らドイツ観念論の使命である[18]。

続いてヘーゲルはこれら多様な欲求及び労働の普遍的概念、実存する概念としての貨幣を論じ、これが一民族の内で、「共同性と相互依存性の膨大な体系」を形成するとし、またそれが野獣として盲目的自己運動を続けるゆえに、「永続的な強力な抑制と制御を必要とする」と結んでいる（324）。

〔(iii) 民族の占有〕

労働及び欲求は「占有の内にその安定した場所を」有している。占有も今や民族全体の内に措定されることにより、その個別性の内で普遍的なもので

第8章　『1803/04年の精神哲学』

あり、「所有」である。ここでヘーゲルは先にも触れた「占有」の矛盾について再び触れている。つまり単なる物は無主物であり、誰もが占有し得るものであるが、そのものが個別的な占有、つまりは私的所有とならざるを得ないという矛盾である。この矛盾は「私の占有の確実性が全ての者の占有の確実性である」として解決される（325 参照）。だがヘーゲルは更にこの私的所有の孕む否定的側面を指摘する。つまり個々のものが私的に他者によって所有されることによって「個人は各々の個別的なものの内に自己の全本質を措定し得るという尊厳を持つことを止める」のである（325）。この問題を更に展開することなく、『1803/04年の精神哲学』の草稿は途切れてしまっている。ただし文章は原稿の最後まで書かれている。内容的には続きの草稿がなければならないが、結局残された限りでの草稿から言えば、『1803/04年の精神哲学』では、「国家」が論じられないままに終わっているのである。ヘーゲルが論じたのは実質的に「市民社会」の領域のみである。つまり「民族精神」は市民社会の経済活動を支配している精神として描かれているのである。その後の姿は不明である。各人による民族の直観は具体的に描かれることなく、途切れている。この中断の原因としては、講義がそれ以上進まなかったということも考えられるが、承認の概念の展開に無理があったことが本質的な原因と思われる。「社会契約」や「法の概念」を持ち出さずに、一挙に「民族精神」において各人の全面的自己放棄によって承認を実現しようとしたことが、余りに古代的であり、またフランス革命期の情緒主義的発想であったと言わざるを得ない。更に「国家」の後に位置しているはずの「芸術・宗教・哲学」については何も述べられていない。

この後、GW6 には、付録 Beilagen として２つの草稿が載せられている。

Ⅰ．知性 Intelligenz．(GW6, 329)

これは簡単な目次であり、ここに入れるべきものではなく、1805/06 年の体系草稿に入れるべきものである。[19]内容的には精神哲学の理論的精神の部分、つまりは「知性」の目次である。直観、空想と内化・想起、記憶、悟

性、理性と示されていて、理性の後に、「自己自身への絶対的反省、自己意識」とある。「自己意識」という用語が注目される。この用語からも、それが1805/06年のものであることが推察される。

　単なる形式である　Ist nur die Form（GW6, 330-331）
　これは編集者が「体系の最後への断片」と名付けているように、絶対的精神としての芸術を取り扱っている。ただしこの時期には芸術は芸術宗教であり、宗教の第1段階として取り扱われている。具体的にはここでもまた古代ギリシア芸術が取り上げられている。世界精神が「自己の実存の実在性を再構成する」等のことが言われているが、途中で文章が途切れている。編集者はこの草稿を『1803/04年の精神哲学』の続きと見なそうとしているが（326, 330）、相当無理がある。というのもそこではまだ国家が全く取り扱われていないのであり、その部分を欠落させたままでは「絶対的精神章」に移ることはできないであろうからである。むしろ『人倫の体系の続稿』とか『1803/04年の講義草稿』などと同じく、当時のヘーゲルの宗教論の断片的草稿と見なすべきであろう。いずれにしてもイエナ初期にヘーゲルは「絶対的精神章」に関する草稿をかなり書き続けたが、残されているものはほとんど全てが古代ギリシアの宗教・芸術に関するものばかりであり、キリスト教に関しても、またこの時期ヘーゲルが構想していた民族宗教に関しても、本格的な考察はなされないままであったと言えよう。

　注

1　いくつか邦訳がある。加藤尚武監訳『イェーナ体系構想』法政大学出版局、1999年。
2　初稿では「Ⅱ．精神の哲学」となっていたものが「Ⅲ．精神の哲学」と書き直されている。この問題はあれこれ考えると益々混乱しそうなので、指摘するにとどめておく。
3　後にヘーゲルの「自己意識」の概念が成立するときに、同じことが言われている。つまり、類を対象とする意識が自己意識だとされている（GW9, 107参照）。

第8章 『1803/04年の精神哲学』

4 周知のようにプラトンは『ソピステス』で五つの類として「有、動、静、同、異」を挙げている。ヘーゲルはこの内の「同」と「異」を好んで自己の論理に採用している。

5 これらの点に関しては前掲拙論「フィヒテとシェリングとヘーゲルの哲学の無差別──シェリング『超越論的観念論の体系』を中心に」(『大東文化大学紀要第55号』) 15p 参照。

6 同上拙論、18p 参照。

7 「絶対的意識」という言葉は、ヘーゲルは既に『差異論文』で、フィヒテ批判と関連して使用していた。ただフィヒテ自身の用語としては「純粋意識」という用語が使用されている。この「絶対的意識」は1802-03年頃のシェリングとヘーゲルが愛用した用語であったようである。シェリングに関しては、AA. I. 11, 379p, AA. III. 2, 1, 366p 参照。

8 「媒辞 Mitte」は「媒概念」とも呼ばれるものであり、もともとはアリストテレスの三段論法で使用される概念の一つである。「大前提、全ての人間は死ぬ。小前提、ソクラテスは人間である。結論、故にソクラテスは死ぬ。」この結論を導くのに機能している「人間」なるものがこの場合には「媒辞」である。「媒辞」は主語と述語の両項を結び付けているのである。

9 「我なる我々、我々なる我」とはヘーゲルが『精神の現象学』で「自己意識」を定義した有名な言葉であるが、1802年から1806年頃にかけて独特の意味を付与されて重要な機能を果たしてきた「エーテル」なる概念は『精神の現象学』において成立する「自己意識」の概念の内に消失した、というのが私の解釈である。拙論「エーテルの行方──ヘーゲル、イエナ期研究序説」(『大東文化大学紀要34号』) 参照。

10 ハインツ・キンマーレはこの時期のヘーゲルの意識論の重要性を強調しているが、ここにおける経験的意識と絶対的意識の区別に言及せず、且つまたここでの意識を即「自己意識」と等置することによって、イエナ期ヘーゲルの意識論を発展史的に展望する視野を取り逃がし、混乱することになった。H. Kimmerle Das Problem der Abgeschlossenheit des Denkens. Bouvier Verlag, 1982. 246-256p 参照。なお「混乱」という点については、キンマーレの同書357p と GW6, 350 の編集者 (キンマーレ) の解説を比較されたい。

11 『1803/04年の精神哲学』の仏訳者、Guy Planty-Bonjour はこの辺りでヘーゲルが何故に「自己意識」という用語を使用しないのかという疑問を提示して

いる。当然の疑問であるが、彼以外の研究者はこの点を指摘することはなかった。Hegel. La première philosophie de l'esprit. P. U. F. 1969, 34p 参照。この点に関しては拙論「ヘーゲル、イエナ期における自己意識の概念と労働の弁証法」(『哲学』30号、1980年、日本哲学会) 参照。

12　Fichte, GA. 1, 3, 44, 52。なお直接関係はないが、リーデルはヘーゲルのイエナ期の転換に際しての、ヘーゲルの新たなフィヒテ研究を指摘し、強調している。M. Riedel　Studien zu Hegels Rechtsphilosophie. Suhrkamp Verlag. 1969. 55, 59p 参照。

13　この点については後でも述べる。同じ内容が『精神の現象学』の「査法的理性」で取り扱われているのは周知のことである。

14　マルクスの『資本論』での価値形態論も同様の「回り道 Umweg」をして自己の価値を表現する他はない。M. E. W. 23, 65, 67p 参照。久留間鮫造『価値形態論と交換過程論』(岩波書店) 4-9p 参照。

15　『自然法論文』でも「人倫的自然」が強調されていたが、人倫的自然とは端的に言えば Nation であり、その上に形成される Volk である。ヘーゲルの場合には、自然的民族集団 (Nation) の上に文化的民族 (Volk) が形成されるのである。民族を至上のものとする以上、「自然」は不可欠だったのである。

16　この「作品の世界」という表現はヘーゲル自身のものではなく、私が仮にそう規定したものである。作品という場合には当然、芸術作品も含まれるが、ここで言われている作品は民族の言葉であり、また民族の諸個人が織りなす経済活動の総体を意味している。その意味で後の『精神の現象学』での「精神的な動物の国と欺き、あるいは事そのもの」と同様の市民社会原論とでも呼ぶべきような個所である。なお「欺き」に関しては『1803/04年の精神哲学』でも次のような言及がある。「ここに全体に対する全ての者の欺きがあってはならない」(GW6, 316)。

17　ローゼンクランツの報告によれば (Ros. 183-184p)、ヘーゲルは民族の言葉・国語の形成を「民族の最高の教養形成に属す」としており、いたずらに外来語を使用することを批判しているという。

18　私はマルクスを「ドイツ観念論」の傍流として位置付けている。拙論「マルクスにおける唯物論と観念論」(『大東文化大学紀要 第53号』41-42p) 参照。

19　前掲拙論「ヘーゲル、イエナ期における自己意識の概念の生成と労働の弁証法」149, 157p 参照。

第 9 章 『1804/05 年の論理学・形而上学[1]』

　ヘーゲルが「論理学・形而上学」の講義を最初に行ったのは、1801/02 年の冬学期であり、これについては既に見たところである。1802 年の夏学期にも「論理学・形而上学」の講義は予告されているが、この学期の講義は行われなかったと思われる。1802/03 年の冬学期にも講義予告があるが、こちらは行われたと思われるが、講義の準備草稿は残っていない。1803 年の夏学期は講義を行わなかったようである。1803/04 年の冬学期には「思弁的哲学の体系、論理学・形而上学、つまり超越論的観念論、自然哲学、精神哲学」とあり、聴講生リストも残されている。全ての哲学体系を指して「思弁的哲学」と呼んでいるのがこの年の特色である。また「論理学・形而上学」が「超越論的観念論」と言い換えられていることが興味深い。こうした命名は 1801/02 年のトロックスラーの講義ノートに見られたものであり、ヘーゲルのイエナ初期からの構想が、明瞭に形として表現されたと思えばいいであろう。ただしこの年の講義草稿としては、「自然哲学」と「精神哲学」の草稿はあるが、「論理学・形而上学」の草稿は残されていない。1804 年の夏学期の講義題目は「普遍的哲学体系、論理学・形而上学、自然哲学、精神哲学」とあるが、おそらく講義は行われなかったと思われる。聴講生リストもない。1804/05 年の冬学期は、「全哲学体系、思弁的哲学（論理学・形而上学）、自然哲学、精神哲学」とあり、聴講生リストもある。30 名の参加があった。以下見てゆく「論理学・形而上学」はこの講義の準備ノートと思われるが、断片の寄せ集めではなく、清書稿である。それ故、これから見てゆく『1804/05 年の論理学・形而上学』は、1801/02 年、1802/03 年、1803/04 年の冬学期での講義草稿を利用しながら仕上げられたものである、と言えよう。ただし先頭が欠けており、また途中にも幾つか欠落がある。

　「論理学・形而上学」は 1 年前には、「超越論的観念論」と呼ばれていたが、今回は「思弁的哲学」と呼ばれている。論理学を思弁的哲学と呼ぶのは、1805 年夏学期、1806 年夏学期にも使用される呼び名である。

1803/04年の「超越論的観念論」という呼び名は、カント、フィヒテのカテゴリー論を素材としているところから付けられただけのものではなく、ヘーゲル自身もその立場を採用したことを意味するものと思われる。それに対して1804/05年以降の「思弁的哲学」という呼び名は、そこにヘーゲルの個性が加味され、独自性が示せたということを自負しているのであろう。更には『人倫の体系の続稿』で到達した宗教論、つまりキリスト教の内に「思弁的理念」を読み取る、という姿勢とも関係しているであろう。後述する如く、「本質態 Wesenheit」という新しい用語が登場している。「超越論的観念論」及び「思弁的哲学」のどちらの呼び名にしても、論理学はヘーゲルにとって「観念論」を意味していたのであり、ここでの「思弁的哲学」は「実在的哲学」、つまりは「自然哲学と精神哲学」との対比で使われているのであろう。論理学＝思弁的哲学は主観性の内部の哲学であり、その意味で対象世界の叙述である「実在的哲学」と区別されているのであろう。「イデア・理念」が実在性の度合いを薄め、より主観的なものとして把握されようとしている、と言えるであろう。その意味でヘーゲルはまさにカント・フィヒテの超越論的観念論の立場に立ちつつ、更に独自の道を切り拓こうとしているのである。

　なお既に見たように、ヘーゲルは三分法を愛用しているが、同時に二分法への愛着も強い。哲学体系は全体として論理学・自然哲学・精神哲学の三分法であり、これは生涯変化することはないが、それを思弁と実在に二分するのもヘーゲルの執着である。後の『論理学』にしても、存在論・本質論・概念論の三分法であると共に、客観的論理学と主観的論理学との二分法も取られているのである。つまりヘーゲルの内には根本的な二元論があり、それは思惟と存在、感性と悟性、自然と精神、等々であるが、その二元的対立を克服するために三分法が考え出されたのであろう。その意味で、三分法には二元性が不可欠である。つまり三分法とは二元論を土台に成立する論理なのである。（人間の使用する概念はそもそもが二元論であり、例えば「戦争と平和」「自然と精神」「原子と空虚」等々、二元的対立でもって「全体」を構成することによって、人間は安らって思惟を進めてゆけるのである。）

　『1804/05年の論理学・形而上学』は目次で全体を見てみると、以下のようになっている。

第9章 『1804/05年の論理学・形而上学』

論理学	後の『論理学』[2]
Ⅰ．単純な関係	存在論
Ⅱ．相関関係	
A　存在の相関関係	本質論
B　思惟の相関関係	概念論
Ⅲ．比例	概念論
形而上学	
Ⅰ．根本命題の体系としての認識	本質論
Ⅱ．客観性の形而上学	概念論
Ⅲ．主観性の形而上学	概念論

全体としてみると、後のヘーゲルの論理学の大枠が既に出来上がっている、とみていいであろう。ただし相違点としては、この時期の論理学では本質論と概念論が明瞭に区別されていないこと[3]、更には「対自存在」が項目として確立していないこと、推理論において「個別」の役割が欠落していること、等々が特色である。それらは全て当時のヘーゲル哲学において「個体性の原理」が確立していなかったことに由来する。それはまたヘーゲルの「自己意識」の概念の未成立と言い換えても同じことである。自己意識と概念とが結合する時、後のヘーゲルの『論理学』が成立する[4]。なおそれとの関連で1804/05年の時期には「論理学」と「形而上学」が区分されているのもイエナ初期以来の特色である。この区分の意味については後で見ることにする。この区分は1806年以降は消失して、「論理学」が「形而上学」を吸収することになる。

論理学 （GW7, 3-125）

ヘーゲルは既に1801/02年段階で「論理学・形而上学」の講義を行っていた。その当時の論理学と比べるとここ1804/05年のものは、第1部の認識論一般に関する部分が無くなっていて、一挙にカテゴリー論が展開されているようであり、この様式は以後の『論理学』でも同様である[5]。ここでの

「論理学」は基本的にはカントの超越論的論理学を受け継ぐものであり、具体的にはカントの12個のカテゴリーを配列を変えたり、他の用語で補充したりしながら自己流に論じるものである。ヘーゲルの独自性としては、カントでは量が先に置かれていたものが、ヘーゲルでは質が先に置かれていること[6]、また質も量も「存在」の概念に含まれていることである。カントは「存在」をカテゴリーとはしていない。またヘーゲルが重視する「無限性」もカントではカテゴリーに含まれていない。なおヘーゲルのここでの草稿には先頭が欠落しているが、先頭は「存在」であったことはほぼ間違いない。存在あるいは「統一」と無が対立して描かれていたであろう。そしておそらくそれが後のヘーゲルの『論理学』でのように「生成」において統一されていたと思われる。というのも本文中で全体を振り返っている個所で「生成と消滅」という言葉がたびたび使用されているからである（112参照）。

I．〔単純な関係〕

先頭は欠落していて見出しはついていないが、「単純な関係」であったことは確実である（29参照）。ここでは存在の世界が、「質」を中心にして捉えられている。だからここでは感覚的意識が背後にあって、実在性や否定性といった概念が取り上げられる。残された草稿はこう始まっている。「……対立したものの一方は必然的に統一それ自身である。だがこの統一はまさにそれ故に絶対的統一ではない。統一は同時に単に対立の一項ではなく、自体的であるべきであるから、自己自身と自己に対立したものとの統一として単に限界であり得るだけである。」(3) ここでは『差異論文』で言われていた「同一性と非同一性の同一性」と同様の発想から、統一と対立の区分が指摘され、対立と区別された統一は絶対的な統一ではなく、相対的な統一であるとされているようであり、そうした相対的な統一が「限界」なる概念だとされている。そしてすぐに、おそらくはフィヒテの「第3根本命題」を念頭にしての[7]発言がこう続く。「だから対立した活動性から、つまり観念的活動と実在的活動からイデア・理念を両者の統一として示すあのいわゆる〔フィヒテの〕構成なるものは、端的にただ限界をもたらしただけである。……限界の概念の内には統一と数多性が、実在性と否定がなお独自に存在するものとしてある、そしてその原理は悟性の論理学の原理であるから、それが実際に

第9章 『1804/05年の論理学・形而上学』

廃棄されることによってのみ、対自的に存在するものではないものとして承認されるのである。観念論を自称する〔フィヒテの〕あの相対立した活動性からの構成はまさにそれ故に、悟性の論理学に他ならないのである。……同じことは〔カントの〕相対立した力、牽引力と反発力からする物質の構成にも言える。」(3-4)

このようにイエナ初期の論理学とほぼ同じテーマが論じられ、カント、フィヒテの哲学が「悟性の論理学」として批判されており、ヘーゲルとしてはそれを超える立場を示そうとしている。「限界は自己自身への関係である限りで初めて、真の質であり、自己自身への関係は否定としてのみ可能であり、自己自身への関係の内でのみ他者を否定するのである。……限界へとなった質は自己自身の反対になっている。……かくして限界は総体性であり、真の実在性である。それはその概念と比べると、概念の弁証法を含んでいる。概念は自己自身の反対になっている。」(6-7)

このようにヘーゲルは、相対立する悟性的概念が、「自己自身の反対」になることを示して、悟性の論理学を克服しようとするのであり、その歩みを「弁証法」という言葉で表すのである。またこの辺りの叙述から、ヘーゲルが質を「規定性の対自存在」と規定していたことが分かる。この表現はこの辺りに繰り返し出ているが、「対自存在[8]」は、ヘーゲルの論理学の概念とはなっていないことは明らかである。この時期のヘーゲルの論理学の主眼は、まさに悟性の愛好する概念たる「対自存在」を退治することにある。それは個別的存在の独自性を否定する「古代的イデア主義」であるとともに、人倫の分野における個人の独立を嫌うイエナ初期の衝動がヘーゲルの内に生き続けていることをも示している。

続いて「B. 量」が論じられる。先頭には「a. 数的一」が位置している。

B. 量

a. 数的一

数的一は「対自存在」の代表である。ただし量は質的同一性の下に成立する概念である以上、量の対自存在は普遍性へと解消されることが予想される[9]。「量はその概念からして直接的に自己自身への否定的関係である。この否定が自己から排除するものは、区別された諸々の質の存立であり、多くの存在である。純粋に自己自身に関係する統一、全ての多を自己から排除する

この統一は数的一である。」(7) こうして「b. 数的一の多数」が成立する。

b. 数的一の多数

否定的統一は肯定的統一に転化する。ここでヘーゲルは次のような注を付けている。

「注。存在の克服し難さは否定的存在、数的一によって一層強められる。存在そのものは対自的に見えるが、少なくとも空虚であり、他者を必要としている。しかるに数的一は、破壊不可能なものとして措定されている。だがそうなることによってそれは排除した異他的存在と同じものになっている。この自己同等性が絶対的量である。」(10-11) この辺りに見られる如く、ヘーゲルは存在の領域における個別的独立存在＝対自存在を抹消して、存在を普遍的なものとして実現しようとしている。数的一を質としてではなく、量の概念として設定したところにヘーゲルの意図は明白である。量は質的単一性の下に成立する概念に他ならないのである。量としてみる限り全てはまさに「同質」なのである。量においては対自存在は、個としての独立性を失うのである。

c. 全て

次に量としての「c. 全て」が取り扱われ、この後、2ページ分欠落している。続いては「力」が話題になっており、「注」の部分かと思われる。ともかくここでも原子論的数多性が力動的自然学との対比の下で批判されている。今なおシェリングの「力動的自然学」に好意的なようである。そしてカテゴリーとしては「度 Grad」「大きさ」が登場している（13参照）。そしてこの後は、ボーゲン7がそっくり欠落している。16ページ分に当たるはずなので、相当の内容が展開されているはずである。続いては分離量と連続量に触れられ、「数」が話題になる。数は実現した定量である。（13参照）

次に「3.」とあり、欄外に「定量の弁証法」とある。数は否定的一としてのみ定量であり、そこでは限界は消滅している。けだし否定的一はまさに統一であるから。しかし定量は限界を有していて初めて定量である。かくして「定量の内に絶対的矛盾が、換言すれば、無限性が措定されている」(15)。こうして「無限性」へと話は進む。

残されている草稿ではこの後、「注1.」と続き、更に「2.」「3.」「4.」とあり、最後に「3.」となって、この部分は(15)の「絶対的矛盾、換言すれ

第9章　『1804/05年の論理学・形而上学』

ば、無限性が措定されている」と同じ文章で終わっている（15-28 参照）。だからここ（15-28）は全体として注であるのか、「2.」以降は同一の進行内容を異稿として繰り返したのか、のどちらかであり、この『1804/05年の論理学』の「Ⅰ．単純な関係」の区分、つまり当時の「存在論」の分野の区分がどのようになっていたのかという大きな問題を提起している。編集者もいくつかの区分案を検討しているが、明確な区分は示せないとしている（359 参照）。私もこの問題は今は回避して、先に進むことにする。[10]

D．無限性

そういうことで、この「D．」がどこにどう繋がっているのかは不明である。とまれ、「無限性」を論理学に導入するのは、カントに比べてのヘーゲルの独自性である。ヘーゲルとしては、無限性において先行する質・量・定量の概念の有限性を克服し、次の「相関関係」のレベルへと高めるつもりであろう。無限性の先頭でヘーゲルはこれまでの歩みを振り返っている。「1．無限性は絶対的矛盾である。単純な関係は真実には無限性である。だからそれの諸契機、質、量、定量もそれ自身無限である。それらの弁証法的契機〔の指摘〕は以前は我々の反省であったが、それが今、無限性として措定されている。だが無限性の叙述は、我々が「悪無限」と呼ぶものであり、それは無限性であろうとする努力にすぎない。」(29)

ここから多くのことが分かる。① この時期の「論理学」の先頭が「単純な関係」と呼ばれているということ。② 目次は、質、量、定量であること。そうであれば、目次としては「A．質」、「B．量」、「C．定量」、「D．無限性」となる。③ 超越論的観念論に特有のものである「我々の反省」と対象それ自身の反省が区別されているということ。④「悪無限」の概念が既に使用されていること。

悪無限は更に、「自己自身への関係と、他者への関係の〔接続詞〕Und である。……それに対して絶対的無限性は絶対的ウントである」(32) とされている。ヘーゲルがここで言っている「ウント」は『精神の現象学』の知覚章の auch のことであろう。それに対して「真の無限性は規定性が廃棄されるということ、$a-A = 0$ という要請が実現されることである」と言われている。真無限は「他者を外部に持つ系列ではなく、他者は規定されたもののもとにある」のである。「それは絶対的な矛盾であり、絶対的な対立であ

り、規定性の自己自身への絶対的な反省である。<u>有限なものの真実の本性とは、それが無限であり、自己の存在において自己を廃棄するということである。</u>」(33-34)

「無限性」とは「単純な関係」、つまり感覚が対象とする領域を、思惟が捉えた形式である「質」と「量」の概念の有限性を指摘しながら否定することを意味する（これが弁証法である）。まだ相関関係を形成していない感覚的な多様な有限なものは、弁証法的視点の下では、自己自身のもとで自己自身の反対になるものである。「単純な関係」におけるそうした変転をヘーゲルは無限性と呼ぶのである。無限性は思惟の産物である。思惟が捉えた感覚世界が幾多の規定性の変転として「無限性」を醸し出すのである。「無限性は絶対的矛盾である」とされているが、それは悟性にとっての矛盾である。しかし我々＝哲学者にとっては、絶対的矛盾＝無限性の内で有限なものは自己を否定して根源に帰るのである。若い日以来ヘーゲルが求めてきた「無限性」は「論理学」においては先ずは、感覚的存在の弁証法、つまりは「自己自身の反対となること」として示された。感覚的存在の対自存在は単なる見せかけなのである。赤く色づいて輝いていたリンゴは大地に落ちて腐敗している。多様なる「存在」は廃棄されることによって、自己の生まれてきた大地＝思惟に安らっているのである。

II. 相関関係

「単純な関係の実在性としての無限性はその関係の総体性である。単純な関係は無限性として自己自身の他者になっている」と言われている (36)。そこに「相関関係」が成立する。ヘーゲルのこの時期の論理学は、「第1章 単純な関係」、「第2章 相関関係」であるが、単純な関係はまさに乱雑な感覚的多様性の世界であり、相関関係は一定の相手を予想する反省的思惟による関係の世界である。反省は二元的対立・規定の間を行き来する思惟活動であり、そこには曲がりなりにも「総体性」が構成される。総体性＝全体が形成されるところに、先行の「単純な関係」に比べての「相関関係」の意義がある。相関の関係は「存在の相関」と「思惟の相関」に区分されているが、後の論理学で言えば、存在の相関は「本質論」に属し、思惟の相関は「概念論」に属す。「存在の相関」はカントの「関係」と「様相」のカテゴリーを

第9章　『1804/05年の論理学・形而上学』

骨格とするものであり、「思惟の相関」は概念・判断・推理という一般の論理学が取り扱う分野である。いずれにしても相関関係は反省的思惟が作り上げた「概念」によって成立する世界である。単純な関係＝多様な存在の世界も、確かに思惟が作り上げた概念で表現されているが、それを対象としているのは感覚的意識である。感覚を地盤にして思惟が「質」とか「量」という概念を作り上げているのである。その思惟を直観的思惟と呼んでもいいだろう。それに対して相関関係においては「反省」的思惟がその地盤である。感覚はここではまさに止揚 aufheben されているのである。反省的思惟が全体を見渡して、全体を整理統合してゆくのである。

A．存在の相関関係

以下の叙述はカントの「関係」と「様相」のカテゴリーを取り扱っており、『純粋理性批判』の「原則の分析論」における「経験の類推」（実体、因果性、相互作用）を下敷きに展開している。「相関関係の各項は相互の関係においてのみ意味を有している。各々は単に他方に対立したものとしてのみ存在している。両項の統一は二重の統一であり、一つは肯定的統一であり、純粋存在であり、もう一つは否定的統一である。」(38) このようにこの時期のヘーゲルの考察は、肯定的統一と否定的統一の２つの側面からなされており、後のヘーゲルのように「否定的統一」「絶対的否定性」一辺倒の考察様式ではない。

AA．実体性の相関関係

ヘーゲルは「実体性の相関関係」を先ずは肯定的統一として描く。それは「存在であり、諸契機の存立である」とされている (39)。実体は先ずは可能性である。「実体はそれ自身では無であり、空虚であり、純粋な統一である。……規定性はその内で消滅しているのではなく、あるべき姿のままにとどまっている、だがその規定性の存在はそれの可能性としての実体である。」(40) このようにヘーゲルはカントの「関係」のカテゴリーを「様相」のカテゴリーと絡めて取り扱っている。つまりヘーゲル自身としてはカテゴリーを質・量・関係の３種類に分類したいのであり、様相は独自の存在様式とはみなさないのである[11]。

続いて否定的統一としての実体が描かれる。「無としては実体は否定的統

一、排除する統一であり、空虚な点である。だがそれは同時にそれら規定性の存在の可能性でもある。無も単なる無ではなく、規定された無となっている。実体は純粋な数的一ではなく、規定されており、他者を排除する規定された存在である。こうした実体は現実性である。実体は現実性の内で可能性としてある自分を分裂させる。」(41)

現実性としての実体は措定されたものであり、存在するものとしてあるからして、一つの偶有性である。だが実体は偶有性ではなく、現実性を否定する可能性である。だから「真の実体は次のような矛盾である、つまり現実的なものは可能なものであり、可能的なものは現実的なものであり、対立したものへの直接的転回である。つまり実体とは必然性である。」(42) こうしてヘーゲルは因果関係へと移ってゆく。

ここに見られるように概念としての「実体」はヘーゲルにとって決して最高のものではなく、可能性と現実性の矛盾の内に漂う泡沫である。実体は「措定されたもの」だとされている。それは反省の産物を意味する。つまり感覚が捉える多様な変化の中で変化しないものが「実体」とされたのである。それは可能性としての存在である。だがしかし実体は存在するものともみなされている。存在しない実体は単なる空想物となる。だから実体は存在していなければならない。それはその限りで、先行の領域「単純な関係」と繋がっている。しかしまた実体は単なる現実性ではなく、可能性でもある。可能性としての実体は一定の形態を持った目に見えるものであることはできない。こうして実体は現実性と可能性という反省の諸規定の矛盾に巻き込まれてゆくのである。もちろん「実体」自身も反省の諸規定の一つに過ぎないのである。一般的なヘーゲル理解として、イエナ初期からイエナ後期へのヘーゲルの思想展開は「実体から主体へ」と視座を移すことによって遂行されたという見方があるが、その時の「実体」とは直接に実体の概念を指しているのではなく、絶対者や精神的なものを「実体」として把握するというイメージを指しているのである。「実体」なる概念が絶対者であったわけではない。ただし「実体」はここでのように、論理学の規定として考察されることによって、概念としての限界も自覚されてきており、絶対者を捉える規定としてははなはだ不十分なものであることが、自覚されたと推察される。「実体」はここにも見られるように、ヘーゲル自身によって、「一つの偶有性

第9章　『1804/05年の論理学・形而上学』

である」と言われているのである。つまり実体はまさに「自己自身の反対」になっているのであり、弁証法を免れ得ないのである。

BB. 因果性の相関関係

　この因果性の相関は基本的には「力」として把握されており、力とその発現の関係が取り扱われている。「原因はその可能性を自己の外部にではなく、自己自身の内部に有する。……無限性としての原因、ただしそれ自身可能性という形式の内にあり、自分の現実性を自分の外部に有する原因は「力」と呼ばれる。」(44) 力が原因とされ、結果が生じる。しかし「原因は絶対的に言って、単に結果・作用の内にのみある。」(45) 結果なしには原因はないことになる。だからヘーゲルによれば「力とその発現、あるいは内なるものと外なるものの区別は完全に空虚な区別である。」(46) ヘーゲルは因果性の表面的な概念、把握の様式が「諸実体の絶対的対自存在」を根底に据えている、と批判している (47)。ともかくこの時期においてもヘーゲルの目指すところは、フィヒテ風の「対自存在」の徹底的な否定であり、あらゆる局面で顔を出す対自存在をまさに退治すること、およびそれによって無限なるものを実現することがヘーゲルの課題なのである。なおそれと並んで、ここで批判されるのは、因果性なる概念が同語反復である (48)、というヘーゲルお得意の批判である。ここでは雨と大地の湿り気の例を出して、同語反復に過ぎない因果関係の空虚さを説明している（つまり雨という湿り気＝原因が、大地の湿り気＝結果をもたらした、という説明。48 参照）。続いて「説明」の概念にも触れて、それも同語反復であるとしている (49)。続いてヒュームとカントの因果律批判に触れながらそれを批判している。カントの因果論が現象と悟性概念の完全な二元的対立になっている点を批判している。カントにあっては「経験」は確かに概念と現象の結合とされてはいるが、実は両者はバラバラであり、何の関係もないのである (50-51)、と批判している。確かに、カントは経験の成立のためには、カテゴリーが不可欠であると繰り返すだけである。経験の内に作用している感性的直観と悟性のカテゴリーとの関係をもっと具体的に解明することが、ヘーゲルの課題となるのである。

　ヘーゲルは更に注を２つもつけて、「力」の具体的な例として、引力だとか、重力、刺激反応性、化学的親和力、電気、磁気、などに長々と触れてい

る。批判点は先に示されたものと同様であり、その意味では「論理学」の講義としては、全くの脱線である。ただヘーゲルにとってみれば、論理学も単なる記号操作ではなく、存在と思惟の認識様式であったのであろう。しかも自己の論理学が未成熟の段階である以上、先行者であるカントやフィヒテの論理学を批判することが中心にならざるを得なかったのであろう。端的に言えば、ヘーゲルのこの時期の論理学・形而上学はカント・フィヒテの思惟様式＝超越論的観念論のカテゴリー論及び認識論の批判なのである。その意味で、1803/04年に「論理学・形而上学」を「超越論的観念論」と呼んだのも当然と言えよう。我々は1801/02年の論理学にあった第１部の一般的認識論が『1804/05年の論理学・形而上学』においては削除されたと想定したが、一般的認識論はこのような形で論理学の展開の中で、「注」として取り上げられているのである。もちろんヘーゲル自身も、カント・フィヒテの哲学を批判しながらも、同時に超越論的観念論の立場に立っていることは、以上見たところからも、今後見てゆくところからも明白である。

CC. 相互作用

ヘーゲルによれば「相互作用は真実の運動であるのではなく、各々を他方の内で生み出す相関的存在であり、運動を均衡した静止へともたらすものである。」(68) だからそれはまた「麻痺した無限性」(69) とも呼ばれている。結局、実体は相互作用の内で消滅してゆくのであり、「それは規定されたものとして存在しているが、規定されたものとしては廃棄されており、自己自身の反対である。」(73-74) こうして全ての規定性は反省の思惟活動において無差別化される。そしてヘーゲルは、思惟の相関関係、普遍と特殊の関係に移ってゆく (75)。

以上の「A. 存在の相関関係」は超越論的観念論＝反省哲学が対象世界＝自然を捉えるときの固有の諸カテゴリーを考察したものである。「力」に代表される自然界の魔力は、自分を生み出してくれた純粋思惟＝概念の内に帰還するのである。

B. 思惟の相関関係

ここから、後の『論理学』の「概念論」が始まる。ヘーゲルはいつもの注意を繰り返している。「ここに生じてきているのはまさにこうしたもの、矛

第9章　『1804/05年の論理学・形而上学』

盾であり、それがこの関係の弁証法をなす。ただし弁証法はこれまでは我々の運動であったが、いわば我々は我々の反省を休ませなければならない。我々は存在するところのものを受け取るだけにして、我々の反省は相関関係自身の反省にならなければならない。」(75-76) このように語りつつも、叙述を動かしてゆくのは「我々」である。「我々」の役割はどこまで行っても終わることはない。こうして「概念論」が始まるが、見られるようにこの時期は「個別」の概念が登場してこない。「対自存在」が否定されている以上当然である。ここからは対象は自然界から思惟という主観性の世界に移っている。主観性自身の内部が考察されるのである。

A．規定された概念

「規定された概念」は同一哲学期のシェリングとヘーゲルの「イデア」に相当するものであり、普遍と特殊の統一である。普遍と特殊との関係として、両者が対立なく、お互いの内に存在している状態、これが規定された概念である。規定性はもはや実体ではなく、普遍、自己内反省したものとして措定されている。規定された存在は今や規定された概念として、実現した存在として存在している。規定された概念は反省した偶有性である。「規定された概念においては、規定性と反省は端的に一つであり、単純である。」(77)「普遍的なものは、他の性質と並ぶ実体の一つの性質である。特殊は否定的一者であり、普遍は数的一の肯定的統一である」(79)、とされている。「規定された概念」にあっては、これまでのすべての存在は、普遍・特殊・個別として理解されている。存在の世界の区別である規定性（質・量）も、反省の世界の区別である相関関係も、ここでは廃棄されている。存在は普遍・特殊・個別として思惟＝主観性の内で区分されている。

B．判断

ヘーゲルは判断を主語による述語の包摂、述語による主語の包摂として捉えている。「主語と述語は相対立した包摂であるが、それらは判断の内では結合されている。判断が表現するのは概念に疎遠な反省である。だから判断は概念の実現というよりも、概念はむしろ判断においては自己の外に出ているのである。」(81) このようにヘーゲルは判断を概念の疎外態と見なしているのである。判断の内では特殊なものとしての主語と普遍的なものとしての述語が結合されているが、それらはそれら自身のもとにおける対立によっ

て、相互に矛盾、対立しているとヘーゲルはみなしている。それぞれは他方を自己の支配下のもとに強制 Bezwingung[12] して自己保存を図ろうとする。まるで承認を求めての闘争のような叙述が続く。この時期のヘーゲルの判断論は後の『論理学』のそれとかなり異なるものであるが、最大の相違点はこの時期のヘーゲルの特色である「対自存在」の退治の視点である。主語及び、述語の対自存在を克服するために以下のような順序で各判断を考察している。

　(a) 述語の対自存在と主語の自己自身への反省
　　α　全称判断──全てのAはBである。各々のAはBである。
　　β　特称判断──いくつかのAはBである。
　　γ　単称判断──これはBである。
　　δ　仮言判断──もしもこれが存在するならば、Bが存在する。

「仮言判断において初めて判断は問題含みのものと成る。……仮言判断は必然性を要請するものである。」(86) しかし必然性を要請するだけで、実現できないことが判断の限界である。ともかく仮言判断において述語の対自存在は退治されている。つまり述語Bは条件付きの存在となっており、条件の方こそが根源的な存在とされているのである。

　(b) 主語の対自存在と述語の実現
　　α　否定判断──BはNicht Aである。
　　β　無限判断──感情は赤い色を持っていない、精神は6フィートではない。

無限判断では述語そのものが否定されている。否定判断では主語はこの一定の述語を持たないが、無限判断では述語がない。ここにおいては述語は主語によって完全に否定されている。だがこの否定、無は空虚なものではない、それはこの規定性の無である（89参照）。

　　γ──選言判断　AはBであるか、Cであるかである。

ここには肯定的な統一、対立物の存立があるかにみえるが、ヘーゲルによれば、主語が述語と結びつく必然性は何ら示されていない。ヘーゲルはこう主張して次へと移行してゆく。

「かくして判断は、2つの相対立した包摂、述語のもとへの主語の包摂と主語のもとへの述語の包摂によって完成している。」(91) つまり主語も述語

第9章 『1804/05年の論理学・形而上学』

も対自存在とはなり得なかったのであり、むしろ「媒辞の充実によって、判断は推理へとなっている。」(93) みられるように、判断の使命は、自己の存立を否定して、その屍を素材として、推理に提供することである。

C．推理

この部分は取り分けて、欄外注が多い。

1．規定された概念は推理の内で自己の実在性を獲得した。規定された概念は媒辞として普遍的なものと特殊なものの単純な一致存在である (95)。

2．だが推理は同時により高い立場を有しており、推理は自己内還帰した相関関係一般であり、存在の相関関係と思惟の相関関係の同一性である (95参照)、とされている。そしてここには上昇と下降の3段階が措定されている。それは純粋なこのもの、特殊、純粋な普遍である。そこには個別から普遍への上昇と普遍から個別への下降がある (97参照) とされている。

α 個別としての主語の実現 主語である「このもの」は通常の認識においては「絶対的存在として、絶対的確信として、絶対的真理」と見なされているものである。しかしヘーゲルによれば、それは全くの無である。カントが取り上げている「このもの」についての「汎通的規定性」なども「単なる空想物である」(99参照)。ここに見られるようにこの時期は「個別」が「このもの」としてのみ話題とされていて、概念としての個別が成立していない。個別はまさに『意識の経験の学』の第1段階たる「感覚的確信」としてしか理解されていないのである。つまりは個別に対する肯定的な高い評価がなされていないのである。自己意識の概念の未成立が原因している。

β 普遍の実現 推理における普遍的なものの本質は規定性を自己内で廃棄されたものとして措定することである。それは否定的統一に対立する肯定的統一であり、選言判断の肯定的なものである。対自存在するものとしての普遍的なものは自己を対立する規定性へと分割するものである (103)。この選言肢の同等性によって「このもの」は否定的一者であることを止める (104)、とされている。ここでもこのように「個別」の固有の役割が示されていないままに、普遍的なものの肯定的統一の内で解決が図られている。だから後の『論理学』におけるように、推理でもって理性が完成し、客観性へと移ってゆくという構成にはならず、推理は更により高次の認識で補充されなければならないのである。

なおヘーゲルの「判断論」「推理論」は後のヘーゲルにおいても多様な変化を見せるものであり、その意義を全体にわたって見てゆくことはここでは断念する他はない。[13]

III. 比例

これはヘーゲルの論理学としては耳慣れない表題であるが、おそらくはプラトンの「線分の比喩」などを念頭においているのであろう。その意味で初期イエナの「古代的イデア主義」の名残である。内容的には後の『論理学』の最後に位置する「理念論」の「認識の理念」と一致する。

a. 定義

肯定的統一と否定的統一の一致存在、措定されかつ自己内反省した規定性としての主語は実在的なものであり、それは自己の規定性において直接に普遍性と連結しており、絶対的な対自存在であり、自己の規定性において対自的に存在する。主語は自己の規定性を介して自己を保存する。だから生命あるものの定義においては必然的に攻撃と防衛の武器の規定が自己保存の手段として重視される（106 参照）。「このもの」のこの真実の実在性、つまりそれの特殊性が存在しかつ存立していて、かかるものとして普遍性の内へと採り入れられていて、対自存在するということは、比例一般の概念を表現している。だがこの実在性は、つまり定義は実際には個別性の実在性であり、規定されたもの一般の実在性である（107）。だから定義においては比例は完全には表現されていない。定義は自己内還帰態、絶対的実在性の要請を表現しているだけなのである（108）。このようにヘーゲルは、定義の不十分性を示して、次へと移って行く。

b. 区分

特殊なものの自己保存はむしろそのものの観念性であり、普遍的なものの回復である。この普遍的なものは空虚な無差別的空間であり、諸々の規定性の存立である。普遍的なものは区分において自己を対立した定義へと分割する（109）。この普遍的なものが類 Gattung である。類の下で多くの種が区分される。

c. 認識

ヘーゲルはここで、これまでの「論理学」全体の歩みを振り返ってい

第9章 『1804/05年の論理学・形而上学』

る（111-113）。こうした個所から、この時期のヘーゲルの論理学の欠落部分の構成が分かるのである。「認識」とはこれまでの全体の歩みの纏めである。その歩みはこれまでは「我々の反省、つまり弁証法的処理」であった（111）。つまり「論理学」の歩みは「我々」なる超越論的哲学者が諸概念を運動、展開させてきたものであった。その歩みを全体として振り返ると、そこには3段階の歩みがある、としてヘーゲルの三段階論＝三分法がこう定式化されている。

　第1段階は概念であり、定義そのものが示される。第2段階は概念の構成であり、それは概念の実在化の段階であり、概念が変質し、他者となる段階である。第3段階はこの他者を廃棄して、真実の実在性を樹立する段階である（113参照）。こうして後のヘーゲルの「概念の自己運動」の可能性が拓けてきた。ヘーゲル論理の象徴となる三分法・三段階論は既にフランクフルト時代から見られるものであり、イエナ期の1801年の『暫定的テーゼ』の[14]3番でも既に言われていたが、ここに明瞭に定式化されたのである。後はこの3つの段階を統一する概念の自己運動が形成される必要がある。かくしてこう言われている。

「概念がその諸契機を介して進展してゆく様はこのようにして自己内還帰する運動である。その円環は反省であり、対自存在しているものはこうした円環、つまりは反省の全体のみである。」（114）このように認識の歩みは反省の自立的展開として把握されて、それ自身絶対的な意義が認められる。「認識」は「対自的な絶対的反省」とも呼ばれ（120）、「根拠」として把握される（121）。「対自存在」がここに成立しているかに見える。しかしそれは認識一般と理解されており、個別的なものではなく、普遍的なものである。ここでの対自存在たる「根拠」とは「領域の普遍的なもの」（122）であるにすぎない。つまりそれは全ての領域をカバーするもの、つまりは「類」（116）を可能とするものである。「認識」は「実現した無限性」である（124）。類とは実在的な普遍性・無限性であり、それを根拠として諸々のものが「演繹され」、生み出されるのである。ここに至って、論理学は形而上学へと移行してゆく。認識の三段階理論がこのように整理されて、この限りでヘーゲル論理学の大枠は形成されていると言える。ただここでも「個体性の原理」が確立していないために、「根拠」なる概念の位置づけが動揺して

いる。根拠は全ての思惟形態を生み出す根源であるとみなされているが、それを論理学・形而上学のどこに位置付けたらよいのか、まだまだ見えてこないのである。結果的には論理学の最後と、形而上学の先頭に「根拠」を設定したのではあるが、本来、根拠はカントの「根源的統覚」なのであるからして、根源的統覚、つまりは自己意識を原理にして「根拠」を説明しなければならない。にもかかわらず、自己意識の概念を嫌い、それを自己の哲学体系中に認めないこの時期のヘーゲルにとっては、根拠はせいぜい一般的な思惟形態、「認識」に求める他はなかったのである。しかもこの「認識」それ自身が「論理学」の最後に位置するとともに、「形而上学」の先頭にも位置付けられている。そうだとすれば両者は連続しているものであり、大きく区分する必要は全くないことになる。にもかかわらずヘーゲルがここで論理学と形而上学を大きく区分しているのは、イエナ初期の古代的イデア主義、永遠なもの、普遍なるものへの憧れ、を引きずっていることを示している。ヘーゲルによれば論理学は有限性の標識たる弁証法の領域であり、形而上学は弁証法を克服した永遠の真理の領域なのである。だが本当に形而上学は弁証法を超克しているのであろうか。以下それを見てゆかなければならないが、先走って言えば、形而上学も弁証法を免れ得ない。その意味でこの時期のヘーゲルの、論理学と形而上学の区分は既に崩壊しているのである。

形而上学 (GW7, 126-178)

ここに言う「形而上学」は端的に言えば、ライプニッツとカント以降のドイツ観念論の哲学を指している。もう少し正確に言えば、ドイツ観念論が捉えた主観と客観の世界の大枠がここで描かれるのである。
「論理学は、相関関係が止み、関係の各項が対自存在するものとして別れ落ちるところで終わりとなる」と言われている (126)。別れ落ちる2つのものは主観＝自我と客観＝物自体である。両者は共に認識である。しかし主観としての認識の対象は「認識の外部の受動的な対自存在するもの」となる。認識はこれに他者として関係する。だから認識は「この他者を自分とは別のものとして措定する〔物自体〕。我々にとってはそれは他者ではないのであ

第9章　『1804/05年の論理学・形而上学』

るが、この認識にとってはそうなのである。」(126) ヘーゲルが念頭に置いているのはカントの「物自体」であることは明白である。物自体という受動的対象に関係する認識は「形式的認識」と呼ばれ、「全的認識」と区別されている。全的認識とはカント以後のフィヒテの哲学、シェリングの哲学を、つまりはドイツ観念論哲学を指している。もちろんそこにはヘーゲル自身も参画しているのである。ヘーゲルの目論見は、カントの「物自体」を「真実の自体」＝認識として実現することである。それはフィヒテ以降の超越論的観念論の辿る道の一形態なのである。超越論的観念論によれば、物自体は自我の産物なのである。ただし遅れてやって来た超越論的観念論者ヘーゲルとしてはその程度の結論で満足するわけにはいかないのである。

　この形式的認識も、それが関係する他者も共に「認識の空間」(126) の内で展開する。認識それ自身は他者を廃棄しながら運動する「絶対的に否定的な統一である。それは絶対的な自我であり、否定的一としての認識である。ここに他のポテンツが〔開けてくる〕」(127)。
「形而上学へと移行するものとしての認識は論理学自身の、つまりは弁証法の、つまりは観念論の廃棄である」と言われている。ヘーゲルの意識としては、形而上学は弁証法を超克しているものである。だから「先ずは認識は自分の反省の諸契機を自体存在するものとして、もしかしたら消滅するかもしれないようなものとしてではなく、持続的なものとして規定する。つまり認識は諸契機から絶対的根本命題を作り上げるのである」(127) とされている。しかし既に指摘したように、論理学の終わりで「認識」が成立しており、形而上学の先頭も「認識」であるとすれば、両者の間に如何なる本質的な相違があり、片や弁証法が支配し、片や弁証法を超克するということが如何にして可能なのであろうか。以下それをみてゆこう。

I．根本命題の体系としての認識　(GW7, 128-138)

　ここは「論理学」の基本法則の考察である。同一律や排中律や根拠律が取り扱われる。これを形而上学と呼ぶのはやや異常であるが、存在論的視点からすれば、形而上学と言えないこともない。ヘーゲル自身としてはそれらの根本命題が、変化を超越している永遠なるものである、ということで形而上学に算入しているようである。この意味ではこの時期にもまだヘーゲルの

「古代的イデア主義」は健在であるかにみえる(なお後のヘーゲルの『論理学』では根本命題は本質論の最初の部分で取り扱われている)。だが根本命題は本当に永遠なものなのであろうか。

A. 同一律あるいは矛盾律

ヘーゲルが取り扱う最初の「自体 das Ansich」[15]は「全ての規定性に対する無関心性を伴った自体、A＝A」である。それに比べると、論理学で見た質としての規定性、あるいはまた普遍的なものとしての規定性、主語としての規定性は、それ自身としては「存在の形式」において措定されていた。だからそれらの本質は規定されたものであり、それらは他者となること一般を免れていなかったのである。つまり弁証法に支配されていたのである。しかるにここA＝Aには「絶対的な自己同等性が措定されており、反省一般が否定されており、他者への移行が否定されている。ここにあってはAという規定性が自体であるのではなく、その規定性が自己同等である、ということが自体なのである。」(130)「同等性のこの命題は弁証法を免れている。」(131)このように「同一律」は永遠の真理であるかに見える。だが本当にそうなのであろうか。ヘーゲルはこう続けている。しかし「木は木である」は木の認識を何も語っていない。だからここでは「何ら自体存在していないものが、自体存在として措定されているのであり、矛盾しているのである。」(131)つまり同一性の命題は自己を廃棄するのである。「木」の自体を表現するためにはそれの対立物が必要である(132参照)。こうしてヘーゲルは次の「排中律」へと移ってゆく。先にヘーゲルは「形而上学」は弁証法を超克している、と主張していたが、そうではないことが明白となったのである。形而上学は永遠の真理を捉えているという形而上学自身の主張が、単なる「思い込み」であり、形而上学も「弁証法」を免れることはできないのである。この真理が明確に自覚されるとき、ヘーゲルの「論理学と形而上学」は一体化して、全体が「概念の自己運動」[16]となり、一つの「思弁的哲学」＝論理学になるのである。

B. 第三者の排除の根本命題

ここでは排中律が取り扱われる。「一」に対するものが「多」とされており、ヘーゲルはそれを「対自的に措定された多」と呼ぶ。それは「自己内反省しており、自体存在」している(132)。対立しているのは統一と多であ

る。一方は多ではないもの、一であり、他方は一ではないもの、多である。「多はかくして自分を２つに区分している。一つは多である多であり、一つは多でない多である。かくして多は自己自身のもと an ihm selbst にある」(133)。ここにあるのは「絶対的矛盾」である。それはまた自己自身のもとにおいて規定性の反対、廃棄された規定性の反対であるような「絶対的概念」である。だから「自体は第１の命題でも、第２の命題でもなく、第３の命題である」(134)。ここでも弁証法的移行が生じざるを得ないのである。

C. 根拠律

根拠律は理由律とも呼ばれ、「存在するものは何らかの根拠・理由を持つ」というものである。ドイツではライプニッツ以来愛用される論理であり、ヤコービやショーペンハウアーも注目したものである。またフィヒテの第３根本命題も、フィヒテによって「根拠の命題」と呼ばれている (F, GA, I, 2, 272)。ヘーゲルはここで「根拠」をこう規定している。「規定されたものは端的に自己自身の他者である。あるいは自分の反対と一つのものである。この統一がもっぱら規定されたものの自体であり、根拠である。」(134) 更にヘーゲルはこう述べている。「根拠に至ることによって、認識は自己自身に帰り着いた。そして自己を自体として見出した。」(135) つまりカントの「物自体」はフィヒテ及びシェリングに至って、自我の産物として認識された。物自体は実は自我が作り出したものであったのである。ヘーゲルは更に一歩を進める。「総体性としての根拠は、自己の他者となり、この他者から再び自己へと還帰する道を歩むのであるが、この道を予期している。この道は根拠の実現である。それによってその総体性は実在的な総体性となる。」(138) ヘーゲルは「根拠」において「総体性」を強調しており、「自己自身の内への総体的反省」という言葉まで使用しているが (136)、ここではライプニッツの「充足理由律（根拠律）」が念頭にあるようである。つまり全ての条件が満たされた時、実在性が生み出されるのである。イエナ初期に「夜」「無」とされてきた絶対者は今や「根拠」として、無の深淵から世界の内へと歩み出るのである。根拠は外へと歩み出て、初めて根拠となる。ただし「根拠」自身は外へと歩み出ることはない。そこに「根拠」なる概念の不可思議さがある。

この時期のヘーゲルの「根拠」の位置づけは特殊である。後のヘーゲルの

論理学では本質論の最初の方で「根拠論」が展開され、その後で、本質的相関、絶対的相関が展開される。既に述べたように、後には同一律や根拠律は本質論の先頭に置かれることになる。だが、この1804/05年の時期の「根拠」は具体的には根源的統覚に対応するものであり、全てがそこから生み出される「夜」であり、客観性を生み出すものなのである。しかし自我＝自己意識が原理として採用されていないので、その代役として「認識」や「根拠」が設定される他はなかったのであろう。ただし先にも述べたように論理学段階と形而上学段階の「認識」の性格付けの問題が残っている。ヘーゲル自身は「認識の第1の生成」と「認識の第2の生成」を区別しており、その区別を第2の認識たる「根拠」が「対自的」であることに求めている（136参照）。苦し紛れの区別と言う他はない。「認識」である以上それらは共に「対自的」であるはずである。もしも「無意識の認識」を語るのであれば、形而上学の分野の第2の認識たる根拠こそが無意識の認識であるべきであろう。けだしその認識は無から客観世界を生み出すのであり、シェリングの「無意識」同様、通常の認識にとっては理解不能な認識なのであるからである。ともかく、「根拠」から「客観性」の世界が展開されるが、ここでの「根拠」は明瞭な姿を取るに至っていない。

II．客観性の形而上学　（GW7, 138-154）

ここは通常の「特殊形而上学」が取り扱う分野、つまり魂・世界・神を取り扱う。もちろんこれらはカントもテーマとしたものである。ここをヘーゲルは「客観性の形而上学」と名付けているが、世界論、宇宙論だと思えばいいであろう。ともかくそれ自身認識である「根拠」から世界が生み出されるのである。もちろん実質的にはその世界なるものは認識が捉えた世界である。

A．魂

通常の形而上学の場合には当然のテーマであるが、ここでのヘーゲルのように「客観性の形而上学」という場合には、「魂」はふさわしくない。魂は当然「主観性の形而上学」で取り扱われるべきものであろう。にもかかわらずそれをここで取り扱うヘーゲルの意図は、それをライプニッツのモナドとして、つまりは存在一般の基本単位として取り扱おうとしているので

第9章　『1804/05年の論理学・形而上学』

あろう。そうだとすれば、ここはむしろ「物質」あるいは「原子」とすべきところであろう。ただしヘーゲルたちドイツ観念論は「自己運動する物質」という概念がないからして、物質・原子を自立的存在単位として採用したくないのであり、不承不承「魂」を登場させる他はなかったのであろう。先に『1803/04年の自然哲学』でヘーゲルが「原子」に言及した個所で私は、それは一般的な原子説を批判したもので、ヘーゲルが原子論を採用したことを意味しないと主張したが、ヘーゲルの原子論嫌いはイエナ初期から1804/05年へと連続していることがここでも示されていると言えよう。なお後のヘーゲルの『論理学』(1812-1816年)ではここは「機械論的客体」となっており、「魂」はここ「客観性」の世界から外して、「理念」の先頭に「生命」として設定されている。またそこでヘーゲルが言っているところによれば、ここでの「機械論的客体」は「原子」と呼ぶよりも、「モナド」と呼ぶべきだとされており、ヘーゲルの原子論嫌いの嗜好は後々まで連続しているのである。

　魂は先の認識同様「絶対的反省」と呼ばれている（139）。つまりそれは自己運動するものであり、「自己の排除の内で自己同等的な否定的一」として実体であり、「主体 Subject」である（140）。「魂はかくて実体性と主観性の一者であるが、<u>真実の実体でもなければ、真実の主体でもない</u>」（140）。つまり魂は他の自体＝魂に対して無関心であり、それらと交流することがない。「モナドは窓を持たない」というライプニッツの主張が念頭にあるようである。こうして自体としての無数の魂が存在する状態へとヘーゲルは移行してゆく（142参照）。相変わらず、単独の個々の自体をどうしても認めたくないのである。

B．世界

　魂は世界を、そしてまた世界の内にある自己自身を前提する。ここにおいて魂はモナドである。それは「絶対的に規定された否定的な一者」であり、「このもの」である（144）。モナドの自己保存のプロセスは「自己の個別性の没落であり、類の実現」である（145）。世界とはこうした「類」の実現の過程である。モナドは自己を否定しながら類を実現してゆく。これはフランクフルト期以来のヘーゲルの「全一の生命」の思想である。生命を個体としてではなく、あくまでも類として、普遍として把握しようとしてい

る。「類こそが今や自体である。」しかし「類は性差の中で引き離されてゆく。それは認識から承認への移り行きである。」男は女なしには、女は男なしには類として持続できない。性的存在となることによって男女は特殊な存在となる。特殊性は再び普遍性へと戻らなければならない。それは自己内反省において実現する。「個別性の自己内反省は生成した類である」と言われている。つまり「私は人間である」という意識が生じてくる。その時「私」は「類」である。私が人間であるとすれば、相手も「人間」である。それを認めることが「承認」である。我々はお互いを人間＝普遍として承認することによって、自己を類的存在として証す。蛙の子は蛙、人間の子は人間なのである。更に「類は単に普遍的なものではなく、無限なものである」とヘーゲルは言う。類もまた「絶対的反省」とも呼ばれる（147）。類は限りなく自己を再生産してゆくのである。類も安定的に存在する永遠なるものではなく、自己を引き裂き、自己を再生産し続ける限りでのみ、類なのである。「類は実存する諸々の個別性の根拠であり、またそれらの関係である」（150）。ただしそこにおける個別性は相互に承認しあいながらも、互いに廃棄しあうものでもある。類はまだ「絶対的な根拠」ではないのである。類である人間たちの抗争は止むことはない。抗争の内で類は生きているのである。

C. 最高存在[23]

「個別性の自己保存の過程を思惟と呼び、類の過程を存在あるいは延長と呼ぶとすれば、思惟と延長は端的に一つである。類が規定された類ではなく、絶対的な類であることによって、それは最高存在である。」（152）このようにヘーゲルは神を思惟と延長の統一として叙述している。いかにもスピノザ的に見えるが、内実はそうではない[24]。ヘーゲルは神を思惟形態として把握しようとしているのである。それは次に出ている本質態 Wesenheit であり、それは思惟と存在の融合である。思惟の諸形態は存在・延長を捉える諸形式であり、それこそがイエス亡き後の神なのである。イエス亡き後の神とは人間の思弁的思惟が捉えた存在の様式、存在の構造である。ヘーゲルによれば、最高存在は思惟と延長の対立を単なる属性として有している。「区別は単に観念性に属し、無自体に属す。最高存在は不等なものとして現れるところのものにおいて自己自身に等しい。それはこの不等なものの絶

第9章 『1804/05年の論理学・形而上学』

対的根拠である。けだしそれは自体的には最高の本質態 Wesenheit それ自身に他ならないからである。」(153) この Wesenheit なるものは後のヘーゲルの『論理学』では「本質論」の諸規定、反省諸規定を意味する言葉であるが (GW11, 258 参照)、ここでは存在・延長の本質、カント風に言えばヌーメノン Noumenon（本体）の思惟による把握の形式というほどの意味であろう。つまり Wesenheit とはヘーゲルにとっては対象的存在の本質態なのであり、カント解釈としては正確さを欠くにしても、例えば、原因と結果、実体と偶有性などのカテゴリーなどがヌーメノン＝本質態なのであろう。最高存在はその思惟形態を感覚的存在の本質として、しかも主観的と客観的の対立に煩わされることなく、産出するものなのである。かくして「最高存在は唯一のものであり、自体であることが証明された」(153)。つまり本質態とはイエナ初期のヘーゲルたちの「イデア」に相当するものであり、真実の存在なのである。ヘーゲルはプラトン的イデア＝理念を「本質態」として再発見したのである。それは先に「規定された概念」とされたものと同一であり、本質態は思惟規定として純粋な主観性であるとともに、感覚的存在の真相として存在の透明性の内に安らっている客観性なのである。

　ヘーゲルは更にこう続けている。最高存在には否定が悪の原理として対抗している。最高存在の純粋な明るさの内には暗闇（夜）は存在しない。暗闇は光にとっては無である。しかし光は暗闇なしには存在しない。「最高存在は世界を創造した。世界は最高存在にとってはエーテル的な透明さと明るさに満ちている。だがその明るさはそれ自身としては暗闇なのである」(154)。最高存在に対立している悪の原理は思惟の主観性である。あるいは主観性としての思惟である。哲学者は神と、またその神の姿でもある本質態と対決するのである。世界は神が創造したものである。世界はエーテル的透明さに満ちていた。存在の真相は思惟が捉える「本質態」であった。存在のこの透明性＝本質態は感覚的意識には見ることのできない暗黒であった。超越論的観念論者は感覚的意識の背後に純粋な、アプリオリな思惟規定を、つまり本質態を発見して、神の人格性を否定して、神と戦うのである。本質態は哲学者たち（カントやフィヒテ）にとっては人間の、自我の産物である。しかし哲学者たちが発見した本質態はヘーゲルにとっては、神の姿であり、神それ自身である。それは対象的自然＝客観性の世界の内にも作用している

267

のである。そして遅れてきた哲学者ヘーゲルとしては、この本質態自身が弁証法を免れないものであると認識した以上、カテゴリー＝本質態批判をも遂行しなければならないのである。つまり哲学者ヘーゲルとしては神と戦うとともに、神と戦っている現代哲学者、カント、フィヒテ、シェリングとも戦わなければならないのである。ヘーゲルの考察は「自我或いは知性」の代表である現代の哲学者に向かう（154）。

III. 主観性の形而上学　（GW7, 154-178）

　若いヘーゲルはルソー主義者であり、人間の自然的善性を力強く主張して、伝統的なキリスト教と対決してきたが、その方向は1802年頃から大きく変わり、人間の悪に注目するようになった。ヘーゲルにとって、悪とは知恵であり、人間の主観性であり、思惟である。悪の原理としての思惟は否定的なものである。「この否定的なものは無限性に他ならない、ただしそれは今や充実した絶対的無限性である。」この否定的なものが「自我」であるとされている（155）。具体的にはフィヒテの自我が想定されている。イエナ初期からヘーゲルはフィヒテ哲学の思弁性を高く評価していたが、その内容、原理自身の検討は行わないままに放置していた。今ようやくヘーゲルはフィヒテ哲学の原理に分け入ったのである。

　自我は「個別性と普遍性の絶対的統一」（157）とされている。フィヒテやカントの自我は確かに単なる個別性ではなく、普遍性でもって捉えられている。それはデカルトの「私」同様に普遍的な私・自我なのである。もちろん「私」の意識は個別性なしには成立しないのであり、その意味では私・自我はまさに「個別性と普遍性」の統一なのである。

１．理論的自我、あるいは意識

　ヘーゲル自身の表題からも分かるように、自我をここでもまだ「自己意識」としてではなく、「意識」として捉えている。それは『1803/04年の精神哲学』における「絶対的意識」と同じものである。「絶対的意識」は普遍・類を意識した意識であった。1804/05年のここでもその把握は変化しておらず、自我は「自己内反省した類」として把握されており、自我はその個別性において、絶対的に普遍的なものであり、疎遠なもの（カントの物自体、フィヒテの非我）を端的に自己に対する普遍的なものとして有してい

第9章 『1804/05年の論理学・形而上学』

る。だがその疎遠なものは「自我に属する」ものである (158)。だから対立は廃棄されている。自我は絶対的に普遍的な個別性である。だが「自我は根源的に規定されたものであり、規定された無限性」である (159) と言われている。「根源的に規定されたもの」「根源的規定性」はこの辺りで何度も強調されている (159-161 参照)。おそらくこれはフィヒテの『全学問論の基礎』の最後に位置する「第7定理」の「根源的衝動」を念頭に置いているものと思われる。フィヒテの根源的衝動は「憧れ」となり、憧れは理想である客体に向かうが、自我の行為がそれと一致する時、満足を得て、自我と非我との統一が実現する (F. GA. I, 2, 430-431, 447-448 参照)。だから自我の根源的規定性は自我の絶対性と対立するものではなく、根源的なものであり、それなしには絶対的なものは存在できないのである。更にこの「根源的規定性」は単にフィヒテの「根源的衝動」だけではなく、ヘーゲル自身の『差異論文』での「哲学への欲求」という自己自身の根源的衝動を総括するものでもあったであろう。ヘーゲルという個人のうちに強く作用したその衝動 (1801-1805 年) は哲学体系への憧れであり、それが実る時、それは「哲学」そのものとなり、ヘーゲルという個体性は克服されているはずである。だから根源的規定性と普遍性の対立は単なる「錯覚」である (160 参照) とされている。「対象は類自身の自己同等なものであり、対象の自体は自我の否定ではなく、むしろ自己同等なものであり、反省の円環である。疎遠なものの廃棄は排出ではなく、自己内への取り戻しである。対立も取り戻しもすべて自我の内で完結している。」(161) このように自我は自己内完結したものであり、まさに超越論的観念論に必須な主観性の世界が整備されているのである。イエナ初期の『自然法論文』における「人倫的なものにおける悲劇」にあっては、絶対的人倫は不純なものたる第2身分を自己から排除することによって、自己の純潔を保とうとしたが、今やヘーゲルの描くフィヒテ風の自我は疎遠なものを排除するのではなく、それをまさに取り込んで自己と一体化させるのである。更に自我は自由な自我と根源的に規定された自我の統一であり、且つまた自己を両者へと分割するものである。自我は自己を実現する概念であり、「自己から外に出て悪しき実在性になるとともに、ここから概念へと還帰して絶対的実在性」になるものである (162)。このようにヘーゲルはフィヒテの自我の根本命題を好意的に解釈するに至っている

のである。自我は自己を絶対的自我と有限な自我に分割するものであり、この分割行為こそが自我の絶対性なのであろう(フィヒテの可分割的自我と可分割的非我)。この根源的分割は自我の「自由」の表明である(162参照)。

Ⅱ．実践的自我

「理論的な自我が形式的で、かつ絶対的な、自己内反省したものとして自己を見出したとすれば、実践的な自我は自己を絶対的に充実したものとして見出さなければならない。」(163)実践的自我は「全ての自体を自己自身の内に取り戻す」。自我の根源的な規定性は自我の「絶対的個別性であり、自我の無限性」である。実践的自我は自我が規定されたものであるという「仮象」を廃棄する。自我は理論的な自我としては精神一般である。自我は「実現した実践的な自我としては絶対的精神である。」(165)実践的自我はこうして最高存在(神)を超えて、「絶対的精神」へと上昇してゆく。

Ⅲ．絶対的精神

ここでヘーゲルはこれまでの歩みを大きく振り返っている。『精神の現象学』の「絶対知章」がそうであったように、最後の章になると新たに述べることはほとんど何もなくなり、これまでの歩みを振り返ることが中心となる。

先ずは先行の「Ⅲ．比例」から振り返っている。定義・区分・認識と進むが、特にそこの「認識」の部分を中心に振り返っている(165-168)。「全的認識」が「自体として措定された」としている(168)。そして続いて「形而上学」へと移って、先ずは「客観性」を振り返る。基本は「自体」と「対自存在」であり、それらが普遍性と個別性と言い換えられて、モナドの対自存在が統一の内で消失するとされている。イエナ初期の個体性軽視の思想は生き続けている。しかしここでは、モナドは彼岸への憧れを断ち切ることができない(169参照)とされている。その憧れは「無限性のゼロ」[28]を介して個別性を救い出そうとする(170参照)。「無限性のゼロ」とは「無」としての「自我」のことであり、ヤコービがフィヒテ哲学を「ニヒリズム」と定義したことを逆手に取っている(J. GA. 2, 1, 191-225参照)。こうしてここでのヘーゲルにおいては、ライプニッツの「モナド」は、展開してフィヒテの「自我」となる。続いて形而上学の「主観性」の分野が再度考察される(170-

173)。フィヒテの「自我」において「不死への憧れと最高存在という彼岸への憧れ」は地上の精神の内へと還帰する。この「精神は自己自身のもとにおいて不死であり、最高存在である」(171)。自我は地上の神となったのである。自我は精神であり、自己自身の反対であり、「絶対的な動揺」であり、「絶対的概念」である。精神は他者を自己自身として直観するに至り、ここに絶対的精神が成立する (173)。ここに至ってようやくこれまでの歩みの回顧は終わり、「絶対的精神」論が以下で展開される (173-178)。

<u>絶対的精神は善である神と悪である自我の統一である</u>。悪である自我は善なる最高存在の人格性を否定するという罪を犯すが、絶対的精神はそれを許す。けだし悪は絶対的精神が自己を善と悪へと分割した姿であり、悪もまた自己の空無性＝無を自覚する時、神と自己との統一となる。このようにして、絶対者は円環的運動のリズムとして把握されている。だからヘーゲルはこう述べる。「無限なるものが如何にして有限なものになるのか、或いは歩み出るのか？と問うことは出来ないのである」(173)。これは言うまでもなく以前、ヤコービとシェリングが最大の難問として提起していた哲学上の問題である。[29] そのような問いは今のヘーゲルにとっては全く無意味なのである。純潔を保つ永遠なるもの、同一なるもの、無限なるものだけでは「絶対者」となれないのである。絶対者の絶対者たるゆえんは統一を引き裂いて分裂することであり、分裂した「絶対的他者」を自己として指定することである。自己同等性はイデアであり、神であり、他方、無限性は悪の原理＝思惟である。無限なものとはこれまで何度も述べられてきたように「自己自身の反対」である。ここでは「対自存在する絶対的他者」(174) という言葉も使用されているが、絶対的他者と統一できるものだけが絶対的精神なのであり、精神の無限性（自我・主観性）は自己同等性（イデア・神）と統一されている。フィヒテの「無神論」を赦す精神＝<u>ヘーゲルの精神</u>が絶対的精神として登場しているのである。

なおヘーゲルによれば、絶対的精神は「その頂点に達すると再びその最初のもの、始まりへと逆戻りする」(177) ものなのである。絶対的精神は自己の他者、「自然」になる。自然としての精神が「エーテルであり、絶対的物質」である (178)。見られる如く、ヘーゲルの絶対的精神とは、精神か

ら自然への移行のプロセスでもある。絶対的精神が自然を創り出すのではなく、精神が自然へと転進するのであり、自然への移行を絶対的精神という橋で繋げるのである。自然が始まれば、絶対的精神の役割は終わるのである。ただそれでは自然が独立して勝手に振舞うので、精神はエーテルに姿を変えて自然哲学の世界に介入するのである。ただその介入も実質的な役割を果たすことはなく、移行という仮象とその後の進展を演出するヴェールである[30]。ただし自然自身が自己を表現することはできない以上、自然哲学はいつまでたっても「我々＝哲学者」が構成し、叙述するものとなる他はない。その意味でドイツ観念論の自然哲学は、シェリングのみならず、ヘーゲルにあっても、超越論的観念論なのである。ただヘーゲルに言わせるならば、自然を含めての精神の歩みの全体をこれまでの超越論的観念論者の誰もまだ描いてはいないのである。「論理学・形而上学」を一応描き切ったヘーゲルはこの後、「自然哲学と精神哲学」という「実在哲学」の分野を描いてゆかなければならないのである。

注

1 この草稿は以前はフランクフルト時代のものであるとか、イエナ時代の1801/02年のものであるといった推測がなされていたが、現在では1804/05年の成立と見なされている（GW7, 360参照）。邦訳がある。田辺振太郎他訳『論理学・形而上学』未来社、1989年。この邦訳は訳語がかなり独特で、訳者の注が一切ないのは不可解である。英訳や仏訳はなさそうである。Cotia Goretzki Die Selbstbewegung des Begriffs. Hegel-Studien. Beiheft, 54. 2011.によれば、今日に至るまでこの書についての何らの詳細な研究書もない、ということである（同書XI参照）。もちろん部分的な研究書は多数ある。例えばH. Schmitz Hegels Logik. Bouvier Verlag. 1992.なども一章をこの書に割いている。他にReiner Schäfer Die Dialektik und ihre besonderen Formen in Hegels Logik. Hegel-Studien. Beiheft 45. 2001.こちらはデュー

第9章 『1804/05 年の論理学・形而上学』

ジングの弟子にあたる人のようで、師の見解を現代風に展開している。我が国のものとしては、前掲、島崎隆『ヘーゲル弁証法と近代認識』の「第3部」が「イェーナ論理学」を一部取り扱っている。また高山守『ヘーゲル哲学と無の論理』(東京大学出版会、2001 年) が「イェーナ形而上学」を取り上げている。

2　ここに言う『論理学』とはいわゆる『大論理学』のことであり、1812 年に「存在論」が、1813 年に「本質論」が、1816 年に「概念論」が公刊されている。更に 1832 年には「存在論」の第2版が公刊されている。この『大論理学』に対して『エンチクロペディー』に含まれている「論理学」が『小論理学』と呼ばれてきたが、現在の研究からすればこうした呼称は不適切であるので私としては使用しない。そもそも『エンチクロペディー』自身にも 1817 年、1827 年、1830 年の3つの版があり、『小論理学』として一つに纏めることは出来ないのである。これ以外にもギムナジウム時代 (1808-1816) の草稿もあり (GW10, 1, 2)、更には学生たちが筆記したヘーゲルの講義ノートも残されているのであり (GW23, 1, 2, 3)、「ヘーゲル論理学」の姿は多様である。

3　後の『論理学』においては「本質論」は「存在論」と共に「客観的論理学」を構成する。それに対して「概念論」は「主観的論理学」を構成する。「客観的論理学」は対象を記述する論理的諸規定である。「存在論」は感覚を基礎に成立する論理的諸規定であり、「本質論」は反省を基礎に成立する論理的諸規定である。「概念論」は主観の行為を記述する論理的諸規定である。

4　拙論「ヘーゲルにおける概念の構成」(東京都立大学『哲学誌』19 号、1976 年) 参照。

5　もしかしたらヘーゲルはその部分を書いたのではあるが、紛失したという可能性もあるが、おそらくはその部分は「論理学・形而上学」から削除され、論理学は最初からカテゴリー論として展開したのであろう。そうなると学問の体系は再び序論部分を必要とするものになったのであろう。つまり『精神の現象学』の必要が準備されることになるのである。

6　この点に関しては、松村一人『ヘーゲルの論理学』(勁草書房、1959〈1966〉年) 104p 参照。量的規定は同質性を前提とするという、松村一人の主張は説得的である。

7　フィヒテ F. GA, I, 2, 270 参照。フィヒテはここで Schranken という語を使用しているが、ヘーゲルは Gräntze という言葉を使用している。共に「限界」と

訳される。

8　Fürsichsein はフィヒテが愛用する用語であり、自我・自己意識の存在構造の表現である。後のヘーゲルも採用する重要な用語である。直訳すれば「対自存在」となるが、意味としては「独立存在」「独自存在」という程の意味である。私は一応「対自存在」という訳を使用するが、「独立存在」という意味を加味したものと見なしていただきたい。

9　この時期のヘーゲルが嫌っているのは「質」の「対自存在」である。「質」において対自存在が正式に導入されるのは1812年の『論理学』存在論、からであるが、実質的には1807年の『精神の現象学』からであろう。

10　この部分にはシェリングの量的弁証法（絶対者の内における対立を量的な差異と見なす見方）を批判して、対立を質的対立として把握しようとするヘーゲルの試みが見られる。ただしこのヘーゲルの見方それ自身が、質の領域で対自存在を認めていない以上、質的対立が量或いは度量の分野で成立するという不整合に陥ることになる（15-17参照）。

11　既に『差異論文』でヘーゲルはカントの「様相」概念は主観と客観の同一性から排除されていると指摘している。GW4, 6参照。

12　先に『人倫の体系』と『自然法論文』の時期における特殊な概念としての「抑制」の概念に言及したが、ここ『1804/05年の論理学・形而上学』における Bezwingung の用例はあえて「抑制」と訳す必要もないものと思われる。

13　この点に関しては、前掲、島崎隆『ヘーゲル弁証法と近代認識』246-270pが参考になる。また山口祐弘『ドイツ観念論の思索圏』（学術出版会、2010年）215-242p も有益な指摘があり、参考になる。

14　拙論「フランクフルト期のヘーゲルの宗教論」（『大東文化大学紀要 第54号、2016年』）44p参照。ヘーゲル自身の文章としては、GW2, Text 57, 248-251p参照。

15　Das Ansich を「自体」と訳しておく。それはカントの Ding an sich が一般に「物自体」と訳されていることを考慮してのことである。ヘーゲル用語として一般的には「即自」という訳語が使用されている。

16　「概念の自己運動」という思想は、内容的にはこの頃から登場して来ているが、正式の用語としての登場は非常に遅く、『精神の現象学』の本文中にも登場していない。登場するのは同書の「序論（Vorrede）」においてである。

第9章　『1804/05年の論理学・形而上学』

GW9, 48 参照。

17　ヤコービの『スピノザ書簡』の第2版の Beylage VII は、根拠と原因の概念を区別する興味深い視点を提供しており、これに注目したのが若いショーペンハウアーであった。J. GA. 1, 247-265 参照。更にこの点に注目したのが B. Sandkaulen　Grund und Ursache. W. Fink Verlag, 1999. である。

18　後の『論理学』の「根拠論」ではヘーゲルははっきりとライプニッツの充足理由律の名前を挙げている。GW11, 293 参照。

19　この「外へと歩み出る」という形式を「超越論的観念論期のヘーゲル」は様々に考案していったと言える。先に指摘した「自己外化」「精神の労働という視点」なども全て「内なるもの」が「外へと歩み出る」形式である。

20　後のヘーゲルの「根拠論」もいわゆる『大論理学』と『小論理学』を比較すると位置づけは動揺しているとも言える。これについては寺沢恒信訳『ヘーゲル　大論理学2』(以文社、1983年)の解説部分 461-464p 参照。

21　拙論「唯物論の時代」(『大東文化大学教育学研究紀要 第6号』) 2-3p 参照。

22　後の『論理学』GW12, 133-134 及び 183 参照。『1804/05年の論理学・形而上学』での「Ⅰ．魂」はまさに「モナド」であったと言えるであろう。

23　対応するドイツ語は「das höchste Wesen」であるが、「最高存在」と訳すことにする。「最高存在」は「神」の別名である。

24　例えば、ハリスは「B．世界」から「C．最高存在」への移行をライプニッツのモナドからスピノザの神への移行として捉えている。H. S. Harris　Hegel's Development. Night Thoughts (Jena 1801-1806). C. P. Oxford, 1983, 390-391p 参照。

25　ヘーゲルが本質態 Wesenheit という用語を使用し始めるのは、『自然法論文』からである (GW4, 427 参照)。この論文での使用例は一度だけであり、しかも批判的視点からのものである。肯定的に使い始めるのは 1804/05 年からということになる。

26　この時期に既にヘーゲルは Wesenheit という言葉の他に、Wesentlichkeit という言葉も使用している (159)。両方の単語とも、後の『論理学』においても使用されている。前者については引用する必要もないので省略するが、Wesentlichkeit は例えば GW11, 293 で使用されている。両者の間にいかなる区別があるのかはっきりしないが、前者においては主体性が、後者においては

客体制が強調されているようである。前掲の寺沢訳では後者には、「内的存在」という訳が与えられている。同書331p参照。単純に「本質性」でもいいのではないかとも思う。

27　神による世界の創造はヘーゲルにとっては文字通りのものではなく、表象的な表現であり、金子武蔵も言うように、ヘーゲルは創造の教義をそのまま承認しているわけではない。金子武蔵『精神の現象学　下巻』（岩波書店、1979年）1337p参照。

28　この言葉は『1803/04年の自然哲学』（GW6, 52）にも、『1804/05年の自然哲学』（GW7, 228）にも出てくる。また『自然法論文』には「無限性つまり個別的なものの無」という表現がある（GW4, 427）。主観の思惟活動が醸し出すのが無限性であるとすれば、そこに存在している点が個体であり、点である個体とはまさに無なのである。

29　ヤコービ『スピノザ書簡』J. GA. 1, 1, 18参照。シェリング『独断論と批判主義についての哲学的書簡』AA. I. 3, 82-83参照。

30　まさかこんなところでヘーゲルが古代ギリシアの神々を模倣しているとも思わないが、ホメロスの『イーリアス』においても、神々は人間界の事象に介入するが、神々の意図は全て人間によって実行される。神々は決して人間世界で行動しないのである。

第10章　『1804/05年の自然哲学』[1]

　ここでの「自然哲学」は『1803/04年の自然哲学』と大枠としては同じであるが、文章はもはや「断片」の寄せ集めではなく、清書稿である。ただし「有機体」論が始まる前に、草稿は途切れている。講義自身がそれ以上進まなかったものと思われる。

〔序文〕(GW7, 179-186)

　冒頭は難解である。「自然は自己自身に関係する絶対的精神である」と言われている。ヘーゲルとしては「自己自身に関係する」ということで自然の認識を意図している。これが「実在的な絶対的精神」である。これに対して「自然の認識としての精神」が対立している。そして認識としての「自然は囚われのない自己同等的存在ではなく、囚われた精神であり、つまりは無限性がそれの規定性であり、この限りで絶対的に実在的な精神に対立していて、それの他者である」(179)とされている。こうして自然は「無限性」として把握されるが、この無限性という規定性は精神の無限性としての無限性であり、「論理学的無限性ではなく、形而上学的無限性である」とされる。この両者の区別をヘーゲルは説明してはいるものの、判然とはしない。要は「形而上学的無限性」とは哲学的考察様式のことのようである。そもそも「無限性」とはもともとカント、フィヒテ的な「主観性」を意味している以上、「形而上学的無限性」は超越論的観念論による自然の考察様式を意味しているのであろう。ヘーゲルは、自然の哲学的考察様式と通常の自然の考察様式とは次の点で区別されるとしている。通常のそれは、未反省の無限性に固執し、そこでは自然は量的区別や因果関係や、「このもの」の寄せ集めにおける全体と部分から成っている。だが実は自然は精神なのであり、しかもそれは単に内なるものとして、外的反省によってそうなのではなく、自然が現存するままの姿で、それ自身のもとにおいてそうなのである。つまり哲学的考察にあっては「自然は生きた自然であり、自己内反省した無限性であ

り、認識であり、自然の物質〔質料〕は、つまり自然の絶対的自己同等性は生命なのである」(180-181) と言われている。つまり自然を単なる物質としてではなく、生命として考察するのが哲学的考察ということになる。これはフランクフルト時代以来のヘーゲルの自然観である。哲学的考察たる「生命の形而上学的過程」は幾つかの段階を経過することになる。第1は「神の慈悲たる形式的生命」であり、それは生命の概念である。ここは純然たるイデア・理念の世界である。次は「生命の実在性の段階」であり、イデア・理念は純粋さを喪失して、他者のもとで現象する。そしてそこにおいて諸々の契機が「総体性」へと形成される。最終的には、生命は個別と普遍に分かれて、個別は類たる普遍へと移行する (181-183)。これは既に示されているヘーゲルの三段階論である。第1段階は生命としての自然の理念であり、第2段階は自然の実在性、通常の意識が捉える自然である。機械論と化学論の世界であろう。第3段階は有機体の段階であろう。同一哲学期の「イデア・理念」に要求されていた実在性はどんどん薄められて、第1段階が「理念」とされ、第2段階が「実在性」として整理されている。それは既に1803年の講義草稿において見られた動向であった。我々はそれゆえにこの1803-04年の時期を超越論的観念期と呼んだのである。その動向は『1804/05年の自然哲学』においても保持され続ける。

　最後に自然と精神の関係が繰り返されている。自然はヘーゲルにとって、精神でありつつ、精神ではないものである。1803年以降、ヘーゲルにとって、自然は精神の他者である。要は自然が「隠れた精神」であり、対自的な精神とはなっていないということである (184-186参照)。同一哲学期 (1801-02年) のイデア主義は変質している。イデア自身を実在性と観念性の統一として直ちに主張するのではなく、「我々＝哲学者」がまずはイデアを描くのである。哲学者の介入なしには、自然をイデア・理念の展開としては表現できないということである。哲学者が介入して第1段階を理念の展開として描く必要があるのである。理念が先に示されて、第2段階でイデア・理念に対立する実在的自然が描かれるのである。そして第3段階として、実在的自然が実は精神であることが示される[2]。その意味で、自然哲学は超越論的観念論なのである。1803年から始まった「自然は精神の他者」という把握がここにも示されている。超越論的観念論は自然をあくまでも精神の視点

第10章 『1804/05年の自然哲学』

から考察するものである。つまり他者である機械的、物理的物質の塊の内に、「法則」と「生命」を読み取って全体としての自然を描くことが、超越論的観念論の自然哲学の課題なのである。先に「自然の形而上学的無限性」と呼ばれたものもこのことを指している。超越論的観念論を抜きにしては自然哲学は成立できないのである。シェリングの1800年の『超越論的観念論の体系』は自然哲学と超越論的観念論を２つの独立した学問として設定したが、その後のシェリングの同一哲学期に明らかとなったように、超越論的観念論はそれ自身が自然哲学になったのである。あるいは、自然哲学は超越論的観念論の内部で描かれる他はなかったのである（ただし同一哲学期にはシェリングは自分の哲学を超越論的観念論とはもう呼ばないのではあるが）。それは実はフィヒテ自身の立場と同一なのであるが、当時のフィヒテが自然哲学を叙述することがなかったために、フィヒテ、シェリング、ヘーゲルの立場の同一性は浮上することがなかったのである。

〔1.〕太陽の体系 (GW7, 187-192)

イエナ初期の「古代的イデア主義」はこの時期にも相変わらず生きており、自然哲学はプラトン、アリストテレス同様に、神々の世界たる「天上の体系」から始まる。この天上には古代ギリシアの神々の世界を満たしていたとされる「エーテル」なる神的な空気があるとされていた。ヘーゲルはそれを「絶対的物質」とも呼んでいる。ヘーゲルの叙述を追ってみよう。
「太陽系」の先頭部分は、その全体が「エーテル」論である。自然はこの時期「精神の他者」と規定されながら、にもかかわらず自然も精神であるというのがヘーゲルの基本認識である。「エーテル」は先ず、「全ての物の絶対的根拠・本質」であり、「絶対的物質」である、とされる。だがすぐに「エーテルは生きた神ではない」とされ、生きた神とエーテルが対比される。「生きた神」とは簡単に言えば、「哲学」のことである。もう少し正確に言えば、哲学が捉えた神のことである。「生きた神」とは自ら他者となり他者の内に自己自身を認識する精神であり、自己自身を実現する精神である。「エーテル」も精神ではあるが、その意味で「自己自身に関係する」もの、自己同

等なものではあるが、「自己を絶対的精神として認識」することがない。同じく絶対的精神でありながらも、この「認識」の欠如が「エーテル」を「生きた神」から分かっている。「エーテル」は「否定的統一という自己内行する暗闇の点」を欠いているとされてもいる（188）。つまり以前に「絶対的孤独」と言われていた主観性が「エーテル」には欠けているのである。しかし「エーテル」は「我々＝哲学者」にとっては「純粋な、絶対的な無」「絶対的な夜・暗闇」でもある（189）。エーテルはこのように光でもあれば闇でもあり、静止でもあれば動揺でもある両義的なものとして描かれる。エーテルは最初期イエナの「光」に取って代わったものであり、光の母胎であったはずであるが、認識の欠如が強く意識され、「精神は自然よりも高い」と自覚されることによって、光でありつつ、「我々」にとってはむしろ「闇」として規定され、これ以降はむしろ「闇」としての性格が強調されるのである。『1803/04 年の自然哲学』ではエーテルは全てを貫き通すもの、と言われていたが、ここでは「エーテルは全てを貫き通すのではなく、それ自身、全てである」と言われている。それはのっぺらぼうの存在ではあるが、すべてはここから生まれてくる以上、エーテルは「絶対的発酵過程」でもある（189）。以上がエーテルを「自己同等性」の側面から見たものであるが、エーテルはまた「無限性」でもある。無限性としてのエーテルは単なる自己同等性に留まることなく、自己を差異的に展開する。エーテルは認識を欠くとされていたが、今や「エーテルは自己同等なものと無限なものとの統一として自己を認識する」（190）と言われる。認識しないはずのエーテルの行う認識とは何か？それは「エーテルの自己自身との語らい」である。エーテルは自ら語り、つまりは音を出し、それを聞き取る（vernehmen）限りでのみ精神であり、理性（Vernunft）である。エーテルのこの語らいは「絶対的メロディー」であり、「宇宙の絶対的ハーモニー」である（191）。言うまでもなくヘーゲルはピュタゴラス学派の天体音楽論を念頭においている。またヘーゲルの尊敬する先輩ケプラーも天体音楽論の立場をとっており、そのこともヘーゲルの念頭にあったであろう。エーテルのこの語り、「その最初の言葉」が星である。星たちが奏でる天体の音楽は「エーテルの自己自身との語らい」である。ここにエーテルの自己展開がある。それをヘーゲルはエーテルの自己認識だと言うのであろう。だが既に『1803/04 年の自然哲学』

第10章　『1804/05年の自然哲学』

が示していたようにエーテルは星において無限性を自己の外部に持つことになる。それは自己の喪失である。だからヘーゲルは星座を高く評価することはない。カントのように星を見て崇高の感情に襲われることはない。星座はむしろ無思想で、非理性的である。それは「黙りこくった象形文字で永遠の過去を表現する」(192) だけである。天体音楽論を持ち出して自然を美化しようとしながら、決して自然そのものを美化できないところにヘーゲル思想の核心がある。「物」を神として崇拝できないプロテスタンティズムの北方の精神がヘーゲルの内に生き続けているのである。

エーテルは星においてその無限性を喪失した。真の無限性はそちらにではなく、運動の内にある。かくてエーテルは時間と空間へと展開してゆく。エーテルは自己同等性と無限性の統一であったが、自己同等性が空間であり、無限性が時間である。こうした「我々＝哲学者」の叙述によって、自然哲学は精神の展開として示されるのである。プラトン的イデアは、今や「超越論的観念論者」に身を委ねて存立しているのである。

Ⅰ．運動の概念（GW7, 193-205）

エーテルは自己同等なものと無限なものとの絶対的一致存在である。それは2つの契機、時間と空間の統一である。両者はそれぞれ、自己自身の反対となり、空間から時間が、時間から空間が生じてくる。(193 参照)

A．〔時間論〕

『1803/04年の自然哲学』には時間・空間論の草稿が欠落していたのでそれらがどう取り扱われていたのかは不明であるが[5]、ここ『1804/05年の自然哲学』では、空間よりも時間が先に論じられている。『1805/06年の自然哲学』以降はヘーゲルは空間を先に論じることになる。その意味で『1804/05年の自然哲学』の時間の位置づけは特殊である。

時間の第1の契機は排除する点であり、限界一般であり、現在・今である。今は自己自身の非存在である。今は未来に抵抗できない。今は自己を廃棄して未来となる。しかし実は未来もそれ自身未来ではない。それは現在を廃棄する現在であり、それ自身の非存在である。だから現在も未来も共に存在するのではなく、存在するのは両者の関係である。それが過去である。過去は自己内還帰した時間である。(195 参照)

実在的な時間は現在と未来に対抗した過去である。それは自己内反省して

おり、実は現在である。この実在的時間は絶対的概念の麻痺した動揺である。それは自己同等なものへと移行している（197参照）。このように過去こそが自己同等的なものであるとすることによってヘーゲルは時間から空間、それはまさに自己同等なものの代表であるが、そこへと移行してゆくのであり、点としての時間を精神に見立てて、精神たる時間が空間を切り拓いてゆくという観念論的自然哲学が叙述されているのである。[6]

B. 〔空間論〕

空間は自己同等なものである。空間は純粋な自己同等的なものではなく、否定的なものが廃棄されている状態である（198）。空間は次元を持つ。次元をヘーゲルは「面」「線」「点」の順序で展開している（199-201参照）。[7] 点は「絶対的否定性」である（202）、とされている。

時間と空間との関係としての運動が実在的な無限性である。絶対的物質としてのエーテルは空間の空虚な抽象であり、物質とは本質的には運動である。惰性的物質とは形而上学的虚構であるとして、デカルト及びニュートンが批判されている。（204参照）

II. 現象する運動 （GW7, 205-216）

運動の概念つまりは実在的な物質は空間と時間の関係であるが、時間が点を介して空間の内へと侵入している（205）。こうしてヘーゲルは点から線、平面へと話を展開してゆく。運動は時間と空間を量の関係として、つまりは速度として表現する（209）。ガリレオの落下法則への言及に続いて円運動に言及し、楕円、扇形、に言及する。言うまでもなく尊敬する先輩ケプラーの３法則がこの辺りで解釈されている。（210-216参照）

〔III.〕運動の実在性 （GW7, 216-227）

ここでは太陽系の４つの運動形態が極めて難解に展開されている。先頭に絶対的物質としてのエーテルが位置づけられ、エーテルとは具体的には「光」であるとも言われている（218）。４つの体系とは、① 太陽、② 彗星、③ 月、④ 地球である。これは『1803/04年の自然哲学』に既に見られたものである（もちろんヘーゲルは地動説を否定しているわけではない）。我々にしてみれば、月も地球も太陽系の中において説明するのが当然であると思われるが、ヘーゲルにとっては、宇宙の中心は生命の中心である地球だったようである。「かくして地球は太陽に対抗する活動的なものであり、否定

的統一として太陽を包摂するものである」。太陽は単に地球の「根拠」であり、「本質存在」であるが、「地球は無限性として本質存在〔太陽〕に刃向かうものであり、それを包摂するものである」(225)。地球において宇宙の「普遍的なものは個別性へと下降」している。「地球の固定した中心点は天界の全ての圏域の展開した無限性であり」、地球の中心点は「充溢した無限性」から出て、再び「エーテルへと還帰する」(226-227)。つまり宇宙の中心に位置した地球の「絶対的な深み」から生命が湧出してくるのである。もちろんそれは物質としての地球が生命を生み出すというのではなく、もっと精妙な霊気たるエーテルが生み出すものである。しかもそのプロセスはまだまだ始まったばかりである。生命有機体へと至る前にヘーゲルは地上の機械論、化学論、等々を論じなければならないのである。

2．地上の体系

I．機械論 (GW7, 228-250)
A．物体、あるいは形態の構成

表題からも分かるように、ここでヘーゲルは物体・物質の構成を行おうとしている。「構成」はイエナ初期以来シェリングとヘーゲルにとって重要な学問的作業であった。ヘーゲルは先ず物質の本質としての重力を基本に据えて、振り子運動、落下運動、梃子、等々と考察を進め、梃子において物質の運動が静止すると見なしている。

B．梃子

梃子は「廃棄された運動である」(241)。静止において物質は自己同等的連続性となる。それはまた「絶対的流動性」とも呼ばれる (248)。この絶対的な流動性は万物の母である。それは自己の内に無限性を、産出の原理を有している。自己同等性はもはや個別性に対立していない。それはもはや対自的にではなく、自己自身のもとにおいて絶対的個別性である。無限なものとしてのこの単純なもの、この単純なものとしての無限性は精神の原理である。この運動は自己自身の内での振動であり、軸回転運動である。それは単純な音声である。ただしそれは我々にとって音声なのであり、対自的にそう

なのではない、と言われている。絶対的流動性としての物質は音声と自己同等なものとのこの統一である。以上が物質の絶対的構成である（249 参照）。先の『1803/04 年の自然哲学』でもそうであったが、ヘーゲルにとって、音声は極めて重要な精神的機能の象徴である。最終的にはそれらは「言葉」へと繋がってゆくのである。

II．物質の過程〔化学論〕（GW7, 250-260）

物質の構成に続いて、構成された物質の流動的な状態、つまりは「物質の過程」が取り扱われる。物質の過程は「観念的過程」と「実在的過程」に区分されている。観念的な過程は物質の「比重」であり、それは他者との比較ではあるが、単に外的に規定されたものではなく、その物質の「絶対的規定性」であるとされている（252 参照）。実在的な過程は化学論である。窒素ガス、水素ガス、酸素ガス、炭酸ガスが取り上げられている。当時の流行の「熱素」という規定は抽象であり、架空のものである、と批判されている。（258 参照）

III．物理学・自然学（GW7, 260-279）

ここでは物理的なエレメント・元素について述べられている。具体的には古代ギリシアの4元、地水火風、が取り上げられて、最後に、第4の元素としての「大地・地球 Erde」について述べられている。大地・地球は絶対的普遍性にして絶対的個別性である、とされている（274）。先の年度にも見られた「受胎した大地」という言葉がここでも使用されている（277）。

大地・地球の定義（GW7, 279-338）

この見出しはヘーゲルが付けたものである。大地は過程であり、実体であり、自己の諸元素の自己内反省である。それは完成した自己内反省としての、イデア・理念としての概念であり、諸々の種からなる類である。対自的に絶対的な認識になろうとしている大地ということで、地上の物体の生成が含意されている（280）。この後、ヘーゲルは地球上での山脈とか海とかの生成を火とか空気の4元を交えて説明している（284 参照）。そして、酸化と還元（289）、色彩論が展開され、青、赤、黄、緑（291）、熱容量、金属（292）について言及がなされている。続いて個別的な地球上の物体に言及している。大地は自己自身のもとにおける諸元素の絶対的観念性として直接的に絶対的個別性であり、しかも「絶対的に分割された」原子の絶対的数多

第10章　『1804/05年の自然哲学』

性へと崩落するものである。この個別性は実体性ではなく、規定性である、とされている（295）。つまりヘーゲルがここで取り上げている原子は実体ではないということ、単なる偶有性だということである。ここに見られる「絶対的に分割された」という規定そのものが原子の規定としてはまさに自己矛盾している。「原子」はその役割を終えているのである[8]。

大地はここにおいて精神へと成ろうとしている。ただし「大地の自己認識は我々に対してのみ存在する」（296）、とされている。この後、「鉱物の過程」が相当詳しく論じられ（318-338）、「有機体」へと移ったところで、草稿は終わっている。後のヘーゲルの有機体論は、① 鉱物、② 植物、③ 動物、となっており、1804/05年のこの段階もそうした構想に近いものであったことが分かる。有機体論が論じられなかったのは、それの理論がまだ未形成であったということではなく、講義がそこまで進む前に終わったからと思われる。

この後、GW7には、付録として3つの断片が収められている。最初のもの（GW7, 341-342）は形而上学の区分の草稿であり、1804/05年の形而上学よりは、かなり古い構想であり、1803年頃の構想と思われる。二番目のもの（GW7, 343-347）はかなり長いものであり、1803/04年頃の成立と思われる。認識する主観と認識される対象を分離、対立させるカント的認識把握への強い反撥がみられる草稿である。ヘーゲル自身は主観と客観の同一性を認識する「絶対的認識」の立場を強調しており、『1804/05年の論理学・形而上学』の前段階の立場での草稿と思われる[9]。三番目のもの（GW7, 348-349）は、絶対者の認識様式を問題とした短い断片であり、1803年頃のものと思われる。

注

1　邦訳がある。本田修郎訳『ヘーゲル　自然哲学　上』未来社、1973 年。
2　こうした三段階理論は以後のヘーゲル哲学にもそのまま受け継がれている。この点に関しては、拙論「ヘーゲルにおける概念の構成」(東京都立大学『哲学誌』19 号、1976 年) 参照。
3　ここで「エーテルは認識を欠いている」という先のヘーゲルの発言との不整合を指弾することも可能ではあるが、展開の内で全ては変化してゆくのであり、私としては軽く見過ごしておくことにする。
4　後にヘーゲルは『自然哲学』の初版 (1817 年) §225、第 2 版 (1827 年)・第 3 版 (1830 年) §280 で、ラプラスがケプラーの天体音楽論をいたずらに批判していることを諫めている。ヘーゲルのケプラー愛はこの時期にも変わっていない。
5　確たる証拠はないが、イエナ初期及び中期の自然哲学において、ヘーゲルは空間よりも時間を先に論じていたものと思われる。空間が物質的なものであるのに対して、時間は精神的なものである。精神的なものを先頭において自然哲学を始めるのがふさわしいと考えていたのではなかろうか。
6　空間の考察に際して、「点」という「精神」に相当するものを導入して自然を考察しなければならない、という思想は既に『惑星軌道論』に示されていた (GW5, 249 参照)。
7　この順序は翌年の『1805/06 年の自然哲学』では逆転する (GW8, 7-10 参照)。
8　「原子」がヘーゲルの「自然哲学」の用語として登場するのは、ここが最後であり、『1805/06 年の自然哲学』以降は登場しない。
9　前掲拙論「ヘーゲル『精神の現象学』の生成の時期について」参照。

第3部

ヘーゲルの哲学の近代化

1805-1806

ヨーロッパに4年間続いた平和は、1805年には終わり、「第3次対仏大同盟」が結成され、翌1806年にはイエナの地にも戦乱が迫ってくることになる。そうした時代の大きな変化にヘーゲル哲学も対応せざるを得なかった。ドイツの運命はヘーゲルに新しい選択を迫り、ヘーゲル哲学の近代化をもたらすことになる。それは古代との決別であり、個体性の原理を、つまりは個人の自由と独立を現代の原理として承認することを意味した。ただしこの「時代の変化」は古代との決別であっただけではなく、ヘーゲル自身がそこに属していた中世的世界との決別でもあったようである。ナポレオンによるヨーロッパ世界の攪拌がドイツの中世的精神を終わらせたのである。1806年8月には、かつてヘーゲルが夢を託していた「ドイツ国民の神聖ローマ帝国」は正式に消滅した。ヘーゲルの祖国ヴュルテンベルクを含む南ドイツの領邦諸国は、ナポレオンの指揮の下、「ライン同盟」を結成し、新しいドイツを夢見るのである。そのような中で、南ドイツの保守的な風土で育てられてきたヘーゲルもやっとカント、フィヒテの北ドイツの哲学遺産の宝物殿の至聖所に忍び込み、「自己意識」の概念を自己の哲学体系の内で樹立するに至るのである。彼はその宝を持って、ナポレオンの時代に合流しようとするのである（ドイツ観念論はカント、フィヒテの北ドイツの哲学と、シュリング、ヘーゲルの南ドイツの哲学の合流地点＝イエナで花開いたのである）。

　近代化したヘーゲルの哲学の姿は『1805/06年の自然哲学、精神哲学』の草稿に示されている。アカデミー版GW8巻の編集者はその成立を1805/06年冬学期の頃と推測しているが（GW8, 318）、1805年夏学期頃の成立も否定できないと思われる。とまれそこに含まれている欄外注も入れて考えれば、この草稿は1805年から1806年の間に成立したと見て、間違いはないであろう。

第11章 『1805/06年の自然哲学』[1]

　この草稿も先頭の1枚目が欠けているが、ダーザインDaseinの先、つまりザインSeinとしての自然の理念が取り扱われていたはずである。そして本論は以下の通り、「Ⅰ．機械論」として始まっており、これまでのように「天上の体系」をまず論じて、次に「地上の体系」に移るという古代的色彩は消滅している。その意味で近代的な自然哲学に変身したと言える。しかし以下に見るように始まりは今もなお「エーテル」論である。1805年の段階では、ヘーゲル哲学の近代化は、一挙には進展しないのである。

Ⅰ．機械論　(GW8, 3-34)

　「自己の概念へと還帰したダーザインとしての理念は今や**絶対的物質**、エーテルと呼ばれ得る」として残された先頭部分は始まっている。「エーテルは没規定の聖なる精神であり、不動の静止であり、万物の実体であり、存在であり、無限の弾力性であり、あらゆる形式および規定性をないがしろにし、自己内に解消しており、絶対的柔軟性であり、あらゆる形式の可能性である。エーテルは全てのものを貫くのではなく、それ自身が全てのものである、つまりエーテルとは存在〔そのもの〕である。それは全てのものの解消であり、純粋単純な否定性であり、流動的な濁りのない透明性である」となっていて (3)、この辺りは『1804/05年の自然哲学』(GW7, 188-189) とほぼ同一の文章である。しかしこの後、「エーテルは絶対的物質であり、**純粋自己意識**〔初出〕である。それは存在一般であり、現存在（ダーザイン）しているものではない」と言われている (4)。ここは「存在」から「現存在（ダーザイン）」への移行が言われている。また「自己意識」という用語はヘーゲルのイエナ期の草稿においてここで初めて使用されるのである。[2]
エーテルにおいて精神と精神が出会っているのである。自然哲学は「絶対的物質」から始まる。それは物質ではなく、「概念」であり、つまりは精神である。それは思惟が捉えた本質態であり、「物質」という名の精神である。精神は「エーテル」という絶対的物質において自己自身に出会っているので

ある。だからエーテルは「純粋自己意識」と呼ばれているのである。視点はあくまでも超越論的観念論のものであり、この視点からでなければエーテルを純粋自己意識と呼ぶことはできない。超越論的観念論の視点は後のヘーゲルの自然哲学の内にも生き続けている。エーテルを純粋自己意識とすることによって、以下で展開される『1805/06年の自然哲学』は「自己 das Selbst」の展開として構成されることになり、「自己」なる用語が頻出する。[3] この用語は『1804/05年の自然哲学』では使用されていない。そこではその代わりに「我々」なる考察者がしばしば顔を出していた（GW7, 185, 222, 249等々参照）。『1805/06年の自然哲学』に至って、ヘーゲルは対象たる自然自身に「自己」を内在させることによって、「我々」の恣意的な介入という印象を消そうとしているのであり、自然の展開を自然自身の自己関係として示す自信がついてきたのであろう。もちろん「我々」の介入の仕事が終わることはない。その実態は以下で見ることにする。

I．空間と時間の概念

『1804/05年の自然哲学』とは異なり、ここでは時間よりも先に空間が論じられる。以後ヘーゲルの「自然哲学」では、この順序が守られてゆく。

　a．空間

　1．「現存在（ダーザイン）するエーテルは空間である。空間はこうした単純な連続性として直接的に自我と一つであり、かくして直観が措定されている。だがこの注意はここでは我々には関係がない」とされている（4）。空間はカントが言うように、直観の形式であり、空間は自我と一つのものである。しかし空間は主観的形式であるだけではなく、「そこに存在する da zu sein という連続性の規定性」である。空間は「今や自然として現存している。そこにおいては自己意識的本質存在としての精神は自己の外部に落ちこぼれている」（4）。つまり空間は精神の外在態なのである。

　2．直観の内で一つの契機が自己意識として規定され、空間からこぼれ落ちるとしても、理念の内では両者とも自己意識的精神として規定され得るであろうから、「ここ空間では精神は純粋な本質態 reine Wesenheiten としてあることになり、絶対的量である」。ここでは区別は何ら区別ではない。それは無から自己を区別する無である。ここにあるのは区別の絶対的な可能性だ

第11章 『1805/06年の自然哲学』

けである。「この自己外存在は自己内存在に至ることはない」とされている (5)。純粋本質態は既にお馴染みとなっているように、論理的諸規定・カテゴリーのことであり、その限りそれは精神の産物である。あるいは精神そのものである。空間はイエナ初期のヘーゲルの愛用した用語で言えば、「絶対的無差別」であり、それがここでは「絶対的量」と呼ばれている。絶対的量は「区別の絶対的可能性」である。ただしここにはまだ区別を行う「自己」が存在していない。「無から無を通って無への運動」というヘーゲルの本質論で有名な言葉（GW11, 250 参照）も既にここに使用されており（GW8, 5 参照）、興味深い。それは「自己」を表示する象徴的な形式であるが、それはここにはまだ存在していない。自然には厳密な意味では「自己」が存在しないのである、つまり自己運動するものが存在しないのである。しかし以下に見るように、自然哲学の中にも無数の「自己」が登場してくる。つまり自然には存在していないはずの「自己」を存在しているものとして示すのが「我々＝哲学者」の仕事なのである。それは「我々」の恣意的な介入でありながらも、対象自身の必要不可欠な要素であるとヘーゲルは考えているのである。対象と主観は今もなおヘーゲルにおいて一体のものであり、一体のものとして捉える哲学がヘーゲルの哲学なのである。かくして先ず「**空間の次元**」が、点、線、面として論じられている。それらは以前からヘーゲルが主張しているように、自然的空間自身の規定性ではなく、空間の内へと主観が持ち込んだ精神的な規定性である。「空間には一般に高さ、幅、長さ、がある。ただしそれらは全く無規定である。それはもっぱら空間の外部に歩み出た否定的なもの〔主観・自我〕に依存している。否定的なものは空間の外に歩み出ている。区別はもはや存在するものではなく、思い込まれた gemeint ものである。」(10) このように空間は主観・自我の「思い込み」によって区切られてゆくのである。先にも述べたように、シェリングやヘーゲルの自然哲学は超越論的観念論の自然哲学であり、自然を考察する主観を抜きにしては成立しない。ここにもそれが端的に表れており、空間の区別は主観の抱く「思い込み」とされている。超越論的観念論は我々の通常の主観が空間を区切ってゆく様を意味付けながら描いてゆくのである。

b. 時間

「区別は空間の外部に歩み出ている。空間はそれだけで自己の全き動揺の内

にあり、もはや麻痺させられてはいない、空間は思い込みの自己 das Selbst des Meynens である。この純粋な量、対自存在する区別が時間である。」(11) 自己 das Selbst は以下にも頻出する。主観が介入することによって、空間は区切られ、多様な姿を現出させるのである。この主観による空間の区別を引き受けるのが時間である。時間は「現存在する純粋な矛盾」である。それは存在するとともに存在せず、存在しないとともに存在している（11 参照）。今はあっという間に過去になり、存在していない未来は今となる。時間論においては、以前と同様に、「過去」が最高の位置づけを得ている。「過去は完成した時間である。絶対的に現在的であるもの、つまり永遠であるものは時間自身であり、現在、未来、過去の統一としての時間である」としてヘーゲルはこう続ける。「時間について、それは絶対的な考察方法にあっては絶滅されなければならないと言われるとすれば、時間はその儚さや否定的性格でもって非難されているのである。だがこの否定性は絶対的概念それ自身であり、無限なものであり、対自存在の自己である。」(13)

　イエナ初期の「古代的イデア主義」にあっては、真理は唯一不変で永遠のものであったが、今やヘーゲルは変化する時間そのものこそが永遠なものであるとする。しかもそれは絶対的否定性として捉えられており、あらゆるものに変化可能な絶対的概念、自己だとされている。真理は時間の内で現出するのである。だが実在性のレベルでは、空間は否定の自己を欠いていたし、時間も自分の諸次元の存立を有していなかった。時間も空間も共にまだ実在性の内に存在していないのである（14 参照）。つまりヘーゲルとしても、空間と時間はカントが主観の「アプリオリな形式」だとしたのと同様に、まだ主観の形式であり、対象的自然自身の実在的な姿とはなっていないのである。「持続」において両者は実在するに至る。

II．空間と時間の実在性 ―― 運動

「持続」は空間と時間の実体である。空間の否定的なものが時間であり、時間の肯定的なもの、時間の区別の存在が空間である。持続するものは自己同等性であり、時間はここへと帰って来ている。それはまた空間である。けだし空間の規定性は無関心的ダーザイン一般であるからである（15 参照）。ここにも「自己同等性」が登場しているが、それは全ての概念の基本規定であ

第11章 『1805/06年の自然哲学』

る。あらゆる概念が自己同等である。そしてまたあらゆる概念が自己不等である。この自己同等的な持続する実体は再び規定性・次元を有している。第1のそれは自己に関係する一、つまり点である。しかもそれは真実の点である。つまり普遍的なものであり、「ここ」一般である。「ここ」はまた時間でもある。つまり「今」でもある。ここと今との統一が「場所 Ort」である。(15参照)

「持続とは運動である。運動は時間がそうであった如く、世界の真実の魂の概念である。我々は通常、運動を述語として、状態として考察するが、<u>運動は実際には自己であり、主語としての主体である。自我は自我として、主体として、まさに運動の概念それ自身として存在しているものである。</u>運動とは単に他者になる、変化するものではなく、自己内へと還帰するものである。」(18)

　下線部に注目しよう。運動とは変化であるが、変化を引き起こすもの、動かすものが自己である。「自己」は決して自然界の物質ではなく、自然を考察する際の概念である。また「自己」は変化の中で自己を保つものであるが、そのためには自己は無である他はないのである（一定の内容は必ず否定される）。その発見がこの時期のヘーゲル哲学である。「自己」の代表的な概念が「自我」である。自我は単なる意識であり、空虚な無であり、闇であり、無である自己への自己関係である。イエナ初期の「無」としての絶対者は、今ようやく「自我」としてヘーゲルによって再発見されたのである。イエナ初期には全てのプロセスを普遍的なものたる「絶対的実体」を中心にして考察しようとしてきたヘーゲルは、今や全てのプロセスを「自己」の自己運動として考察するのである。自然の世界において自己運動できる自己とは概念だけである。ヘーゲルにとって、自然哲学は主観による概念の構成なしには成立不可能である。

　続いてヘーゲルは直線運動に触れ、こう述べる。直線運動は即且対自的な運動ではなく、他者に従属した運動である。そこにおいてはそれは述語になっており、廃棄されており、契機に過ぎない（19参照）。接線運動は真実ならざる単なる空想物である。ヘーゲルは、それらに自己内還帰が欠けていることを指摘して、「中心点」を備えた円運動に話を進める（20参照）。

「未来ではなく、過去が目標であるということが、時間の真理である。目的

は未来であり、空虚なものであり、非存在であり、動かすものである。しかしむしろ既に存在しているもの、今が生じるのであり、それが目的であることによって、それは表象されたものとして、つまりは廃棄されたものとして、つまり過去として存在するのである。」(21) この辺りも興味深い叙述である。目的という、表象の内にしかない非存在が、我々を突き動かして、我々の現実存在を形作るのである。まさに観念が存在を産み出すのである。だが目的は実現された今となっており、つまりは過去になって存在している。自己内還帰して安らった場所となったものが「質量」である（22参照）。

III. 質量

　質量は第1には「惰性的」である。質量は静止と運動という両契機の統一である。一般的に言えば人々が、物質は静止と運動に対して無関心であり、疎遠なものによって静止や運動へと規定されると主張するのも当然である。主体、個体は自己を教養形成していなければならない。物質は自体的には惰性的である。すなわちその概念としての物質、自己の実在性に対立した概念としてはそうである、とヘーゲルは述べている（23参照）。物質が自体的に惰性的であるというのが17-18世紀の自然哲学の一つの結論である。ヘーゲルの場合にも、物質は自己運動できないのである。物質を動かすためには「力」が必要である。「力」はヘーゲルにとって概念であり、精神である。ヘーゲルの立場は惰性的物質を肯定するものではなく、物質の真実を描くためには「力」なる精神的概念が必要だという立場である。

　続いてヘーゲルは、以前と同様に、天上界、彗星界、月界、惑星界について述べている。ここではこれまで曖昧であった太陽が天上界ではなく、明確に惑星界に位置づけられている。ヘーゲル自身の内で大きな世界観的な変化が生じているようである[4]（中世からの脱却）。

　[天上界]は絶対的運動である。だから天体の運動を衝突とか牽引といった表象で理解してはならない。天体を動かすのはそれらに疎遠な力ではなく、それらを動かす力はそれらの概念である。こうした絶対的運動の自己自身の内への還帰を介して、質量は自己自身に関係する運動であり、つまりは軸回転運動である、とされている。(25参照)

　ヘーゲルは軸回転運動、つまり地球の自転を「自己」の象徴的な運動と

第11章　『1805/06年の自然哲学』

して考えているようである。それは「独立」の象徴でもあり、プラトンの『ティマイオス』から借用したものである。プラトンにとって軸回転運動は「理性や知力にとりわけ深い関係のある運動」である[5]。ヘーゲルもこの考えを受け継いでいるようである。『精神の現象学』での「自己意識」も、「純粋な軸回転運動」と表現されることになる（GW9, 105）。軸回転運動する地球がヘーゲルにとっても宇宙の中心なのである[6]。それは単に空間的な意味での中心ではなく、生命の故郷としての中心でもある。

［彗星界］だが実は、この軸回転運動はその直接的な概念を介して、自己自身に関係する運動であり、点としての、否定的な一としての自己への関係である（27）。ここにおいて安らえる運動は不安定な運動となる。それは逸脱の圏であり、直接的現存在から自分自身の彼岸への脱出である（28）。ヘーゲルによれば、彗星は太陽から放り出されたものであるとか、大気中の塵であるとか、といった彗星の生成の説明は事柄の本質を見過ごしている。事柄の本質、必然性とは概念である★（29 参照）。

［月界］月の運動は自己〔地球のこと〕へと関係している、それは新たに自己内反省した中心点である。月はヘーゲルによれば、地球という自己へと関与する円運動を行うものであり、軸回転運動は行わない、つまり自転しないものである〔現在の知識からすれば、月も当然、自転している〕。

［惑星界］太陽は本質存在・Wesen であるが、実在的な概念ではない。確かに太陽は地球の母であるが、月は支配者である、とされている（31 参照）。太陽を軽視し、地球を愛するヘーゲルの心情は今も変わらない。しかし今やヘーゲルは、太陽を天上界そのものから追放し、惑星界の一角に設定することによって、近代的宇宙像に近づいたのである。

★これと同じ趣旨のことが（32）でも言われている。ヘーゲルによれば彗星や月についての具体的な物理的事実はどうでもいいことであり、総じて「個別性への自然の遁走」は概念を欠いた経験的な自然研究者たちの逃げ口上だというのである。驚くべき発言であるが、「自然の無力」というヘーゲルの悪評高い自然観はこの頃にすでに出来上がっている。というよりも、ヘーゲルの自然哲学は概念による自然の規定であり、ある種の論理学なのである。マルクス風に言えば、ヘーゲルの自然哲学は応用論理学である。ヘーゲルの概念によって捉え

295

きれない自然が「自然の無力」として断罪されているのである。

II．形態化と化学論 (GW8, 34-108)
1．形態化
物質は自己内還帰した自由な自立的な運動であり、単純な自己同等的な堅固さである。物質は「力」になっている。物質は直接的現存在から自己内へと還帰している。力は単純な自己内存在であり、また同様に絶対的分裂であり、分裂の内で反対をその統一において保持している（34 参照）。先にも述べたようにドイツ観念論にとって、「力」は自然を精神化する強力な武器である。物質の本質は「重力」として把握され、物質自身は「惰性的なもの」として把握されるが、それは「単なる虚構物」である（37 参照）。静止と運動に対する無関心性としての惰性的物質は力学が取り扱うものであり、そこにおいては運動の原理は物質の外に置かれ、生成は概念によって導かれるが、その原理は物質の外に在る（38 参照）。物質は宇宙の得体のしれない「力」によって操られることになる。

a．個々の物体、重力の弾力性への生成

ここでは、前年度同様に、落下運動、放物線運動、振り子運動、梃子、等が取り扱われている。重力が物質に体現されると、重さとなり、これが弾力性である。

b．弾力性の流動性への生成

この弾力的な質量相互の運動は衝突である。ヘーゲルはここに「音 Ton」を登場させる。『1803/04 年の自然哲学』以来見られることであるが、ヘーゲル自身としては物質相互が衝突において発するこの「音」を、動物が発する声、人間が発する言葉の前兆として設定したいようである。「それは質量の生命の萌芽である。それは振動作用としてこの否定性であり、それ自身の内における振動であり、軸回転運動、つまりは不安定な光である。」この自己内存在、純粋な個別性が流動性である。流動性は実在的な弾力性である（46 参照）。この流動性は先ずは凝集力であり、やがて比重と呼ばれるものである（48 参照）。続いて、磁気と電気と熱に触れている。

第11章 『1805/06年の自然哲学』

2．化学論
a．熱の機械論
　熱は凝集力の原理を介して自己自身の内で自己運動するものであり、これにとっては運動は疎遠なものでも、内なるものでもない。概念は熱の質化である。熱は自己同等の質としての自己自身へと還帰している。統一は熱を物質にする（61-63 参照）。続いて、熱容量、比熱が取り上げられる。純粋な可能性として規定された比熱は化学的元素である。その本質は熱であり、熱物質であり、計量可能な塩基である（化学者は計量不可能と言っているが）(69)。なお、70p の注に「他の草稿を見よ」というヘーゲル自身の指示があり、興味深いが、編集者も言うように（335）、どの草稿を指しているのか定かではない。

b．過程
　化学的元素としてヘーゲルは窒素、水素、酸素、炭素を挙げている（72）。「自己自身を介して経過するプロセス」とあり、「物理的形態」と欄外にあり、更にそこに「光、自我、純粋自己」とある（72）。ここでは、火、空気、水、土・大地が論じられる。そして最後に大地の中に結晶が、**ダイヤモンド**が形成される。「それは生きている太陽であり、真実の実在性であり、強力な全てを活気づける光であり、普遍的生命それ自身であり、普遍的魂である」(76) とされており、ダイヤモンドが異様に高く評価されている。ダイヤモンドもおそらく地球そのものの象徴なのであろう。けだし、

3．総体的過程
　続いている先頭に「ダイヤモンド、地球の内なるもの」とあるからであり(76)、更には「地球・大地は先ずは暖められた結晶一般である」とあるからである (77)。続いてヘーゲルはこの地球が水である海と結晶である地殻・陸地に分かれるとしている。そして更にはここにヘーゲルお得意の彗星的要素と月の要素が地球に働きかけ、火山ができ、化学的物質、純粋な電気が出来る、としているようである。こうして「受胎した大地、普遍的個体、普遍的有機体」が登場する。それは光と闇であり、光は「純粋な自己」であり、闇は物質である。物質は重力と熱の統一である。物理的自然の実在性は光と闇の統一である。次に、光と闇の統一が詩的に語られて、色彩論が展開される。(78-82 参照)

a. 地上の火の機械論、あるいは自然物体の形態化

その総体性における光は光の系列を介する運動であり、色の交替、色彩である。それは明るくされた純粋な自己内存在であり、金属である。(89)

b. 自然の個々の物体の化学論、あるいは地上の火の化学論

聴覚は自己から自己への運動であり、自己を聞き取ることであり、自体存在するものと現存在する現実的なもの、つまり自己との統一である（100）。自己を聞き取るということでヘーゲルは理性への移行を考えており、ガルヴァーニ電気、ガルヴァーニプロセスを持ち出すことで有機体への移行を目指している。ここでの文章の最後には「自己、主体、真実の実体」とある（108）。有機体論が始まるのである。

III. 有機体論 (GW8, 108-184)

〔序論〕（108-128）

有機体への移行をヘーゲルはおおよそ次のように描いている。光である普遍的な現在と現実性は物理的物体の全ての契機を貫通した。物体は生きている、だがまだ魂を入れられていない。それは普遍的自己である。それはまだこの個別的自己ではない。個別的な物体は現実的主体である。しかしそれらのものは形式を完全にはそれ自身のもとに有していない、それらの契機の一部はそれらの外部に属している。(108 参照)

〔有機的なものと非有機的自然は〕2つの実体であるが、実は一つの実体である。非有機的なものは有機的なものの内で自己自身へと還帰する。それは自己である。この個別性はそこにおいてそれ自身普遍的なものである。それの自己保存は普遍的なもののこの自己廃棄である。こうして個別性は存在する。だが個別性は分裂へと、実在性へと移行する。だから個別性はそれ自身廃棄された個別的なものである。(110 参照)

〔1. 鉱物的有機体〕〔ホフマイスターがつけた表題〕

ヘーゲルは有機体論を地球を出発点に据えて展開するが、それをいつもの天上界、月界、彗星界との関係で、大気圏から始めている（110-111 参照）。

第11章　『1805/06年の自然哲学』

そして大気圏から海へと話を移す。海は空気よりも高い生命性である。それは生命へと絶えず飛び込もうと身構えている生動的過程である。それは光の海であり、水がゲル状態 Gallerte へと生成することである、とされている (112 参照)。「ゲル状態」は 1803/04 年にも登場していたが、海から生命が登場するということのようである。普遍的生命としての地球という観念がヘーゲルにはある。「ただしその生命はまだ魂として規定されてはいない。それは存在というエレメントにおける生命である。」(112) つまり実際の生命を論じる前にヘーゲルはまだ多くのことを語らなければならないのである。地球は新大陸と旧大陸に分かれる。旧大陸は更に３つに分かれる。一つは堅固な金属であり、意識にまで歩み入っていない鈍い精神である〔アフリカ〕。２つ目は、放逸であり、没形式の産出である〔アジア〕。３つ目は、意識である。地球の理性的な部分である〔ヨーロッパ〕(113 参照)。ここに注を付けて、地球は歴史を持つのか、とヘーゲルは尋ねている。以前には歴史は地球にあった。しかし今は歴史は静止に至っている。自己内で発酵する生命、自己のもとに時間を有している生命、つまりは地霊はまだ対立へと至ってはいない。地霊が人間の意識を獲得するまではそれは眠り続けている運動であり、夢である。それは単なる生起であり、地層の連なりも何らの必然性も概念把握も許しはしない、とされている (114)。編集者の注によれば、この辺りでヘーゲルは陸地の水成説と火成説の対立を念頭に語っているということであるが、ヘーゲルに地球進化の思想を求めるのも酷であろう。地上の三位一体として、花崗岩、雲母、長石が取り上げられている (115)。更に岩石論が続く (114-117)。続いて (117-119)、ヘーゲルは石灰岩や石炭の中に含まれている動植物化石に触れており、それらの有機的形態がかつて現実に生きており、それが後に死んだと考えるべきではなく、それらは「死んだまま生まれた」のであるとしている。それらをそうしたのは造形的自然である。それは画家が人間像を石に描くときに、実際の人間をそこに埋め込まないのと同様である、という意見を述べている。(119 参照)

この後、ヘーゲルは更に言葉を続けているが、正確にそれを読み取るのは困難である。ヘーゲルはここで「概念」を持ち出している。ここにおける概念は人間主観に固有のものと見なされてはならず、自然の内にも人間の内にも存在するものである。概念は自然の内では、「存在というエレメントにお

いて」存在している〔つまり現存しないということである〕。

　この直接的な有機的なものの叙述に欠けているのは、概念が直接的であること、目的が内的目的であること、また無関心的エレメントにあることである。この無関心性の克服が以下の課題であり、ヘーゲルは「実体は単に差異的なものに分かれてゆくのではなく、絶対的な対立に分かれてゆく」と述べる（119）。生命は本質的には全ての諸部分の完全な流動的な浸透である。諸部分は全体に無関心であるが、それ自身固有の全体的生命である。全体は普遍的実体であり、根拠である。生命は円環である。（120 参照）

　121-124p にかけて類と個体との関係が推理構造として何度も繰り返し述べられている。「ここが全ての化学と機械論が挫折する場所である」とある（124）。続いて「消化」が論じられている（124-126）。食ったり飲んだりすることは非有機的な物をそれらが自体的に、つまり真実にある姿にすることであり、それらの没意識的概念的把握である。

　類の過程が次のように描かれている。

1．非有機的自然としての自己を食い尽くすこと。自己自身からする自己形体化。
2．対自存在、対自存在の夜。純粋な否定性、睡眠。熟睡して満ち足りた個体。
3．成果は感覚である。感覚は対他存在を廃棄している（126）。<u>有機的なものは個別性でもって始まり、自己を類へと高める</u>。

この経緯はまた直接的に対立した反対のものでもある。単純な類は個別性へと降りてゆく。諸々の個体が廃棄されることによってそれらを類へと完成させることは、子供という直接的個別性の生成でもある（128）。下線部は当然の主張ではあるが、重要な指摘である。生命がいかに全一のもの、普遍的なものであろうとも、生命有機体は個別的なものとしてしか現存できないということは、個別性の持つ重要性を語るものである。個別性は生命の単なる一例 Beispiel ではなく、生命の不可欠の要素なのである。

　ここ『1805/06 年の自然哲学』の有機体論では「鉱物的有機体」が表題から消えているが、ここ序論部分に実質的に含まれている。後の『自然哲学』では表題としてもまた復活している。ヘーゲルとしては「地球・大地」が生命を生んだと言いたいのであろう。

第11章 『1805/06年の自然哲学』

1．植物有機体論

　植物的有機体は主体として存在する最初の地球・大地である。地球・大地は太陽、月、彗星に対して、自己を一者として措定する。それらは大地の物理的元素、光、水、空気となる。植物はこれら元素のプロセスである。植物は直接的な有機的個体性であるが、そこにおいては類が優勢であり、反省は個体的ではなく、個体的なものはそのものとしては自己内還帰せず、他のものになる、<u>だから個体的なものはここでは自己感情を持たない</u>（129）。つまり植物はそれ自身が「自己」にはなっておらず、自己の役割を果たすのは内なるもの、大地の力である。大地こそが普遍的な力である。かくして植物は自己と類との単純な直接的な統一として、種子として登場する（130）。種子は地に落ちる。種子は大地から栄養分を引き出すのではなく、空気と水から養分を採り身を養う〔これは注にもあるように「柳の実験」による〕。大地に種をまくことをヘーゲルは「神秘な魔術的な行為」と呼んでいる。それはまた「自然の概念」とも呼ばれている。種子は大地にその力を彼のために役立てるように請願する威力である。（131）

　続いてヘーゲルは植物の成長を説明してゆく。当時すでに一部の化学者たちは植物の光合成に言及していたようであり、ヘーゲルはそれを「単なる仮説」だとして批判的な態度を表明しているが、かと言ってそれを全面否定しているわけでもなく、この問題に対するヘーゲルの態度はここでは（132-134）はっきりしない。

　続いて「花」という表題でいろいろ述べられている。花は自己へと高まった形態、とされている。純粋な自己は光である。<u>だがここでは見るという感覚は単なる光であり、睡眠中の真夜中に、闇夜に、純粋自我の内で蘇る光とはならない</u>。それはまだ精神化された光、自己性である光ではない。それは純粋な実存する否定性ではない（141 参照）。ここは睡眠中の夢のことを言っているのであろう。夢は感覚であるが、外部から来る光によってではなく、純粋自我が作り出す光によって形成されている。ヘーゲルにとっては、夢はまさに「精神化された光」なのである。観念論者らしくヘーゲルは全てを物質に還元する化学者を批判して、彼らは生あるものを殺してしまう、としている。そして愛用のゲーテの言葉、「悲しいかな、精神的な紐帯が欠けてい

る」を引用している。(142)

　なおヘーゲルは植物にあっては生殖と消費は同じものであるとみなしている。植物の最終成果は「果実」である。[具体的なことはよくわからないが、ある果実において]「ここに初めて植物は概念として示される、それは光の原理を物質化し、火の実在へと仕上げている。」(145) 下線部はアルコール発酵ということであろう。植物は果実・実において2つの本質を生み出す。つまりブドウと小麦であり、飲むものと食べるものである。前者は精神的なもの、後者は肉体的・存立的なものである。この精神性は植物が生み出す最高の自己性である。だがそれは植物の血となることはなく、植物は死ぬことによって精神性へとなるのである、とされている（146参照）。明らかに「パンと葡萄酒の密儀」がここでは念頭にある。葡萄酒は人間に飲まれることによって、精神性に昇華されるのである。またパンはイエスの肉体である。パンを食べることによって、我々はイエスと一体化するのである。なおここにも端的に示されているように、「死」を介して新しい段階へと移行するというのは、ヘーゲルお得意の様式である。

2．動物有機体論

　動物は真実の排除する自己であり、これは個体性へと到達している。動物はおもむろに大地の普遍的実体から身をもぎ離す。非有機的自然へのこの関係は動物の普遍的概念である。動物は自己自身を生み出す目的として実存する。植物的有機体が没自己的生命であったとすれば、動物的有機体は生命として現存する生命である。鉱物的有機体は生命としては現存しなかった。動物なる生命の運動は、各分肢の形体化であり、また内臓の形体化である（148-149参照）。こうしてヘーゲルは先ずは外的有機体について、つまりリンパ液、皮膚、骨格系、筋肉系、などに言及している（151-154参照）。「血液」に至って、「内的有機体」が始まる。血液は自己の内に再生した太陽系であり、軸回転運動する太陽系、自己自身を駆り立てる運動である。この軸回転運動は分裂して、彗星的な過程と内的な大気的火山的過程に分裂する。それが肺と肝臓である（156）。この内臓の体系は外的有機体に対立している。内臓は消化の力である。内臓は大地であり、自己内での根である。内臓は外的有機体を克服する力である。ここでは非有機的自然は三重の姿を

第11章 『1805/06年の自然哲学』

とる（157）。血液は生命ではなく、生命あるものであり、主体そのものである。それは絶対的な運動であり、自然的な生きている自己である。血液は運動の原理であり、沸き立つ点である〔それは物ではなくヌースである〕。ヌースは世界の本質であり、普遍的なもの、単純なもの、動かされることなく動かすものであり、それが血液であり、主体である。それは意志と同様に、運動を開始するものである（159）。このようにヘーゲルは、血液をヌースとして捉えている。かくして血液は自我・自己意識へと繋がってゆき、こう言われるのである。「表象は私を動かすが、それは表象が私の自我に適合しているからであり、それが私のもの、自我であるからであり、それが物であり、単なる内容であるからではない。……自己、形式は統一であり、普遍的なもの、根拠であり、運動それ自身である。これが血液である。」（159-160）ここに見られるのと同様に、『精神の現象学』においても、絶対的概念たる自我が「普遍的な血液」と呼ばれている（GW9, 99 参照）。「動かされることなく動かすもの」というアリストテレスの不動の動者なども念頭に置きながらヘーゲルは、思惟の実体たる自我の働きに注目しているのである。

動物的欲望。動物は対自存在であり、それによって排除されたものは自体的ではなく、自体的には廃棄されているという確信を持っている。動物は飢えと渇きを感じる。それは彼の否定性の感情であり、彼の空虚な対自存在の感情である。彼は彼の実体の**疎外**〔イエナ期での初出〕の廃棄を、単純な存在の廃棄を目指している（164）。つまり「単純な存在」とは自己の疎外態なのである。欲望の対象は欲望自身の疎外態なのであり、その意味で目の前の対象は元々は自己なのである。かくして対象的自然は食い尽くされることによって、つまりは否定されることによって、自己の内へと取り戻されるのである。彼の欲望は彼の純粋な対自存在である。それは排除されたものの措定であり、純粋な概念、否定的なものである。満たされた欲望は動物の眠りであり、彼の自己内存在である。それは自己である夜である（165 参照）。こうして動物有機体は自己内還帰した統一、2つの自己の統一である。それは表象一般である。この二重のものは、一つは自体的に存在するものであり、もう一つは彼のものである。それらは感覚の内にある。**感覚の命題**は、「対象は私のものである」となる。これに対してその後に取り扱う**性の命題**では、「私は対象である」となる。（166）

「このカテゴリー、つまり存在と彼のものの単純な直接的な統一たる感覚は先ずは感情・感触である」(167) とある。カテゴリーは『精神の現象学』でも自己意識と存在の統一とされている (GW9, 134 参照)。それは主観的なものであると同時に客観的なものでもある。

続いて味覚、嗅覚、視覚、聴覚が取り扱われている。動物的欲望は対象性の観念論であり、対象が何等疎遠なものではないという確信である。全ての動物は暴力的な死において声を発する。それは廃棄された自己として自己を表明するのである。欲望する有機体は形体・姿を有し、対自存在のもとに包摂されており、普遍的自己である。つまりそれは自己を自己と自体・対象的なものとの統一として知っている。(168-171 参照)

動物は死ぬ。動物の死は意識の生成である (172)。これはいつも通りのヘーゲルの論法である。ヘーゲルは全てのものの死を無駄死にではなく、肯定的な成果を生み出すものとして捉えようとしているのである。

両性とその性器及び受胎。ここでヘーゲルはアッカーマンに好意的に言及している (173)。ヘーゲルはイエナ大学でのアッカーマンの講義に参加している。以上で動物的有機体はその円環を経緯した。それは今や受胎した没性的な普遍である。それは絶対的類になっている。これは個体の死である。ここにおいて概念と存在は分離され、現実的な生命がそれらの媒辞である (175)。「類とは、個別的な存在する自己の廃棄から生じる運動である。それはまた再び自己へと還帰してゆく。存在する個別的なものはそこにおいて根拠へと帰る＝没落する。存在とはその反対へと移行するこうした抽象である」(176)。ここはヘーゲルの有機体論の結論部分と言える。個別的なものは自己を否定することによって、類へと帰る。類はまさに実体である。しかし実体は再び個別的自己へと帰る他はない。実体と個体は相互に自分の反対に移行する。動物的生命は個体の生と死を介して、類の過程を表現するだけである。

続いて、有機体におけるその存在とその自己の不釣り合い、対立の問題が取り上げられている。自己とは自己自身の否定的なものがそれに対抗して存在しているそれである。その否定的なものはどうでもいいような存在ではなく、しっかりとした対立の内にある。石は病気になることは不可能である。けだし石は自分自身の否定的なものの内では没落してゆくからである

第11章　『1805/06年の自然哲学』

(177)。しかし意識を有する有機体、つまり人間はそうではない。欄外で次のように言われている。「主体としての実体、そちらでは存在するものとして、こちらでは否定的なものとして。実体の規定性と主体の規定性が不等となる時には、主体は規定された否定性である」(179) とされている。このように有機体は自己自身との矛盾によって病気となり、精神へと高揚してゆく。以下では「病気」の段階を3段階に分けているようだが、主張されていることの意味は不明である[10] (180-184)。

「自然哲学」の部分の最後は途中で途切れていて、原稿が失われている。それが次の「精神哲学」の先頭部分の欠落とも関係している。編集者はこの喪失は1ボーゲン以下と見なしている。おそらくは意識を有する有機体は実体の内で単に死んでゆくのではなく、自己否定を乗り越えて自己を普遍化してゆく「主体としての実体」であるとして、個体性の原理が主張されていたのであろう。

GW8には付録として二つの断片が収められている。一つは (GW8, 291-293) 有機体に関するものであるが、成立時期は不明とされている。二つ目は (GW8, 294-308) 自然哲学の後半部の区分を概略的に示すものであり、上記の「自然哲学」に先行した下書きと思われる。

注

1　邦訳がある。本田修郎訳『ヘーゲル　自然哲学　下』未来社、1984年。
2　ヘーゲルは確かに『差異論文』や『信仰と知』において、「自己意識」という用語を使用しているが、それはフィヒテやカントの思想を紹介するために使用しているだけであり、自分の哲学の用語として使用した例はない。この点については前掲拙論「ヘーゲル、イエナ期における自己意識の概念と労働の弁証法」（日本哲学会『哲学』N.30、1980年）参照。

3 「自己」なる用語はカント以降のドイツ観念論において愛用されている用語である。この点については前掲拙論「フィヒテとシェリングとヘーゲル哲学の無差別」(『大東文化大学紀要 第55号』2017年、26p) 参照。
4 ここに見られるように1805/06年にヘーゲル自身の世界観が大きく変質しているようである。天上界＝宇宙が太陽系から独立の存在として明確化されたこと、歴史において古代ギリシア以前の状態、アジアの諸民族が顧慮される様になったこと、自己意識の概念が採用されたこと、などがその新しさである。ナポレオンによるヨーロッパ世界の攪拌がヘーゲルの視野を拡大したかの如くである。
5 種山恭子訳『プラトン全集12 ティマイオス クリティアス』(岩波書店、1975年) 41p 参照。なおプラトンの言う「軸回転運動」を具体的にどう理解するかは、諸説あるようである。
6 ヘーゲル自身が「軸回転運動」を宇宙そのものに関してどう理解しているのかは不明である。明らかなのは地球を含めての諸天体が軸回転運動をしているということである。
7 よく知られているようにヘーゲルはアリストテレスの『デ・アニマ』の一部を翻訳した草稿を残している。以前それは1805年頃のものと推定されていたが、現在では1810年から1820年頃の間のいつか、と推定されている (GW10, 2, 1002 参照)。ただしこの事実はヘーゲルがイエナ時代にアリストテレスに興味を深めたことを排除するものではない。
8 「疎外」については前掲拙著『ヘーゲルのイエナ時代 生活編』143-144, 154p 参照。
9 前掲拙著『ヘーゲルのイエナ時代 生活編』141p 参照。
10 当時の医学史については、M. J. Petry Hegel's Philosophy of Nature. vol.3,Allen and Unwin. 1970. 371p 以下に詳しい。また上掲本田訳の注も参考になる (上掲書373p 参照)。

第12章 『1805/06年の精神哲学』(GW8, 185-287)[1]

　先にも述べたように、『1805/06年の自然哲学』の最後の部分の草稿が失われており、それとの繋がりで、『1805/06年の精神哲学』の先頭部分も失われている。

〔Ⅰ．概念からする精神〕
〔a．知性〕
　ここの「知性」の章は、後の『エンチクロペディー』[2]では「精神哲学」の「第1部　主観的精神」の「Ｃ．心理学　精神」に相当する。ちなみにそこでは「Ａ．人間学　心」、「Ｂ．精神の現象学　意識」が先行している。「Ａ．人間学」では自然的・身体的存在としての精神の姿が取り扱われ、「Ｂ．精神の現象学」では対象との対立における精神の姿が取り扱われる。「Ｃ．心理学」では対象と同一のものとしての精神の姿が取り扱われる。そこからすれば、『1805/06年の精神哲学』の第1段階の精神把握の視点は一挙に「Ｃ．心理学」の立場に立つものであり、超越論的観念論の視点からする精神把握であり、対象とそれを捉える精神の行為そのものを一つの精神＝「知性」の活動として描くものであり、イエナ初期以来の主観・客観の同一性の視点が持続していることを示している。だから対象をそのまま自分とは別の対象と見なしている経験的な「意識」の思い込みはここでは問題にされないのである。つまりここでの精神哲学の「ａ．知性」においては、『意識の経験の学＝精神の現象学』は視野の外にあるのである[3]。ここには経験的意識自身が主人公となる場が設定されていないのである。つまりこの草稿を書いている時のヘーゲルには『意識の経験の学』を書こうという意識はないのである。『1805/06年の精神哲学』でのヘーゲルはイエナ初期・中期と同様に経験的意識の背後を探って、「対象」の規定そのものが精神の産物であることを示すのである。そして「知性」は対象が自己であることを知っているものとして描かれるのである。

　精神哲学の先頭は欠落しているが、先頭の表題が「知性」であったこと

は、後でヘーゲル自身が振り返った際に言及している（277-278 参照）。残されている草稿の先頭では、物の空間と精神の空間が区別されていて、精神の空間とは「存在」のことである、という重要な認識が示されている。「対象の存立、対象の存立の空間は精神においては存在である。」「存在 Seyn」は空間ではない。「空間は単に形式的な普遍的なものであり、そこを満たす特殊なものからは切り離されている。それに対して精神の存立は真に普遍的である。それは特殊なもの自身を含んでいる。」(185) つまり「存在 Seyn」とは自然の空間ではなく、精神の固有の空間であり、精神は物を「存在」という概念で把握することによって、そのまま物を自己の空間に取り入れるのである。「リンゴが<u>見える</u>」から、「リンゴが<u>ある</u>」へと変化することによって、精神は対象を概念へと、つまり自己自身の内に取り込むのである。見えているリンゴ（＝特殊なもの）は自然の空間の中に位置しているが、存在しているリンゴは<u>精神の空間</u>に取り込まれている。たとえ見えなくとも、リンゴは精神の空間で存在しているのである。[4] 精神の空間における物の「存在」を捉えるのが知性の第1段階である直観である。

「**直観**するもの一般として、つまり自己に対して存在があるということにおいて、精神は直接的である。だが精神はこの直接性から自己内へと還帰し、対自的となる。」つまり精神自身は単に精神の空間であるだけではなく、自己内還帰する時間でもある。時間としての精神が「表象する構想力一般」である。直観において与えられた対象は構想力によって「像 das Bild」となる。「像は私のものとしての存在、廃棄されたものとしての存在である」(186)。対象が対象として直観されるだけではなく、像として私の内に取り込まれること、つまり**表象**されることによって、時間が成立する。昨日まで咲いていた花が今見ると枯れている。その経緯が時間であり、そこに繋がりをつける、つまり「咲いていた花」と「枯れている花」を結びつけるのが構想力の働きである。このようにヘーゲルは自然における「空間と時間」に対応するものとして「存在」と「構想力」を想定しているのである。カントが空間と時間を直観のアプリオリな形式として想定したのに倣い、<u>ヘーゲルは「存在」という概念と構想力という精神活動を精神の時空として想定したのである</u>。

　像 das Bild はフランクフルト期以来重要視されているが、ここではそれ

第12章 『1805/06年の精神哲学』

は「表象、イメージ」というほどの意味であり、主観の内部に浮遊する意識現象である。客体的な存在様式、例えば銅像など、はここでは考えられていないようである。像をヘーゲルは3段階において捉えている。第1段階は「保存の暗闇」である。像は精神の所有である。像は精神の宝庫の内に、夜・暗闇の内に保存されている。人間精神は全てをその単純性の内に含んでいるこの夜であり、空虚な無である。暗闇、自然の内なるもの、純粋な自己、その暗闇の周りに幻影的な表象が浮かんでくるのである。この後のヘーゲルの奇妙な叙述、血だらけの頭が飛び出す等々の幻影、は意味がとりにくいが、ともかくヘーゲルは『差異論文』以来、「Nacht 夜・暗闇」を精神の故郷と見なしている。それは無であり、精神的な全てはそこから生み出される。ただし『差異論文』においては絶対者が夜だとされていたが、ここでは後でも明示されるように私・自我が「夜・暗闇」なのである（187, 188 参照）。なおここでの直観は感性的直観であり、知的直観ではない。もちろん「存在」は精神が作り出した概念であることを考えるならば、純粋な感性的直観などないのであり、「リンゴがある」と捉える直観は知的直観と呼べるのである。ただしこの時期には初期イエナの同一哲学期におけるように、知的直観に絶対者を把握する機能を期待することはない。

　第2段階は「自己措定、内的意識、活動、分裂」である。この夜の内に存在するものは自我へと還帰している。像は多様なものであり、多数存在する。自我はそれらの像を結び付ける（187 参照）。だから対象は「私のものである」という規定を帯びている。対象は私にとって周知のものであり、私はそれを思い出す。像となることによって対象は外の世界から、内の世界へと取り込まれているのである。思い出すこと［想起・内化］は私の行為であり、対自存在の契機を付け加える。「私はかつてそれを見た、聞いた。」私は単なる像から抜け出て私を取り出し、「私」を私の内で措定する。私は特別に「私」を対象とする（188 参照）。「私」が「私」を対象とするというこの構造が超越論的観念論に特有の構造である。「私」が対象を思い出しているのである。

　第3段階。「この〔私という〕対自存在はあの夜であり、あの自己である。」そこへと私は対象を沈めたのである。対象はもはや存在するものではなく、自己の支配のもとにあるのである。対象はそれ自身の存在とは区別さ

309

れた「私」の支配の印を付けられる。「それは**記号 Zeichen** である」(188)。ここに見られるように私・自我は「自己」とも呼ばれており、「自然哲学」で既に登場していたように、この時期からの特徴的な用語となる。「ここに観念論が成立している。私の対自存在が物の本質として対象になっている」とヘーゲルは述べている。ここで言われている「観念論」は言うまでもなくカント、フィヒテ、シェリングの超越論的観念論である。意識も対象も共に主観の内部で成立しているのである。この超越論的観念論の立場は既にイエナ中期にヘーゲルが採用していたものであったが、そこでの中心概念であった私・自我の役割をヘーゲルはここにきて肯定的に取り入れようとしている。ヘーゲルにとっての大きな変化である。その革命的変化を恐れるかのように、ヘーゲルはこう続けてゆく。

　ただし「私・自我のこの内在性は再び外へと歩み出なければならない」。内なる主観性を外へと表現する様式にイエナ中期以来ヘーゲルは注目していた。この段階での自我の自己外化・表現の形式が、「**言葉であり、名前を付ける力である**」としてヘーゲルは次の段階へと移ってゆく (189)。「**名前**」によって対象は存在するものとして私から外へと生み出される。「アダムは全てのものに名前を与えた、これは至上大権であり、全自然の最初の占有取得である。それはまた精神からする自然の創造である。ロゴスは理性であり、物の本質である、それは語りであり、事柄であり、言表であり、カテゴリーである」(190)。このようにヘーゲルは言葉、カテゴリーを一挙に「物の本質」とすることによって、カントたちの超越論的観念論のようにカテゴリーの客観的妥当性を論証する手間を省くのである。それはカントたちに言わせれば、哲学を再び独断論へと陥れるものであろうが、思惟規定の客観性こそがヘーゲルの哲学の本質なのである。ヘーゲルによれば、世界は内的に廃棄されている像たちの国ではなく、名前の国である。前者の国では精神は「夢見る精神」であり、実在性を欠いているが、名前の国で精神は「目覚める」のである。「ここには分離がある、精神はここでは<u>意識</u>として存在する。精神の像たちは今はじめて真理を有するのである」(190) とされている。つまり「名前」は「客観」を表示するものなのである。対象としてのリンゴと、それを見ている私がいる。この分裂の立場が「意識」である。「意識」において対象は明確に客観的世界の中に措定されている。「意識」はも

第12章 『1805/06年の精神哲学』

はや夢を見ている精神ではなく、目覚めた精神なのである。意識は自分とは異なる対象と出会っている。同じ世界に共存していながら、対象と意識は全く異なる存在である。ただし『意識の経験の学』で本格的に展開されることになる「意識の立場」は、ここでは展開されないままである。とまれ、精神は名前を操作することによって、世界を描いてゆくのである。その際、対象は名前を与えられることによって、主観化されるが、しかし対象は実在性を失うわけではない。対象は「リンゴ」という名前で実在しているのである。「精神はこの名前の存在から自己の内へと歩み入る。……私・**自我 Ich** はこれら名前の運搬者であり、空間であり、実体である。私はそれら名前の秩序である。私はこうした秩序付けるものとして自分を直観せざるを得ない。」(191-192)『1803/04年の精神哲学』では、民族の精神が唯一の実体であったが、精神はここ『1805/06年の精神哲学』では私・自我として存在し、しかもその私・自我は「実体」と明記されている。「私・自我は**記憶**である。それは対象の内で自己を、対象を有している悟性として」有している (192)。このように私・自我は対象も意識も共に有している対自存在であり、まさに「実体」である。自我は内から外へと歩み出て、外から内へと歩み入る存在であり、独力で存在可能＝実体なのである。この辺りから「自我」論がヘーゲルによって展開されている。「自己意識」の概念の成立と絡んで非常に大切な個所である。ヘーゲルとしてはこの辺りで初めて、フィヒテに倣い、自我＝自己意識の積極的な独自の作用に注目し始めるのである。自我は全てを秩序付けるものである。「記憶において自我は存在へと到達している。名前は確固たる記号であり、持続的な関係であり、普遍的な関係である」(193)。記憶されていることによって、自我は名前を聞き、名前を思い出すことによって存在に到達する。記憶されている限り、「ライオン」は常にライオンであり続けるのである。こうしたものとしての記憶の行使をヘーゲルは「目覚めた精神の最初の労働」と呼ぶ (193)。こうして初めてヘーゲルの精神哲学の内に労働が取り込まれるのである。<u>精神は労働するものとして把握される</u>（精神の労働）。労働としての精神の活動をヘーゲルは「自己を物にすること」として捉える (194)。記憶を「自己を物にすること」として把握する視点は現代風である。精神は自己の表象をロウ板に刻み付けるのである。それは物となることによって確固たるものになる。

否、そのはずである。シェリングは精神・自我を「生産作用」として把握して「無意識」の世界を構築したが、ヘーゲルは精神・自我の活動を「労働」として把握することによって、無意識の闇の世界からありふれた「物」を現出させるのである。日常性に根差す「精神の労働」というヘーゲルのこの視点は、イエナ初期へと、更にはフランクフルト期の「生命・生活 Leben」へと遡る。ヘーゲルの Leben は宗教的な「全一の生命」であるとともに、日常的な生活、更には政治を含めた人倫的な生活を内実とするものであった。Leben を広く受け取ることによってヘーゲル哲学は、日常の内に侵入する。そしてその日常を精神の労働として、「自己を物にすること」として『1805/06 年の精神哲学』で把握したのである。世界は精神の労働の産物（名前の国、記憶の国）となる。超越論的観念論はここに新しい段階に到達する。単なる思惟活動が対象に私・自我を刻印するだけではなく、労働も対象に私・自我を刻印する。これによってヘーゲルは、超越論的観念論に固有のエレメントであった観念的主観性の領域を乗り越えて、実在的客観性の世界（市民社会）に歩み入るのである。残る課題はその世界において、「物」となることによって精神が被る疎外を克服することである。疎外論がヘーゲル哲学の大きな課題となるのはこの時期以降のことである[7]。疎外論は労働の哲学を背景として初めて成立する理論である。1805/06 年のこの段階で、ヘーゲルは超越論的観念論の新しい立場＝「労働の哲学」を開拓したと言えるであろう。もちろんヘーゲルが超越論的観念論の立場を捨てたというのではない。超越論的観念論の視点はヘーゲル哲学の内に残り続けるのである。超越論的観念論は「労働の哲学」によって補完されたのである。

　続いてヘーゲルは暗記に触れながら記憶論を展開してゆく。「記憶は思想の生成であり、非感覚的な対象の生成である。それは思惟する直観であり、直観する思惟である。」こうした文章を見ているとイエナ初期の「知的直観」の概念が残存しているかに見えるが、むしろそうではなく、概念としての知的直観は消失したとみるべきであろう。フィヒテやシェリングにとって知的直観は彼らの哲学の原理を形成すべきものとして設定されたものであった。しかし今ここでのヘーゲルにとって「思惟する直観」は原理ではなく、単なる説明の修飾語である。そもそも直観といえども、思惟なしには、意識なしには成立しない、と言うほどの意味に過ぎない。ここでの主人公はあく

第12章 『1805/06年の精神哲学』

までも「記憶」である。記憶は「概念把握する**悟性**」である、とされている。悟性は物の必然性を把握する（195参照）。というのも「物は必然性を自己のもとに有している。けだしそれは私・自我の自己を自己のもとに有しているからである。物の内での区別は自己の内での区別である。」（196）つまり物の必然性はカント同様にヘーゲルにとってもカテゴリーでもって把握されるのであるが、その際の物の持つ必然性は私・自我の、つまりは「自己」の必然性である。悟性の行う認識活動は全て悟性の自己活動なのである。これが超越論的観念論の立場であり、ヘーゲルもその立場を容認している。そしてヘーゲルは引用した文章にこう続けている。物における「区別は本来ここには属さないのであり、**意識の経験に属す**」（196）。ここは『意識の経験の学』の成立にとって非常に重要な個所であるが、ヘーゲルの詳しい説明はない。思うに、意識と対象との関係を描くこと、経験的意識自身の「思い込み」を検討することは、ここ「ａ．知性」の課題ではない、ということなのであろう。ここではヘーゲル自身があくまでも超越論的観念論の立場で「知性」を論じているのであり、経験的意識の場に下りて行って経験の現場を描こうとはしていない。ただし先にも見たように、ヘーゲル自身も分裂・対立の立場としての「意識」の立場に既に言及していたのであり（190参照）、ここに自己の哲学的思索を展開する場を設定すれば、それが『意識の経験の学＝精神の現象学』となるのである。ただその作業を遂行する意志をここでのヘーゲルは有していない。

　この後、判断、推理、純粋否定性、自体、といった用語が頻出する。後の『エンチクロペディー』の「γ　思惟」に該当する部分であり、論理学とも重なる部分であるが、説明は極めて難解である。要は悟性と物との関係を論じながら、そこにおける論理的諸規定の性格を規定し、「実践的精神」へと到達することが目指されている。具体的には判断における普遍と個別の弁証法及び根拠論が展開されているが、非常に抽象的である。『1804/05年の形而上学』におけるのと同様に、同一律・矛盾律・排中律と根拠論が関連して論じられているが、1805/06年のこの個所では根拠が明瞭に「自我」として設定されているところがヘーゲル論理学としては一歩前進である。更にここでヘーゲルは「内向きの存在」と「外向きの存在」という概念を持ち出して、両者の関係を論じて、「判断」から「推理」へと移って行く。これな

どは直後に書かれたと思われる『意識の経験の学』の「悟性章」での「力とその外化」の弁証法を思わせるが、大きく見ればイエナ中期以降の内なるものとそれを外へと表現する際の様式の具体的研究の一環と言えるであろう。(197-199 参照)

続いては「**理性**」論が展開されている。欄外にこうある。「純粋カテゴリーの運動は物の形式における存在の根拠への生成である。換言すれば、根拠は存在するものを自分の内なるものへの運動として有しており、逆に根拠は推理の運動において存在へと到達する。」(200) つまり理性は世界・自然の「根拠」となっており、しかも根拠であるだけでなく、外なるものとしての存在それ自身に転化しているのである。1804/05 年においては明確な位置づけを得ていなかった「根拠」がようやく「理性」の内にその場を見出したようである。もっと具体的に言えば、「根拠」は根源的統覚としての「自我」として把握されたのである（197-198 参照）。

最後はこうなっている。「知性はこうしてもはや他の対象を自分の内容とはしていない。知性は自己を把握したのであり、自分の対象となっている。知性は自由である。しかしその自由は逆に内容がない。それを失う代わりに、知性は自由となったのである。」(201) 最初に述べたように「ａ．知性」の目標は知性が対象・存在を自己として知ることである。知性はその目標に到達したのである。しかし対象はまだあくまでも「形式」＝論理的諸規定・本質態であり、内容ではない。この内容を充実させるのが、次の「意志」の課題である。

なおアカデミー版全集第６巻の付録につけられていた「Ⅰ．知性」の断片では、理性は「自己意識」と明記されていたが（GW6, 329）、ここ『1805/06年の精神哲学』では理性は自己意識と呼ばれていない。ということは「Ⅰ．知性」の断片の方が後に書かれた可能性もある。[8]

b．意志

1820 年のヘーゲルの『法の哲学』ではその最初の辺りで「法の地盤は総じて精神的なものであり、それのより詳しい場所と開始点は意志である」とされている（GW14, 1, 31）。その意味では言うまでもなく「意志」はヘーゲル精神哲学の実践的部門の原理をなしている。だがそれほど重要な概念と

第12章　『1805/06年の精神哲学』

なる「意志」はこれまでのイエナ期のヘーゲルにおいて登場することはなかったのであり、『1805/06年の精神哲学』においてようやく登場するのである。「意志」は当然個々人の意志を基本とする以上、個人の自由と自立性を認めようとしなかったイエナ初期・中期のヘーゲルが「意志」を自己の哲学の原理として採用しなかったのも当然なのである。この分野でも大きな変化が起きているのである。

「衝動は自分固有の内容、目的を持っている。意欲するものは意志する。それは自己を措定することを意志する、それは自己を自己の対象とする。それは自己自身の内における推理である」として意志論が始まる。意志は推理だとされ、意志の３つの規定が示される。第１に、意志は普遍的なもの、目的である。第２に、意志は個別的なもの、自己、活動性、現実性である。第３に、それらの媒辞、**衝動 Trieb** である。衝動は二面的なものである。それは一方では内容を持ち、普遍的なもの、目的であり、他方ではそれを動かす自己である。前者が衝動の根拠であり、後者が形式である（202 参照）。ここに示された意志の３規定は『法の哲学』でのそれと一致している（GW14,1, 32-35 参照）。更にこう続く。

「この推理は自我の内で措定されている。それ故全ての契機は自己の内に捉えられている。だから今や全体が存在している。諸契機の対立は**自己意識**にとっては単なる空虚な形式である。このことが私・自我の推理の、私・自我の意志の力である。つまりそれはビロード性の猫の足であり、他人には爪に見えるが、それを他人は捕まえることはできないのである。」（202-203）ヘーゲルがここで言っているのは、自我は今やすべての契機を自己内に有する全体であり、そのうちの一つの契機を自分のものとして提出しても、すぐにその規定から自己内へと引き返しているから、他人はその規定で彼を捉えることはできなくなるのである。私・自我がこのように「自己意識」と呼ばれ、自立的全体＝実体として把握されることによって、ここに「個体性の原理」が樹立されたことが分かるのである。個人は民族の精神に至る前に、意志する自我として総体性へと到達するのである。ヘーゲルはこれまでフィヒテたちの「意志」を原子論的個体主義として毛嫌いしてきたが、ようやくここに至って意志を自分の哲学体系の内に採用したのである。

続いてヘーゲルは意志を３つの推理として捉えている（上記の意志の３規

定の応用)。第1の推理では、普遍的なものが衝動によって個別性と連結されている。これは目的の設定である。**衝動**の満足が第2の推理である。ここでヘーゲルは「衝動は欲望とは異なる。欲望は動物的なものであり、満たされると対象はすぐに消えてしまう」として衝動と欲望を区別している(203)。衝動の場合はそうではない。「それは満たされた存在［つまり道具のこと］である」としている。満たされた衝動において自我は自己の作品を対象とし、「そこにおいて自我は彼の活動を知る、つまり自己を自我として知る」(204)のである。「満たされた衝動は自我の廃棄された労働である。」先に見たように、労働は「自己を物にすること」である。死せる普遍性、物性 Dingheit、異他的存在は私・自我の労働によって成立したものである。その端的なものが、**道具**である。「諸民族の自分たちの道具に対する誇り。人間は理性的である故に道具を作る。これは彼の意志の最初の発現である。」(205)

ヘーゲルの道具論が展開される。「道具はまだ自分自身に活動性を与えていない〔つまりまだ機械ではないということ〕。道具を使用する**狡知**。狡知は理論的**傍観**である。狡知は狡猾さとは違う。……欄外注。鶏の理性的な現存在は、飼育され、食べられるということにある。風、激しい流れ、力強い大洋が征服され、開拓される。それらにお愛想は必要ない、みじめな感傷などいらない。〔更に〕欄外注。他者が自己の活動において自己自身を転倒させることこそが支配の根本である。」(207) フランクフルト期のヘーゲルとの何たる相違であろうか。ここではヘーゲルは以前批判していたフィヒテと同じ「自然支配」の思想の立場に立っているのである。しかも道具による自然支配を理性の狡知として自慢しているのである。ともかく、意志を推理として捉えるということは、意志を道具を使用して対象を支配する活動的存在として描くことであり、この視点がやがて『精神の現象学』での主人と奴隷の弁証法を構成する「2つの推理」として結実するのである。

続いて、意志は分裂して、2つの性となる。「意志は二重のもの、分裂したものになっている。意志は**性格**である」としてヘーゲルは男と女について述べてゆく。「男は欲望、衝動を持つ。女の衝動は、衝動の対象であろうとすること、衝動を呼び覚ますように刺激することであり、自分のもとでその衝動を満足させることである。」(208) 各人が他者の内で自己を知るとき、

第12章　『1805/06年の精神哲学』

　各人は自己を放棄している。それが**愛**である。愛は人間相互の交流であるとともに、認識でもある。認識とは対象的なものをその対象性において自己として知ることである（209 参照）。愛において、各人は自己内で満足しているのではなく、自己の本質を他者の内に持つのである。他者の内で自己を知ることは対自存在するものとしての自己を廃棄することである。この自己の廃棄は彼の対他存在である。彼の存在はこれへと転換しているのである。他者の内に自己を見るという愛の内に「人倫のエレメント」が見出されるが、ただそれはまだ「人倫の予感」である、としている（210 参照）。イエナ初期の『人倫の体系』では「家族はまだ人倫ではない」と断じられていたが、今や温かい人倫的眼差しが家族に向けられている。フランクフルト期以来の愛の思想はまさにアウフヘーベンされながら、ここに息づいている。

　男女間の満足した愛は**子供**であり、また**家族の資産**である。あるいは生業である。ここにおいて欲望は初めて理性的であり、神聖である。欲望はここにおいて共同労働によって満たされる。労働は欲望に対して個別的なものとしてではなく、普遍的なものとして生じる。つまり労働は単に私のためのものではなく、家族全員のためのものとなっている（211-212 参照）。家族の四契機。1．愛、子供の産出。2．自己意識的愛、意識的感覚と心情とその言葉。3．共同労働、生業、相互の奉仕と配慮。4．教育。この4契機のどれも全目的にされることはない。家族は他者に対して自己内で閉じた全体を構成し、他の家族に対して自由な個体性として対峙する。「家族は自己意識的対自存在であるからして、ここに初めて精神にとって本来の存在が登場している」（213）とヘーゲルは言う。ここにようやく『1805/06年の精神哲学』において「自己意識」が正式に登場したと言える。既に202pで一度使用され、続く214pでもヘーゲルは二度にわたって、「自己意識」という用語を使用している。カントやフィヒテが切り拓いた近代的個人の自由で自立的な存在がヘーゲル哲学においてもようやく認められようとしているのであるが、存在の場は以下の叙述からもわかるように、「自然状態」に設定されている。こうした構想は『精神の現象学』の「自己意識章」にも見られる。とまれ「精神にとっての本来的存在」は家族において成立し始める、とヘーゲルは言うのである。ここにまだ以前のヘーゲルの古代的人倫が顔を出している。つまり単独の個人を独立の存在として認めるのではなく、あくまでも

「家族長」を独立の存在と見なす古代・中世的視点である。ただし「家族」はこの後にも何度も取り上げられて新しい視点も打ち出されることになる（後述、本書324-325p参照）。

　次にはそうした総体性としての家族相互の関係が、つまり相互の承認の問題が取り扱われる。ここでは諸家族が対峙する。一方はその財産において大地の一部を我が物としている。それは道具のような個別的なものではなく、持続的な土地所有である。他方はそこから排除されている。「通常こうした関係が**自然状態 Naturzustand** と呼ばれているものである。ここでは自然法が云々されるが、そもそも自然状態には何の法・権利も義務もないのであり、自然状態を捨てることによって初めて法・権利と義務を獲得するのである。また<u>自然状態の内には、自由な自己意識が措定されているが、それは単なる概念であるにすぎない</u>。」（214）先ずは下線部に注目しよう。ここでのヘーゲルにとっては、自己意識は自然状態の内に存在する概念である。それが存在する場所は自然状態なのである、少なくともその起源はそこなのである。『1805/06年の精神哲学』ではようやくヘーゲル哲学の中に「自己意識」なる用語が登場し始めるが、それが『精神の現象学』におけるように体系的な位置づけを獲得して、かつ叙述全体で多用されるに至らない理由はここにあるのであろう。この時期のヘーゲルにとって「自己意識」は人倫の成立以前の、自然状態に暮らしている家族長なのである。「自己意識」はまだ人倫の世界に1人前の存在として定位していないのである。だから「自己意識」は『1805/06年の精神哲学』のような純理性的な領域＝知性を取り扱う分野からは抜け落ちてしまうのである。この段階では「自然状態」は正式のテーマとして取り上げられていないのである。ただしヘーゲルはここで「自然状態」なる概念に初めて本格的に対応しようとする。1801年の『暫定的テーゼ』の9番は「自然状態は不法ではない。さればこそこの状態から脱却しなければならない」としていた。ヘーゲルは当初から自然状態を軽く見ていて、まともに取り扱おうとはしなかった。既に見たように、『自然法論文』でもそれは散々に批判されていた。ヘーゲルにとって重要なのは自然状態を脱却した精神の領域、人倫の領域であった。そうしたヘーゲルが今初めて自然状態を正式な対象としようとしている。そしてヘーゲル自身困惑しているのである。というのも自然状態の内には「何らの法・権利 Recht

第12章 『1805/06年の精神哲学』

も義務もない」（同上）にもかかわらず、そこから「人倫」へと到達しなければならないからである。『1803/04年の精神哲学』では絶対的実体としての「民族の精神」を持ち出して、各人がここにおいて自己の個別性を放棄することによって、人倫への移行を実現しようとした。しかし現代の原理として「個体性の原理」を樹立するこの『1805/06年の精神哲学』においては、各人の個体性を保持しつつ人倫へと移行してゆかなければならない。ここでヘーゲルは問題をこう定式化する。「課題はこうである、自然状態における個人にとって法・権利と義務とは何であるのか？」この問いにヘーゲルはこう答えている。「そのために私は法・権利の規定を持ち出す。私は法・権利から、個人が法的能力があることを、人格であることを示そう。」(214-215) ここの書きぶりは極めて異常である。ヘーゲル個人がここで突然「私は」として語りだすのである。この語りは以下数行続いてゆく (215, 1-10)。ここにおいてヘーゲルは後ろめたさを、恥ずかしさを、感じているのである。既にみたように、ヘーゲルは『差異論文』においてフィヒテの承認の概念を批判していた。フィヒテの承認の概念とは、本来自由である各人が自己の自由を制限することによって、他者と共存してゆくというものであり、フィヒテはこの承認の概念を「法命題」と呼んで、人間社会の法の基礎に据えたのであった。ヘーゲルはそうした自己制限としての「自由」を批判して、「最高の共同は最高の自由」であるとして対抗していたのである。そのヘーゲルが今やフィヒテの自己制限としての法命題を取り入れて、自然状態から法状態への移行を図ろうとしているのである。ヘーゲルは述べている。「法はその振舞いにおける人格の、他の人格に対する関係であり、……人格の空虚な自由の制限である。この関係、つまりは制限を私は私のために企む必要はないし、持ち出す必要もない。そうではなく対象がそれ自身、法一般の、つまりは承認する関係のこうした産出なのである。」(215) このようにヘーゲルはフィヒテの自己制限の思想を受け入れるに至っているが、それをあくまでも単に「私の」思想の変化としてではなく、対象自身の構造として描こうとしているのである。人にはそれぞれプライドがある。ヘーゲルもここで単にフィヒテの亜流になるわけではなく、ヘーゲルにはヘーゲルの個性がある。それは以下に十分に示される。

　先ずは占有をめぐる矛盾が指摘される。それは以前からヘーゲルに意識さ

れていたことであり、要は普遍的なもの、皆のものであるはずの大地を個人が私的に占有するという矛盾である。「人間は個別者として出来得るものは全て占有取得する権利を有している。この権利は自己であるという彼の概念の内に存する。だが他人を傷つけることなく、私は何を占有取得してもいいのだろうか？」(217) そこには合理的な根拠は何もない。結局ある家族が一定の土地を占拠することは、「法の根底にある平等に、純粋な自己に矛盾する」。純粋な自己としては各人はみな平等であり、「平等こそがまさに法の基礎である」(217)。一家族がどれだけ占有すべきかということは個別的、偶然的な問題であり、そこには理性はない (219 参照)。「この不等性が廃棄されなければならない。両者〔排除する者と排除される者〕とも自己の外に出ている。両者は知であり、自己にとって対象である。各々は他者の内で自己を意識しているが、しかし廃棄されたものとしての自己を意識している。だがここに肯定性も実はある、各々は他者に承認されることを意志している。」(219) こうしてヘーゲルは承認を Dasein ＝土地から離して、「知」において実現しようとする。各人が自己の純粋な対自存在を実現しようとして他者の死を目指しても、結局それは「自分の死を目指す」ことであり、「自殺」行為なのである (221 参照)。こうして各人は自己をではなく、先ずは「他者を純粋な自己と見なす」に至るのである、つまり各人は「意志の知」となっている (同上参照)。各人が同様のことをなすことによって、今や「個別的な意志は普遍的な意志であり、普遍的な意志は個別的な意志であり、人倫一般である、ただし直接的には法・権利である」(222)。ここ 1805/06 年の「承認論」においてはヘーゲルは闘争する両者の統一を具体的に示さないままに、「知る意志」を持ち出すことによって、「法」において承認が成立した、とするのである。ここにおいて意志は衝動から純化されて、普遍的な意志となるのである。意志は知性化され、法という「自己」の内で全ての人間が自由と独立を承認されている。『1803/04 年の精神哲学』は承認の成立の場を「民族の精神」においたことによって、古代的全体主義的構想となったが、ここ 1805/06 年にあっては、フィヒテ同様に、承認は「法」において成立することによって、近代哲学の要請に応え得るものになったのである。ただし承認のプロセスはまだ十分に形成されていない。「法」を前提とするのではなく、自己意識相互の運動としてそれが示されるのは、『精神の

第12章 『1805/06年の精神哲学』

現象学』においてのことである。

II．現実的精神

「精神は知性としても、意志としても、それだけでは現実的ではなく、知性である意志として初めて現実的である。普遍的な意志の内にこうした完全な自己が存在している。」(223)

ここ全体がヘーゲルの「市民社会論」だと思えばいいであろう。

a．承認〔市民社会原論〕

「承認された存在が直接的現実性である。このエレメントの内に人格は初めて対自存在するものとして存在する。人格は享受しつつ労働する。ここに初めて欲望は登場の権利を得る。けだし欲望は現実的である、つまり欲望自身が普遍的で精神的な存在を有している。」(223) 先には動物的とされていた「欲望」はこうして市民社会において精神的なものに変身する。それは欲望と不可分に結びついている「労働」の様式と関係している。「万人の労働と万人のための労働、そして享受、万人の享受。万人が他者に奉仕する。」(223) 労働はもはや単に個人的な存在様式ではなく、無数の諸個人との相互依存の内に存在している。更にヘーゲルはこの社会における労働の形態に注目している。労働は「自己を物にすること」であるが、その労働が抽象的なものになるとしている。つまり分業による労働の分割である。労働は益々機械的なものになり、ついには**機械**が労働に取って代わる。彼の労働はこの抽象的な労働であるからして、彼は抽象的な自我として振舞う、換言すれば彼は物性の様式で振舞う、それは総括的な、内容豊富な、配慮の行き届いた精神ではない、広大な領域を支配し、それの主人であるような精神ではない。(225 参照)

それらの品物の同等性が価値であり、価値をものとして表現するのが貨幣である。貨幣によって抽象的なものは具体的なものへと復帰する。つまりは交換である。抽象的なものは交換の内で、自分の何たるかを表現する。つまりそれは物性において自我へと還帰するものなのであり、自我の物性は、それが他者の占有であるということの内に存している。交換によって各人は自己の占有を放棄して、他者の占有を獲得する。こうして各人は承認されている。ここにおいて占有は所有へと転化する。(226 参照)

所有とは承認によって媒介された直接的所持 Haben であり、精神的本質である。私は全ての物を労働と交換によって持っている。所有の源、根源は労働の運動である。私はこれらすべての原因である。私は私の現存在を entäußre 外化・譲渡し、それを私にとって疎遠なもの einem mir Fremden とする。そして私はそこにおいて私を保持する、とされている（227）。ここには外化が名詞 Entäußerung として初めて出てきており[13]（227）、この後頻出することになる。ヘーゲルは動詞としての entäußern は 1803 年から使用しているが、それを名詞として使用するのはここが最初である。「外化」が明瞭な概念として把握された証拠である。「精神の労働」という視点が確立したと言える。外化はここの表現にも見られるように、疎外 Entfremdung と結びついているが、ここではヘーゲルはまだ疎外について独自に言及はしていない[14]。外化は自己をまさに外に表すことであるが、ただし外化はこの社会においては譲渡を意味する。この社会では各人は自分のものを自分のものとして固持せずに、他人に譲り渡すのである。皆が自己の産物を外化することにより、この社会の共同性は成立するのである。以前のヘーゲルは各人が自己の個体性を廃棄することにより、相互承認が成立すると考えていたが、ここにきてヘーゲルは「譲渡」をその自己放棄の一形態として把握したのである。そう理解すれば、承認の成立のために各人が自己の自立性を民族精神において全面的に放棄せずとも、商品交換という相互的外化において承認は成立することになるのである。この社会、つまり商品生産社会においては、各人は自己のもの、自分が生産したものを放棄しながら、それと引き換えに他者の産物を獲得して、生きてゆくのである。各人は自己の自己を交換しながら自己を普遍化してゆくのである。市民社会は予想以上の共同社会なのである。

　b. 契約

「外化は獲得 Erwerben である」と言われている（228）。自分の産物を放棄することは、他者の産物を獲得することである。彼の意志は自分を外化・譲渡することにおいて現実性を得る。契約の内にはこうした知が表明されているのである。「契約において私は事物を外化するのではなく、言葉を外化するだけである。」それは事物の交換ではなく、言明の交換であるが、それは事物そのものと同じだけの価値を認められている。意志はその概念へと還帰

している (229)。つまりここにおいて意志は物という形態から精神としての自己自身へと帰っているのである。そこには疎外はない。だから「私は契約を一方的に破棄することが出来る。」ただし「私の個別的意志は本質的ではあるが、しかし同時にそれは単なる契機である。人格は純粋な対自存在であるが、それは共同の意志から切り離された個別的意志として尊敬されるのではなく、共同の意志として尊敬される。私は人格であることを強制されるのである」(230)。ここでは「強制」という概念がそのまま使用されている。イエナ初期にはヘーゲルはフィヒテに対抗して、「強制」など存在しない、としていたのであるが、些末な語句へのこだわりは捨てられている。「私」は強制されるものとしてこう描かれている。「概念からすれば、現存在は人格へと、そして普遍的な意志へと解消している。……強制されるのは特殊なあれこれのものではなく、「私」である。普遍的な意志は個別的な私を自己内に吸収している。それが私の名誉であり、生命である。」(231)「私」は特殊個別的なものではなく、それらを克服し、吸収した「普遍的な私」なのである。「私」の中には自由も強制も、その他全てのものが含まれている。つまり私は普遍的な教養形成を積んだ存在である。私は誰にでも変身できる「私」なのである。

c．犯罪と刑罰

ここでは契約の違反、強制と暴力の問題が取り上げられる。形式的には『人倫の体系』の「第2章　否定的なもの、あるいは自由、あるいは犯罪」に該当するが、内容的には自然的粗暴さ、暴力的雰囲気は「法」を地盤とすることによって払拭されている。

ある人が私に強制を加える場合、彼の強制は私の意志の譲渡・放棄である。私はこの不当性を廃棄する。つまり私は彼に復讐するのであるが、それは自然状態における場合のように自己意識的活動性としての彼にではなく、一個の意志としての彼に復讐するのである。つまりここでは知性としての彼、自己を普遍的なものとして知っている彼に、復讐するのである。刑罰は普遍的意志の回復である。刑罰の本質は契約に基づくものではない。刑罰の本質は概念であり、毀損された普遍的な承認のこの移行であり、転倒である。刑罰は正義の復讐である。(233-235 参照)

犯罪者も承認されている状態のエレメントに生活しており、存在するもの

はすべてここから意味を得ているのである。こうした運動を介して承認は実現したと見なされている。和解した普遍的な意志がそこに現存しており、犯罪を抑止している。人はそこに絶対的威力としての法律を直観するのである（236参照）。刑罰において犯罪者が法と和解しているというこの見解は、フランクフルト期には見られない視点である。フランクフルト期には形式的な道徳性を補完するものとしての愛が盛んに強調されたが、考えてみれば刑罰による罪の断罪はそれ自身が一つの「和解」なのである。「法」の持つ威力が、今ここにヘーゲルによって認識されているのである。

b．権力を有する法律

ここは後の『法の哲学』では「第3部　人倫、第2章　市民社会」の「B．司法活動」に相当する部分であり、市民社会における様々な法律および司法の問題が取り扱われている。

法律は人格の実体である。法律は人格の実存の実体である。人格の実存は他者との共同に全的に基づいている。全体は普遍的実体であり、個別者はそこにおいて廃棄されている。全体は全てのもののことを配慮するのであり、個々人のことを配慮するのではない。個々人は所有者として妥当する〔価値を持つ〕。個々人は実体の内で教養形成して、普遍的なものとなる（237参照）。法律の力は自体的であり、実体である。法律は個人にとっては実体である。個人はその実体の生命である。個人は自己自身のもとにおいて普遍的なもの、死んだ鈍感な意識、教養形成された意識となる（238参照）。『1803/04年の精神哲学』では民族の精神が「実体」とされていたが、ここでは法・法律が明確に「実体」と呼ばれている。個人はこの実体のもとで普遍的人格として育まれるのである。

(a)〔家族〕

「個人は家族という自然的全体の内では人格として存在するのではなく、これから人格にならなければならないのである。法的に見れば家族は先ずは婚姻を取り結ぶ。婚姻を両性による性器の相互使用契約と見るカントの見解は野蛮である。実定法は近親結婚を回避する。近親結婚は愛の概念に対立する。結婚は両性の意志である。婚姻は人格性と<u>自然的なものの非人格性</u>との混合である。それは自然的であるとともに、神的でもあり、宗教的な行為である。」(239)

第12章　『1805/06年の精神哲学』

　家族は以前の『人倫の体系』では、自然的人倫と見なされていたが、ここでは自然的であると同時に、人格的なもの、法的なものと見なされ、いわば自然と人倫の結合と見なされている。この時期以降のヘーゲルにとっては、家族は単に自然的な結合ではありえない。家族は法律の上に立脚しているのである。離婚についても要は両性の意志にかかっている。家族の資産、未成年者の後見制度等も法的な問題である。『1805/06年の精神哲学』でも「家族」はすでに自然状態において論じられていた（211-214）が、ここでは家族の法的な形式が取り扱われている。「家族」の取り扱いをこのように分断せずに、一挙に論じるためには、『法の哲学』（1820年）が必要となるのである。ここ「b．権力を有する法律」はその走りである。

　(b)〔市民社会〕

　法律は家族を保護するだけではなく、個人をも保護する。法律は所有、占有、遺産、交換を保護する。個人は〔この社会においては〕労働によって生業を営む者として登場する。ここにおける彼の法律は、彼が加工したもの、彼が交換したものは彼に属する、ということに尽きる（242参照）。個人は自分の無意識的な実存を普遍的なものの内に有しており、社会こそが彼の自然であり、彼は社会の自然的な盲目的な運動に依存している。その運動は彼を精神的にも物理的にも保存したり、廃棄したりする。彼の労働は抽象的な労働である。彼が働けば働くほど、彼の労働の価値は減少する。欲求はそれとともにますます多様化する。趣味は洗練される。教養形成が進む。しかしそれと共に彼の労働はますます機械化され、愚鈍化される。精神的なもの、充実した自己意識的生活が空虚な活動となる。自己の力は豊かな包容力にあるのだが、これが失われてゆく。無気力な労働が彼を一点に制限する。(243) 巨大な富と巨大な貧困の対立が現れる。富と貧困の不平等は意志の最高度の分裂を生み、内心の憤懣と憎悪を生む〔ラモーの甥〕。仲裁役としての国家権力が登場する（244参照）。この後、国家税制の問題、司法権の問題、等々が論じられ、こう纏められている。「全ての現存在、所有、生命に対するこの威力、また思想や法や善悪に対するこの威力が、共同体であり、生きている民族・国民である。法律は生きているもの、完全なるもの、生きている自己意識的生命であり、あらゆる現実性の実体である普遍的意志であり、自己知である。法律は普遍的な富であり、普遍的な必然性である。」

(251) このように、唯一の実体としての「民族精神」はここでは「法律」に取って代わられている。

この後、ヘーゲルは労働者階級の粗野化、愚鈍化、貧困の蓄積に触れながら、それが対極に富の集積を生み出し、国家はそれらの人から多額の税金を取って、全体の均衡を図るとし、「統治は自らの富をいたずらに浪費することはない」(252) と結んでいる。

〔(c) 刑罰〕

249-252pにわたる非常に長い注がある。ここでは、(a) 純粋意志、(b) 無限な意志、(c) 刑罰、が取り扱われている。「純粋意志」は法律の純粋な普遍的な精神を表現しており、「無限な意志」は絶対的存在となった個人の独自性を表現しており、これが純粋意志と対立する時、犯罪となる。ヘーゲルは様々な犯罪を論じているが、刑罰を決める際の困難を指摘することを忘れてはいない。刑罰を決めるときには犯罪者の「意図」の解明が不可欠であるが、意図の解明は至難の業であり、犯罪はそこにおいて「内面の暗闇」に沈み込んでいるのである (252)。だから犯人の自白に頼る他はないが、果たして犯人は真実を語っているのであろうか？　それは誰にも分からないのである。犯人自身にしても何故自分がそのような行為をしたのか分からないこともあるだろう。そうだとすれば、自白に頼ることもできないのではなかろうか。

〔(d) 悪〕

この後、第4点として（δ）とあり、こう言われている。「悪は自体的に空無なものである。悪は自己自身についての純粋な知である。それは自己自身の内における人間の暗闇であり、まさにそれ故に絶対的意志である。法律は悪を自分自身として認識し、これを赦す、等々。……法律は精神であり、人間を精神として取り扱う。」(252) かつては実定性の代表であった「法律」はこうして肯定的に評価され、法律の内にヘーゲルは人間たちの争いを調停する精神を見出すのである。「統治は神的な精神である。統治は絶対的な他者である悪を自己自身として知る精神である。」(253) 絶対者にとっては悪もまた自己なのである。先に我々はヘーゲルが悪を哲学的知として捉え、これと神との戦いを描こうとしたのを見たのであるが（『1804/05年の形而上学』本書268-271p）、ここに見られるように、悪はヘーゲルにとって

絶対的意志であり、哲学知であり、伝統的な神に対する犯罪なのである。ソクラテスしかり、イエスしかり、フィヒテしかり、ロベスピエールしかり。彼らは神聖な純粋意志を犯した犯罪者（絶対的意志）なのである。そしてそれら犯罪者が新しい思想を開示して精神の革命をもたらしてきたのである。だからこそヘーゲルにとっては、悪もまた絶対者の自己なのである。1802年以降、ヘーゲルとシェリングが共同で注目してきた悪の華が今開こうとしている（後述、本書328, 337-338p 参照）。

Ⅲ．国家体制

　ヘーゲルは国家体制の前提として富と法律を挙げている。富は市民社会のことである。法律に関してはこう言われている。「人間は自己の現存在、存在、思惟をもっぱら法律の内に有している。法律は自己を富であると同時に絶対的な権力として知っている精神である。」このように法律は知として、精神として把握されている。精神である限り「それは自己内で生きている絶対的な威力である。精神の自己保存は精神の生命の**有機組織**であり、民族の精神である。」(254) 国家はこうしてまずは民族の精神として把握される。それは「諸個人の自然であり、諸個人の直接的な実体であり、その実体の運動であり、必然性である。権力の生成は諸個人の外化である。それは単なる必然性ではなく、諸個人は権力が自分たちの本質であることを知っている。こうした知があるからこそ自己自身を外化するのである。」(254) 民族の精神はここでも実体と呼ばれているが、その実体は今や運動であると言われている。民族精神は全ての個人を飲み込む実体ではなく、全ての諸個人の自己外化によって成立する運動体である。しかもそれは「盲目的必然性ではなく、知によって媒介された生成である。つまり目的が各人を動かしているのである。私が共通の意志の内で私の肯定的な自己を有しているということは、知性として私が承認されているということであり、共通の意志が私によって措定されているということである。」(255) 個人は知において国家に肯定的に対峙できるのである。国家はもはや個人の自立性を抹殺する異質な他者ではない。国家は各人の知において成立する「普遍的意志」であるが、「意志としてはそれは端的にこの自己である他はない、普遍的なものの活動は**一者**である。」(256) つまりヘーゲルによれば、国家には君主が、あるい

は皇帝が必要なのである。

　続いてヘーゲルは普遍的意志の形成の困難を、社会契約論を紹介しながら示している。(257) 全体がほぼそれに当たる。結局ここでもヘーゲルは「社会契約」を自己の社会理論として採用することはなかったと言える。ヘーゲル自身によれば、国家権力は偉大な人物の崇高な権力によって樹立される。絶対的な意志を知り、表明することが偉大な人物の前提である。全てのものが彼の旗の下に集まる。彼は彼らの神である。このようにしてテセウスはアテナイ国家を創建し、フランス革命では恐るべき権力が国家を作った。それは専制ではなく、暴政である。それは純粋な戦慄すべき支配である。しかしそれが国家をこの現実的個体として構成し、保持する限り、その支配は必然的であり、正当である。この国家は単純な絶対的な自己自身を確信した精神であり、善悪や卑劣さといったすべてを超越している。けだし悪はそこにおいては自己自身と和解しているからである（258 参照）。この後、マキャヴェリの賛歌が続く。ここでヘーゲルが描く、マキャヴェリが生きていたイタリアの情勢は『ドイツ憲法論』でかつて彼が描いたドイツの現状と同一である。更に注にはこうある。「ドイツ人の北方的我意の遂行、けだし彼らは暴政に耐えられなかったからであり、民族 Volk としては消滅した、彼らはただの Nation であった。彼らは絶対的個別性の原理を世界にもたらした。キリスト教の宗教の南部における思想の現存在」(259) とある。ここから考えると、ヘーゲルの有名な「絶対的個別性の原理」は「ドイツ的自由」の展開として花開いたということになる。そうだとすれば『ドイツ憲法論』での当初の見解、つまり<u>ドイツ的自由を抑圧してドイツ統一を図るというヘーゲルの目論見は、弁証法的逆転を経験したことになる</u>。更にここで興味深いのは「キリスト教の宗教の南部」という言葉である。「南部」ということで具体的に考えるならば、それはヘーゲルの祖国「ヴュルテンベルク」を指す以外にないであろう。ドイツ的自由とプロテスタンティズムが融合しているようである。ヘーゲルはかつては鋭い批判を向けていた祖国の古い伝統に立ち戻ったかのようである。なおここでの Nation は単なる自然的血縁集団というほどの意味であろう。以前にもヘーゲルにはそのような使用例がある。[16]

　続いてロベスピエール論が展開されている。普遍的なものは個々人に対しては主人、暴君、純粋な暴力であり、疎遠なものである。国家権力は全体の

第12章 『1805/06年の精神哲学』

存立が危機的であるときには、完全に暴政的に振舞うだけの勇気を持たなければならない。暴政によって現実の個々人の意志の直接的な外化・譲渡が帰結する。それは服従への教養形成である。この教養形成によって普遍的なものを現実的な意志として知ることになり、暴政は余計なものとなり、法の支配が登場するのである。暴君の行使する暴力は自体的には法律の暴力なのである。(259)

「暴政は民衆によって打倒されるが、それが忌わしく、卑劣であるからではなく、それが余計なものになったからである。暴政の思い出は忌み嫌われる。暴君は自己自身を確信した精神であり、神として振舞い〔ロベスピエールの最高存在の祭典〕、彼の民衆の忘恩を覚悟しているのである〔ロベスピエールは今なおフランス国民に憎悪されている〕。彼の神性は獣の神性であり、悪として忌み嫌われるにふさわしい。ロベスピエールは暴政とそのように係わった。彼の力が彼を見捨てた、けだし必然性が彼を見捨てたからである。」(260)

　こうした叙述の内にもはやヘーゲルのロベスピエールへの崇拝を読み取ることは出来ないが、しかしロベスピエールへの高い評価を見過ごしてはならない。彼は今もなお「神」として行為する「自己自身を確信した精神」なのである。1794年6月に挙行された最高存在の祭典で司祭を務めたロベスピエールを若いヘーゲルもそのような高揚した精神で眺めたものと思われる。この後に「告発者、弁護人、裁判官、死刑執行人」とある。テルミドール10日（7月28日）の処刑のことを思い出しているようである。国民公会でロベスピエールを告発したのは派遣議員のタリアンであり、弁護したのはサン・ジェストであり、告発を受けて死刑の判決を下したのは革命裁判所長官フーキエ＝タンヴィルであり、死刑を執行したのはサンソンである。この出来事は強烈な印象をヘーゲルに残したようであり、『精神の現象学』でも再述されている（GW9, 320, 22-33 参照）。

　続いてロベスピエール後の国家がこう描かれている。**そこでは法の支配が現存している**。服従へと教養形成された者たちと共同体との関係では、共同体が根底にあり、個々人はこれに信頼を寄せている。「個々人はそこにおいて自己が保存されていることを**発見**する、だが概念把握し、洞察するわけではない。」(260) そして重要な指摘がなされている。「個体性と普遍的な

329

ものとの統一は二重の仕方で現存する。自分と家族のために働く者はブルジョアと呼ばれ、普遍的なもののために働く者はシトゥワイアンと呼ばれる。」同一の人間がこの両面を持つ。そして普遍的意志は多数決として構成される。これが民主政である（261）。ここに見られる「ブルジョア・私人」と「シトゥワイアン・公民」の対立はルソーが指摘する現代社会の分裂であり、ヘーゲルもそれを改めて確認している。この分裂を現代社会の基本矛盾として捉え、人間的解放という新しい革命によって矛盾を解決しようとしたのが若いマルクスであったことを思うと、マルクス思想はドイツ観念論の一分派と考えざるを得ない[18]。この分裂を前にしたヘーゲルはもはや古代ギリシア[19]に帰って矛盾の解決を図ろうとはしない。

「これまでもこれからもうらやましがられ続ける古代ギリシア人の麗しく幸福な自由。そこでは意志の個別性を外化・譲渡することが意志の直接的保存である。だがより高次の抽象が、より大きな対立と教養形成が、より深い精神が必要である。ギリシア人たちは自分の特殊性を放棄したが、その時、その特殊性をこの自己として、本質存在として知ることなしにそうしたのである。より高い分裂は、各人が完全に自己内へと還帰し、自分の自己そのものを本質存在として知ること、現存する普遍者から切り離されても、自分の知において自分の絶対者を直接的に占有しているという我意にまで到達することである。」（262）

ここでヘーゲルの重要な認識の転換が示される。若い日以来ヘーゲルは古代ギリシアを人倫の理想として描き続け、とりわけイエナ初期には近代の個人主義にプラトン風の古代的イデア主義で対決してきたのであるが、その姿勢が大きく転換する。

「これ〔**絶対的個別性の原理**〕は、古代人が、プラトンが知らなかった現代のより高い原理である。古代にあっては、麗しい公的な生活が全ての者の習俗であった、美は普遍的なものと個別的なものとの直接的な統一であった。芸術作品にあってはいかなる部分も全体から分離することはなく、自分を知る自己とそれの表現の天才的な統一があった。だがそこには個別性の絶対的な自己知が、この絶対的な自己内存在が現存していなかった。プラトンの共和国にも、スパルタにも、自己自身を知る個体性が消失していた。この原理によって、諸個人の外的な現実的な自由は彼らの直接的な現存在においては

第12章 『1805/06年の精神哲学』

失われていった。しかし彼らの内的な、思想の自由は保持された。精神は直接的な現存在から純化されて、知という彼の純粋なエレメントへと歩み入った。……精神はここに、知であることを始めた。……精神は今や北方の本質存在〔ヘーゲルにとってはドイツを意味する〕である。それは自己内に存在しているが、自己の現存在を全ての者の自己 Selbst の内に有している。」(263-264)

　ヘーゲルはこうして1805/06年に初めて古代的人倫観から近代的人倫観へと転換したのである。それは個人の自由と独立を知において獲得する国家体制であった。個々人に民族精神の内で一挙に自己の自立性を否定して、公共のために尽くすことを要求するのではなく、各人が自己の知において自立性を保ちつつ普遍的なもののために尽くすことが可能となったのである。そして現代人の対立・分裂をヘーゲルはマルクスのように革命によって解決するのではなく、身分論によって解決する道を取った。ここにヘーゲルの国家論の歴史的規定性がある。その規定性がヘーゲルの限界を構成することになる。

「この原理によれば、諸個人の数多性、国民大衆と、唯一の自然的存在としての君主が対抗している。君主は自然的存在であるが、国民大衆は外化されたもの、教養形成されたものとしてのみ妥当する。全体、共同体はこの両者のいずれにも縛られていない。それは自己自身を担う不壊の身体である。共同体は自己内完結しており、自己を保存する。」(264) このように国家なる共同体は君主にも国民にも縛られることのない「不壊の身体」だとされている。この一点においてはヘーゲルの古代的人倫観と近代的人倫観は共通しており、共同体としての国家を何よりも尊ぶ精神はヘーゲルの根源的情動と言えよう。

　以下で3つのものが展開されなければならない、とヘーゲルはしている。第1は全体の分肢、身分論、これが「人倫」である。第2はそれぞれの身分の心情、彼らの自己意識であり、これが「道徳性」である。第3は「宗教」であり、自己を絶対精神として知る精神である (265)。ここでのように国家論の第3段階が宗教＝絶対的精神とされていることは、後のヘーゲルの国家論と比較すると、異様であるが、この問題は後述する。

以下の見出しはヘーゲル自身のものである。

諸身分　あるいは、自己内で自己を分節化する精神の自然
「全ての現実性と本質態を自己自身として知る精神は、自己を直観する、精神は自己にとって対象となる、かくして精神は自分に対して現存する有機組織である。」(266) 精神はここで「現実性」と思惟の規定である「本質態」とを共に「自己自身として知る精神」として規定されており、精神の最終的な段階がそれによって予告されている。つまりこの段階は『精神の現象学』では精神章Cの道徳性の「美しい魂」の段階の規定と同一のものなのである。ここでは精神は精神に対して存在している。1805/06年のこの草稿の段階ではヘーゲルは、国家の内で精神の最高の段階が達成されると考えているのである。精神は国家という客体性を身に纏った存在としての自己に向かい合うのである。その様をヘーゲルは精神の構造として描いてゆくが、その構造は精神の分節化であり、具体的には身分論の展開となる。ヘーゲルはこの分節化を欠いたことがフランス革命の欠点であったと思っている。ここでヘーゲルは身分を2つに分けている。下位の身分と普遍性の身分である。下位の身分は特殊性の内に生きている。

１．下位の諸身分とその心術

第1は農民身分であり、その心術は信頼である。ヘーゲルは農民は個体性を欠いているとみなしている。この身分は自己の個体性を没意識的な個体性において、大地において有している。この身分は戦争の時には粗野な塊となり、粗野で盲目的な野獣となる。(267-268参照)

第2は営業と法の身分であり、市民身分である。その心術は正直である。この身分においては、自己は大地を越え出ている。作品の自己は人間の自己であり、自然的な自己は死滅している。(268参照)

第3は商人身分であり、その心術は悟性である。この身分の心術は精神の厳しさである、そこにおいては特殊なものは全て外化されており、妥当せず、厳格な法のみが妥当する。精神はこうしてその抽象性の状態において自分の対象となっている、つまり没自己的な内的なものとして対象になっている。しかしこの内的なものは実は自我自身である。内的なものの形態は死せるもの、貨幣ではなく、自我なのである。(270参照)

第12章　『1805/06年の精神哲学』

Ⅱ．普遍性の身分

　この身分は公共の身分とも呼ばれており、下位の身分の特殊性を普遍性へと連れ戻すところの血管であり、神経である（271）。その意味でここは「統治」論が展開されているのである。具体的には官吏の身分と学者と兵士の身分がここに含まれている。兵士が独自の身分を形成しているのがこの時期の特色である。後には農民身分が兵士を提供することになる（これは時代の推移である）。なおここでの Geschaftsmann を邦訳はどれも「事業者」とか「実業家」と訳しているが、それでは資本家という意味になる。Geschaftsmann は「事務」に従事する人を指す言葉であり、官吏を指す他はないであろう。[21]この身分の心術は、自分の義務を果たすということである。彼は規定された普遍的なものを普遍的なものの知へと高める。彼は自己の規定された活動の内で絶対者を見るのである、とされている（273 参照）。官吏の一部は学者でもある。彼は学問を対象としている。精神はここにおいて何らかの対象を有しているが、彼はそれを欲望や欲求への関係なしに取り扱うのである。彼は自分自身を絶対的な現実的自己としてではなく、知性として外化するのであり、現実的な自己として外化するのではない〔つまり学者は戦死しないということ〕（274）。学者に欠けている契機は兵士身分において補完される。兵士は全体のために尽くす。死は空しく与えられ、空しく受け入れられる（275）。自己自身を確信した精神としての自然の統治者〔君主のこと〕。個別的なものの絶対的自己と否定性としてのこの個体性において全体の先端は完成している（276）、とされている。君主政が明瞭に採用されて、頂点に位置づけられて身分論は終わっている。

　若い日にフランス革命の共和主義思想に共鳴し、感激していたヘーゲルはロベスピエールの失脚を境にして国家を一時期、「機械」と断じるに及んだが、やがては国家をも一つの生命として捉えることとなり、ここでのように国家を「有機組織 Organismus」として捉えるに至ったが、それは国家の具体的構成を「身分論」として提示する国家理論となった。ヘーゲルとしては、プラトン的な身分論を今後は、近代ヨーロッパの産物としての「代議制論」で補完することによって[22]、現代国家論として妥当するものと主張してゆくことになる。しかし、精神を「自己自身を確信した精神」として描いてゆくためには国家制度だけでは不十分である。芸術・宗教・哲学が不可欠なのである。

C. 芸術と宗教と学

　ここは国家論の第3段階として先に示された個所であるから、身分を論じた「Ⅰ」「Ⅱ」に続く「Ⅲ」とすべきであるが、草稿では「C」となっている。ヘーゲルは当初は国家論の中で絶対的精神を論じるつもりでいたようであるが、絶対的精神は国家から独立したようである。というのも、「絶対的に自由な精神は今や別の世界を生み出す」とされているからである（277）。ただし「絶対的精神」を独立させたとしても、「精神哲学」全体のどこにどう位置づくのかは「C」という文字にこだわる限りは、不明という他はない。[23] ヘーゲル自身はこの後、「精神哲学」を目次的に振り返っている。それによると次の如くである。「<u>知性</u>、意志、承認されていること、権力を有する法律、国家体制、統治、<u>精神的内容</u>」（278）として目次が示されている。先頭の欠落部分の見出しが「知性」であったことが分かる。後は本文中の見出しと同じである。最後の「精神的内容」（C. 芸術と宗教と学）というところは「絶対的精神」と解釈すればいいであろう。ただしこれだけの文字の羅列では、国家と絶対的精神との構造的な関係は不明のままである。ヘーゲルの説明を見てゆこう。

　精神哲学は単なる「形式」としての自我から出発したが、今ようやく精神自身が自己の内容を生み出すに至り、内容と形式が一致しようとしている。つまり国家の段階ではまだ内容と形式は完全には一致していないということであろう。ヘーゲルにとって「絶対的」とは「内容と形式の一致」のことである。今、精神は芸術・宗教・哲学という絶対的精神において自己自身を直観しているのである。精神はまさに精神に対して存在しているのである。

　以前には芸術は自然宗教としての宗教の第1段階であったが、ここ1805/06 年に至って初めて明瞭に芸術と宗教が区別されるようになる。しかも後のヘーゲルの「絶対的精神」論におけるように、芸術は直観において絶対者を把握し、宗教は表象において把握する、とされている。この段階で絶対的精神論の大枠は整っていると言える。

〔芸術〕

　芸術は無限なる知である。芸術は内容に無関心な形式であり、全てのものを無限なものとして直観へともたらすことが出来る。それは無限なるものの内的な生命を、それの精神を現出させ、無限なるものを精神として対象にす

第12章 『1805/06年の精神哲学』

る。芸術の種類。音楽、彫刻、絵画、詩。(278)

絶対的芸術はその内容が形式に等しい。だがこれは不可能である。そこに芸術の自己矛盾がある。「芸術は精神的なものとしての世界を直観に対して産み出す。芸術のエレメントは直観である。精神にはこのエレメントは不適切である。……直観は無限なるものを把握することはできない。それは単にそう思い込まれた無限性である。美は真理の表現というよりも、真理を覆うヴェールである。」(279)「直観は無限なものを把握することはできない」と明瞭に言われている。フランクフルト時代にも同様の主張がなされている (GW2, 247 参照)。知的直観をヘーゲルが採用するのは1801年からであるが、その役割は既に終わっている。そしてまたシェリング風の美的直観も絶対者を把握するという役割を終えている。「芸術家はだからもっぱら形式を求め、内容を捨象しようとする。しかし人間から内容を取り去ることはできない。人間は本質存在を求めるものなのであり、単なる形式を求めるものなのではない。」(280) こうして芸術はヘーゲルにおいて、絶対者を捉えるものというよりも、絶対者の装飾品である。

〔宗教〕

ヘーゲルによれば、宗教は芸術の真理である。芸術においては自己は芸術家であり、特殊なものであり、一者である。しかし宗教においては精神は自己にとって対象となっており、絶対的に普遍的なもの、全ての自然の本質存在、存在と活動の本質存在、として対象であり、直接的な自己という形態の内にあり、この自己は普遍的な知である。ヘーゲルはここにきて宗教を3つに区分している。第1は「自然の威力の恐るべき本質存在」の宗教であり、アジアの宗教（ただし「アジア」と明示はされていない）、具体的にはエジプトやインドのそれ、が考えられているようである。第2は古代ギリシアの美の宗教、そして第3が絶対的宗教としてのキリスト教とされている。そして絶対的宗教以外の全ての他の宗教は不完全である (280 参照)、としている。このように宗教自身が、アジアの宗教、古代ギリシアの宗教、キリスト教の3段階に区分されていることに注目しよう。これまで先頭に置かれていたギリシアの宗教の先に、アジアの宗教が据え置かれている。今後この視野は広がってヘーゲルはアジアの多くの宗教に言及することになる。ともかくヘーゲルの視野がアジアに広く向けられるようになるのは1805/06年から

であり、ヨーロッパ人にとってもようやくこの頃からアジアが学問の領域で考慮され始めるのである。[24] さらにここで注目すべきはキリスト教が「絶対的宗教」と呼ばれていることである。『精神の現象学』においてキリスト教がそう呼ばれるのは、周知のことであるが、その呼び名はキリスト教が最高の最後の宗教であることを物語っている。イエナ初期に残っていた古代ギリシアの宗教とキリスト教を統合した民族宗教構想は完全に消滅したと言える。

更にヘーゲルはキリスト教を念頭にこう続けている。「神は自己自身を確信している精神の深みであり、全ての者の自己である。神は人間である。神的自然は人間的自然と異なるものではない。絶対的宗教は深みであり、それは日のもとに現れ出ている。この深み Tiefe は自我である。自我は概念であり、絶対的な純粋な威力である。」(281) ここで言われている「自己自身を確信している精神」とは『精神の現象学』では精神章の第３段階、「自己自身を確信している精神　道徳性」を指す言葉であり、ドイツ観念論の営みを意味する言葉である。神はそのドイツ的精神の深みであり、全てのものの自己であり、この深みは自我である、とされている。つまりキリスト教の神は現代ドイツ精神の根底に息づいているものである。それは自己であり、自己とは宇宙の実体であり、全てのものを動かすもの、あるいは全てのものがそこへと帰り着くところのもの（根拠）である。自己は自我である。自我は概念として全てを生み出すのである。それは生産的構想力として発して、概念を形成するものであり、その意味で普遍的・根源的な概念そのものである。このようにヘーゲルはキリスト教の神をフィヒテの自我として捉えるに至っている。1800年の時のいわゆる『体系断片』でのヘーゲルのためらい、神を絶対的自我として捉えるということへのためらい (GW2, 348) は完全に払拭されたのである。

「だが現実の国と天上の国とはなおバラバラである。……精神は戦争や困窮によってこの世の中で震撼させられ、現存在から思想の内へと逃亡する。だがそれは天上への憧れであるとともに、地上への憧れでもある。天上への憧れは窮余の策 pis aller〔フランス語〕である。……宗教は表象された精神である。それは自分の純粋意識と自分の現実の意識とを結合していない自己である。」(281-282) こうしてヘーゲルは絶対的宗教の限界がその表象性にあることを指摘する。だが同時にヘーゲルはキリスト教に思弁的理念を認めて

第12章　『1805/06年の精神哲学』

いる。「絶対的宗教の思想、その内的な理念は、次のような思弁的理念である、つまり自己、現実的なものは思惟である、本質存在と存在は同じものである、ということである。……神は精神であるということが、この宗教の内容である。それが純粋意識の対象である。永遠なる本質存在、息子、精神、ここではすべては同じ本質存在である。」(282) このようにキリスト教の思弁的理念は三位一体の教義と合流する。ここではヘーゲルはその論理を展開していないが、『精神の現象学』ではそれが延々と展開されている。要はキリスト教の三位一体（表象）は、ヘーゲルたちドイツ観念論哲学の三分法と重なるものだということである。神＝善は哲学＝悪と同一である、そう判断する哲学がヘーゲル哲学であり、その「ヘーゲル哲学」が今成立したのである。

　続いて教会と国家の対立が取り上げられる。「人間は２つの世界に生活する。人間は永遠なるものを手に入れんがために、現実の内で死ぬ。だがこの永遠なるものはそれの現存在を民族精神の内に有している。」(284) これは理屈としては何ともおかしいが、ヘーゲルは永遠なるものを古代共和政における如くに、あくまでも民族精神の内に求めているのである。祖国のために死ぬことが永遠なるものに合流することなのである。しかしキリスト教は民族精神を満足させる宗教ではない。にもかかわらず、ヘーゲルは「教会は自己自身を普遍的なものとして知る精神であり、国家の内的な、絶対的な保証である」(285) と述べて、キリスト教をあくまでも国家の内的な基礎として主張している。それは祖国のために死ぬ個々人の自己が普遍的な自己でなければならないからである。キリスト教抜きの個人の死では、個人の完成はないからなのであろう。ヘーゲルにとってキリスト教は現代国家の基礎である。しかし「宗教そのものは現存在と直接的な現実性を必要としている。だから宗教は国家の支配のもとにあり、国家に利用され、国家に奉仕する。」(285) こうしてヘーゲルは再びキリスト教を国家の支配下に置くのである。おそらくかなり多くのキリスト教徒が国家優位のこうした解決では満足しないであろうに。ともかく国家と宗教の関係をめぐるここでの、そしてまたその後においても、ヘーゲルの主張は二転三転しており、整合的なものとは言えない。ただ一貫しているのは、フランクフルト時代の最後に獲得された視点、キリスト教は純粋な生命を求めたがために、生命を総体としては捉え損

なったという視点である。上記の引用に示されているように、キリスト教には国家に代表される現実性が欠けているのである。だからキリスト教は国家の支配下に今なおあるのである。こうしてヘーゲルは宗教によってではなく、哲学によって生命の全体を把握しようとして、イエナに来て哲学者になったのであった。哲学者となったヘーゲルが捉えた哲学が以下のものである。

〔哲学〕
　絶対的精神の最後は哲学である。「**哲学**は絶対的な学である。哲学と宗教の内容は同じであるが、〔形式はそれぞれ異なり、宗教のそれは表象であり〕哲学の形式は概念である。
　α）思弁的哲学、絶対的存在、自分にとって他者となる、関係となる、生命と認識、そして知る知、精神、自己についての精神の知。
　β）自然哲学、直接的存在という形態でのイデアの表明、イデアは自己内行し、悪になり、精神と成る。つまり概念として実存する概念と成る。
〔γ）精神哲学〕
　しかしまたこの純粋な知性は対立したものであり、普遍的なものである、しかもそれは自己を犠牲にするものであり、それによって現実的なものになる。そしてこの普遍的な現実性、民族は回復された自然であり、宥和した本質存在である。この本質存在のもとで各人は各人固有の外化と犠牲によって自己の対自存在を獲得する。」(286)
　かつてのヘーゲル研究では、ここのα）の部分を当時のヘーゲルの「論理学」の目次と見なして、論争が展開されたが、もしそれが「目次」であるとすれば、自然哲学の部分、精神哲学の部分も全て目次と見なして解釈しなければならない。だがそれは余りに無意味な試みであることは明白である。そうであるとすれば、ここの叙述は論理学の目次ではなく、論理学として展開する精神の歩みの概略を示したものと見なすべきであろう。それは精神の歩みである以上、どの分野においても、つまり自然哲学でも、精神哲学でも、更には『精神の現象学』でも、おおむね一致するはずのものである。だからヘーゲルはβ）とγ）の部分を簡略化したのであろう。またここでもヘーゲルは精神、概念を「悪」と呼んでいることに注目しておこう。悪＝哲学なしに精神の内容、つまりは神は明らかにならないのである。

第12章 『1805/06年の精神哲学』

「哲学において絶対的精神の知であるのは自我である。ここにおいて自我は絶対者を認識する。自我は個別者と普遍者の不可分の結合である。精神の直接性は民族精神である。それは存在する絶対的精神である。宗教は思惟する精神であるが、自己自身を思惟することはない。そうするのは哲学であり、哲学の知は回復された直接性である。直接性としてそれは自己を知る精神一般である。精神は意識である、直接的な感覚的意識である。意識は**自然と自己についての知**へと分裂する。精神は自己の安らえる芸術作品であり、存在する宇宙であり、世界史である。哲学は世界史から自分自身を外化する。そして精神は自分の始まりに、直接的な意識に到達する。」(287)

こうして精神哲学の最後において、絶対的精神は「自然」と「意識」とに分裂するとヘーゲルは言うのである。既に我々は『1804/05年の論理学・形而上学』の最後において、絶対的精神が自然に転進したのを見た。しかし『1805/06年の精神哲学』においてヘーゲルは「自然」と向かい合う「感覚的意識」に到達したのである。そこには「自然」という対象世界が広がっている。「意識」はそれに向き合っているが、目の前にある「このもの」が「存在している」ことを確信している。<u>こうしてヘーゲルは『1805/06年の精神哲学』の出発点＝知性とは別の出発点＝感覚的意識に到達したのである。新しい地平が拓けてきたのである。つまり『意識の経験の学』を描く視野がこれによって設定されたのである</u>。『1803/04年の精神哲学』において、かすかに浮上してきた経験的意識は「絶対的意識」の内に飲み込まれてしまったが、『1805/06年の精神哲学』の最後において突然、噴火したかの如く、超越論的観念論は地上に降り立ったのである。ヘーゲルはこの世 (Welt) に定位して、『意識の経験の学＝精神の現象学』の執筆を始めたのである（1806年の1月頃）。

この後、ヘーゲルは難解な時間論を展開しているが、この辺りは『精神の現象学』の「絶対知章」の最後の3パラグラフと重なるであろう[26] (GW9, 432-434参照)。自然と意識への「この分裂は永遠の創造である。つまり精神の概念の創造である。それは自己と自己の反対とを担っている概念の実体である。」(287) 2つに分裂した自然と精神は「意識」という精神の現存在＝現実の日常生活という空間と、「世界史」という時間の中で一つに統一されるだろうという予言で、『1805/06年の精神哲学』の草稿は閉じられてい

339

る（新しい政治の風を予感しているかの如くである）。自然と向き合った意識は、やがて『精神の現象学』の中で「自然的意識」と呼ばれて、絶対知へと至る長い旅をすることになる（GW9, 55 参照）。ヘーゲルはこの旅においていくつもの新しい発見を重ねてゆくのである。

　1801 年、イエナにおいて哲学者としてデビューしたヘーゲルは、その後、哲学という「絶対的孤独」に立脚した長い営為において、世界と対峙、対決してきたが、今ようやく世界＝神＝絶対者を「自己」として把握したのである。1806 年段階のヘーゲルが到達した哲学は「自己の哲学」と呼ぶのがふさわしいであろう。それは自我の哲学であり、意識と自己意識と意志を動力とした精神の労働の哲学であり、思惟の本質態を極めながら、同時に現実に生きる自己意識＝人間の哲学となるであろう。だがこの「人間」が「国家」の内で如何に生きてゆくのか、その姿を示すことはヘーゲルにもまだ不可能であった。

注

1　邦訳がいくつかある。加藤尚武監訳『イェーナ体系構想』法政大学出版局、1999 年。尼寺義弘訳『イェーナ精神哲学』晃洋書房、1994 年。
2　『エンチクロペディー』の初版は 1817 年であり、第 2 版は 1827 年であり、第 3 版は 1830 年の刊行である。後二者はあまり変わっていないが、初版とは分量が大きく異なっている（後年になるほど量が増える）。ただし「精神哲学」のこの部分に関しては内容的な変化はない。
3　精神の理論的分野を「知性」として考察するのはイエナ初期以来のヘーゲルの立場であり、『差異論文』でも「自然の体系」に対する精神哲学が「知性の体系」と呼ばれていた（GW4, 67）。精神哲学の理論的部門はその後も、『人倫の体系』においても、『1803/04 年の精神哲学』においても、「知性」として把握されて、つまりは主観と客観の同一性の意識として描かれてきたのである。
4　前掲拙著『日常哲学派宣言』改訂版（文化書房博文社、2006 年）17-27p 参照。

第12章 『1805/06年の精神哲学』

5 逆に言えば、ここでヘーゲルが「意識の立場」を展開しなかったことが、この後に意識の立場である『精神の現象学』を書かなければならない必然性が生まれたのであろう。
6 私は既にイエナ中期にヘーゲルの「精神の労働」という視点の萌芽があることを、自己外化、等の表現において指摘しておいた（本書198p参照）。
7 前掲拙著『ヘーゲルのイエナ時代 生活編』154p 参照。
8 この断片についてのキムマーレの年代推定は二転三転しており、彼の最終的な推定は「1804年初め、あるいはその後」というものである（GW8, 356 参照）。
9 このように「欲望」を動物的な単なる主観性とし、衝動を理性的な客観性を備えたものとする区別にも、『1805/06年の精神哲学』の視線が『精神の現象学』の構想に至っていないことが示されている。ここでは結局「欲望」がテーマとされることはないのである。ただし「家族」の内部には理性的な欲望も登場している（212p 参照）。
10 拙著『倫理のディアレクティーク』第3版（文化書房博文社、2006年）110-115p 参照。
11 既に見てきたように、「自然状態」は近代自然法のフィクションであるとして、イエナ初期以来ヘーゲルはその概念を批判し、自己の哲学体系の内に採用しようとしなかったのであるが、ここにきてようやく「自然状態」を自己の哲学の内に採用する、ただしそれもまだ嫌々採用するに至ったと言える。
12 ヘーゲルの「承認」の概念の発展に関しては、上掲拙著『倫理のディアレクティーク』98-110p 参照。
13 ちなみに『精神の現象学』では「A．観察する理性」の「頭蓋論」に登場するのが最初である（GW9, 189 参照）。
14 ヘーゲルは『1805/06年の自然哲学』(164p) で一度「疎外」という用語を使用しているが、本格的にそれを使用し始めるのは『精神の現象学』の「精神章」の「B．自己疎外した精神 教養」からである（GW9, 264ff 参照）。なお前掲拙著『ヘーゲルのイエナ時代 生活編』154p 参照。
15 若い日以来のルソー主義者ヘーゲルが結局「社会契約論」を採用しなかったということはルソーとヘーゲルの心性の相違として興味深いことである。いつの日か論じてみたいテーマである。
16 Nation と Volk を前者を血縁的自然集団とし、後者を文化的集団とする区別

は『ドイツ憲法論』の頃から見られる。GW5, 59 参照。
17 　前掲拙著『革命と宗教』156-166p 参照。
18 　「私人」と「公民」の分裂の問題については、上掲拙著『倫理のディアレクティーク』120-122p 参照。
19 　前掲拙論「マルクスにおける唯物論と観念論」（『大東文化大学紀要 第 53 号』2015 年、21-42p）参照。
20 　「美しい魂」の最終段階では、現実性を支配する威力を有する行為する良心と、本質態たる思惟規定を支配する威力を有する批評する良心が和解する。そこに絶対的精神が成立し、神が現れてくる、とされている。GW, 9, 361-362, 364 参照。
21 　前掲加藤訳『イェーナ体系構想』225p、尼寺訳『イェーナ精神哲学』115p 参照。なおこの単語については木村・相良『独和辞典』新訂版（博友社）を参照。
22 　『ドイツ憲法論』で既に重視されていた「代議制論」は不思議なことに『1805/06 年の精神哲学』では展開されていない。解明さるべき謎である。
23 　一つの解決として「C」を「IV」と読み替えて、「Ⅲ. Constitution」の次の段階と見なす方策がある。そうなればここでの精神哲学の体系は後の体系に近いものとなる。いずれにしても 1806 年の頃にはヘーゲルの精神は革命的発酵状態にあり、自らが愛好する定型となっている三分法を突き崩す出来事が頻発していたようである。その最たる例は『精神の現象学』の区分、「C（AA）理性、（BB）精神、（CC）宗教、（DD）絶対知」である。後で苦労してこうした区分を編み出しはしたのであるが、これによって「C」自身の見出しはないままになってしまったのである。ヘーゲルにとって「C」は鬼門である。
24 　ただし 1803 年頃に既にアジアへの視野は開かれ始めていた。本書 199-200p 参照。なお F. シュレーゲルが『インド人の言語と知性について』を発表するのは 1808 年である。
25 　拙論「『精神現象学』と『論理学』序論」（東京唯物論研究会『唯物論』51 号、1978 年）参照。
26 　最後の 3 パラグラフについては上掲の拙論「『精神現象学』と『論理学』序論」参照。

エピローグ 兼 プロローグ
発酵の時代から誕生の時代へ

エピローグ 兼 プロローグ　発酵の時代から誕生の時代へ

「光は闇に輝いたが、闇は彼を理解しなかった」(『ヨハネ伝』第1章)

1．発酵から誕生へ

　若い日以来何度かイエス像を描いてきたヘーゲルはフランクフルト時代には、イエスが登場する時代そのものを規定しようとするようになる。いわゆる『キリスト教の精神とその運命』と呼ばれている草稿の初稿においては、ヘーゲルはイエスが登場する時代を「遅かれ早かれやってくる革命」の時代として捉えていたが（GW2, 113）、改稿では「最後の危機」の時代、「内的な発酵の時代」として捉えるようになる（GW2, 141）。それは様々な魂の情熱がほとばしり出る、まさに「発酵の時代」なのであった。多くの魂の情熱はそこで挫折し、歴史の運命の中で消えていった。

　哲学者になるべくイエナに移ってきたヘーゲルはやがて<u>自らが生きている時代そのもの</u>を「発酵の時代」として捉えるようになったのは既に見てきたところである。それはカント哲学の登場以降の百花繚乱のドイツの精神界の動向を表示する概念であり、ヘーゲル自身もそこに身を置いていた、哲学体系構想の花盛りの時代であった。イエナ時代も終わろうとする頃にもその動きは続いていたようであり、ローゼンクランツは次のような報告をしている。「ヘーゲルは1806年9月18日に思弁的哲学に関する講義を次のような言葉でもって閉じた」。ここに言われている「講義」は脈絡からして『精神の現象学』を含む「論理学」の講義であることは明らかである。とまれ、その時の最後の講義でヘーゲルはこう述べたとされている。

「諸君、これが私がその形成において到達した限りでの思弁的哲学です。諸君はそれを諸君が今後続行する哲学的思惟活動の端緒と考えてください。私たちは今**重要な時期、発酵の時期**に立っております。精神はそこで衝撃を受け、自分のこれまでの形態を乗り越えて、新しい形態を獲得しました。……精神の新しい出現が準備されています。」(強調は松村、以下同様。Ros. 213-214)

「重要な時期、発酵の時期」という言葉がこの時のヘーゲルの興奮を伝え

ている。この頃（1806年9月中旬）、ヘーゲルが『精神の現象学』の原稿をどこまで書いていたのかは、はっきりはしないが、精神章の「C．道徳性」の辺りを書いていたのであろうか、あるいはその前の「B．自己疎外した精神」の辺りかもしれない。ただしヘーゲルはその時の講義で、「論理学」をも続けて口述したとすれば、『精神の現象学』の「絶対知章」は何はともあれ講義しなければならなかったはずである。けだし絶対知を介してしか「論理学」に移行する道はないからである。おそらく残されている「C. Wissenschaft」という絶対知を取り扱った草稿がこの頃、急いで書き上げられたものと思われる（GW9, 438-443参照）。そして残りの宗教章と絶対知章も10月の末には一応書き終えたはずである（本文の原稿はこれで全部出版社に送ったことになる）。そして11月にはバンベルクに赴いて、『精神の現象学』の校正に1ヵ月ほど明け暮れている。そして年が明けて1807年1月の中頃には『精神の現象学』の「序論」を書き上げている。「序論」でも二度ほど「発酵」という用語は使用されているが、不思議なことに、それはもはや肯定的な意味合いを持たず、否定的な揶揄的な意味合いで使用されている。その個所はヘーゲル自身がつけた見出しでは「精神の現在の立場」となっている。ここでヘーゲルは哲学よりも宗教を愛好するロマン派の立場を批判している。彼らは概念や必然性を無視して、「発酵する霊感」に身を委ねているとしている（GW9, 13）。そしてまた彼らは自分たちを神のいとし子（エリート）と見なし、「実体の制御不能な発酵」に身を委ねていると揶揄している（GW9, 14）。このように<u>僅か4ヵ月の間に「発酵」は肯定的意味合いから否定的意味合いに変転したことになる</u>。ヘーゲルの精神の内に何か大きな変化が起こったと思われる。『精神の現象学』を書き上げたことによってまさに「発酵の時代」は終わったとでもいうのであろうか。この点で興味深いのは1812年の『論理学　第1巻　存在論』の「序文」である。その最初でヘーゲルはこう述べている。

「哲学的思惟様式が我々のもとでおよそ25年来こうむった完全な変革、精神の自己意識がこの時期に自分について到達した、より高い立場もこれまでのところ論理学の姿にほとんど影響を及ぼしていない。」（GW11, 5）

　ここでヘーゲルが25年前ということで何を語っているかということについて、アカデミー版の編集者は何の注も付けていないが、カントの『純粋理

エピローグ兼プロローグ　発酵の時代から誕生の時代へ

性批判』の第2版（1787年）の出現を指していることは明白である。ヘーゲルの手元にあったのは第2版であり（GW11, 415参照）、ヘーゲル自身としては『純粋理性批判』の第1版と第2版の区別などは念頭になかったのである。ともかく1812年の『論理学』の序文においてヘーゲルはカントの『純粋理性批判』の出版によって、ドイツの哲学、ドイツの精神に「発酵の時代」が到来したと考えているのである。ラインホルト、シュルツェ、フィヒテ、ヤコービ、ブウターヴェーク、クルーク、フリース、シェリング、エッシェンマイアー、シュレーゲル兄弟、等々の幾多の精神が登場しているのである。そのような中でヘーゲルは更に次のように言葉を続けている。
「他の面からすると新しい創造がそれとともに始まる<u>発酵の時代はもう終わった</u>かに見える。発酵の時代には当時の支配的な原理に対しては強烈な敵意を抱き、……具体的な形成を嫌って、……空虚な形式主義に縋りつくことになる。」（GW11, 6-7）

　発酵の時代が終わったかに見える、というところに、ヘーゲル自身が自己の哲学体系を仕上げつつある時期の自負があるように思える。既に『精神の現象学』の「序論」で「発酵」を否定的に揶揄していたように、ここ1812年の『論理学』の「序文」でも「発酵」は否定的・消極的な意味合いで使用されており、「空虚な形式主義」と合体させられている。こうしたことから考えると、発酵の時代はカント以降のドイツ哲学界の多様な体系構想の時代を意味しており、単なる<u>体系構想</u>（目次）の時代はおのずと「空虚な形式主義」となるという認識が1807年の『精神の現象学』の「序論」を書いていた頃に成立した、と言えそうである。この著作によってヘーゲル自身は単なる体系構想の段階を終えて、具体的に自己の哲学体系を叙述したのである。まさに「体系構想の時代」は終わり、「体系叙述の時代」が始まったのである。もちろんそれはまだ「学の体系　第1部」であったが、それは確実に「学の体系」の一部を形成しているのである。『精神の現象学』の「序論」では、上記のロマン派批判に続けて、ヘーゲルは自分の時代を「誕生の時代」と呼んでいる。
「ところで我々の時代が<u>誕生の時代</u>であり、新しい時期への移行の時代であるということを見て取るのは困難なことではない」（GW9, 14）。
　見られるように、「誕生の時代」は「発酵の時代」に取って代わる新しい

時代への移行期とされている。新しい時代はヘーゲル哲学が叙述される時代であると共に、イエナ到着以来執拗にヘーゲルが取り組んできたドイツの政治（現実）にとっての新しい時代でもあったであろう。ヘーゲルは祖国（ヴュルテンベルク）が「ライン同盟」（1806年7月結成）に参加して、ナポレオンと共に歩んでゆく道に、新しい希望を見出したのであろう。哲学体系の叙述はこの希望と共に進んでゆくのである。

2.『精神の現象学』と『論理学』

　ヘーゲルは『精神の現象学』を当初は『意識の経験の学』と呼んでいた。この書は表題が如何なるものとなろうとも、ヘーゲル哲学にとっては、ヘーゲルが初めて「意識」を対象として取り上げたことに画期的な意味があった。「意識」とは対象と対立しているものであり、対象と自己とは別のものであると思っているものである。そのようなものとしての意識は絶対的同一性を主張していたイエナ期のヘーゲルにとってみれば、精神哲学の中で取り上げるに値しない粗野な凡俗な意識であった。ヘーゲルが取り上げる意識は「絶対的意識」のみであり、主観と客観の同一性を表現している意識、つまりは「知性」であった。知性以外の意識はヘーゲル哲学の体系から削除されていた。このように排除・無視されていた「対立の意識」を初めて正面から取り上げたところに、『意識の経験の学＝精神の現象学』の大きな意味があったのである。『精神の現象学』の原稿の中で一番最初に書いた部分と思われる「緒論」において、ヘーゲルはそうした対立の意識を「自然的意識」と呼び、この著作が「真なる知へと迫ってゆく自然的意識の道程」であると述べている。そしてその道程を「自分の自然によって自分に前もって設定された宿駅を通って遍歴する……魂の道程」と呼んでいる（GW9, 55）。自然的意識の宿駅は知らぬ間に、他者によって設定されているのである。そして最後の「絶対知」に至って、ヘーゲルは次のように述べている。「意識」は精神のダーザインであったが、その意識の経験の最終成果として、精神は自己の「新しいダーザイン」を、つまりは「概念」を獲得している。学＝論理学の諸契機はもはや意識の諸形態ではなく、規定された諸概念である。そのように『精神の現象学』と『論理学』とはその諸契機の姿において大きく異なっているが、「逆に学〔論理学〕のあの抽象的な契機に、現象する精神—

エピローグ 兼 プロローグ　発酵の時代から誕生の時代へ

般の一つ〔一つ〕の形態が対応している」と主張されている（GW9, 432）。こうして我々は『精神の現象学』の意識の諸形態の歩みが、実は純粋学たる『論理学』の諸契機と対応している、という思いもかけぬ事態に遭遇するのである。『精神の現象学』と『論理学』の諸契機の対応というこの問題はドイツのヘーゲル研究の中でも1960年代以降大いに議論され、未解決のまま現在に至っている問題である。この問題の最大の困難は『精神の現象学』に対応する『論理学』が存在していないということである。『1804/05年の論理学・形而上学』の後に、既に言及したように1805/06年の頃に、ヘーゲルは「個体性の原理」を現代の原理として受け入れ、更には自己意識の概念を自己の哲学の原理として受け入れて、大きな思想の転換を経験するのである。その転換を経験したヘーゲルの新しい「論理学」がおそらくは1806年の夏学期に、『精神の現象学』と一緒に講義されたかもしれないが、既に述べたように資料は残っておらず、その「論理学」はまさに「1806年の幻の論理学」であった。その後ヘーゲルが論理学を仕上げるのは、1812-16年にかけてのことである。この『論理学』と『精神の現象学』との間には少なくとも5年の歳月が流れている。ヘーゲル研究では、各人各様の提案がなされて、両者の対応の問題が論じられてきたが、論者のほとんど全ての者は対応の「目次」を示しただけであった。両著作の目次を対応させて一体如何なる意味があるというのであろうか。それこそまさにヘーゲル自身が『精神の現象学』の「序論」で批判している「一覧表を作る悟性」の形式主義そのものである（GW9, 38参照）。そのような「発酵の時代」の意識をヘーゲルは既に卒業しているのである。意識の諸形態の変転と論理学の諸規定の変転の構造およびリズムの符合を示してこそ、「対応の問題」は意義あるものとなるであろう。ただし今私が問題としたいのは対応の如何という問題よりも、両著作が対応すると主張するヘーゲルの情動である。「対応する」という主張は、これまたヘーゲルの確信であり、断言である。ヘーゲル自身としても決して『精神の現象学』の本文の叙述の中で、対応の問題を丁寧に示してはいない。否むしろ、示そうにも示せなかったと言うべきであろう。「論理学」の「存在論」の中で、「対自存在」を如何に位置付けるのか、また「度量」をどのように構成するのか、「本質論」を如何なる構想で整理し、「概念論」と区別するのか、概念の一規定としての「個別」をどう位置付け、「判

断論」「推理論」をどう哲学的に理解するのか、等々、課題は山積みであったであろう。しかも論理学との対応の問題は『精神の現象学』自身が孕む単に一つの問題であり、本来の問題は自然的意識を導いて長い長い絶対知への道を歩み終えることであった。

「意識の経験」をヘーゲルは単に「学への入門、序論」として描くことでは満足できず、「意識の経験」をそれ自身が「学」であるものとして描こうとした。しかし同一性の意識である知性とは異なる、対立の意識である「意識の経験」を如何にすればそれ自身、学たるものとして描けるというのであろうか。意識の諸形態の経験を学問的に描くと言うときに、ヘーゲルが考えていたのは次のようなことであったと思われる。自然的意識の諸形態はそれぞれが固有の理念を有しており、それこそが真理だと確信している。例えば、感覚的確信のイデア・理念は「このもの」であり、知覚のそれは「物」であり、悟性のそれは「力」である。それらの意識を叙述するヘーゲルとしては、それらのイデア・理念がそれら意識の単なる思い込み、確信であり、真理ではないものであることを示しながら叙述を展開してゆく。そして意識の「確信」と「真理」とが一致する地点まで叙述を推し進めてゆき、一致する地点を「絶対知」として示して、真理そのものである「論理学」へと移って行く、それがヘーゲルの目論見であったであろう。「確信」と「真理」という言葉が『意識の経験の学』の構想のキーワードであり、このキーワードは「Ⅴ．理性の確信と真理」まで使用されているが、それ以降は全く使用されていない。その後に位置する「精神章」「宗教章」はもはや主観的精神の世界ではなく、客観的精神の世界である以上、「確信」と「真理」の弁証法で処理することは出来なかったのであり、「外化」と「疎外」の論理が必要とされたのである。とまれ、その前半にあっては、確信と真理の齟齬が全体を動かしてゆく魂であり、この過程で生じてくる「真理」が論理学の諸規定・本質態として示されるものである。ヘーゲルの主張では真理としての論理的諸規定が、あたかも『論理学』の諸規定そのままの順序で意識の諸形態と対応しているかの印象を与えるが、そこまでいけばそれは哲学ではなく、空虚な形式主義・図式主義そのものであろう。そのような形式を整えるために、ヘーゲルは『精神の現象学』を、あるいはまた『論理学』を書いているわけではないであろう。ヘーゲル自身の意図としては、対立をこととする意識の

諸形態の弁証法的展開の内に、真理の学としての『論理学』の諸規定が作用しており、それが弁証法の成果として生じているのだ、ということが言いたいのであろう。細かな対応の順序までは主張してはいないと思われる。論理的諸規定は自然的意識の内にさえも貫徹しているのである。それだからこそ、『意識の経験の学』も「学の体系　第1部」となり得るのである。『意識の経験の学』は「論理学」に導かれているのである。先に自然的意識の宿駅は「自然によって前もって設定されている」とヘーゲルは述べていたが、自然的意識の宿駅を前もって規定しているのは、叡智的規定性たる論理学の諸規定なのであろう。そこに「概念の自己運動」というヘーゲルの思想が成立する（GW9, 48）。概念の自己運動こそが、ヘーゲルがイエナ期の最終成果として辿り着いた真理の表現様式であった[5]。それは新しい時代に乗り出す旗印であった。

3．真理の学としての論理学

　ヘーゲルは『学の体系　第1部　精神の現象学』を1807年に仕上げた後は、第2部にあたる『論理学』、更には『自然哲学』、『精神哲学』の仕上げに邁進しようとしたが、論理学の第1部「存在論」を刊行したのは1812年であり、第2部の「本質論」が1813年、第3部「概念論」は1816年に刊行されている（10年かかってヘーゲルは「論理学」を仕上げたことになる）。第3部「概念論」には本論が始まる前に、「概念一般について」という序論が付けられているが、概念論の全体を書き終えた後に更に「前言Vorbericht」なるものを付け加えている。ここでヘーゲルは自分の書き上げた『論理学』[6]が不十分なものであるということで、いくつかの弁明を行ってその不十分さを読者に大目に見ていただきたいと要望している。そして最後に「この著作の対象の偉大さこそが」読者に大目に見ていただく最大の理由となるだろうとして、「認識にとって真理それ自身以上にもっと崇高な対象が何かあるだろうか」と見得を切っている（GW12, 5）。『論理学』こそが真理それ自身であるということなのであろう。そしてここでヘーゲルはピラトがイエスに尋ねたという「真理とは何か」という言葉を引用し、クロプシュトックの詩『メシアス』の語句を引用している。アカデミー版の編集者の注にもあるように（GW12, 339）、ヘーゲルの引用は正確ではない。クロ

プシュトックが「Weltmann・社交家」としているところを「Hofmann・廷臣」と変え、動詞の部分を「verurteilen・有罪とする」から「verdammen・刑を宣告する」に変えている。ヘーゲルの引用文では「近視眼的で、だが笑いながら、厳粛なる事柄に刑を宣告する廷臣の顔つきで」となる。興味深いことにヘーゲルは既にベルン時代の『イエスの生涯』においてこの同じ言葉を、ここでの引用と全く同じ形で引用している（GW1, 273 参照）。ヘーゲルはこの語句を若い日以来ずっと暗記していたことになる。なお『論理学概念論』の寺沢訳の注にもあるように、ピラトがイエスに「真理とは何か」と尋ねる場面は、「初めにロゴスありき」で始まるあの「ヨハネ伝」にだけ出ている。そこでイエスはこう語っている。「私は真理を証明するために生まれ、そのためにこの世に来た。真理につく者は私の声を聴く。」（ヨハネ伝18 章。この後で「真理とは何か」という先のピラトの問いが発せられる。）もちろんヘーゲルの『イエスの生涯』にもその語句はほぼそのまま記されている。ただしヘーゲルの場合には「真理を教え、真理の信奉者となるため」と多少変更されている（GW1, 273）。イエスのこの言葉に若いヘーゲルもいたく同感していることがうかがえる。若い日に描いたイエスの「真理への熱愛」を、熟年となったヘーゲルは『論理学』において自ら実行しようとしているのである。『論理学』はヘーゲルにとって「真理それ自身」なのであり、その叙述に励むヘーゲルは「真理の信奉者」、あるいはもっと適切に表現すれば、「真理の伝道者」なのである。それはヘーゲルの有名な言葉「自然と有限な精神を創造する前の、その永遠なる本質における神の叙述」としての論理学（GW11, 21）と重なるものである。そこでも言われているように、論理学は「何らの覆いもなく即且対自的に存在している真理それ自身」なのである。もちろん論理的諸規定は弁証性・弁証法を免れるものではないが、そこに概念の自己運動を示すことが出来れば、それがまさに真理そのものなのである。弁証法を免れる永遠の真理などないのであり、弁証法的な自己運動をするものだけが永遠の真理なのである。それは他人から見れば、ヘーゲルの単なる信念であり、断言である。しかしヘーゲル自身としては、1807 年に『精神の現象学』を書き上げ、1812 年から 1816 年にかけて『論理学』を書き上げたことによって、その使命を果たしたと確信していたのであろう。

エピローグ兼プロローグ　発酵の時代から誕生の時代へ

「論理学」の諸規定たるこの叡智的規定性は『精神の現象学』の内で支配しているだけではなく、「自然哲学」「精神哲学」の内でも支配しているロゴスである。更にはヘーゲルは「哲学史講義」においても、哲学史の理念と論理学の諸規定との対応を主張している。ヘーゲルが描き上げた論理的諸規定は至る所に貫通しているのである（まるでイエナ期のエーテルのように）。そのようなものとしての論理的諸規定を「世界の創造以前の神の叙述」と呼んだとしても、それは驚くには当たらないであろう。論理的諸規定は叡智的存在であり、神なのである。神は古代ギリシアにおいても、近代においても確かに死んだ。しかし「神」はロゴスとして生きている。哲学者ヘーゲルはそのロゴスの伝道者として真理の国を描き上げたのである。もちろんヘーゲルの『論理学』の諸規定は神が作り上げたものではない。諸規定を作り上げたのは、自我であり、この解釈においてヘーゲルはカント、フィヒテと強く結びついている。しかしヘーゲルのカテゴリー＝論理的諸規定は単に主観の産物であるだけではなく、客観の本質態でもあった。カテゴリーは客観の本質態であると主張しない限り、ヘーゲル哲学は存立できない。それはカント以降の時代の哲学者であるのに、まるで中世的な独断的観念論者であるという南ドイツの保守的宗教的心情に育まれてきたヘーゲルの環境が作り出した帰結である。叡智的存在としての論理的諸規定は客観性・客体性を持たなければならないのである。スピノザの神が思惟と延長の統一であったように、ヘーゲルの論理的諸規定も思惟と延長の統一でなければならない。かかる統一であって初めて論理的諸規定は神的なものたり得るのである。

　イエナ時代の初期に古代的イデア主義の立場に立って、イデア＝理念を観念的なものと実在的なもの、主観的なものと客観的なものの統一であるとして断言していたヘーゲルは、イエナ時代の終わりに至って、対立の意識たる日常的な経験的意識（民衆 Volk）を自己の哲学の対象とすることによって、新しい発見をするに至ったのである。天上のイデアは地上のありふれた経験的生活の中で生きていた。精神のダーザインたる「対立の意識」の内に純粋本質態が生きて作用していた。ヘーゲルはイデアの正体を論理的諸規定＝本質態として発見したのである。『精神の現象学』の「序論」は、そうしたものとしての「概念の自己運動」を真理そのものとして書き上げる自信を

披瀝している。論理的諸規定は「透明な」「エーテル」の中で輝いている。それはいわば神が「変容した本質態 die verklärte Wesenheit」である（GW9, 22）。もちろんこの照り輝く「変容した本質態」を創造したのは人間＝自己意識である。ヘーゲルの自己意識は自己運動する真理そのものを『精神の現象学』の旅において発見したのである。真理は今や透明なるエーテルの中で輝いている。イエナ初期には暗闇・夜の中で蠢いていた絶対者は、「自己意識」に変身したことによって、まさに「精神の真昼」に歩み入ろうとしている（GW9, 109参照）。発酵の時代は終わり、誕生の時代が始まったのである。それは新しい哲学と新しい政治が共に歩む時代である。それは暗黒の時代の終わりであり、照り輝く創造・形成の時代の始まりである。神の子イエスが登場したこの世界は「その変容をなお期待されなければならない」世界だとヘーゲルは明言している（GW9, 421参照）。その変容を遂行する第一子は1807年、『精神の現象学』として誕生した。この第一子は透明なるエーテルの中で輝いている真理そのものである「本質態 Wesenheit」を『論理学の学』[7]として描いてゆかなければならない。それが「真理の伝道者」たる「現代の使徒」の使命なのであった。1806年10月のナポレオンのイエナへの登場によって、ドイツに新しい政治の風が吹いて来た。この風の中で「ヘーゲル哲学」は誕生したのである。そしてヘーゲルは、イエナに到着した時に体験した政治の風とは全く異なる、新しい政治の風と共にひっそりとイエナを旅立ったのである。

注

1　この草稿はアカデミー版全集の9巻に収められている。GW9, 438-443参照。成立の時期は1806年の夏頃と推測されている。

2　前掲拙著『ヘーゲルのイエナ時代　生活編』（文化書房博文社、2012年）217-220p参照。わが国のヘーゲル研究者の中には、『精神の現象学』の表題問題の混乱などから、この著作を急ごしらえのつぎはぎ細工と見なす見解もあるようだが、ヘーゲルの長期にわたる校正作業を無視したものと言わざるを得ない。

エピローグ 兼 プロローグ　発酵の時代から誕生の時代へ

3　この問題に関しては、前掲拙論「『精神現象学』と『論理学』序論」（東京唯物論研究会『唯物論』51号、1978年）。及び、拙論「ヘーゲルにおけるロゴスとゲシュタルト——感覚的確信と存在の論理——」（『大東文化大学紀要 第33号』1995年）参照。
4　これ以前のギムナジウムの校長時代（1808-16）にヘーゲルは「論理学」の講義を何度か行っており、しかも学生によるその講義の筆記ノートも残されており、アカデミー版の全集の10巻（全二冊）に収められている。
5　本書274pで既に触れたが、「概念の自己運動」という思想は内容的にはイエナ中期からあるとも言えるが、この言葉が登場するのは『精神の現象学』の「序論 Vorrede」が最初である（GW9, 48）。「概念の自己運動」は『精神の現象学』の本文を書き終えた後に、ヘーゲルが辿り着いた自分固有の哲学のキャッチコピーであった。（なお「自己運動 Selbstbewegung」という言葉自身もヘーゲルの造語であり、この言葉も同書の「序論」に初めて登場する。GW9, 19, 21, 28, 34, 37, 40, 41, 48p 参照。）
6　『論理学』ということで1812-1816年に刊行されたものを表記する。いわゆる『大論理学』とほぼ重なるが、これまでわが国で使用されてきた『大論理学』『小論理学』という表記は現在では不適切なものなので、使用しないことにする。ヘーゲルの「論理学」としては多様なものがある。
7　ヘーゲルの『論理学』の正式な名称は Wissenschaft der Logik である。

あとがき

　私は昨春24年間務めた職場を退職して、今ようやく『ヘーゲルのイエナ時代　理論編』を刊行しようとしている。何ともささやかな歩みであったが、それでもそこに満ち足りている私もいた。46歳にして大学に職を得て、ヘーゲル研究を再開した私は、振り返って見れば、大東文化大学で自分の青春を反芻しながら生きてきたように思える。大学生の時の卒論は『フランス革命とヘーゲル』と題したものであった。「フランス文化課程」なるコースに所属していた私には、純然たるヘーゲル論を書くことが憚られ、それで「フランス」なる語句を付けたのも事実であった。もちろん私はフランス革命こそがヘーゲル思想の揺籃であったと当時も固く信じていた。そんな私が初期ヘーゲル研究を纏めて『革命と宗教──初期ヘーゲル論考』として上梓したのは2007年のことであり、私は還暦を迎えようとしていた。その後私はヘーゲル哲学誕生の地であるドイツのイエナに赴き、一年間を過ごし、『ヘーゲルのイエナ時代　生活編』を2012年に刊行した。実は私は大学院で『ヘーゲル「1803/04年の精神哲学」研究──イエナ期の転換をめぐって』という修士論文を書いていた。その頃からイエナは私の憧れの地であった。その地でヘーゲルの息吹に触れながら妻とあちこちと散策した日々が思い出される。そんな思いに促されながら、ヘーゲルのイエナ時代の理論編を何とか纏めたいとここ数年ひたすら願ってきたが、ようやくその願いが叶いそうである。ただし残念なことにこの書においては『精神の現象学』を取り上げることが出来なかった。その書については近く『ヘーゲルのイエナ時代　理論編』の続編として上梓する予定である。しばしなおヘーゲル研究を楽しみたいと思っている。
　今回は鳥影社の編集部の方々には大変お世話になった。記して感謝する次第である。
　　　遥か十七回忌を迎えた母玉代の思い出にこの書を捧げたい

　　　　　　　　　　　　　　　　　　　八国山の麓にて　　著者

索　引

― あ ―

愛　　76, 125, 134, 141, 142, 178, 229, 235, 317, 324

悪　　116, 117, 119, 139, 140, 151, 156, 177, 180, 184, 195, 267, 268, 271, 326-329, 337, 338

　悪の哲学　　140

アダム・スミス　　163, 238

尼寺義弘　　340, 342

アリストテレス　　7, 23, 51, 83, 94, 95, 167, 201, 204, 216, 241, 279, 303, 306

意志　　18, 21, 70, 77, 137, 150, 160, 161, 303, 313-316, 320-330, 334, 340

イェシュケ　　9, 77

意識

　経験的意識　　61, 62, 103, 133, 145, 149, 184, 218-220, 241, 307, 313, 339, 353

　純粋意識　　61, 62, 149, 241, 336, 337

　絶対的意識　　165, 166, 218-220, 222, 233, 234, 241, 268, 339, 348

イデア・理念　　7, 9, 18, 49, 51, 57, 58, 75, 80, 81, 85, 88-91, 101-103, 107, 108, 111, 121, 122, 153, 157, 159, 160, 165, 166, 177, 193, 201, 209, 212, 217, 244, 246, 278, 284, 350

因果関係　　60, 66, 68, 81, 149, 252, 253, 277

ヴォルテール　　23, 150

ヴュルテンベルク　　21, 22, 37, 47, 288, 328, 348

運命　　17-19, 24, 26, 35, 38, 81, 85, 137, 157, 164, 165, 171, 187, 194, 288, 345

叡智的　　44, 81, 114, 125, 146, 222, 351, 353

エッシェンマイアー　　45-47, 72, 155, 347

エーテル　　49, 64, 67, 77, 82, 107, 127, 135, 165, 166, 175, 176, 178, 180, 181, 194, 195, 202, 206, 208-211, 215-219, 222, 234, 241, 267, 271, 272, 279-283, 286, 289, 290, 353, 354
海老沢善一　　117, 119
エレウシスの密儀　　114

オーストリア　　13, 14, 17, 24, 27, 34, 35, 36, 37
思い込み　　168, 262, 291, 292, 307, 313, 350

— か —

外化　　165, 184, 198, 200, 275, 310, 314, 322, 327, 329-333, 338, 339, 341, 350
懐疑論　　81, 109, 110, 111
概念
　規定された概念　　218, 219, 223, 225-227, 255, 257, 267
　絶対的概念　　124, 125, 127-129, 135, 143, 160-162, 166, 207, 209, 223, 263, 271, 282, 292, 303
　純粋概念　　135
　概念の自己運動　　259, 262, 274, 351-353, 355
学　　42, 61, 67-71, 86, 87, 88-90, 93, 97, 102, 103, 110, 116, 173, 174, 222, 257, 307, 311, 313, 314, 334, 338, 339, 347, 348, 350, 351, 354
確信　　103, 118, 146, 165, 175, 176, 178, 225, 238, 257, 303, 304, 328, 329, 333, 336, 339, 349, 350, 352, 355
革命　　33, 47, 72, 73, 153, 177, 310, 327, 330, 345
　フランス革命　　13, 14, 35, 36, 136, 162, 239, 328, 332, 333, 357
仮象　　60, 87, 109, 168, 270, 272
家族　　122-125, 129, 131, 132, 164, 215, 222-224, 228, 229-231, 235, 236, 317, 318, 320, 324, 325, 329, 341
価値　　41, 128, 138, 163, 169, 198, 201, 237, 238, 242, 321, 322, 324, 325
カテゴリー　　47, 64, 93, 94, 96, 110, 145, 146, 195, 199, 219, 226, 244-246, 248, 250, 251, 253, 254, 267, 268, 273, 291, 304, 310, 313, 314, 353

索　引

加藤尚武　　117, 213, 240, 340, 342
金子武蔵　　13, 18, 37, 40, 41, 64, 76, 92, 99, 100, 276
神
　神の人格性　　113, 267
　神は死んだ　　115, 151, 153, 180, 197
カール大公　　27, 38, 39
カント　　12, 47, 48, 52, 55-57, 59, 60, 63, 68, 73, 81, 86, 94, 95, 97, 98, 100, 102, 103, 107-111, 115, 116, 121, 122, 125, 129, 140, 141, 143-147, 150, 151, 153, 154, 158-160, 167, 168, 170, 178, 184, 188, 192, 209, 212, 217, 219, 222, 226, 227, 229, 234, 244, 246, 247, 249-251, 253, 254, 257, 260, 261, 263, 264, 267, 268, 274, 277, 281, 285, 288, 290, 292, 305, 306, 308, 310, 313, 317, 324, 345-347, 353
観念論　　12, 47, 55, 62, 68, 69, 80, 85, 89, 106, 112, 117, 126, 144-146, 149, 188, 201, 203, 212, 226, 242, 244, 247, 261, 282, 301, 304, 310, 342, 353
　ドイツ観念論　　45, 52, 56, 67, 73, 83, 109, 146, 147, 149, 155, 170, 174, 178, 219, 238, 242, 260, 261, 265, 272, 274, 288, 296, 306, 330, 336, 337

記憶　　21, 199, 222, 223, 225, 226, 239, 311-313
機械　　4, 20, 49, 52, 64, 65, 68, 81, 90, 128, 138, 201-204, 236-238, 265, 278, 279, 283, 289, 297, 298, 300, 316, 321, 325, 333
犠牲　　132, 164, 167, 171, 174, 232, 338
規定性　　96, 129, 130, 132, 134, 135, 146, 157, 163, 169, 170, 194, 201, 205, 226, 247, 249, 250-252, 254-258, 262, 263, 269, 270, 277, 284, 285, 289-293, 305, 331, 351, 353
キンマーレ　　25, 241

空虚　　73, 196, 198, 200, 211, 223, 225, 244, 248, 251-253, 256, 258, 282, 293, 294, 303, 309, 315, 319, 325, 347, 350
苦痛　　134, 143, 148, 153, 154, 156, 175-179
久保陽一　　119, 156
栗原隆　　118

361

クロプシュトック　　351

刑罰　　19, 138, 162, 323, 324, 326
経済学　　122, 136, 138, 155, 163, 187, 188, 198, 238
形式主義　　75, 90, 100, 118, 121, 149, 170, 347, 349, 350
形而上学　　3, 8, 57, 60, 86, 88, 90, 91, 93-95, 97-99, 123, 153, 156, 157, 158, 162, 166, 180, 184, 199, 200, 206, 215, 217, 243-245, 254, 259, 260-262, 264, 268, 270, 272-275, 277-279, 282, 285, 313, 326, 339, 349
啓蒙　　3, 140-143, 148
契約　　128, 129, 229, 232-234, 239, 322-324, 328, 341
ゲーテ　　21, 146, 206, 301
ケプラー　　83, 84, 205, 280, 282, 286
ゲル状態　　209, 299
限界　　12, 18, 97, 106, 116, 117, 136, 158, 173, 174, 193, 211, 246-248, 252, 256, 273, 281, 331, 336
原子（原子論）　　63-65, 148, 158, 160, 203, 204, 213, 244, 248, 265, 284, 285, 286, 315
現実性　　58, 151, 252, 253, 298, 315, 321, 322, 325, 332, 337, 338, 342
現象　　8, 9, 33, 42, 45, 50-53, 56, 57, 59, 60, 68-72, 75, 77, 83, 85, 88, 90, 96, 100, 107, 111, 118, 122, 134, 137, 139, 145, 146, 152, 153, 155, 156, 168, 169, 171, 173, 175, 178, 202, 206, 218, 225, 228, 231, 241, 242, 249, 253, 270, 273, 274, 276, 278, 282, 286, 295, 303, 304, 307, 309, 313, 316-318, 321, 332, 336-342, 345-355, 357

構想力　　53, 98, 145, 146, 147, 308, 336
幸福主義　　142, 143, 156
上妻精　　142, 154-156, 176, 181
悟性　　51, 52, 55, 57, 64, 65, 79, 80, 90, 93-96, 98, 110, 134, 139, 141, 144, 146, 188, 195, 223, 225, 226, 235, 236, 239, 244, 246, 247, 250, 253, 311, 313, 314, 332, 349, 350
個体性の原理　　8, 37, 165, 171, 198, 245, 259, 288, 305, 315, 319, 349

索　引

古代的イデア主義　7, 51, 58, 82, 102, 152, 157, 159, 166, 168, 201, 209, 221, 247, 258, 260, 262, 279, 292, 330, 353

言葉　23, 30, 31, 37, 39, 51, 53, 58, 63, 65, 67, 70, 73, 76, 86, 89, 91, 95, 100, 113, 116, 117, 124, 127, 128, 130, 133, 137, 139, 141, 147, 148, 155, 161, 174-180, 191-193, 197, 198, 206, 210, 216, 221-228, 231, 235, 236, 241, 242, 246, 247, 263, 267, 271, 273, 275, 276, 280, 284, 291, 296, 299, 301, 310, 317, 322, 328, 333, 336, 345, 347, 350-352, 355

このもの　224, 225, 257, 258, 265, 277, 339, 350

個別性　124, 132-135, 137, 138, 153, 158, 159, 161-163, 165, 166, 168, 172, 174, 175, 193-195, 198, 208, 211, 212, 216-220, 222, 223, 225, 227-229, 231-233, 238, 258, 265, 266, 268-270, 283-285, 295, 296, 298, 300, 316, 319, 328, 330

婚姻　129, 324

根拠　69, 71, 97, 108, 109, 117, 121, 154, 168, 178, 179, 194, 203, 259, 260, 261, 263, 264, 266, 267, 275, 279, 283, 300, 303, 304, 313-315, 320, 336

― さ ―

再構成　80, 151, 154, 155, 177, 179, 180, 235, 240

最高存在　217, 266, 267, 270, 271, 275, 329

作品　3, 8, 24, 40, 44, 59, 105, 107, 113, 121, 133, 149, 199, 200, 221, 230, 234-236, 242, 316, 330, 332, 339

三重性　146

三分法　146, 174, 178, 208, 244, 259, 337, 342

死　18, 73, 104, 114, 131, 134, 139, 141, 154, 162-165, 172, 176, 179, 210, 227, 231-235, 302, 304, 320, 333, 337

シェリング　2, 7, 8, 12, 19, 25, 40, 41, 43-54, 56-59, 61-63, 66-77, 81, 85, 90, 91, 94, 95, 97, 100, 101, 103, 105-109, 111-119, 121-123, 139, 140, 142, 144, 146, 150, 155, 159, 175, 177, 197, 201, 203, 210, 213, 218, 220, 222, 234, 241, 248, 255, 261, 263, 264, 268, 271, 272, 274, 276, 279, 283, 291,

　　　　　　306, 310, 312, 327, 335, 347

自我　　　12, 44, 46-48, 52, 55, 57, 59, 61-64, 67, 68, 71-73, 95, 103, 106, 109, 112, 117, 144, 145, 149, 150, 153, 184, 217, 260, 261, 263, 264, 267-271, 274, 290, 291, 293, 297, 301, 303, 309, 310-316, 321, 332, 334, 336, 339, 340, 353

軸回転運動　283, 294-296, 302, 306

自己　　7, 8, 12, 14, 19, 20, 25, 37, 38, 46, 47, 49, 52, 54-56, 59, 61-65, 67-71, 73, 75, 77, 79, 81-84, 88-90, 93, 100, 103, 106, 112, 114, 118, 122, 123, 125-128, 130, 132-140, 144, 148, 151, 152, 155, 160-167, 169-171, 173, 184, 186-188, 193-200, 202, 204-206, 208-212, 215-224, 226, 229-242, 246, 247, 249, 250, 253-260, 262, 263, 265, 266, 268-272, 275, 277, 279-281, 283-285, 288-317, 319-341, 346-349, 352-355

自己意識　　8, 12, 45-47, 61-63, 66-73, 81, 103, 109, 118, 124, 184, 227, 240-242, 245, 257, 260, 264, 268, 274, 288-290, 295, 303-306, 311, 314, 315, 317, 318, 320, 323, 325, 331, 340, 346, 349, 354

自己同等性　196, 208, 217, 218, 248, 262, 271, 278, 280, 281, 283, 292

自然状態　　25, 27, 30, 34, 81, 123-125, 131, 155, 158, 159, 233, 234, 317-319, 323, 325, 341

人倫的自然　89, 92, 135, 151, 152, 159, 164, 165, 176, 234, 235, 242

自体　　68, 96, 102, 112, 114, 145, 146, 151, 158, 161, 170, 175, 188, 198, 226, 236, 246, 260-263, 265-270, 274, 294, 300, 303, 304, 313, 324, 326, 329

自体存在　　261, 262, 298

実在性　　8, 43, 49, 69, 81, 90, 106, 126-128, 135, 138, 143, 146-148, 151, 160, 161, 163-165, 167, 173, 175, 177, 179, 191, 207, 209, 218, 220, 236, 240, 244, 246, 247, 250, 257-259, 263, 269, 278, 282, 292, 294, 297, 298, 310, 311

実体　　44, 60, 68, 70, 106, 108, 126, 146, 158, 161, 204, 216-218, 233, 234, 251-255, 265, 267, 284, 285, 289, 292, 293, 298, 300, 302-305, 311, 315, 319, 324-327, 336, 339, 346

思弁的　　46, 49, 88, 93, 94, 109, 111, 115, 117, 119, 153, 174, 176-178, 180, 195, 243, 244, 262, 266, 336-338, 345

索　引

島崎隆　　9, 273, 274
市民　　12, 21, 22, 32, 33, 88, 133, 147, 164, 165, 170, 188, 332
市民社会　　82, 123, 124, 128, 131, 134, 137, 163, 187, 188, 189, 194, 228, 234-237, 239, 242, 312, 321, 322, 324, 325, 327
自由　　3, 12, 17, 24, 25, 29, 30, 34-39, 46, 51, 52, 57, 59, 62-65, 77, 81, 90, 107, 119, 124, 129, 130, 134-138, 142, 147, 148, 151, 157, 159, 161-163, 170, 172-174, 179, 186-189, 191, 194, 198, 199, 211, 222, 227, 229-231, 233, 269, 270, 288, 296, 314, 315, 317-320, 323, 328, 330, 331, 334
宗教
　古代ギリシア　　113-115, 132, 135, 139, 142, 154, 164, 167, 175, 176, 178, 180, 199, 200, 206, 240, 276, 279, 284, 306, 330, 335, 336, 353
　自然宗教　　139, 154, 174, 175, 177, 197, 199, 200, 334
　芸術宗教　　197, 199, 200, 240
　キリスト教　　12, 18, 19, 76, 112-115, 119, 139, 140, 142, 143, 151, 153, 154, 156, 164, 167, 174-180, 200, 240, 244, 268, 328, 335-338, 345
　近代の宗教　　153
　アジアの宗教　　335
　民族宗教　　12, 133, 140, 142, 148, 154, 161, 167, 172, 173, 177, 179, 240, 336
重力　　80, 82-84, 107, 203, 204, 253, 283, 296, 297
主観　　3, 8, 12, 43-45, 47, 48, 51-53, 56-59, 61, 62, 64, 66-69, 72, 73, 80, 81, 84, 86, 87, 94, 96-98, 101, 103, 104, 114, 122, 126-130, 133, 137, 139-149, 151-153, 160, 162, 171, 173, 174, 178, 184, 191, 193, 195, 198, 199, 209, 210, 218, 219, 221-223, 225, 226, 228, 244, 245, 255, 260, 264, 265, 267-271, 273, 274, 276, 277, 280, 285, 290-293, 299, 304, 307, 309-312, 340, 341, 348, 350, 353
主語　　126, 144, 145, 241, 255-258, 262, 293
主人　　124, 129, 131, 307, 312, 316, 321, 328
主体　　60, 126, 128, 193, 198, 222, 252, 265, 275, 293, 294, 298, 301, 303, 305
述語　　126, 145, 150, 241, 255, 256, 293
シュライアーマッハー　　148, 173

シュルツェ　109, 111, 118, 347

衝動　7, 18, 19, 22, 47, 50, 51, 54-56, 63, 65, 83, 154, 193, 212, 247, 269, 315, 316, 320, 341

承認　3, 27, 30, 70, 76, 113, 125, 128, 129, 131, 157, 161, 164, 171, 187, 198, 199, 210, 215, 230-234, 236, 239, 247, 256, 266, 276, 288, 318-324, 327, 334, 341

シラー　21, 41, 175, 192

真理　19, 20, 50, 51, 56, 60, 68, 71-73, 79, 80, 93, 102, 110, 134, 141, 147, 153, 172, 173, 175, 257, 260, 262, 292, 293, 310, 335, 350, 351-354

人格　64, 98, 113, 129, 148, 153, 191, 193, 267, 271, 319, 321, 323-325

人倫
　絶対的人倫　3, 90, 121-125, 130, 132-135, 139, 152, 156, 159, 162, 163, 165-167, 171, 189, 233, 234, 235, 269
　相対的人倫　124, 134
　自然的人倫　123-125, 131, 132, 159, 235, 325

推理　80, 94, 126, 145, 146, 245, 251, 257, 258, 300, 313-316, 350

数的一　206, 208, 216-219, 227, 232, 247, 248, 252, 255

スピノザ　44, 49, 61, 64, 69, 81, 106, 108, 115, 132, 133, 147, 150, 175, 266, 275, 276, 353

世界　3, 7, 18, 19, 33, 47, 51, 52, 54, 59, 60, 62, 63, 65, 87, 88, 91, 92, 97, 98, 108, 112, 116, 123, 124, 131, 133, 139, 142, 144-146, 148, 149, 151, 153, 154, 170, 175, 179, 180, 192-195, 202, 212, 219, 221, 223, 225, 229, 230, 234-236, 242, 244, 246, 250, 251, 254, 255, 260, 263-265, 267, 269, 272, 275, 276, 278, 279, 288, 293, 294, 303, 306, 309-312, 314, 318, 328, 334, 335, 337, 339, 340, 350, 353, 354

精神
　絶対的精神　33, 71, 133, 170, 171, 194, 197, 215, 233, 234, 240, 270-272, 277, 280, 331, 334, 338, 339, 342
　精神の労働　184, 196, 198, 275, 311, 312, 322, 340, 341

索　引

精神の空間　　308
世界精神　　33, 92, 169, 187, 192, 240
生命・生活　　18, 19, 24, 40, 50, 87, 122, 130, 228, 312
絶対者　　12, 44-48, 50-56, 58-61, 63, 66-68, 70-73, 75, 81, 87, 89, 91, 93, 95-98, 103, 104, 107, 108, 110, 112, 114, 116, 118, 132, 141-145, 153-155, 160-162, 164, 165, 171, 173, 177, 198, 199, 218, 252, 263, 271, 274, 285, 293, 309, 326, 327, 330, 333-335, 339, 340, 354
絶対知　　75, 91, 116, 270, 339, 340, 342, 346, 348, 350
絶対的孤独　　127, 192, 193, 195, 196, 198, 219, 280, 340
説明　　9, 45, 46, 48, 58, 60, 61, 63, 68, 74, 76, 80, 83, 87, 89, 91, 93, 94, 96, 97, 106, 116, 144, 145, 149, 155, 168, 172, 176, 184, 191, 205, 206, 221, 235, 253, 260, 277, 282, 284, 295, 301, 312, 313, 334
占有　　3, 128, 138, 163, 215, 224, 229, 231, 232, 235, 238, 239, 310, 319-321, 325, 330

創造　　65, 89, 96, 267, 276, 310, 339, 347, 352, 353, 354
総体性　　50, 53, 59, 61, 69, 70, 97, 111, 127-129, 135, 153, 159, 161, 162, 166, 169, 173, 201, 208, 223, 229, 231-233, 236, 238, 247, 250, 263, 278, 298, 315, 318
疎外　　123, 238, 255, 303, 306, 312, 322, 323, 341, 346, 350
存在　　3, 7, 20, 25, 29, 36, 39, 51-54, 56-58, 63-65, 69-71, 76, 81, 87, 89, 91, 94-96, 101, 103, 106-111, 114, 122, 124-128, 130-135, 139, 141-143, 145, 146, 148-50, 152, 153, 159, 160, 164, 165, 167, 168, 171, 173, 174, 179, 186, 191-198, 200, 205, 206, 208, 210-212, 216-236, 238, 244-267, 269-271, 273-277, 280, 281, 283, 285, 289-296, 298-301, 303-311, 313-318, 320-332, 334-339, 346, 349, 351-353, 355

― た ―

代議制度　　33, 35-37, 41
体系　　2, 3, 4, 7, 19, 25, 43-48, 50, 56, 58-62, 65-74, 77, 79, 87-90, 94, 97, 98,

105, 106, 110-112, 117, 119, 121-123, 125, 129, 130, 132, 134-140, 142-144, 146, 149, 152-155, 158-160, 162, 163, 166-169, 171, 172, 174, 178-181, 184, 191-195, 199-201, 204, 207, 210, 211, 213, 217, 218, 221, 228, 230, 235, 237-241, 243-245, 260, 261, 269, 273, 274, 279, 282, 283, 288, 289, 302, 315, 317, 318, 323, 325, 336, 340-342, 345, 347, 348, 351

対他存在　300, 317

対自存在　127, 149, 198, 205, 211, 223, 226, 229, 231, 233, 245, 247, 248, 250, 253, 255-260, 270, 271, 274, 292, 300, 303, 304, 309-311, 317, 320, 321, 323, 338, 349

対立　18-20, 47, 51-53, 56-60, 62-66, 69, 75, 83, 87, 91-93, 95-97, 103, 106, 110-112, 117, 121, 122, 126, 138, 140, 143, 144, 146, 149, 153, 160, 162, 164, 166, 168, 170, 179, 190, 191, 193-196, 201, 202, 206, 208-212, 217-220, 222, 223, 225-227, 229, 231, 235, 244, 246, 247, 249-253, 255-258, 262, 266, 267, 269, 274, 277, 278, 283, 285, 294, 299, 300, 302, 304, 307, 313, 315, 324-326, 330, 331, 337, 338, 348, 350, 353

高山守　118, 273

他者　3, 7, 64, 70, 92, 125, 161, 184, 185, 192, 195-197, 202, 208, 212, 217, 220, 229-233, 235, 237-239, 247-250, 252, 259-263, 271, 277-279, 284, 293, 316, 317, 319-322, 324, 326, 327, 338, 348

　異他的存在　196, 197, 208, 212, 218, 224, 248, 316

単純性　215-218, 309

誕生　4, 7, 8, 74, 76, 79, 104, 118, 119, 180, 194, 343, 345, 347, 354, 357

力　19, 33, 48, 68, 69, 80, 82-84, 96, 118, 129, 165, 175, 176, 191, 203, 213, 234, 247, 248, 253, 254, 294, 296, 301, 302, 310, 314, 315, 324, 325, 329, 350

知性　52, 58, 62, 67-70, 77, 98, 124, 125, 127, 130, 132, 146, 155, 166, 168, 222, 224, 239, 268, 307, 308, 313, 314, 318, 320, 321, 323, 327, 333, 334, 338-340, 342, 348, 350

中世的　57, 202, 288, 318, 353

抽象　21, 22, 48, 57, 73, 98, 122, 133, 135, 136, 153, 154, 161, 166, 168, 192,

索　引

　　　　209, 282, 284, 304, 313, 321, 325, 330, 332, 348
チュービンゲン時代　364
直観
　　知的直観　45, 57, 58, 61, 71, 76, 87, 116, 132, 224, 309, 312, 335
　　超越論的直観　57, 58, 60, 71, 76
超越論的観念論　3, 7, 12, 43, 44, 46, 59, 62, 67, 69, 71-74, 77, 98, 105, 106, 112, 125, 144, 149, 183, 184, 188, 195, 198, 209, 212, 218, 219, 221-224, 226, 241, 243, 244, 249, 254, 261, 267, 269, 272, 275, 277-279, 281, 290, 291, 307, 309, 310, 312, 313, 339

ツィンマーリ　76

デカルト　52, 268, 282
哲学　2-4, 7, 8, 11-13, 19, 20, 25, 31, 33, 37, 40, 43-54, 56-63, 65-77, 79-83, 85-97, 99-119, 121-127, 130-135, 137, 139-161, 163, 166, 168, 170-175, 177-180, 184, 187, 188, 191-195, 197-203, 205, 206, 208, 209, 211-213, 215-221, 223, 224, 228, 230, 231, 235, 236, 239-245, 247, 250, 254, 255, 259-262, 265, 267-273, 276-282, 284, 286-291, 293-296, 300, 305-307, 309-315, 317-320, 324-327, 333, 334, 337-342, 345-351, 353-355, 357
哲学者　12, 25, 43, 45, 50-52, 58, 73, 91, 92, 103, 110, 121, 122, 147, 168, 170, 174, 184, 187, 193, 208, 219, 250, 259, 267, 268, 272, 278, 280, 281, 291, 338, 340, 345, 353
哲学の欲求　40, 48, 51, 53, 56, 86, 87, 88, 192, 193
デュージング　74, 95, 272
寺沢恒信　275, 276, 352
点としての反省　226, 227, 228

ドイツ
　　ドイツ帝国　2, 16, 17, 21-24, 26-28, 35-38, 41, 185, 186, 189, 190
　　ドイツ的自由　12, 17, 24, 25, 29, 30, 34, 36-38, 46, 81, 186, 188, 191, 328
　　ドイツ民族　22, 25, 142, 169, 170, 234

同一性　　2, 20, 31, 44, 45, 47-49, 52-57, 59, 60-63, 65-67, 69, 70, 72, 73, 80, 81, 83-85, 92, 93, 95-97, 103-106, 108, 110, 114, 116, 117, 122-127, 129, 131-134, 137-139, 144-146, 149-152, 155, 159, 160, 161, 168, 174, 175, 184, 195, 196, 201, 209, 219-222, 229, 246, 247, 257, 262, 274, 279, 285, 307, 340, 348, 350

同一律　　261, 262, 264, 313

道具　　54, 55, 86, 126-128, 197, 221-224, 227, 228, 235-237, 316, 318

同語反復　　253

道徳的世界秩序　　98, 108, 112

徳　　82, 134, 152, 167

トロックスラー　　2, 80, 91, 94, 95, 99, 155, 180, 243

— な —

ナポレオン　　13, 23, 28, 40, 189, 288, 306, 348, 354

ニュートン　　80, 83, 84, 85, 206, 282

— は —

媒辞　　126-128, 150, 202, 204, 206, 220-224, 227, 228, 235, 241, 257, 304, 315

排中律　　261, 262, 313

発酵　　4, 47, 104, 121, 280, 299, 302, 342, 343, 345-347, 349, 354

ハリス　　7, 43, 67, 213, 275

バルディリ　　43, 47, 105

反省　　14, 18, 19, 35, 50, 54-56, 58-60, 62-64, 66, 71, 89, 91, 96-98, 113, 117, 128, 136, 143, 146, 148, 149, 151, 152, 166, 202, 204, 206, 208, 211, 223, 226-228, 230, 232, 240, 249, 250-252, 254-256, 258, 259, 261-263, 265-270, 273, 277, 281, 284, 295, 301

反対　　71, 79, 80, 84, 97, 127, 149, 160, 162, 166, 168, 170, 189, 202, 204, 212, 216, 217, 219, 220, 222, 230, 233, 247, 250, 253, 254, 263, 271, 281, 296,

索　引

　　　　300, 304, 339
判断　25, 57, 80, 94, 126, 144-146, 169, 184, 251, 255-258, 313, 337, 349

光　53, 54, 67, 70, 107, 114, 166, 202, 206, 267, 280, 282, 296-299, 301, 302, 345
必然性　52, 76, 97, 130, 133, 141, 147, 148, 151, 158, 163-165, 168, 169, 170-172, 178, 179, 186, 187, 192, 193, 199, 229, 237, 252, 256, 295, 299, 313, 325, 327, 329, 341, 346
否定性　110, 111, 115, 136, 141, 153, 246, 251, 282, 289, 292, 296, 300, 301, 303, 305, 313, 333

フィヒテ　2, 3, 7, 8, 12, 25, 30, 43-49, 52, 53, 56, 57, 60-66, 69, 71, 73-76, 80, 90, 91, 94, 95, 97, 98, 100-103, 105-109, 112, 115-117, 119, 122, 124, 125, 131, 140, 141, 143, 144, 148-154, 158-162, 167, 171, 178, 184, 187, 188, 192, 203, 217, 218, 222, 223, 230, 234, 241, 242, 244, 246, 247, 253, 254, 261, 263, 267-271, 273, 274, 277, 279, 288, 305, 306, 310-312, 315-317, 319, 320, 323, 327, 336, 347, 353
物質の自己運動　67, 265, 294
プラトン　7, 8, 49, 51, 68, 75, 80, 81, 83, 85, 89, 93, 95, 100, 106, 110, 114, 122, 134-136, 138, 151, 152, 164, 165, 195, 201, 202, 217, 218, 241, 258, 267, 279, 281, 295, 306, 330, 333
フランクフルト時代　14, 17, 22, 33, 46, 53, 57, 58, 61, 76, 82, 88, 89, 100, 147, 158, 163, 259, 272, 278, 335, 337, 345
プロイセン　13, 14, 21, 27, 34-37, 189, 190
分割　83, 128, 203, 204, 257, 258, 269-271, 284, 285, 321
分業　128, 236, 237, 238, 321

ヘルダーリン　14, 18, 41, 42, 55, 57, 75, 175, 181
ベルン時代　40, 164, 175, 352
弁証法　9, 19, 20, 69, 95, 96, 118, 130, 155, 161, 180, 242, 247-250, 253, 255, 259-263, 268, 273, 274, 305, 313, 314, 316, 328, 350-352

371

法則　　54, 55, 62, 79, 80, 84, 85, 93, 150, 193, 194, 201, 261, 279, 282
ポテンツ　　70, 85, 111, 114, 122-131, 136, 137, 148, 155, 170, 204-206, 223, 224, 227-229, 235, 261
本質性　　276
本質存在　　283, 290, 295, 330, 335, 337, 338
本質態　　154, 184, 195, 244, 266, 267, 268, 275, 289-291, 314, 332, 340, 342, 350, 353, 354
本田修郎　　213, 286, 305, 306

― ま ―

マイスト　　111, 118
松村 一人　　17, 273, 345
マルクス　　163, 238, 242, 295, 330, 331, 342

身分　　25, 27, 36, 41, 134-136, 138, 163, 164, 167, 172, 269, 331-334
民族　　3, 12, 21, 22, 24, 25, 29, 30, 33, 35, 65, 82, 90, 92, 107, 115, 122-126, 132-135, 137-140, 142, 147, 148, 152, 154, 156, 159-163, 167, 169, 170, 172-177, 179, 191, 194, 198-200, 215, 218, 220, 222, 223, 230, 233-240, 242, 306, 311, 315, 316, 319, 320, 322, 324-328, 331, 336-339
　Nation　　29, 30, 156, 176, 242, 328, 341
　Volk　　42, 341, 353

無　　51, 53, 67, 96, 102, 118, 146, 150, 153, 154, 159, 164, 196, 232, 246, 251, 252, 256, 257, 263, 264, 267, 270, 271, 273, 276, 280, 290, 291, 293, 309
無限性　　3, 47, 64, 79, 128, 130, 138, 143, 149, 153, 159, 160, 162, 163, 178, 198, 202, 206-208, 211, 212, 215-218, 246, 248-250, 253, 254, 259, 268-271, 276, 277, 279, 280-283, 335
無神論　　12, 33, 53, 103, 108, 112, 142, 160, 271
矛盾　　18-20, 29, 31, 54, 56, 58, 59, 71, 79, 80, 82, 93, 96, 108, 110, 123, 124,

索　引

　　　　　129, 152, 158, 167, 186, 192, 203-205, 231-233, 239, 248-250, 252, 254, 256, 262, 263, 285, 292, 305, 313, 319, 320, 330, 335
矛盾律　　110, 262, 313
村上恭一　　74, 77, 99

名誉　　24, 323
メンデルスゾーン　　147

目的　　31, 52, 63, 68, 88, 102, 126, 130, 179, 193, 228, 238, 293, 294, 300, 302, 315-317, 325, 327, 332
モナド　　264, 265, 270, 275
物　　69, 96, 141, 142, 145, 146, 149, 153, 158, 165, 225, 226, 228, 239, 252, 256, 257, 260-263, 268, 274, 279, 281, 293, 296, 300, 303, 308, 310-314, 316, 318, 321-323, 350
　物性　　222, 316, 321
モンテスキュー　　33, 169

— や —

ヤコービ　　3, 8, 58, 112, 140, 141, 143, 147-150, 263, 270, 271, 275, 276, 347
山口祐弘　　74, 76, 274

有機体　　4, 70, 82, 83, 90, 107, 122, 203, 206-212, 216, 277, 278, 283, 285, 297, 298, 300-305

夜　　51, 53-56, 75, 107, 153, 199, 263, 264, 267, 280, 300, 301, 303, 309, 354
　暗闇　　75, 107, 114, 225, 267, 280, 309, 326, 354
　闇　　53-56, 75, 107, 114, 118, 199, 206, 225, 267, 280, 293, 297, 301, 309, 312, 326, 345, 354
抑制　　12, 81, 82, 131, 162, 166, 171, 180, 238, 274
欲望　　90, 125, 188, 210, 223, 227, 229, 303, 304, 316, 317, 321, 333, 341

阻止された欲望　　125
　ヨハネ　　345, 352

―　ら　―

ライン左岸　　14, 22, 35, 39, 190
ラインホルト　　2, 43, 45, 47, 48, 50, 51, 56, 57, 68, 71-74, 80, 103, 105, 106, 112, 347
ラモーの甥　　325

理性　　12, 20, 45, 47-52, 54-56, 58, 59, 64-66, 68, 71, 73, 74, 79-82, 85, 87, 93, 94, 96-98, 100-102, 106, 110, 114-116, 118, 126-128, 140, 141, 143-147, 150, 151, 153, 160, 166, 169, 175, 176, 178-180, 187, 193, 210-212, 228, 230, 235-237, 240, 242, 251, 257, 280, 281, 295, 298, 299, 310, 314, 316-318, 320, 341, 342, 346, 347, 350
理念　　7, 9, 18, 45, 49, 51, 57, 58, 75, 80, 81, 85, 88-91, 95, 101-103, 107, 108, 111, 121, 122, 132, 133, 136, 141, 144-147, 152, 153, 157, 159, 160, 165, 166, 170, 174, 177, 178, 180, 193, 201, 207-209, 211-213, 217, 238, 244, 246, 258, 265, 267, 278, 284, 289, 290, 336, 337, 350, 353

ルカーチ　　155, 164, 166, 180
ルソー　　42, 124, 234, 268, 330, 341
類　　65, 69, 208-211, 216, 240, 241, 258, 259, 265, 266, 268, 269, 278, 284, 300, 301, 304

歴史　　21, 30, 32, 48, 50, 92, 123, 129, 136, 140, 164, 165, 173, 174, 177, 185, 186, 299, 306, 331, 345

ロゴス　　115, 127, 154, 174, 178, 180, 195, 310, 352, 353, 355
ローゼンクランツ　　75, 82, 99, 171, 172, 174, 178, 235, 242, 345
ローゼンツヴァイク　　18, 38

索　引

ロベスピエール　　12, 136, 187, 189, 327, 328, 329, 333

― わ ―

我々　　24, 55, 57, 83, 87-89, 91, 93-97, 104, 105, 112, 162, 170, 180, 187, 189, 193, 201, 205, 207-209, 219-222, 225, 226, 231, 241, 249, 250, 254, 255, 259, 260, 266, 272, 278, 280-283, 285, 290, 291, 293, 294, 302, 326, 339, 346, 347, 349
　我々にとって　　96, 221, 260, 283
　我々＝哲学者　　219, 250, 272, 278, 280, 291
私　　7, 15, 16, 19, 36, 37, 41, 42, 44, 45, 79, 83, 87, 89, 91, 93, 94, 99, 105, 109, 115, 119, 121, 124, 140, 153, 155, 172, 198, 200, 206, 212, 213, 215, 230, 233, 239, 241, 242, 249, 265, 266, 268, 273, 274, 286, 303, 308-313, 315-317, 319, 320, 322, 323, 327, 341, 345, 349, 352, 357

〈著者紹介〉

松村 健吾（まつむら けんご）

1947年生まれ
東京都立大学大学院博士課程単位取得退学　博士（社会学、一橋大学）
大東文化大学名誉教授
著書・論文：
『初期ヘーゲル論考』（博士論文、2005年）
『倫理のディアレクティーク』（1993, 1997, 2006年）『日常哲学派宣言』（1997, 1999年）
『ヘーゲルのイエナ時代　生活編』（2012年）（以上、文化書房博文社）
『革命と宗教──初期ヘーゲル論考──』（近代文芸社、2007年）その他

ヘーゲルのイエナ時代
理論編

定価（本体4800円＋税）

2019年　6月27日初版第1刷印刷
2019年　7月 8日初版第1刷発行
著　者　松村健吾
発行者　百瀬精一
発行所　鳥影社（www.choeisha.com）
〒160-0023　東京都新宿区西新宿3-5-12トーカン新宿7F
電話 03(5948)6470, FAX 03(5948)6471
〒392-0012　長野県諏訪市四賀229-1（本社・編集室）
電話 0266(53)2903, FAX 0266(58)6771
印刷・製本　モリモト印刷
© MATSUMURA Kengo 2019 printed in Japan
ISBN978-4-86265-754-1　C0010

乱丁・落丁はお取り替えします。